短线炒股全攻略

付刚 编著

中国宇航出版社
·北京·

内容简介

本书针对短线投资者需要,结合短线投资特点,对短线炒股的各种知识进行系统的介绍和深入的阐释,条分缕析,内容实用,即查即用,方便实战。既适合老股民夯实自身炒股技法,提升炒股技能,也适合新股民系统学习短线投资知识和成功经验。

图书在版编目（CIP）数据

短线炒股全攻略 / 付刚编著. -- 北京 : 中国宇航出版社, 2016.10
ISBN 978-7-5159-1187-8

Ⅰ. ①短… Ⅱ. ①付… Ⅲ. ①股票投资－基本知识 Ⅳ. ①F830.91

中国版本图书馆CIP数据核字(2016)第234296号

策划编辑 田方卿
责任编辑 卢 珊 装帧设计 宇星文化

出版发行 中国宇航出版社

社 址 北京市阜成路8号 邮 编 100830
(010)60286808 (010)68768548
网 址 www.caphbook.com
经 销 新华书店
发行部 (010)60286888 (010)68371900
(010)60286887 (010)60286804(传真)
零售店 读者服务部
(010)68371105
承 印 北京中新伟业印刷有限公司

版 次 2016年10月第1版
2016年10月第1次印刷
规 格 787×1092
开 本 1/16
印 张 22
字 数 431千字
书 号 ISBN 978－7－5159－1187－8
定 价 49.00元

本书如有印装质量问题，可与发行部联系调换

前　言

股民人数众多的中国股市，历来是一个充满机遇和梦想的地方。在这里，从来不缺少令人向往的暴富故事，其中既有普通股民的创富神话，也有大投资者的造富传奇。

种种案例表明，股市是可以赚钱的。据“胡润富豪榜”发布的数据显示，有5%的亿万富豪是职业股民。但股票里赚钱的确实是少数人，是少数人赚了大多数人的钱。这也符合二八定律。那么，如何成为那赚钱的20%，是值得投资者思考和学习的。

短线炒股以其周期短、见效快、收益高的特点，历来是中国股民的最爱。对广大投资者来说，短线交易的魅力是毋容置疑的，然而，想要深入领会短线交易的精髓、控制短线交易节奏、把握短线交易的分寸，并把这一交易方式当作自己的主要获利途径，却不是一件容易的事。

短线交易虽然只是在短时间内一买一卖的两个操作，但是这相隔时间较短的两个操作却蕴含了无穷的奥妙，相比于中长线投资者来说，短线投资者所应学习的东西更多，对所应掌握技能的技术性、精确性、时效性的要求更高。巴菲特说：“别人贪婪时我们恐惧，别人恐惧时我们贪婪。”听起来简单，作为一个短线投资者，你真的知道什么时候应该“贪婪”，什么时候应该“恐惧”吗？换句话说，做短线投资，什么情况下是买点？什么时候是卖点呢？何时该买？又何时该卖呢？

俗话说，万丈高楼平地起，打好根基最重要。对于大多数股民而言，炒股只是业余投资，并不具备太多的专业知识。很多时候，面对着几千只股票，总会茫然不知所措，除了看看新闻，听听利好，去跟风操作，根本就没有属于自己的一套盈利模式。这样的情况之下，如何去战胜强大的庄家对手？

短线投资者必须是具备专业化素养的人，他们追求技术的极致，在每一轮行情结束后，总会抽出许多时间对这轮行情中出现的新技术、新模型进行总结、归纳、提炼，以期寻找出新的操作技巧来补充自己的武器库。

本书针对中国股市大多数股民所需，结合短线投资的特征，对K线分析、技术形态分析、趋势分析、均线分析、MACD分析、量价分析，都进行了系统的介绍和深入的阐释，条分缕析，内容实用，即查即用，方便实践。

为了让投资者建立自己成熟而有效的短线交易系统，本书还专门介绍了各类实用的交易策略和盈利模式，供投资者选择使用。

为了便于投资者更加深入地理解相关的经验和战法，本书图文并茂，在行文中结合了大量的图表，绝大多数图表都是近来的行情分析，使本书的实战性更强。

本书既适合于老股民夯实自身炒股技法，提升炒股技能，也适合于新股民系统地学习短线投资的知识体系和成功经验。

本书在编辑过程中，借鉴了很多证券投资届的前沿理论成果，参考了众多具有科学依据的股市专家的文献资料，以及众多民间股神的最新投资战法。在此对相关人士表示衷心的感谢！希望本书能为众多投资者提供帮助，同时也欢迎各位读者对我们提出宝贵的意见和建议。

编者

2016年7月

目　录

第一章　短线炒股之入门基础

第一节　认识短线炒股 / 2

第二节　短线投资的基本原则 / 11

第二章　短线炒股之看盘技巧

第一节　看盘的内容和方式 / 19

第二节　不同时段的看盘技巧 / 30

第三章　短线炒股之技术分析

第一节　K 线分析 / 45

第二节　量价关系中的短线机会 / 93

第三节　常见技术指标分析 / 112

第四章　短线炒股买卖点分析

第一节　短线买点分析 / 132

第二节　短线卖点分析 / 143

第五章　短线炒股之选股技巧

第一节　短线选股技巧 / 155

第二节　短线炒股应选的股票类型 / 168

第三节　不同市道下的短线炒股选股思路 / 183

第四节　利用均线和趋势线选股的技巧 / 201

第六章　短线炒股之操盘技巧

第一节　短线炒股的技巧 / 214

第二节　不同行情的短线操盘技巧 / 218

第三节　短线追涨杀跌的操盘技巧 / 225

第四节　短线操作法 / 240

第五节　短线追涨停板的操盘技巧 / 254
第六节　短线抢反弹的操盘技巧 / 258
第七节　短线低吸高抛操盘技巧 / 264

第七章　短线炒股之跟庄技巧
第一节　跟庄基础知识 / 268
第二节　短线跟庄操盘技巧 / 276
第三节　辨别庄家的陷阱 / 287

第八章　短线炒股之板块操作
第一节　认识板块 / 298
第二节　近期热点题材与板块分析 / 309

第九章　短线炒股之止损解套技巧
第一节　短线风险控制 / 314
第二节　短线解套的方法 / 319
第三节　短线止损的方法 / 328
第四节　短线减少损失的操作法 / 333

参考文献 / 346

第一章

短线炒股之入门基础

第一节　认识短线炒股

短线炒股是相对于长线投资来说的。投资者选择长线投资还是短线投机，其实只是两者的获利途径以及为达目的所采用的策略不同而已。投资者必须综合考虑自身的素质、能力以及条件，明确自己适合采用哪种方式炒股。

了解短线炒股与长线炒股

短线操作是一种短期获利行为，如果操作得当，收益还是十分可观的。一般来说，短线操作是指一周左右，或者两三天时间的操作。由于这是一种典型的投机行为，所以看重的是个股的技术面，一般不大理会股票基本面好坏之类的问题。只要所选个股在短期内有比较大的波动，就可以进行短线操作。

从字面上看，时间短是短线炒股的一个最大特点，然而时间短是相对于个体而言的。持股一周以内是短线，持股半个月也是短线，持股一个多月也可以是短线。一般情况下，持股一周以内的短线操作，就是狙击正在高速行进中的股票，通常以追击正在启动上涨的股票为主，如图 1-1 所示。对于一些持股时间相对较长的短线操作，通常选择已经明确进入上升通道的股票，逢低吸纳，滚动操作。

超短线操作比较适合那些技术高手，因为他们可以根据盘面的变化，大致判断出当天股价波动的幅度，在操作中既可以利用当日分时走势寻找交易机会，又可以利用 1 分钟 K 线周期图、30 分钟 K 线周期图、60 分钟 K 线周期图等技术走势寻找交易机会，从而获得其间的波动差。

所谓长线投资，时间上没有严格的界定。通常情况下，一年以上的持有者就应该算是长线投资了，有好多股东甚至是几年乃至十几年持有同一只股票，就更是长线投资了。长线投资，多数情况下是以基本面为依据，或者买入后期待公司出现大的发展，进而带动股票价格出现上涨。一般来说，一家公司的基本面很难在几个月内出现明显的转变，所以以这种思路介入股票的话，往往要持股一年以上，一般称为长线投资。

长线以研判月 K 线或年线为主，选择投资的股票其流通盘较大，不易被大资金

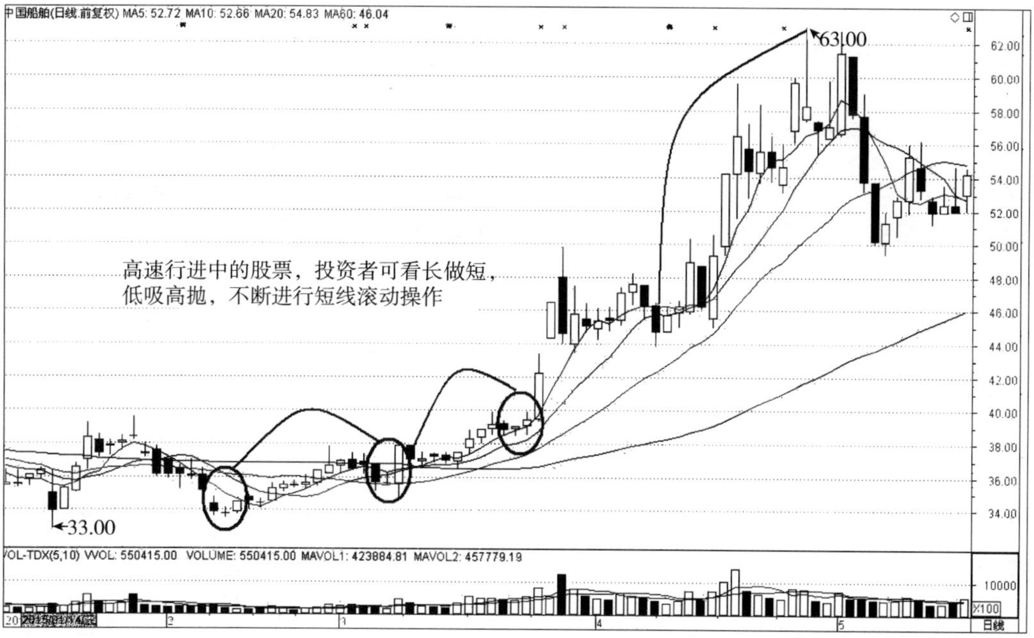

图 1-1　短线操作获利示意图

操控；企业具有较好的发展前景；股票当前表现一般，价格相对较低。长线投资者在资金上比中线投资者更充裕，而且不在乎短线利润。如果有机会，会作为上市公司股东参与企业的经营管理。

长线投资盈利相对来说比较丰厚，但是长线投资没有短线投资那么灵活，也没有中线投资那么辛苦，长线投资者有足够的耐心和消息来源，能够对上市公司有更深入的了解，掌握更适当的建仓买入时机。

一般来说，做长线要求了解经济学、股票操作等专业知识，擅长收集资料，并从中分析和判断上市公司的发展潜力，关注整体产业的盈利空间，对当前或者过去的利润不做过多要求。有些长线投资者还具有广泛的人脉资源，能够长期潜伏于一只业绩较差的股票，等待重组或者重大利好消息刺激，从而获取巨额投资利润。

短线点金

短线操作在选择个股时，要观察待选股票前期波动的规律，看其后期有没有短线操作价值，后期上涨的空间有多大。如果所选个股是一些不活跃的冷门股，或者是超级大盘股，那么短线获利是很难的。进行短线操作时，可以选择市场当前炒作的热点，或者股性活跃的中小盘股。

什么样的人适合做短线

长线投资和短线投机获利的途径不同，因此采用的策略也不同。投资者必须综合分析自身的素质、能力和条件，明确自己适合采用哪种投资策略。在为自己合理定位前，最好充分了解自己是否具有下列内在潜质和外在条件。

1. 收入高且稳定

一般有稳定的高收入的人，可以按月拿出一笔资金购买股票，做长线或短线投资都可以，因为若股价下跌，下月会有稳定的收入加以弥补。收入不稳定的人，则不适合把现有的全部资金用作短线投机。这些人可能有时有闲钱买卖股票，有时收入减少，就没有足够的周转资金，当股价下跌时，不能保证未来有收入来弥补这项损失。

2. 空余时间多

若空余时间多，可经常关注股市盘面变化，方便寻找各种消息，在资金允许的前提下，有条件做短线。做短线要时刻注意股市的一举一动，分析股市可能发展的方向，这些都需要大量的时间和精力。如果没有过多空余时间和精力投入，最好不要频繁出入股市。

那些有繁重公职在身，很少有机会抽身关注股市行情变动的人，如果做短线投机，当他想去留意自己所持股票的行情并做出交易决策时，可能已错过最佳的操作时机。

3. 决策能力强

市场中的短线机会常常稍纵即逝。如果你遇到机会时优柔寡断，不能快速决策，那么机会可能转瞬就会溜走，因此，做短线的人必须具有果断的性格。只有性格果断的人，才能适应股市变化的速度，并且能在快速变化的情况下迅速判断，作出决策。如果总是犹犹豫豫，下不定决心买卖，只会耽误最佳交易时机。

4. 家庭负担轻

这里所说的家庭负担，主要考虑的是投资者需要赡养的人口。需要赡养的人口不同，则所需赡养费用的数量、时间也不同。抚养上幼儿园的孩子与供养上大学的子女是不同的，只赡养父母与上有老下有小也不同。在投资决策中考虑赡养因素，那么长短线投资决策也会截然不同。

若计划为10年后孩子上大学筹措费用，从现在开始投资股票市场，那么选择优良股票做长线投资不失为最稳妥的方法。若你根本没有赡养负担，做短线投机则基本上无后顾之忧。

5. 风险承受能力强

是否适合做短线投机，很大程度上还取决于投资者的心理素质。认清自己的风险承受能力，有助于正确把握入市策略。偏爱风险，总是渴望从变幻不定的市场中快速捞一把的人，最好采取短线投机，反之则应该做长线投资。

6. 对行情的敏感性和应变力强

要想利用股价短期内的波动低买高卖赚取价差，就必须有能力跟踪市场变动，对市场和个股反转信号十分敏感。对股市信号反应敏感，能够正确把握市场短期波动，这种能力一方面有先天因素起作用，另一方面也是长期学习实践培养出来的。

各位投资者大可不必为现在缺乏这种能力而沮丧，只要平时多留意，多揣摩，勤于记录，把自己的观察与日后行情的实际发展对照总结，就能对股市或股价短期走势慢慢培养出经验和感觉。

短线点金

短线操作见效快，盈利机会多，但做短线既需要技巧，又需要一定的收入作为基础，所以并不是所有投资者都适合做短线。投资者要想做短线并且做好短线，首先要看自己是否具备短线操作的基本条件。

适合短线操作的股票

进行短线操作不仅要选择适当的入市时机，也要选择适合短线操作的股票，否则就算是技术高超的短线投机大师也会失败。并非所有的股票都可以做短线，投资者可以按其行业属性进行分类和筛选，对那些需要重点关注的股票，可以列入自选股票池，每日跟踪观察其走势。一旦股价走势满足短线操作的介入条件，可以立即买入。

适合短线操作的股票主要有以下几种。

1. 业绩高速增长的股票

业绩优良是投资的第一保证。那些业绩好，具备高成长性的股票，往往具备穿越牛熊市的潜质，可以作为长短期投资首选的品种。

如信维通信，2015年上半年由于受益于订单放量，公司业绩实现了高速增长：2015年上半年实现营业总收入5.11亿元，同比增长43.01%；实现营业利润0.77亿元，同比增长189.84%；归属上市公司净利润0.71亿元，同比增长168.11%。企业业绩的高速增长，拉动该公司股票连续上涨。如图1-2所示。

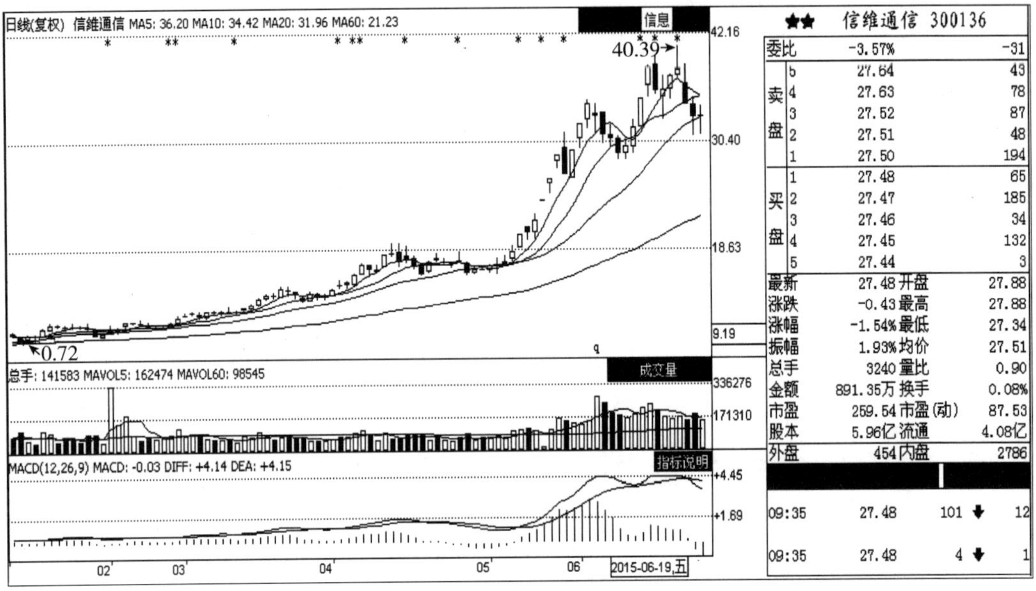

图1-2 信维通信日K线图

一般而言，投资者在选择业绩高速增长的股票时要注意，如果公司业绩和往年相比增长速度喜人，那么可以适当降低绩优的条件，因为有些时候业绩增长速度比当前的业绩状况更重要。

2. 长期盘整的股票

盘整周期的长短以换手率来衡量更合理。盘整是一个消化前期下跌积累的套牢盘的过程，时间并不直接反映消化套牢盘的程度。有些股票成交量很小，一年时间并没有多少成交量，原来的套牢盘还是套牢盘，根本没有被消化，而换手率则直接反映了交投的情况。通常要求被选中的股票，盘整期间换手率一定要在200%以上。

3. 中小流通盘股票

大盘股是发行在外的流通股份数额较大的上市公司股票，小盘股是发行在外的流通股份数额较小的股票，中盘股则居于这两种之间。中小盘股更适合短线投资，因为这种股票不需要很大的资金流，比较方便主力资金控制和做盘。

4. 有庄家介入迹象的股票

有人说，“跟着庄家有肉吃”“股不在好，有庄则灵”。的确如此，庄家有强大的资金力量和明确的盈利目的，还有各种各样高明的控盘手段。投资者选入的股票，最好满足“庄家已经入驻”的条件，比如有巨大的主动成交单等。

5. 有可靠利好消息和题材的股票

各种利好消息以及可炒作的题材，都可以成为主力操作该股上涨的理由。但消息满天飞的情况下，投资者要有一定的鉴别能力，确保利好消息的可靠性。

短线点金

投资者可以多关注满足以上条件的股票，对这些股票要做到了如指掌，并对它们进行实时跟踪。自选池里的股票数量多少，要根据自己的情况而定，如果是计算机跟踪，可以多选一些。

短线操作的大盘条件

短线操作的主要目的有三。第一，尽可能抓住市场中的短线机会；第二，尽量发挥资金的使用效率；第三，最大限度地回避风险。这三个目的也可合并成一个，那就是获取比做中长线持股更大的收益。

为了达到这一目的，短线操作对大盘条件有一定的要求。也就是说，只有在大盘处于特定的运行状态下，才可以展开短线操作。

判断当日大盘是否支持短线操作，要分析沪市、深市涨跌幅排行也就是龙虎榜的第一板股票。在涨跌幅龙虎榜第一板中，显示了当日市场中最强大庄家的活动情况。如果连市场中最强大的庄家都没有在市场中表现，那么市场就没有提供短线操作获利的机会，也就不能进行短线操作。

一般情况下，可以将大盘的状态分为超强势、强势、一般、弱势、极弱势几种类型，从日涨幅排行榜的上榜股票数量，可以对大盘走势的强弱进行判断。

1. 大盘涨跌时的成交量情况

（1）大盘涨时放量，跌时缩量，说明量价关系正常，可积极展开短线操作。

（2）大盘涨时缩量，跌时放量，说明量价关系不利，庄家有诱多嫌疑，短线操作宜暂停或小心展开。

2. 当日涨幅排行榜中显示的条件

对于投资者而言，只需在证券交易软件中输入 60，即可打开沪深 A 股涨幅榜，查看市场上涨势最好的股票。

（1）当日排行榜第一板中，如果有 5 只以上的股票涨停，则表明市场处于超级强势，大盘提供的短线操作背景优良。此时，短线操作可选择目标个股坚决展开。如图 1-3 所示。

		代码	名称	涨幅%↓	现价	涨跌	涨速%	总手	换手%	量比	开盘	昨收	最高	最低	买价	卖价	现手	市盈(动)
1		300111	向日葵	+10.08	6.88	+0.63	+0.00	78.21万	7.03	1.05	6.10	6.25	6.88	6.08	6.88	—	13112 ↓	205.42
2		600812	华北制药	+10.07	7.98	+0.73	+0.00	38.93万	2.82	1.93	7.25	7.25	7.98	7.20	7.98	—	1 ↓	308.43
3		601700	风范股份	+10.06	9.41	+0.86	+0.00	40.70万	3.63	2.09	8.55	8.55	9.41	8.40	9.41	—	2 ↓	47.16
4		600226	升华拜克	+10.06	7.66	+0.70	+0.00	15.49万	1.41	1.57	7.66	6.96	7.66	7.66	7.66	—	2 ↓	44.42
5		600238	海南椰岛	+10.04	12.27	+1.12	+0.00	6324	0.14	0.06	12.27	11.15	12.27	12.27	12.27	—	3 ↓	亏损
6		300154	瑞凌股份	+10.04	14.25	+1.30	+0.00	20.88万	6.71	0.87	12.71	12.95	14.25	12.58	14.25	—	85 ↓	61.33
7	R	002181	粤传媒	+10.04	14.69	+1.34	+0.00	57.43万	5.03	1.06	13.00	13.35	14.69	12.80	14.69	—	838 ↓	149.29
8		300193	佳士科技	+10.04	14.80	+1.35	+0.00	52.31万	15.41	1.00	13.27	13.45	14.80	13.15	14.80	—	294 ↓	78.81
9		002535	林州重机	+10.04	9.32	+0.85	+0.00	1810	0.06	0.01	9.32	8.47	9.32	9.32	9.32	—	3 ↓	亏损
10		002532	新界泵业	+10.03	16.67	+1.52	+0.00	33.84万	14.84	2.93	14.70	15.15	16.67	14.70	16.67	—	1382 ↓	37.77
11		600234	山水文化	+10.03	15.69	+1.43	+0.00	59.59万	29.44	20.64	15.68	14.26	15.69	14.62	15.69	—	1 ↓	亏损
12		000913	钱江摩托	+10.03	12.07	+1.10	+0.00	13.59万	3.00	0.44	11.35	10.97	12.07	11.35	12.07	—	10 ↓	亏损
13		002337	赛象科技	+10.03	12.07	+1.10	+0.00	45.87万	8.12	1.02	10.73	10.97	12.07	10.57	12.07	—	706 ↓	亏损
14		300126	锐奇股份	+10.03	20.52	+1.87	+0.00	13.04万	6.19	0.67	18.13	18.65	20.52	18.12	20.52	—	272 ↓	453.26
15		000622	恒立实业	+10.03	12.40	+1.13	+0.00	28.47万	10.06	1.24	11.06	11.27	12.40	11.01	12.40	—	134 ↓	亏损
16		600080	金花股份	+10.03	12.73	+1.16	+0.00	31.73万	10.39	1.76	11.38	11.57	12.73	11.31	12.73	—	10 ↓	132.70
17		002173	千足珍珠	+10.02	22.17	+2.02	+0.00	52910	5.49	1.04	22.17	20.15	22.17	21.02	22.17	—	73 ↓	亏损
18		600774	汉商集团	+10.02	22.39	+2.04	+0.00	69784	4.00	1.08	21.00	20.35	22.39	20.86	22.39	—	2 ↓	440.06
19		000837	秦川机床	+10.02	18.11	+1.65	+0.00	60.62万	12.59	1.54	16.11	16.46	18.11	16.01	18.11	—	1560 ↓	亏损
20		300337	银邦股份	+10.02	9.55	+0.87	+0.00	54.07万	7.64	1.45	8.45	8.68	9.55	8.38	9.55	—	328 ↓	亏损
21	R	600776	东方通信	+10.02	14.38	+1.31	+0.00	64.29万	6.73	1.43	13.07	13.07	14.38	12.86	14.38	—	5 ↓	138.20
22		002590	万安科技	+10.02	15.04	+1.37	+0.00	16.45万	4.57	1.04	13.30	13.67	15.04	13.15	15.04	—	2131 ↓	78.08
23		600172	黄河旋风	+10.02	25.25	+2.30	+0.28	16.64万	3.35	1.20	22.12	22.95	25.25	22.12	25.25	—	9 ↓	90.14
24	R	002428	云南锗业	+10.02	15.48	+1.41	+0.00	23.35万	3.69	0.59	14.20	14.07	15.48	14.08	15.48	—	36 ↓	110.10
25		600758	红阳能源	+10.02	15.92	+1.45	+0.00	23.09万	20.07	1.44	14.06	14.47	15.92	13.50	15.92	—	11 ↓	729.41

图 1-3 涨幅排行榜

（2）第一板中如果所有的个股涨幅都大于 4%，则表明市场处于强势，大盘提供的短线操作背景一般。此时，短线操作可选择强势目标个股进入。

（3）第一板中如果没有个股涨停，且涨幅大于 5%的股票少于 3 只，则表明市场处于弱势，大盘没有为个股表现提供条件。此时，短线操作需根据目标个股的情况小心进行。

（4）第一板中如果所有个股涨幅都小于 3%，则表明市场处于极弱势，大盘背景不利。此时，投资者最好不要进行短线操作，以免资金被套。

3. 涨跌个股家数数量对比

（1）如果大盘下跌，同时下跌个股家数大于上涨个股家数，说明大盘跌势自然真实，大盘处于弱势，在这种形势下可以停止短线操作，场外观望。如果大盘下跌，但下跌个股家数却少于上涨个股家数，说明有主力机构在故意打压指标股，大盘跌势为虚跌和假弱，此时短线操作可视目标个股具体情况小心展开。

（2）如果大盘上涨，同时上涨个股家数多于下跌个股家数，说明大盘涨势真实，市场处于强势，此时可以积极进行短线操作，如图 1-4 所示。如果大盘上涨，下跌个股家数反而多于上涨个股家数，说明这种涨势靠不住，属于有主力机构在故意拉抬指标股，大盘属于虚涨，此时短线操作要分外小心。

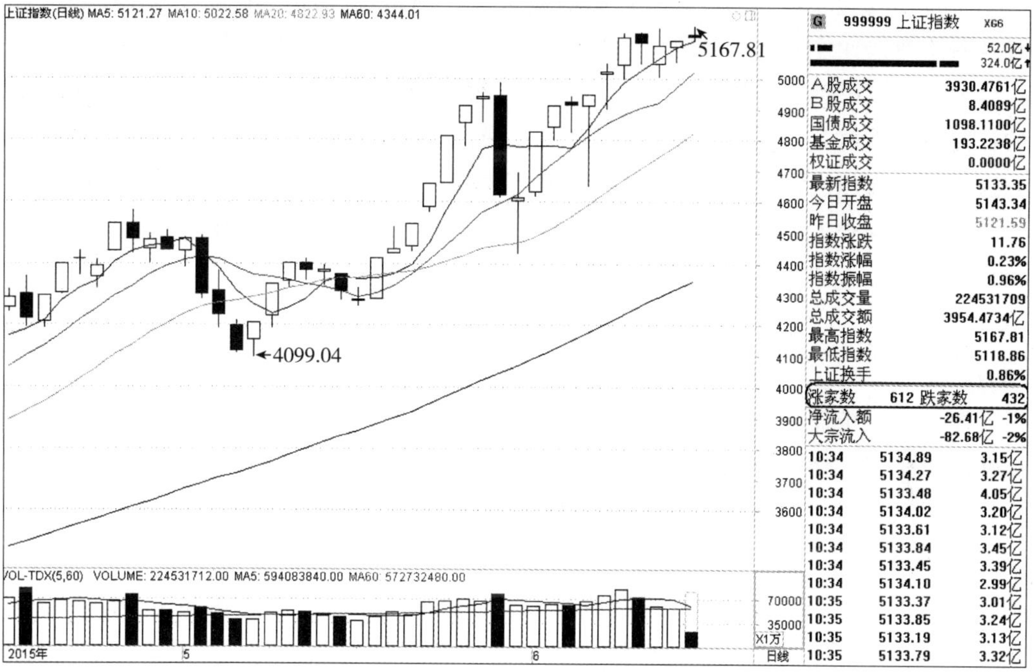

图 1-4　大盘个股涨跌家数

■ 短线投资应具备的心态

股票投资要保持良好的心态，这对每位股民来说都是非常重要的。不能强求一定要赚多少钱，只要在股市中操作一年下来，整体上是赚钱的，就说明你已经是赢家了。知足常乐，毕竟买卖股票是风险投资，能赚钱的投资者只是极少数。不论股票是大涨还是大跌，有一样东西永远都不能变，那就是良好的心态。

1. 果断、不贪和平常心

良好的心态是获利的根本保证。参与短线投资，心态上必须做到果断、不贪和保持平常心。很多投资者在参与短线投机行情时，总是赚的时候不想走，亏的时候不愿走，最终由获利变成亏损，由浅套变成深套。

投资者在参与短线投机行情时，不仅买入时要果断，卖出时更要果断，优柔寡断是短线投机的大忌。特别是在短线投机炒作出现亏损时，一定要斩钉截铁地卖出，千万不能将主动性的短线投机操作演变成被动性的中线或长线捂股。

2. 保持自信和乐观

股市中的投资者，需要在有自信心的状态下进行短线操作。只有当你感觉自信和乐观时才进场交易，如果发现自己信心不足，通常说明你对市场的认识不清，这时就需要暂停操作。

有时候股民会表露出消极心态。例如，有的股民会很悲观地说："看起来我做的任何事都不对"，或者"我打赌我又得在最低价附近止损退出了"。如果发现自己有这样的消极想法，就是一个暂停交易的信号。

另外，一个人如果不停地寻求别人的观点，也暴露出自信心缺乏，这也是一个明显的信号，表明你最好暂时清仓退出。

3. 保持耐心

短线操作也需要耐心。耐心有很多益处，耐心等待正确的交易机会，可以增加成功的可能性。任何行情中都有热点和主线，把握好了这条主线，保持耐心和信心，可以在波动中等待兑现获利的机会，投资者的账面利润自然会"水涨船高"。

短线介入的时机非常关键，过早或过迟都会影响收益。既要能够重仓介入，又要能够全身而退，这就要求投资者像猎豹一样，时而潜伏，时而快速出击。在参与短线行情时，要像猎豹一样，在启动之前安静地等待时机，一旦发动，一击即中，然后及时全身而退。

短线点金

做投资要讲究方法。方法再多，说到底都离不开一个"心"字。其一是戒贪心，其二是要细心，其三是有耐心。

戒贪心，就要为自己设定一个"止盈点"，不能想着多多益善，贪得无厌，到头来竹篮打水一场空。同时，也要为入场资金设定一个"止损点"，一旦股价触及止损点，或者发出示警信号，就要果断离场，绝不留恋。

第二节 短线投资的基本原则

短线炒股能在短时间内给投资者带来立竿见影的效果，所以很多人都想通过短线操作捞金。短线操作最重要的是学会寻找最佳买卖点。

最佳买点未必是最低价，因为最低价是可遇不可求的。通过分析，短线投资者只要能够找到一个安全且具有上涨空间的买点就很成功了。

■ 选择短线操作模式

股票市场上有多种获利方式，有些人擅长操作新股，有些人习惯追逐涨停个股，有些人则喜欢低位吸纳，耐心持有。每个人的性格和做事风格不同，适合的操作模式也不同。短线操作最关键的，就是提高出击的成功率。提高交易成功率，要求投资者必须形成一套适合自己的操作模式，即熟练掌握而且有较大程度把握的操作模式。

1. 独立的思维模式

投资者在分析思考的过程中不能随波逐流。股市中经常呈现出二八现象，很多时候甚至呈现出一九格局，即在这个市场中，真正能赚到钱的人只有 10%。可想而知，如果想在这个市场中长期生存下去，必须在思维上超越别人。在股市中，同样是思维决定出路。

当大部分人或者机构推荐某只个股，并且这只个股已经出现了一定幅度的上涨时，在这种情况下，如果你想短线操作这只个股，就要有自己独立的思考。

例如 2015 年的中国中车，随着南北车合并公告发布，股价以一字涨停板的姿态正式复牌。当时不少股民感慨，如果能够在这个时候顺利抢进中国中车，肯定能够享受到疯狂暴涨的刺激与过瘾。然而事实并非如此。

复牌次日，也即 2015 年 6 月 9 日，中国中车以 35. 64 元的涨停价格开盘。但在随后短短的 5 分钟内，股价却出现了大幅跳水走势，盘中曾经短时间跌停，收盘大跌 9. 32%，全天震荡幅度高达 20%。如图 1-5 所示。

此时，不少以涨停价格开盘抢进的股民无奈“中枪”，之前期盼的“美梦”也在瞬间变成了“噩梦”。此后中国中车经历了罕见的连续暴跌。这也印证了一个道

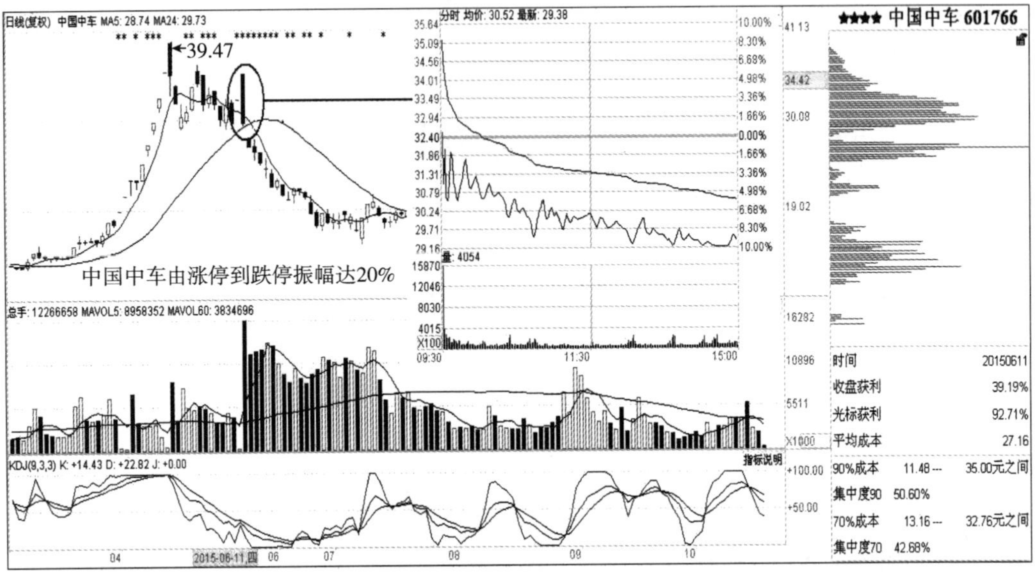

图 1-5　中国中车由涨停到跌停，振幅达 20%

理，即市场从来不存在只涨不跌，或者是只赚不赔的股票。当股民一窝蜂地看好某只股票时，往往预示着该股票即将形成重要的拐点。

要用正确的思想去认识股市，用长远的眼光看待短期收益，特别是对于短线投机者而言，这一点尤其重要。在股市中进行投机并取得收益，是需要积累和沉淀的，这种积累和沉淀需要一定的时间和过程。这种沉淀不仅仅是实战经验上的沉淀，同时也包括思维方式的沉淀。

2. 独立的操作模式

在短线操作过程中，有些投机者喜欢频繁出击，即追求操作的次数，认为操作越频繁，赚钱的机会就越多。

其实不然，对于短线操作而言，真正要追求的并不是一次操作能赚多少，而是能赚多长时间，即成功率的问题。这就要求投资者给自己总结出一种适合自己的操作模式，这种模式建立在自己能够把握的行情基础之上，即使用这种操作模式具有较高的成功率。对于那些没有把握的行情走势，即不是自己擅长的操作类型，尽量少去或不去操作，只做自己熟悉的行情走势。

例如，有人擅长操作出击关键点位的个股，有人则擅长出击反弹类型的个股，还有人擅长出击加速拉升过程中的个股。

短线点金

股市千变万化，大家不可能了解每一位主力的操作手法，因此把握住能够确认的机会，往往比盲目追逐风险未知的个股更重要。频繁地改变操作模式，会极大地增加错误的概率，影响操作心态，甚至陷入恶性循环。

确定买卖点位

确定炒股买卖点，并不一定苛求是最高点或最低点，而是要选择在方向明确之时进行买进或卖出操作。

从源头上说，股价波动是炒股获利的前提条件。从理论上来看，所有个股都有获利的可能，重要的是操作中买入的点位和卖出的点位。尤其对短线操作来说，由于持股时间短，买卖一次的收益率较低，如果买入时价格高了 2%，卖出时价格低了 2%，再减去交易成本，收益就所剩无几了。长期追求最高点出逃，失败概率远大于成功概率，最后的结果并不理想。只有先人一步出逃，才会让自己的收益越来越多。

追逐黑马，是短期收益最大化的利器，但这种操作模式对投资者的素质要求非常高，判断正确的概率也比较小，而伴随的风险却最大，一般投资者很难把握。从这个意义上讲，把握好买卖点，远比追逐黑马更加现实和重要。只要掌握了某种短线操作技法，并且对这种操作技法运用得非常熟练，即便是在熊市当中，一样可以稳健获利。

同样，对于入场也是一样。除了短线意义的操作外，最佳的入场点位一般也不是最低。从技术上来说，通常有以下两个入场时机。

一是确认性买点。确认某个重要支撑位放量支撑有效，并且符合时间周期，是较好的买点。

二是突破性买点。股价放量突破前期高点或短期下降趋势线，属于较好的短线操作买点。

在行情处于可上可下的整理走势时，哪怕股价短时间里走得再好，只要中期运行方向不明确，最多只能轻仓参与，不能盲目重仓杀入。最正确的办法，就是等放量突破重要压力区，站稳 30 日均线或 60 日均线有效时再跟进，如图 1-6 所示。这个时候指数可能已经上涨了一些，但却比没突破之前的低点安全得多。如果过分追求低点，失败概率很高。

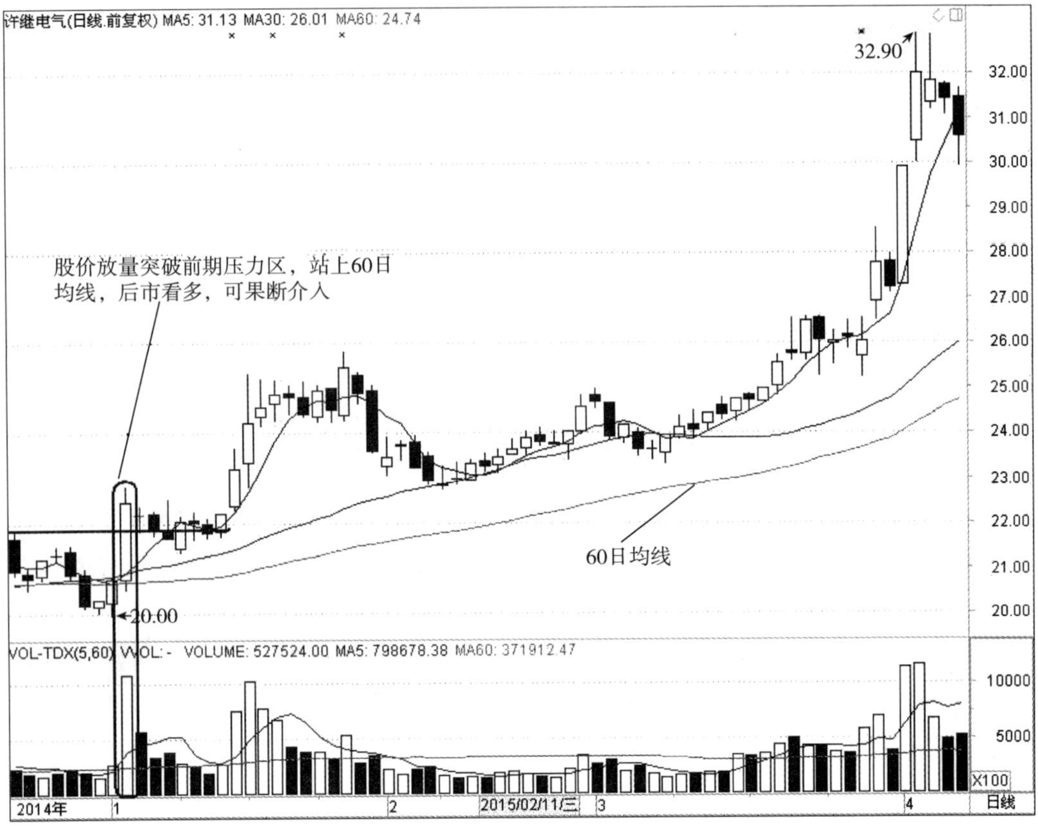

图 1-6　股价放量突破压力区

短线点金

确定买卖点，需要行情运行趋势方向明确才行。在方向没有明确之前，投资者要做的就是耐心等待，静观其变。大多数中小投资者之所以操作失败，也跟不会休息有很大关系。总想买在最低卖在最高，最后往往适得其反。

确定买卖点并不是以价位高低来衡量的，投资者要学会把最后的利润留给别人，把最低的点位留给主力，这样你才会越赚越多。

■ 坚持分仓操作

很多有实战经验的老股民都认为，真正影响大多数投资者收益的决定性因素是仓位，也就是仓位控制。仓位控制得好坏，将会直接影响投资者的风险控制能力，还决定了投资者能否从股市中长期稳定地获利。仓位的轻重，还会影响到投资者的操作心态。

分仓操作就是在资金充足的情况下，不要只建仓一只股票，即使只买一只股票，也不要一次性全部买入，而是分批买入。比如有10万元资金，第一次介入一只股票，可用资金的2万元~5万元买入，上涨后期分仓卖出，每涨5%卖出2000~4000元的股票。跌的时候也是这样，每跌5%分仓买入2000~4000元的股票。这样可以在相对低的位置补仓，用来摊低持仓成本，降低风险。分仓操作的意义并不只是将风险分散到几个篮子，还有一个很重要的原因是，分仓操作可以平衡投资者的心态。

在股市中，风险主要有两种，一种是股价下跌的风险，另一种则是股价上涨的风险。在牛市中，你会发掘出很多优秀的个股，但不可能预测到哪只股票会在买入后立刻出现大幅度上涨。

假设你选择了3只目标个股，但是只满仓买入其中1只个股，买入后可能会出现另外2只股价大幅度上涨，而买入的这只股价滞涨的情况，这种情况会影响到操作者的心态。这时的投资者虽然没有出现亏损，但看到大盘涨幅远超自己所持的个股，定力不足的人可能会忍无可忍，抛出现有股票，换股操作，这样的操作却很有可能错过原先持有股票的上涨波段。

定力足的投资者面对这种情况可能会有些动摇，但依然能够坚持捂股不动，直至其上涨。但捂股不动不是短线操作的思路，本来你要短线操作，却在中途改变了思路，变成了中长线操作。操作思路改变，将降低投资者的市场敏锐度。

分仓操作可以同时操作几只股票，具有极大的灵活性，因此是值得短线操作者采用的资金管理方式。

■ 制定操作计划

股市是充满诱惑的地方，股价大幅波动，铺天盖地的消息和评论，随时都会影响投资者的判断，使投资者在仓促间作出错误的决定。为了减少股票操作的盲目性，避免操作失误，事先制定好操作计划非常重要。

制定操作计划，主要建立在交易结束后的复盘过程和技术分析的基础上。复盘的时间一般都会比较充裕，所以分析结果显得更为客观。中午做好下午的操作计划，晚上做好次日的操作计划，能让投资者在开盘后做到心中有数，不至于在盘中手忙脚乱或不知所措。

买入与卖出股票，其过程简单得就是点击一下电脑键盘或鼠标按键，但做出这个点击动作，需要投资者有充分的依据，这个依据要在事先制定的计划中予以明确。

可以说，没有操作计划，下单就是一个被动的行为。如果行情上涨了，被动。因为投资者没有获利平仓的计划，不知道可能要涨到哪里，应该在哪里平仓。

如果行情下跌了，就更被动。因为投资者可能根本就没有想过如果下跌了该怎么办，更不要说应对计划了。事先缺乏应有的操作计划，面对下跌走势，十有八九要套牢。

如果行情不涨不跌，处于横盘状态，也被动。平仓吧，日后如果行情上涨了多可惜；持仓吧，如果行情下跌了就更糟。最坏的结果就是，投资者刚平仓，股价就涨上去了。

当然，基于本身能力的局限性，有计划未必就一定能完全规避风险，但如果没有计划，就一定很难规避风险。前面已经说过，复盘时，由于外界干扰比较小，分析的结果会比较客观。在盘中，投资者的主观意识往往会受到太多盘中因素的影响，容易作出错误的决策，这就是所谓的“当局者迷，旁观者清”。

一般情况下，除非有突发的利好或利空消息，否则制定计划就要坚决执行。

■ 设置止损点位

设置止损点虽然是短线操作最基础的内容，但在实际操作中，能够严格执行的人并不多。短线交易之所以叫投机，就说明它有很大的风险，止损点则是严格控制亏损幅度的重要交易工具。

对短线投机而言，投资者在高度确定的多头市场中买进，可以设置2%～5%的幅度为止损位置。通常来讲，中级行情的底部区域，价格每上行10%的空间，止损点位置可以提高到5%的极限值。

不同的市况下，短线操作的止损点或止盈点设定的位置应该有所不同。在牛市背景下，止盈止损点的设定空间可以相对大一些，譬如止损点设在10%～15%，止盈点设在20%左右。在熊市背景下，建议止损点设在5%，止盈点设在7%。

牛市行情中，止盈止损点之所以设置的空间大一些，是为了防止股价频繁触及止盈止损位，以免在庄家洗盘或震仓时轻易被洗出局。熊市行情中，止盈止损点设置的空间较小，是为了防止在弱市情况下资金出现较大的损失。

破位行情往往发生在重要技术支撑位被破坏的情况下，通常会引起恐慌性杀跌，这个时候，止损更应该果断。资金量大的短线投机者，应该见买单就给，止损幅度可以放宽，因为一旦下跌趋势成真，还会有其他更不惜成本的筹码抛出。

关于个股短线止损位，由于短线操作一般是在个股站稳5日均线时买入，那么止损也可以按照这个位置来设置。个股连续放量之后，跌破5日均线30分钟后不能马上收回，当天或者第二天冲高时应坚决清仓。如图1-7所示。

操作过程中，大家可以清楚地看到，个股的下跌主要发生在股价沿5日均线运行之时。当个股不能站稳5日均线，应立即清仓，这样操作可以及时规避风险。同

图 1-7 5 日线图均线止损点位

样，当个股站稳 5 日均线，短线操作的成功率才会大大提高，这样持股时就不会冒太大的风险，也不会踏空短线上涨行情。

第二章

短线炒股之看盘技巧

第一节　看盘的内容和方式

短线操作者要想掌握股票市场的走势，除了关注股票的各种基本面信息之外，更重要的是观察、分析股市行情的变化，也就是要学会看盘。股民看盘水平的高低直接影响其投资的结果，通过盘中的股指及个股走势，可以对比多空双方力量的强弱，把握股票的炒作节奏，为以后的买卖提供依据。

看盘时应重点关注的内容

盘面提供的信息很多，投资者不可能全面兼顾。盘面上各种信息的重要性也不一样，其中有些信息对于研判盘面变化不是太重要，看盘时要关注那些比较重要的信息。

短线看盘时，应重点关注以下几点内容。

1. 开盘时集合竞价的股价和成交额

投资者进入市场，首先要看开盘时集合竞价的股价和成交额，看看大盘是高开还是低走。大盘高开和低开代表着市场目前的意愿，表示是多头占主导地位还是空头占绝大多数。

成交量大小则说明参与买卖的投资者的多少、人气的高低，这些因素往往能够影响整天的成交活跃度，显示出市场的交投意愿。投资者可以根据这些表现，判断当日股价走势是上涨还是下跌。

2. 开盘后半小时内股价变动的方向

一般来说，如果大盘指数或个股股价开得太高，开盘半小时内就可能会回落，如果大盘指数或个股股价开得太低，在半小时内就可能会回升。这时要看成交量大小，如果股价高开后又不回落，而且成交量放大，那么这只股票当天很可能就要上涨。如图 2-1 所示。

当然，有时候大盘指数或个股股价高开后就一直走高，低开后就一直走低，但这种情况出现得并不多。一般情况下，有经验的投资者真正操作的时间都在 10:00 之后进行。即使要买进股票，也会在大盘或个股高开回落时买进，不会贸然追高；

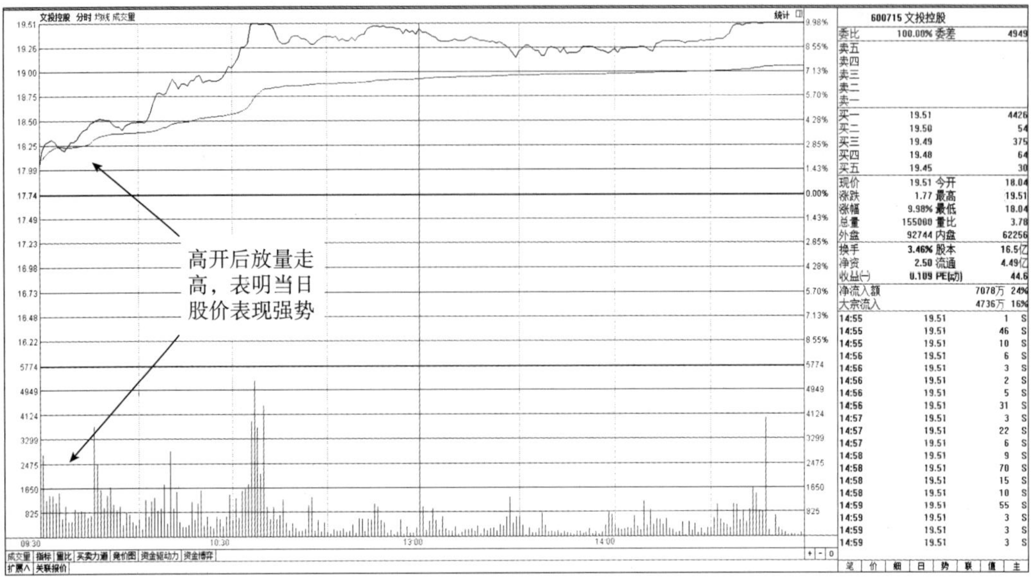

图 2-1　高开 30 分钟后不回落且放量的个股

反之，卖出股票时，也会在大盘或个股低开回升时卖出，不会贸然杀跌。

3. 股价变动的方向

一般来讲，股价开盘开得过高，在开盘半小时内就有可能回落；如果开得太低，则有可能在半小时内出现回升。若是高开又不回落，而且成交量随之增大，这只股票当日就非常有可能上涨。

投资者在观察股价的时候，要综合当时的价格、昨日收盘价、当日开盘价、当天最高价和最低价、涨跌幅度等一起分析研判，看其是在上升还是下降。通常来说，下降中的股票不要急着买，而要等其止跌；上升中的股票可以买，但要提防被套。

股票一日之内通常都有几次升降波动，投资者要注意买入的股票是不是和大盘的走向一致。如果一致的话，最好的办法就是盯住大盘，在价格冲顶时卖出，触底时买入。如此做虽不能保证完全正确，但至少可以卖到相对高价，买到相对低价，而不会买到最高卖到最低。

4. 关注买盘与卖盘

买卖双方的出价与数量，构成盘口表现中的买盘和卖盘。市场投资者能够直接看到的是买卖五档的委托挂单以及“内盘”“外盘”和“委比”“量比”等概念，这几项都是表示目前盘中多空力量对比的指标。如图 2-2 所示。

如果即时成交价是以“委卖价”成交的，说明买方也即多方愿以卖方的报价成交，“委卖价”成交的量越多，说明市场中的“买气”即多头气氛越浓。

图 2-2　法因数控买卖盘口

以“委卖价”实现的成交量称为“外盘”，俗称“主动买盘”；反之，以“委买价”实现的成交量称为“内盘”，也称“主动卖盘”。可见，当“外盘”大于“内盘”时，反映了场中买盘承接力量强劲，股价走势向好；“内盘”大于“外盘”时，则反映场内卖盘汹涌，买盘难以抵挡，走势偏弱。

由于内盘、外盘显示的是开市后至现时以“委卖价”和“委买价”各自成交的累计量，所以对判断目前的市场走势强弱有益。如果“委卖价”与“委买价”价格相差很大，说明市场追高意愿不强，场内惜售心理较强，多空双方处于僵持状态。

5. 关注现手和总手数

现手是指股市中刚刚成交的一次成交量的大小。如果某只股票连续出现大量，表示有很多投资者在买卖该股，使其成交变得非常活跃，因此非常有可能创出新高。如果成交很冷清，成为热门股的可能性不太大。总手数也叫做成交量，就是指现手的累计数，总手数在某些时候是比股价更为重要的指标。

6. 换手率

换手率是成交总手数与流通股数的比，表明持股人中有多少人是在当天买入的。在看盘时，通过买卖手数多少的对比，可判断出是买方力量大还是卖方力量大。换手率越高，说明买卖该股的股民越多，因此股价也越容易上涨。这样的个股股性活跃，通常是热门题材股，如图 2-3 所示。若不是刚上市的新股，却出现特别大的换手率，则常常在次日就转为下跌，最好不要买入。

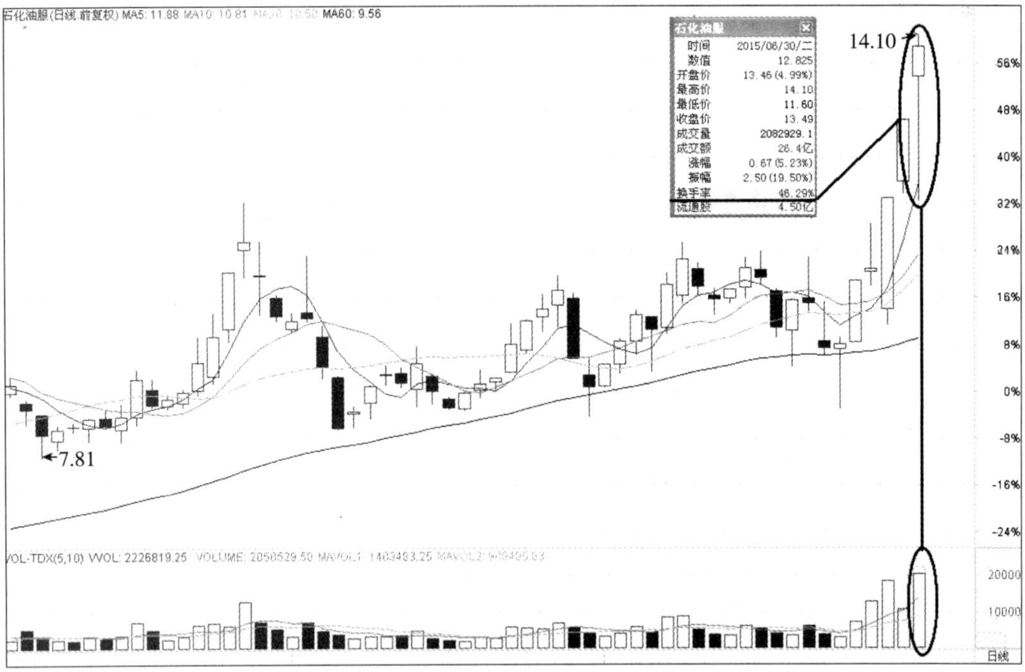

图 2-3 换手率高，成交量大，股性极度活跃

7. 委买委卖手数

委买委卖手数代表当时所有股票买入委托下五档及卖出上五档手数相加之总和。委比数值是委买委卖手数差与和的比值。当委比数值为正值时，表示买方力量较强，股指上涨概率大；当委比数值为负值的时候，表示卖方力量较强，股指下跌概率大。

8. 成交量和交易量

投资者要注意成交量和交易量的差别。例如，某只股票成交量显示为 2000 股，这表示以买卖双方意愿达成的成交数量，即买方买进了 2000 股，同时卖方卖出了 2000 股，在计算时成交量计为 2000 股。但如果计算交易量，则按双边计算，买方 2000 股加卖方 2000 股，计为 4000 股。

短线点金

通过简单的盘面语言，快速地把握市场热点和主流资金动向，从而快速作出操盘决策，才能立于常胜之境地。投资者在看盘时，要注意结合股价在低位、中位和高位的成交情况以及该股的总成交量，对股价的未来走势作出预判。

看盘的主要方式

看盘方式主要有以下两种：一种是看行情报价窗口显示的信息，另一种是看图形窗口信息。

1. 行情窗口的看盘方式

看行情窗口显示信息的方式很多，例如，在证券营业部的显示大屏幕，股票分析软件中的行情窗口，部分报价机、手机和电视台显示的滚动报价等。这种盘面信息中只有各种各样的数据，但没有指数和个股的走势图形，因此行情窗口看盘比较简单，只要明白盘面中这些数据的含义就可以了，比如现价、涨幅、涨跌、开盘、收盘、最高价、最低价、成交量、成交金额、委买与委卖、成交笔数、每笔手数等。行情窗口如图 2-4 所示。

		代码	名称	涨幅%↑	现价	涨跌	涨速%	总手	换手%	量比	开盘	昨收	最高	最低	买价	卖价	现手	市盈(动)
1		601003	柳钢股份	-9.98	5.23	-0.58	+0.00	51.78万	2.02	1.62	5.23	5.81	5.23	5.23	--	5.23	106244 ↑	亏损
2	R	600900	长江电力	-8.57	13.12	-1.23	-0.38	512.98万	5.26	3.92	12.92	14.35	13.50	12.92	13.10	13.11	218 ↑	17.10
3		600403	大有能源	-8.55	8.13	-0.76	+0.37	77.22万	3.23	2.56	8.31	8.89	8.59	8.00	8.10	8.13	37 ↑	亏损
4	R	603993	洛阳钼业	-6.44	4.65	-0.32	+0.22	329.02万	2.54	2.70	4.58	4.97	4.67	4.47	4.64	4.65	272 ↑	91.89
5		600319	亚星化学	-4.66	10.03	-0.49	+0.10	26.56万	9.64	1.02	9.95	10.52	10.29	9.69	10.04	10.05	101 ↓	亏损
6		603088	宁波精达	-3.67	56.76	-2.16	+0.02	25524	10.21	0.62	56.10	58.92	57.68	54.70	56.76	56.78	5 ↓	170.41
7	R	601901	方正证券	-3.46	11.17	-0.40	+0.09	270.68万	4.30	0.55	10.99	11.57	11.33	10.88	11.17	11.18	364 ↓	17.56
8	R	600139	西部资源	-3.24	16.74	-0.56	-0.18	61.04万	9.22	1.91	17.19	17.30	17.19	16.52	16.74	16.75	109 ↓	2437.37
9		600368	五洲交通	-3.16	7.36	-0.24	+0.41	38.50万	4.62	0.83	7.43	7.60	7.47	7.15	7.36	7.37	733 ↓	52.72
10		600358	国旅联合	-3.14	18.21	-0.59	+0.22	24.48万	5.67	1.00	17.80	18.80	18.40	17.61	18.24	18.25	33 ↓	284.46
11	R	601688	华泰证券	-2.86	21.37	-0.63	+0.14	94.36万	1.73	0.69	20.90	22.00	21.54	20.82	21.37	21.38	60 ↓	13.29
12		603108	润达医疗	-2.71	94.45	-2.63	-0.26	18677	7.91	0.92	92.00	97.08	96.00	90.30	94.40	94.48	5 ↓	108.47
13		600708	光明地产	-2.51	15.13	-0.39	+0.20	24.52万	4.82	0.53	15.00	15.52	15.16	14.60	15.13	15.14	46 ↑	66.46
14		603166	福达股份	-2.41	30.41	-0.75	+0.07	53752	12.36	0.60	29.95	31.16	30.50	29.00	30.40	30.41	15 ↓	279.20
15	R	601111	中国国航	-2.40	9.37	-0.23	+0.11	69.73万	0.84	0.82	9.30	9.60	9.38	9.18	9.37	9.38	134 ↓	14.64
16		600405	动力源	-2.37	18.50	-0.45	+0.16	70.25万	16.57	0.60	18.12	18.95	18.80	17.80	18.50	18.51	348 ↑	1679.75
17	R	600369	西南证券	-2.34	10.84	-0.26	+0.28	156.57万	3.37	0.43	10.70	11.10	10.94	10.60	10.84	10.86	467 ↓	14.76
18		600283	钱江水利	-2.33	18.02	-0.43	-0.11	47.18万	16.54	1.29	17.48	18.45	19.50	17.32	18.04	18.05	26 ↓	116.37
19	R	600115	东方航空	-2.26	8.22	-0.19	+0.49	161.69万	2.08	1.34	8.20	8.41	8.24	7.92	8.23	8.24	277 ↓	15.19
20	R	600029	南方航空	-2.16	9.06	-0.20	+0.55	140.84万	2.01	0.79	8.98	9.26	9.07	8.80	9.05	9.06	93 ↑	14.33
21		603099	长白山	-2.02	23.30	-0.48	+0.09	85513	8.33	0.66	22.52	23.78	23.35	22.48	23.31	23.35	60 ↓	40.21
22	R	600680	上海普天	-2.01	60.48	-1.24	+0.36	24.00万	9.32	0.89	61.68	61.72	64.60	59.00	60.44	60.45	82 ↑	亏损
23		603939	益丰药房	-1.98	41.16	-0.83	+0.44	98818	12.35	0.93	40.46	41.99	41.49	39.90	41.11	41.17	12 ↑	78.86
24	R	600549	厦门钨业	-1.97	21.93	-0.44	+0.00	26.07万	2.94	0.61	21.62	22.37	22.39	21.58	21.93	21.94	4 ↑	亏损
25		603838	四通股份	-1.95	39.18	-0.78	+0.67	53506	16.05	0.50	37.35	39.96	39.49	37.35	39.26	39.27	12 ↓	88.79

图 2-4 上海 A 股行情窗口

2. 图形窗口的看盘方式

图形窗口不仅显示有交易信息数据，还显示出大盘和个股的走势图形，方便投资分析更加形象深入。投资者应该先学些形态分析和均线分析的基础知识，然后在日常交易的过程中不断对照分析，摸索规律。时间长了，就能看明白图形背后的真实含义了。图形窗口如图 2-5 所示。

买盘、卖盘的看盘要点

买卖双方的出价与数量构成盘口表现中的买盘和卖盘，投资者能够直接看到的

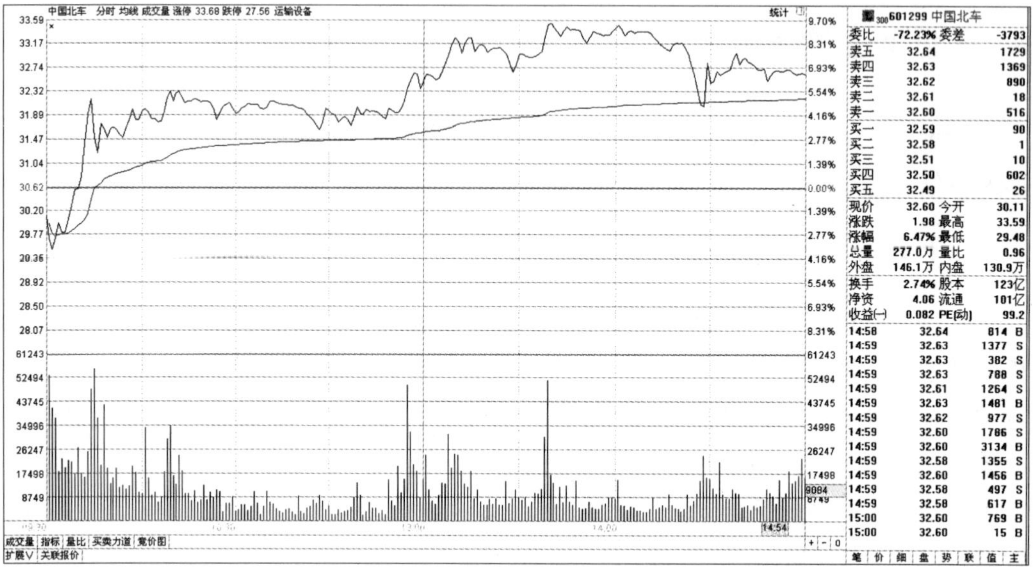

图 2-5 图形窗口

是买一至买五和卖一至卖五的买卖委托以及“内盘”“外盘”和“委比”“量比”等指标。

这几项都是目前盘中多空力量对比指标。如果即时成交价是以“委卖价”成交的，说明买方也即多方愿以卖方的报价成交，以“委卖价”成交的数量越多，说明市场中的“买气”即多头气氛越浓。如果“委卖价”与“委买价”价格相差很大，说明市场追高意愿不强，场内惜售心理较强，多空双方处于僵持状态。

探寻主力动向的方法很多，从个股交易的买卖盘情况，也可以准确观察主力的动向，具体表现就是一只股票委托买入的价格、数量及委托卖出的价格、数量。当某位投资者委托买入的价格与另一个投资者委托卖出的价格相同时，则成交。当委托买入价格与委托卖出价格达不到成交条件时，就排队等候。对于委托卖出的卖单，按价格由低到高排列，价格低的会排在前面；对于买单，同样按委托买入的价格排序，价格高的则排在前面。

通过卖盘、买盘数量的大小和对比，投资者通常可以发现主动性买盘多还是主动性抛盘多，从中有时可以发现主力动向，是一个较有效的短线指标。

但有时外盘大股价并不一定上涨，内盘大股价也未必就会下跌。投资者应清醒地看待这一指标，防止被主力欺骗。一般来讲，投资者应该注意以下几种情况。

当股价启动不久，仍然处在中低价位时，通常主动性买盘较多。此时盘中出现大量的委买盘挂单，往往预示着主力有做多意愿，可以考虑介入跟庄。若出现了大量的委卖盘挂单，股价却不跌反涨，说明可能有主力在压盘吸货，往往是个股大幅上涨的先兆。

当股价上升幅度已经较大，并且处于高价位时，盘中出现了大量的委买盘挂单，但走势却是价滞量增，此时要留神主力诱多出货。若此时大量的委卖盘挂单较多，且上涨无量，则往往预示顶部即将出现，股价将要下跌。

主力用几笔买单将股价拉至一个相对的高位，然后在股价小跌后，在买一、买二挂买单，造成一些投资者误判股价会下跌，纷纷以叫买价卖出股票，主力却分步挂单，将抛单通通接走。这种先拉高后低位挂买单的手法，常会显示内盘大、外盘小。待投资者上当抛出后，主力接足筹码，会迅速推高股价。

主力用几笔抛单将股价打至较低位置，然后在卖一、卖二挂卖单，自己再吃掉自己的卖单，造成股价暂时横盘或小幅上升。此时外盘会明显大于内盘，使投资者误认为主力在吃货而纷纷买入，结果第二个交易日股价继续下跌。

在均线刚刚形成多头排列且涨势初起之际，卖盘上挂出大抛单，买单则比较少，此时如果发现有大单一下子连续横扫多笔卖单，表明庄家正在大举进场建仓，这时的压单并不一定是有人在抛空，很有可能是庄家自己的筹码，此时是投资者跟进的最佳时机。

短线点金

总而言之，买卖盘、内外盘的大小，对判断股票走势有一定帮助。但投资者一定要同时结合股价所处的位置和成交量大小来进行判断，而且还要注意股票走势的大形态，千万不要因为过分注重细节而忽略了大局。

内盘、外盘的看盘要点

内盘是以买入价成交的交易，买入成交数量统计加入内盘。外盘是以卖出价成交的交易，卖出量统计加入外盘。如图 2-6 所示。

内盘、外盘这两个数据大体可以用来判断买卖力量的强弱。对于个股来说，当其内盘数量大于外盘数量时，表明主动性卖出的数量大于主动性买入的数量，这是投资者卖股意愿强烈的体现；反之，若是外盘数量大于内盘数量，则代表主动性买入的数量大于主动性卖出的数量，这是投资者买入意愿更强的体现。可以说，内盘与外盘的数值，直接反映了投资者的买卖意愿。简单来说，就是内盘大，外盘小，则个股走势看跌；外盘大，内盘小，则个股走势看涨。

积极关注外盘、内盘数量的大小和对比，可从中发现主动性的买盘多还是主动性的抛盘多，由此判断趋势强弱的真实情况，是一个较佳的辅助指标。投资者在使用外盘和内盘时，要注意结合股价在盘中分时走势的低位、中位和高位的成交情况

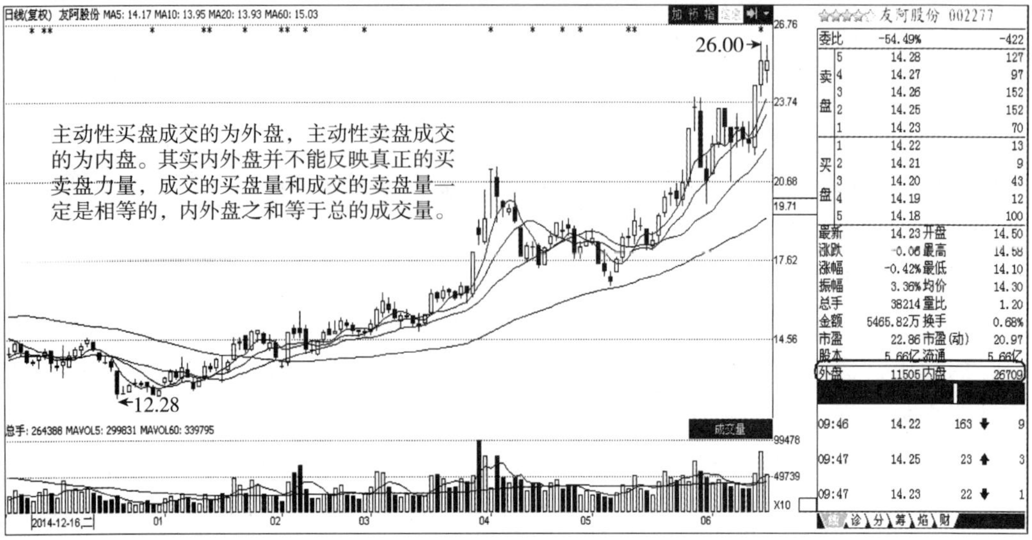

图 2-6　内盘与外盘

以及占该股当日总成交量比例的情况。因为庄家做盘的需要，所以外盘大股价并不一定上涨，内盘大股价也并不一定下跌。了解这种分析技巧，就可以对日线、周线进行分析了。

散户利用内盘和外盘的大小预测股价未来走势时，一定要结合股价所在的位置、成交量及其他技术指标进行分析，具体来说有以下六点。

第一，股价经过较长时间的大幅下跌后，股价处于低位并且成交量极度萎缩，忽然接下来几个交易日成交量温和放大，并且外盘数量增加且大于内盘数量，这时股价上涨的可能性较大并且上涨走势较可靠。

第二，股价经过较长时间的大幅上涨后，股价处于高位并且成交量很大，这时出现内盘数量放大并且大于外盘数量，股价下跌的可能性较大并且下跌走势较可靠。

第三，在股价持续阴跌过程中，时常会出现外盘大、内盘小的情况。这种情况并不表明股价一定会上涨。因为庄家用几笔抛单将股价打至较低位置，然后在卖一、卖二挂卖单，并自己吃掉自己挂出的卖单，可以造成股价小幅上升。此时外盘将明显大于内盘，使投资者认为庄家在吃货而纷纷买入，结果次日股价继续下跌。

第四，在股价持续上涨过程中，时常会发现内盘大、外盘小的情况。这种情况并不表示股价一定会下跌，因为庄家用几笔买单将股价拉至一个相对的高位，然后在股价小跌后，在买一、买二挂买单，让投资者认为庄家在出货，纷纷卖出股票，此时庄家层层挂出小买单，将抛单通通接走。这种先拉高后低位挂买单的手法，常会显示内盘大、外盘小，庄家通过这种手法以达到诱导投资者的目的，待接足筹码后迅速推高股价。

第五，在股价已被打压到较低价位后，如果五档卖盘中挂有巨量抛单，很可能是主力自己压的大单，让投资者认为场内抛压很重，并且股价很有可能还要下跌，从而卖出自己手中的筹码或不敢加仓。一般情况下，这是主力在吃货，一旦吃货完毕，他们就会撤掉巨量抛单，此后股价大幅上涨。

第六，当股价涨停时，所有成交量都计入内盘，但上涨的决心相当坚决，并不能因内盘远大于外盘而判断走势欠佳。股价跌停时，所有成交量都计入外盘，此时股价下跌动力依然十足。

短线点金

从理论上讲，内盘（主动性卖盘）和外盘（主动性买盘）的数值可以反映主动卖出和主动买进量的大小。有不少人以此为依据，进行短线买卖操作。实际上，内盘和外盘的数值有时并不是真实的，主力为了迷惑散户，常常故意制造出虚假的内盘或外盘，散户要有一定的研判能力，否则很容易上当受骗。

通过集合竞价判断大盘走势

集合竞价是指每个交易日上午9:15～9:25，由投资者按照自己所能接受的心理价格自由地进行买卖申报，电脑交易主机系统对全部有效委托进行一次集中撮合处理的过程。在集合竞价时间内的有效委托报单未成交，则自动进入9:30开始的连续竞价。

集合竞价对于观察当日盘口强弱，预判大盘全天走势有着极高的参考价值和意义。集合竞价往往隐含着主力当日的运作意图，是市场各方经过一夜深思熟虑及市场共同预期的结果，这是实战看盘的第一着眼点。认真分析集合竞价的情况，可以及早进入状态，熟悉最新的盘口信息，敏锐地发现机会，这是很多散户朋友容易忽略的问题。

根据规定，在集合竞价时段的前5分钟（9:15～9:20），投资者可以下单，也可以撤单。在集合竞价时段的后5分钟（9:20～9:25），投资者只能下单，不能撤单；9:25，交易所将公布集合竞价的成交价格和成交量；9:25之后的5分钟（9:25～9:30），属于正式开盘前的等待状态，这个过程是留给所有投资者进行思考和判断的；9:30之后，属于连续竞价时段，大盘将随之展开4个小时的交易。

一般来说，开盘价会受昨日收盘价的影响，按照惯性定律继续进行运动，除非遇到阻力。如果大盘指数正处于上升趋势的中间部分，此时高开，则说明市场人气旺盛，抢筹码者较多，后市看涨。

但如果集合竞价时高开过多，使前一天买入者获利丰厚，很容易造成短线获利盘回吐，导致短时间内股指下跌。如果开盘几乎平开（高开或低开几个点），则说明市场人气平静，多空双方暂无争执。如果低开，则表明后市看跌。如果低开过多，则短时间内会出现多方贪低价的抢盘行为。

另外，如果大盘在底部突然高开且幅度较大，通常意味着多空双方力量将发生根本性的逆转，此后的股市回调将成为投资者进场的良机。如果大盘已有大幅上涨并且大幅高开，则意味着多方力量最后喷发，阶段性的上升趋势已走到了尽头，此时是出货的良机。

如果大盘在底部大幅低开，常常是空头的最后一击，容易形成市场见底的机会。如果大盘在顶部低开，则说明市场人气涣散，是投资者尽快出货的良机。如果大盘在上升途中或下降途中出现高开或低开，一般意味着趋势将继续原有的走势。

集合竞价由于其时间特性，往往反映出市场对当天走向的看法，从总体上反映了多空双方或做多或做空或观望的倾向，通过它可以了解市场多空双方的基本意愿，所以集合竞价对预测个股当日走势具有重要的定性作用。投资者在操盘时，应将当天集合竞价的成交量记载下来，从集合竞价中有时可以发现个股变化的秘密。

如个股在持续上涨后遇到一个关键的阻力位，在前一日个股出现较大幅度的上涨后，第二天集合竞价时成交量突然明显放大，当天股指跳空高开。遇到这种情况，短线炒作者应该迅速地将手中的获利盘予以兑现。因为集合竞价成交量突然放大，说明短线投资主力有急于出局的欲望。当抛盘明显加大后，短线走弱不可避免。如图 2-7 所示，紫鑫药业经过前一交易日的跳空上涨后，2015 年 10 月 26 日早盘集合竞价时成交量突然放大，而且当天股价跳空高开，短线操作以获利了结为宜。

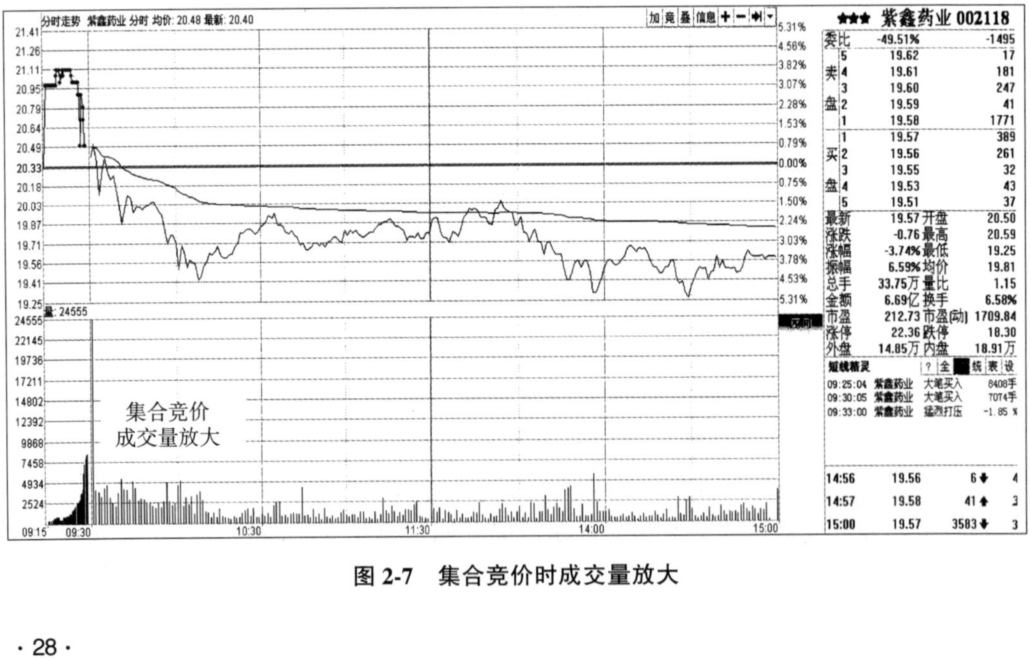

图 2-7 集合竞价时成交量放大

如当天集合竞价的成交量明显小于前一个交易日的集合竞价成交量，可借此判断当天的市场是空头市场还是多头市场。盘中接盘的力量较弱为空头市场，反之则是多头市场。

短线点金

集合竞价最易被人为操纵，绝大多数集合竞价都是主力操纵的市场行为。主力往往通过集合竞价表达市场意图，试探投资者对股票当日的初步反应。

集合竞价往往是主力当日盘中骗线的第一个动作，主力往往利用集合竞价进行反技术操作。集合竞价时，有些主力以巨量买单高开，随后股价大幅走低；有些主力控盘使股价大幅低开，开盘后却让股价低开高走；有些当日强势上涨的个股，却在集合竞价中表现得极度弱势，这些都是主力为了掩饰其真实的操盘意图而进行的反技术操作。

第二节 不同时段的看盘技巧

每个交易日的交易时间有 4 个小时，这 4 个小时可以分为开盘、盘中、盘尾三个时段。

开盘半小时的看盘技巧

开盘半小时的分时走势，对大盘当日的走势有很大的诱导作用，甚至有时开盘半小时的走势完全成了当天大盘走势的翻版。

一般情况下，将开盘半小时的走势分为三个阶段，第一个阶段是 9:30～9:40，第二阶段是 9:40～9:50，第三个阶段是 9:50～10:00。

第一个阶段多空双方比较重视，因为在开盘后 10 分钟内，参与买卖的人数不多，盘中买卖量相对较小，此时用不大的成交量就可以达到主力控盘的目的，而且在此时拉升股价是最节省成本的。

第二个阶段是多空双方休息的时候。此时双方经过前 10 分钟的较量后，对原有的走势进行修正。双方知道对方的实力后，对操作思路进行进一步的部署，因此这段时间是买入或者卖出的转折点。

第三个阶段，因为参与买卖的人数越来越多，买卖盘口变得较实在，因此可信度较大，这段时间的走势基本上会成为全天股价运行的基础。

每天开盘后半小时，是多空双方交战最激烈的阶段。多方为了收集筹码，开盘后经常会迫不及待地买进。空方为了达到出货的目的，也会故意拉高股价，从而造成开盘后股价急速拉高的现象。有时多方为了买到便宜的筹码，开盘后会急速打压股价，使得投资者产生恐惧心理，不顾一切地抛售手中的筹码，使得开盘后股价急速下跌。对开盘后半小时的分时走势进行分析，有助于对大势的研判，常常在开盘后半小时就可以看清股价当天的走势情况。

1. 上升趋势

一般情况下，对于上涨趋势的大盘，开盘后半小时之内指数都会出现一浪高过一浪的攀高。攀高到 10:00，如果继续攀高，说明当天大盘震荡走高，股指将会大涨；如果 10:00 后大盘掉头向下，可以预期尾市大盘有短线回吐压力，但全天的上涨趋势是肯定的。以上两种情况是最典型的大盘上涨信号。

2. 下降趋势

开盘后 30 分钟内，大盘分时走势逐级盘下，一浪比一浪低，盘中反弹高度不能高出下降趋势线，反弹乏力，直至 10:30 后仍然没有一波像样的反弹，或有强力反弹，但始终不能高出开盘后 30 分钟 K 线实体部分，可以判定当日大盘为跌势，股指下调。

有时候大盘高开后有回补当天跳空缺口的要求，这时可以观察 5 分钟 K 线。如果其后连续 3 根 5 分钟 K 线能够高于开盘 K 线的实体部分，可以肯定大盘走势是稳定的，股指当日是上涨趋势。相反，如果开盘后连续 3 根 5 分钟 K 线低于开盘时 K 线的实体部分，可断定当日大盘处于下降趋势。

盘中时间的看盘技巧

在 10:00 以后，股市进入多空双方搏杀阶段。除去开盘与收盘各半个小时，其余时间全为盘中交易。股价在盘中的走势，无论是探底拉升、窄幅震荡，或冲高回落，全部体现控盘主力的操作意图。

盘中运行状态一般有以下几种常见情况。

（1）个股低开高走。如果股价探底后的回升幅度超过跌幅的 1/2，如图 2-8 所示。此时股价回调后跌不下去，表示主力做多信心十足，可于昨日收盘价附近挂买盘跟进，进行短线操作。相反，则表明股价运行仍然处于弱势，空方仍然占据上风，出现这种走势情况，不适宜进场操作。

（2）如果大市处于上升途中，个股却是平开高走，并且股价在回调时不跌破开盘价，股价回落一下很快就会重新向上，这种现象表示主力做多意愿坚决。待第二波高点突破第一波高点时，投资者应加仓买进。

（3）大市处于低位时，个股形成 W 底、三重底、头肩底、圆弧底形态，无论其高开低走还低开低走，只要盘中拉升突破形态颈线位，并且突破时突放巨量，则不宜追高，待其回调到颈线不破颈线时再挂单买进。其中低开低走行情，虽然个股仍在底部，但考虑到市场毕竟仍属弱势，应待突破颈线时红盘报收，回调也不出现长阴破位时才可买进。

（4）个股处于低位箱体震荡走势时，无论股价是高开低走，平开平走，还是低开平走，股价向上突破时都可以跟进。若是股价处于高位箱体震荡向上突破时，应注意防范风险，当日股价走势出现横盘时最好观望，以防主力震荡出货。若股价出现放量向上突破，尤其是在股价处于高位箱体 1 年左右，成交量也是长期地量时，

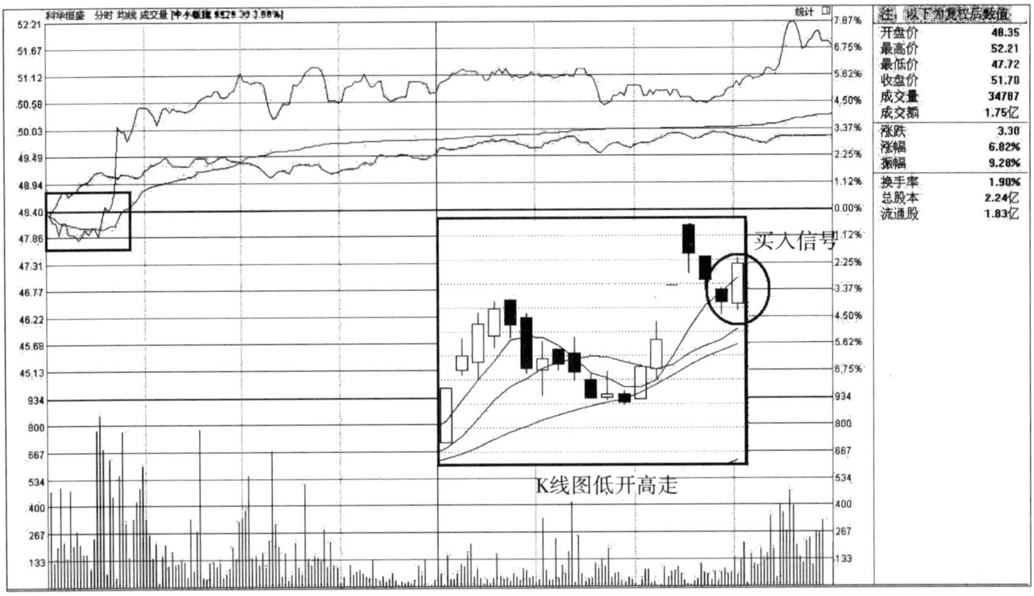

图 2-8 低开高走，探底拉升超 1/3

一旦出现高开或平开平走，即可跟进操作。如果是低开或平开，原则上仅看作弱势止跌回稳的信号，可以少量介入，搏一下反弹，切勿大量跟进。很多中价位次新股经常出现高位箱体震荡，投资者可以少量买进，赚取其中的差价，但同时要时刻注意控制风险。

（5）大市下跌时，若个股低开低走，突破前一波低点，多是主力看淡行情，有其弱势或实质性利空出台。低开低走，反弹无法超过开盘，多表明主力离场观望。若再次下破第一波低点，短线操作应市价杀跌卖出。

（6）个股如形成三重顶、头肩顶、圆弧顶时，股价跌破颈线时应果断卖出，趁其跌破后股价拉回颈线处反弹无力时卖出。

（7）升势中，若股价高开低走，两波反弹无法创出新高，此刻放出大量，则在第二波反弹高位反转时卖出。主力利用高开吸引投资者追涨跟风并借机放量，是他们派发的惯用伎俩和手法，短线操作可参考前期除权股的盘中走势。

（8）当大盘处于弱势时，个股如果出现高开低走翻绿，并且在反弹中无法翻红时，投资者应该在股价无法翻红时获利了结，以免在弱势中高位被套。

（9）当个股走势处于箱体震荡区间，趋势开始向下时，无论股价是高开平走还是平开平走，或者是低开低走，尤其在箱体呈现大幅震荡时，一旦股价运行到箱体低点支撑位失守，投资者应该果断卖出。出现这种走势，显示主力已失去护盘能力，至少股价短线向淡，暗示一轮新的跌势开始，投资者应毫不犹豫地斩仓出局。

收盘半小时的看盘技巧

收盘价是当日的股票定价，是多空双方经过一天交战后的结果，是对第二天股价走势的指向。收盘前半小时的交易行为，对“买入”还是“卖出”有着极为重要的提示作用。在临近收盘前半小时多空双方“决战”的时间，双方都会动用重兵来打击对方，因此成交量常常在此时放大，股价运行具有突然性和一边倒性，大单成交是其重要特色。

1. 收盘前半小时拉升

股价全天运行平稳，临近尾市时才开始拉升，股价以扫盘的方式向上放量攻击，短时间内呈现凌厉的上攻态势，如图 2-9 所示。

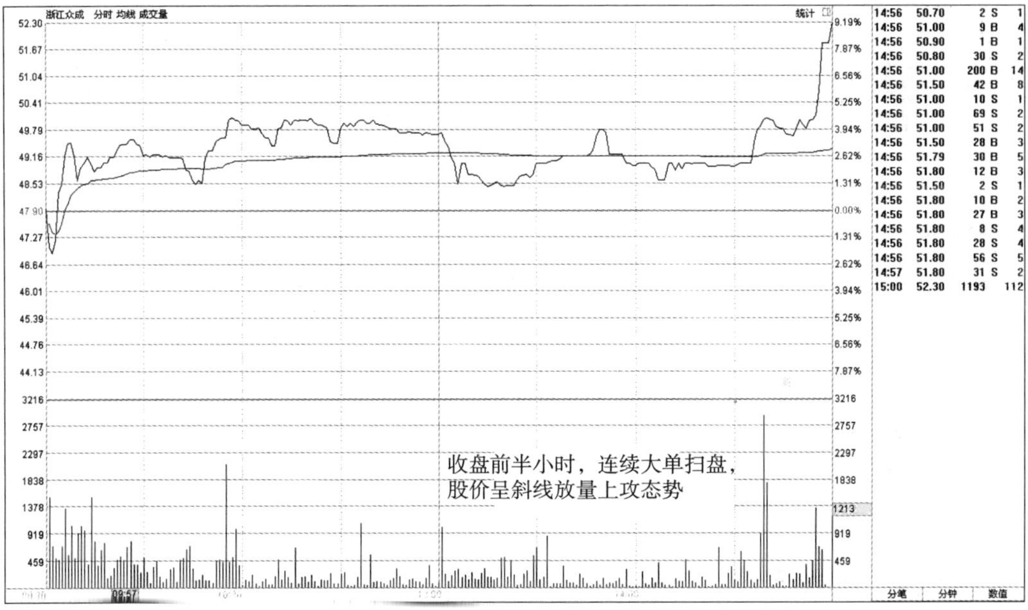

图 2-9 尾盘放量拉升

2. 收盘前半小时开始下跌

股价全天运行平稳，临近尾市时才开始下跌，股价以砸盘的方式向下放量回落，短时间内呈现凌厉下跌的态势，如图 2-10 所示。

在收市前半小时内出现放量拉升情况时，股价一般都处于一轮上涨后的整理形态或一轮下跌后的止跌形态中。收盘前半小时忽然下跌的走势，一般都出现在一轮较大的上涨之后，其 K 线组合呈现走势减缓或急升的整理形态。

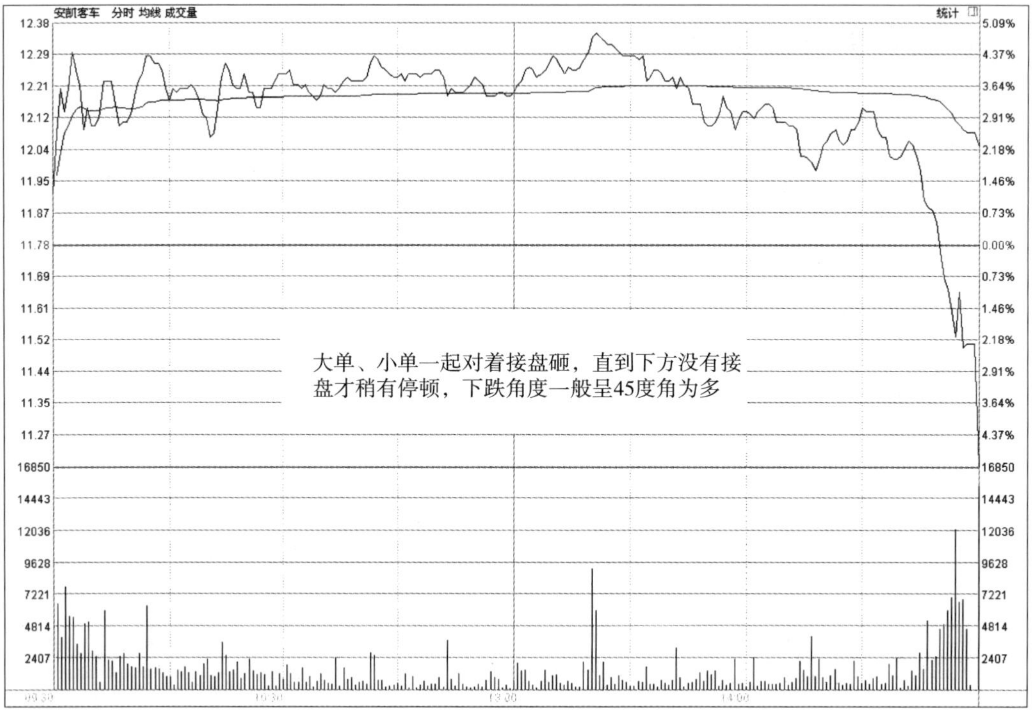

图 2-10 尾盘急剧下跌

短线点金

读懂收盘语言，关键在于临近收盘前半小时多空双方的“决战”时间，此时双方都会动用重兵来打击对方，因此成交量常常在此时放大，股价运行具有突然性和一边倒性，大单成交是其主要特色。假如没有大单成交，即使股价运行幅度增大，也没有“有效性”。

尾盘拉升的看盘技巧

尾盘拉升是指在收盘时股价突然出现大单拉升，股价突然上涨的局面。其实在主力操作手法中，拉尾盘是较为常见的一种走势，尾盘拉升也是庄家的一种做盘技巧。尾盘是股市一天即将结束的标志，不仅是当日多空双方交战的总结，还是决定次日开盘的关键因素。正确认识个股拉尾盘的行为意义，对研究这类个股走势有重要的意义。

尾盘拉升是主力控盘较常见的一种手法，一般而言，主力操作尾盘拉升有以下几种情况。

（1）庄家为保存实力，在抛盘比较少的尾盘拉升股价，这样消耗的资金少。

（2）庄家没出完货，需要快速拉高，明天接着出货。

（3）庄家当天在底部获得了所需的筹码，需要快速脱离成本区。

（4）有资金突然获得了利好消息，比如第二天有重大事项公布等，抓紧时间抢筹。

（5）股价全天都在高位徘徊，最后封涨停，显示主力做多决心强烈。

（6）股价全天都在次高位徘徊，大盘尾盘向上翘或回钩，表明追买人气足。涨停则意味明天可能会高开或继续上涨，会有短线资金买盘涌入推至涨停。

（7）主力为了修饰K线图，拉出光头阳线，显示做多信心。

尾盘拉升，从主力操盘角度看，属于一种控盘技巧，不同环境被不同的机构利用，其目的也有所不同。在主力进场过程中，部分机构特别是短线主力，入市时喜欢利用尾市拉升收集筹码。操盘手多在尾盘采取高举高打通吃的扫货方式收集筹码。这种尾盘高举高打往上扫货通吃的吸筹盘口，一般在大盘当天下跌或者表现弱势时出现。在下跌市场中主力逆市拉高的个股，更容易引发获利盘解套盘抛售，收集筹码比较容易得手。如图2-11所示。

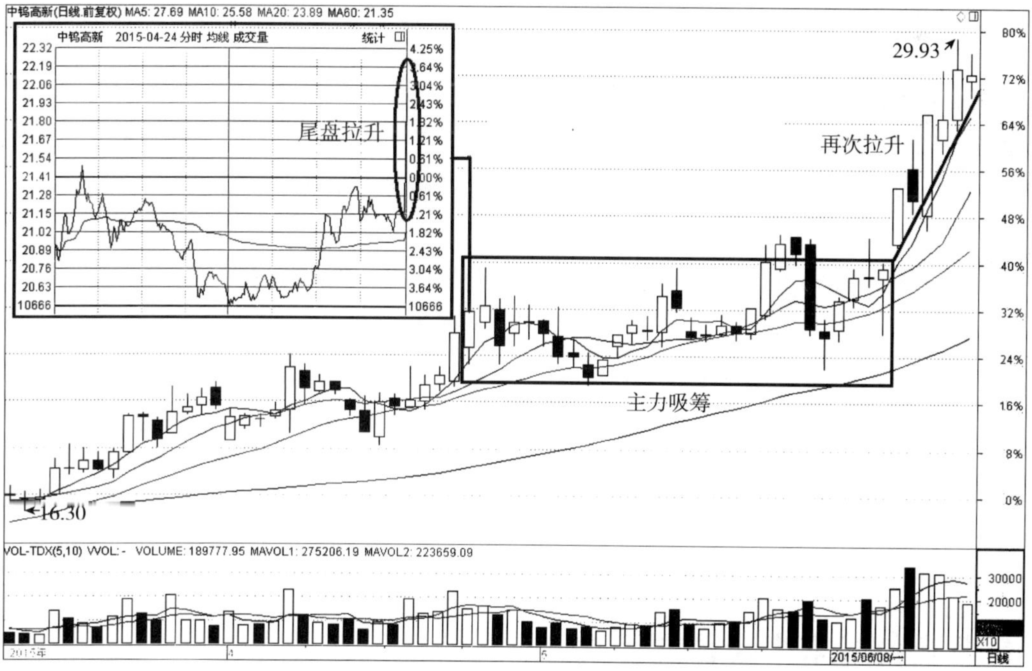

图2-11　尾盘拉升吸筹

在强势市场中，大盘尾盘出现强势上扬，往往会影响部分个股尾盘随大势出现明显快速的拉升。这种拉尾盘动作属于受大市强势升势影响导致个股买盘推动股价尾盘急升的行为，属于交易市场行为。目标股票出现这种情况的拉尾盘动作，后市表现一般看大盘的表现而定。

在大盘弱势时，个股盘尾拉升基本可以肯定为吸筹打压，或者拉高股价寻找出货机会，次日下跌的概率极大。应对的办法是及时逢高卖出，越拉越卖，千万不要犹豫，不要错过减仓的好机会。

注意将个股价格和个股技术形态结合判断分析。如果一只股票构筑缓慢的上升通道，并走进最后的5浪加速期，那么这个时候的急速拉高属于本身趋势形态上涨加速，在股价快速起飞的初期，可以适度跟涨；反之，则应该观望。

在个股处于低位时出现尾市急拉现象，一般说明主力掌握的筹码不足，拉高是为了吸筹，以备打压股价之用。次日甚至此后数日，下跌概率极大。应对的办法是逢高卖出，以后加强观察。

在个股的中位出现尾市急拉现象，一般说明属于上涨中继。如果全天股价均在高处，则次日上涨的概率较大；如果全天股价处于盘整状态，尾市急拉说明洗盘动作即将开始，尾市拉升是为了加大洗盘空间，但同时主力又不愿股价出现深跌，以免廉价筹码被散户抢去。应对的办法是：既可以出局，也可以静观待变。

在个股处于高位时出现尾市急拉，一般是为了加大出货空间，此时逢高及时卖出是明智的选择。

短线点金

盘尾拉升是实战中经常遇到的问题，研究其意义及应对办法，可以更好地把握买卖时机，提高收益率，减少损失率。尾盘拉升要区分有量急拉和无量上涨的不同，前者属于主力对敲做盘，从买卖档可以看到很多大单、整数单大举买进，这样的情况十之八九属于主力操盘手故意炫耀实力给散户看，引诱跟风盘。

后者则是突发利好消息刺激，场外资金急切抢进，股票无须放量就轻松涨停。这种走势往往说明两个含义，一是主力惜售，二是筹码高度集中。这种情况下的无量拉高，特别是封涨停，后市绝对可以看高一线。

收盘价对未来走势的影响

收盘价是股市中最容易被记住也是最重要的一个数据，但投资者却很少注意到在收市以后停留在行情图上的报价情况，也就是“收盘价的盘面反馈”。其实它可以告诉投资者很多信息，特别是盘中庄家的信息。比如收盘价位于该股当日中间价和最高价以上，次日大多看涨。如图2-12所示。

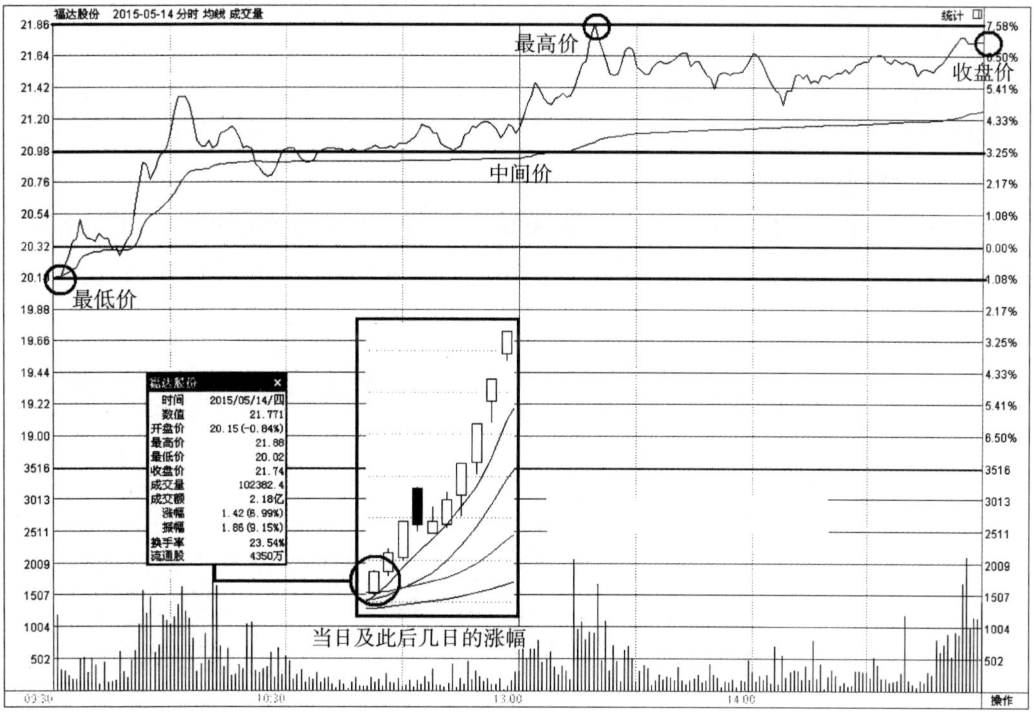

图 2-12　收盘价收于中间价和最高价以上，次日看涨

1. 庄家做收盘价的方法

庄家做收盘价有两种方法。

一是庄家在最后一分钟或者两分钟将股价拉高，条件是上档的压盘很小。投资者有时候看到上面挂着的很多压盘，或者突然有一些很大的成交量出现，这其实有可能都是庄家自己的，真正市场上的单子有多少，恐怕只有庄家自己清楚。

股市中现在的收盘价并不是最后一笔的成交价，而是最后一分钟交易的平均成交价。庄家可以在较高的位置挂上一笔较大的抛单，最后一笔一直打到这笔大单子，这样就能将收盘价做高。由于只是最后报进去的买单将卖单打掉，下面并不会有新的更高买价的单子进场，所以收盘时下面就会显得空虚。

二是借助于大盘尾市的稍稍好转而且个股上档压盘不大的时机，庄家可以在尾市的一段时间内尽可能地将上档的单子扫掉直到收盘。此时庄家并不希望多增加筹码，所以绝不在下面挂大的买单，这样就造成下面空虚的状态。

2. 收盘时委单表达的信息

收盘时委单表达的信息主要有以下几种。

（1）买卖均衡。

买卖均衡的含义是上下委买盘与委卖盘相当，价位上没有空缺。比如收盘价为3元的股票，每高或者低1分钱都有接盘和抛盘，挂出的数量也几乎相等，说明多空力量相当。如果当天成交量不大的话，表示后市该股仍然以整理为主。

（2）高空形态。

高空收盘形态是指上档的卖出价离收盘价较远，买进价则贴近或等于收盘价。遇到这种情况，投资者应注意的一个细节就是上档卖盘空虚。尽管上面仍然排满了五个价位的抛盘，但距离买入价过远，所以还是可以称它为空虚。如图2-13所示。

图2-13　高空收盘形态

如果该股日成交稀少，那么出现高空形态是正常的，表明盘中可能没有庄家，或者就算有庄家，庄家也不愿意做收盘价，这意味着该股至少近期还不会走强于大盘。

如果尾市大盘明显下跌，那么出现高空形态只有一种可能，即见单杀出的抛盘将股价打下。除此之外，如果出现这种形态则属于非正常形态，表明股价最后的交易受到了非市场因素的干扰。如果该股成交清淡的话，可能是有资金在吸纳筹码，不断将上档抛盘打掉，但并不在下面挂接单。如果成交量比较大，那么有可能是大单子在尾市偷袭出逃。

（3）低空形态。

低空形态的特点是下档的买进价离收盘价较远，卖出价则贴近或等于收盘价。如果某股日成交稀少，那么低空形态的出现是正常的。除此之外，都属于非正常状态。

假设大盘尾市快速上涨，市场散单也不会一味往上猛打而不在下档挂单。因此，合理的解释是盘中有庄家在运作收盘价。

总之，无论是哪一种情况，都说明盘中有庄家而且庄家不希望股价继续下跌，但这种庄家绝不是新建仓的庄家。

怎样判断股市的大盘走势

大盘走势是所有个股走势的综合体现，代表了大部分个股的股价变动情况。很多投资者会参考大盘走势来决定如何操作个股，所以大盘走势会影响个股走势。主力控盘的个股大多数也会跟随大盘一起走，股市出现调整是正常的，没有只涨不跌或者只跌不涨的股市。独立上涨的个股要么就是送红股，要么就是业绩大增，要么就是有好的题材之类的。

投资者如果想在股市中做到进退自如，就必须学会准确判断大盘走势。一旦看错了大盘走势，在熊市行情中，即使选择的股票基本面和技术面都非常好，还是有七成左右会随大势狂泻不止。即使处于牛市行情中，也要判断当前市场是处于牛市初期还是末期。更重要的是，要正确判断大盘下一步将会怎样走，究竟是暂时的盘整，还是已经见顶，出现了逆转。只有明确了这些问题，才能对股市的大盘走势有比较准确的把握。

1. 牛市

牛市也称多头市场，指证券市场参与者普遍看涨行情，持续时间较长的大升市。在股票市场上，牛市意味着股票市场上买入者多于卖出者，股市行情看涨。

股票市场形成牛市的因素很多，主要包括以下几个方面：①经济因素。上市企业盈利增多，经济周期处于繁荣阶段，利率下降，新兴产业快速发展，出现温和的通货膨胀等，都可能推动股市价格上涨。②政治因素。政府颁行新的政策、法令，或发生了突发的政治事件，都可能引起股票价格上涨。③股票市场本身的因素。如发行抢购风潮，大户大量购进股票，都可引发牛市。

（1）牛市来临征兆。

牛市来临通常会出现以下征兆，投资者可以根据自己的判断提前杀入市场。

①股市的宽度增加，也就是说，价格上升的股票多于下跌的股票。

②行情在接连的 3 个月之内对一连串的利空消息毫无反应，一直保持大涨小回的模式。

③技术分析图出现“月线连三红”的走势，市场成交量开始逐步回升。

④投资者前景普遍悲观。

一旦判明牛市来临，投资者就要注意了，牛市初期最能涨的股票一般为大市值的绩优龙头股，以及能够带动人气指标的个股，它们会不断地创出新高。由于这批股票总市值比较大，它们上涨初期会表现得涨势比较缓慢，甚至不涨，一旦上涨趋势形成，就会成为市场的热点。

牛市中还有一类股票也是最善于表现的，那就是绩优的小盘股。这种股票的流通盘小，股本扩张力强，容易被市场炒作，股价快速上涨也是必然的。在牛市中，这类股票也是最能够产生出“明星股”的。

牛市要赚钱，最重要的一点是看长做短，底仓不动，捂住股。满仓买好股后，要拿得住才行，这就叫“捂股”。如图 2-14 所示。

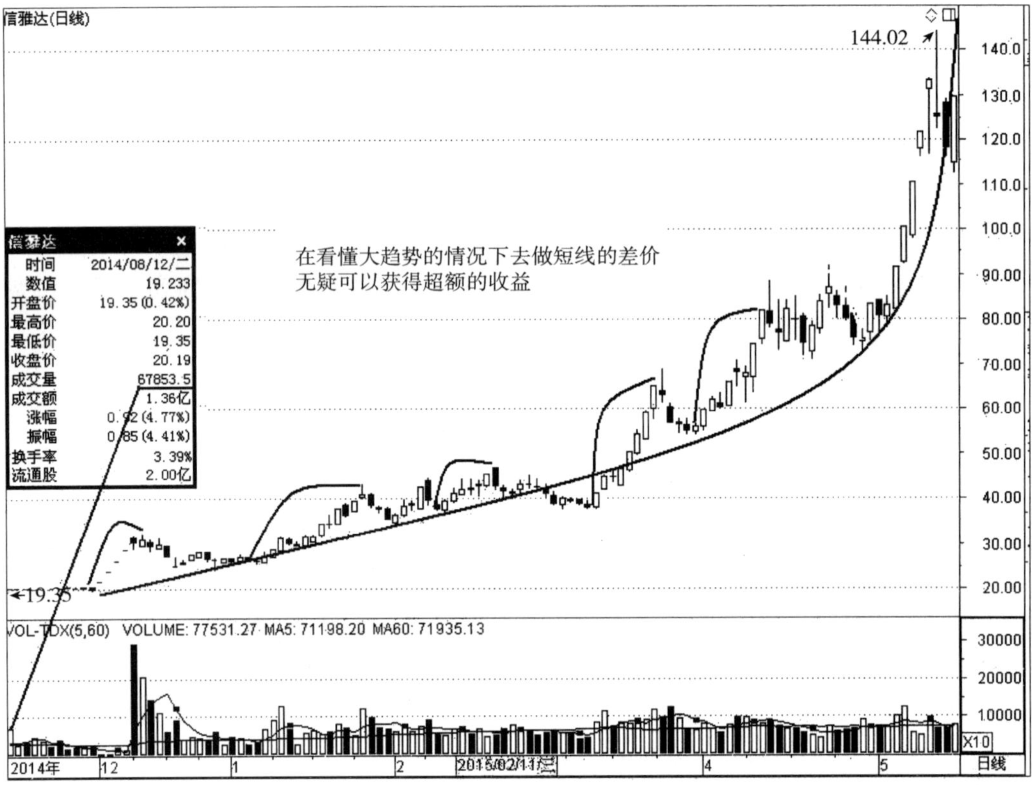

图 2-14　看长做短，捂股不动

（2）牛市顶部征兆。

选择正确的时机进入市场还远远不够，只有善于发现股市的顶部，及时逃顶，才能保住牛市胜利果实，否则以前的盈利就会成为过眼烟云。根据经验，出现以下征兆时，可以认为牛市即将见顶。

①从价格上看，创新高的股票数目先是大增，但到牛市末期，尽管指数上升，股价上升的股票数量并不多。

②越来越多的新股民不断涌入市场，每个月的开户数量持续上升。

③指数和股价放量滞涨，大盘放出近期大量而不涨，基本可以确认主力在出货。

④在大盘即将到顶的时候，绝大多数股民处于盈利状态。大量资金涌入市场，出现股价不断翻番，股民争相竞价购买的火热气氛。

⑤一直不被市场看好的垃圾股，也普遍出现持续上涨甚至连续涨停的现象，市场上已经没有低价股，市盈率居高不下。

2. 熊市

熊市指股市行情萎靡不振，交易萎缩，指数一路下跌的态势。这段下跌期间，管理层频频出台利好政策救市，但股市仍然下跌不止，成交额持续缩小，无热点板块炒作，入市人数急剧减少。

熊市也称空头市场，指行情普遍看淡，延续时间相对较长的大跌市，也称跌市、淡市、空头市场、卖空市场等。通常当市场跌幅超过 20%时为熊市。

（1）熊市来临征兆。

从盘面上看，熊市来临也有一些可供参考的征兆。

①散股交易中，买方数量大大高于卖方数量，参与炒股的人员非常广泛。

②市场价格大幅度持续上涨，但是上升过程中遇到较大的阻力，上涨速度减缓。

③投资者由风险较大的证券投资转入安全型的债券投资，证券市场上悲观和保守气氛加重。

（2）熊市底部征兆。

如果投资者能清楚地找到股市的底部，赶在见底的时候果断建仓，便可等待下一轮上涨行情。一般来说，熊市见底会显示以下征兆。

①绝大多数投资者出现亏损，并且亏损幅度在 50%以上，甚至主力机构也无法避免亏损，那么此时离熊市见底就不远了。

②大多数股票已经深幅下跌，前期较为抗跌的蓝筹股或优质股，也加入大跌的行列，往往还会出现大面积跌停的现象。

③投资者由以往的贪婪开始变得对股市不闻不问，并且对股市回升不抱希望，开始抛出亏损筹码时，股市才真正见底。此时往往是散户大量抛盘，而庄家则偷偷建仓。如图 2-15 所示。

④一些重要的支撑位轻易被击穿，一些整数点关口也接连丢失。

怎样使用涨跌幅排行榜选股

排行榜是炒股软件根据涨跌幅、量比、委比等排列出来的，比如日涨跌幅排行榜、即时涨跌排行榜、板块分类涨跌排行榜、地区分类涨跌排行榜等。在选股前，

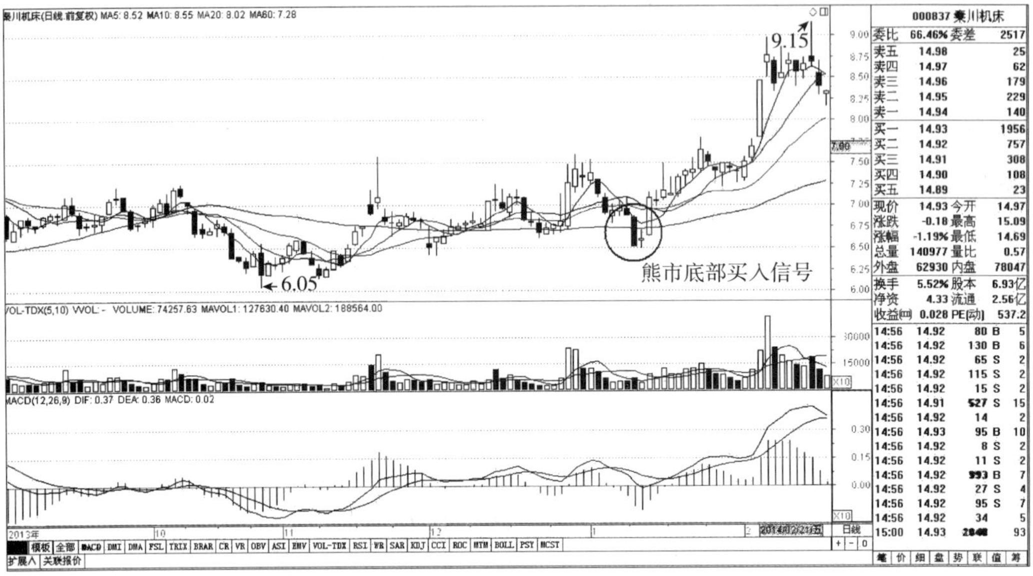

图 2-15　熊市底部散户抛盘，庄家建仓

投资者可以利用排行榜中股票的涨升情况，很快找出整个大市中的龙头股。

一般证券交易软件中，按 60 数字键是沪深 A 股涨跌幅排行榜，按 61 是上证 A 股涨跌幅排行榜，按 63 是深证 A 股涨跌幅排行榜。如图 2-16 所示。

	代码	名称	涨幅%↓	现价	涨跌	涨速%	总手	换手%	量比	开盘	昨收	最高	最低	买价
1	600375	华菱星马	+10.06	7.55	+0.69	+0.00	26990	0.49	0.28	7.55	6.86	7.55	7.55	7.55
2	600602	仪电电子	+10.03	9.65	+0.88	+0.00	48710	0.55	0.45	9.65	8.77	9.65	9.65	9.65
3	600510	黑牡丹	+10.02	10.76	+0.98	+0.00	30.87万	3.88	3.64	9.82	9.78	10.76	9.78	10.76
4	600207	安彩高科	+10.01	9.56	+0.87	+0.00	83.21万	18.91	24.59	9.56	8.69	9.56	8.89	9.56
5	603021	山东华鹏	+10.01	42.09	+3.83	+0.00	7203	2.73	0.43	42.09	38.26	42.09	42.09	42.09
6	603223	恒通股份	+10.00	37.83	+3.44	+0.00	10.99万	36.64	3.78	34.20	34.39	37.83	33.90	37.83
7	600378	天科股份	+10.00	17.38	+1.58	+0.00	16.47万	5.54	3.57	15.80	15.80	17.38	15.61	17.38
8	600743	华远地产	+10.00	8.80	+0.80	+0.80	107.92万	5.94	2.10	7.91	8.00	8.80	7.68	8.80
9	600636	三爱富	+9.99	16.41	+1.49	+0.00	37.08万	9.71	4.25	14.89	14.92	16.41	14.87	16.41
10	600501	航天晨光	+9.76	23.05	+2.05	+0.39	41.97万	10.78	4.15	21.55	21.00	23.10	21.40	23.05
11	600609	金杯汽车	+9.31	5.52	+0.47	-0.36	117.75万	10.78	5.17	5.10	5.05	5.56	5.05	5.52
12	603789	星光农机	+8.19	40.30	+3.05	-0.25	17.14万	34.29	5.32	40.98	37.25	40.98	39.11	40.23
13	600685	中船防务	+7.92	41.28	+3.03	+0.78	17.26万	3.94	5.01	40.00	38.25	42.08	40.00	41.28
14	603008	喜临门	+7.90	19.25	+1.41	+0.36	12.36万	6.24	1.78	17.80	17.84	19.30	17.31	19.26
15	600360	华微电子	+7.76	7.92	+0.57	-0.50	94.77万	12.84	7.50	7.60	7.35	8.09	7.50	7.91
16	603968	醋化股份	+7.66	26.99	+1.92	+0.63	85764	16.78	3.22	25.01	25.07	27.40	24.68	26.99
17	600476	湘邮科技	+7.31	31.87	+2.17	+0.00	12.02万	7.46	2.85	30.78	29.70	32.38	29.95	31.81
18	600677	航天通信	+7.27	21.10	+1.43	+0.14	40.31万	10.12	3.80	21.64	19.67	21.64	19.86	21.09
19	600855	航天长峰	+6.68	32.90	+2.06	-1.08	23.12万	7.00	2.34	30.17	30.84	33.45	30.17	32.88
20	600680	上海普天	+6.53	57.10	+3.50	+0.53	24.71万	9.60	1.60	50.00	53.60	58.00	48.24	57.10
21	600215	长春经开	+6.11	9.38	+0.54	-0.21	26.54万	5.71	2.72	8.90	8.84	9.52	8.81	9.37

图 2-16　2015 年 10 月 27 日上海 A 股涨幅排名

对涨跌幅排行榜的个股仔细分析，可以了解资金正在流进哪些行业和板块，看哪些个股资金正在流出，资金流出的个股是否具有板块和行业的联系。通常情况下，进入涨幅榜的个股，最终演变成牛股的概率相对较大，所以在涨幅榜中选牛股，往往能达到事半功倍的效果。进入跌幅榜的个股，则往往会保持持续下跌的趋势，投资者要谨慎选择。

通过涨跌幅排行榜选股，需要掌握以下技巧。

（1）看涨幅榜上的个股是否属于当前热点。

首先查看该个股所在板块是否属于当前的热点板块，如果是，则表明该股当前的上涨符合市场热点潮流，可以积极关注。

其次看涨幅榜上有没有与该股同属于一个板块的个股，有时候，板块之间的联动效应会对个股的涨跌起到很大的作用。如果在涨幅榜上的前 30 只个股中有 10 只同属于一个板块，那么投资者就要特别关注，因为这种现象表明该股属于市场中崛起的热点。

（2）看排行榜中排在前列的多只股票是否同属于一个概念，如果是，表明该概念是短期市场炒作的热点，应予以重点关注。特别要注意该概念中目前涨幅还不大的个股，它们很可能会在后期出现补涨，成为市场中的强势品种。

（3）因基本面情况出现变化而进入这个排行榜的个股，需要分析基本面改善的力度和持续发挥市场作用的有效时间。没有明显基本面原因而经常出现在这个排行榜上的个股，一般属于游资关注的个股，可以中长线反复注意跟踪。

（4）对于受消息影响进入排行榜的个股，往往缺少主力资金建仓的过程，因此其持续性并不强，没有太大的可操作性，只能短线或超短线参与。庄家出货阶段中，通常会发布一些利好消息，诱骗散户买入，对于此类个股，投资者要谨慎对待，以免上当受骗，造成投资失误。

第三章

短线炒股之技术分析

第一节　K 线分析

K 线分析是根据某一天或若干天的 K 线形态或 K 线组合情况，研判证券市场中多空双方力量对比，进而判断行情走向的方法。K 线分析是证券市场应用最为广泛的技术分析工具之一。

单根 K 线的研判

1. 大阳线

大阳线是实体较长而影线相对较短的阳线。收出大阳线表明个股当日上涨幅度较大，表明多方力量强大，是个股看涨信号。按实体和影线特征，大阳线一般可分为光头光脚大阳线、光头大阳线、光脚大阳线、穿头破脚大阳线等。如图 3-1 所示。

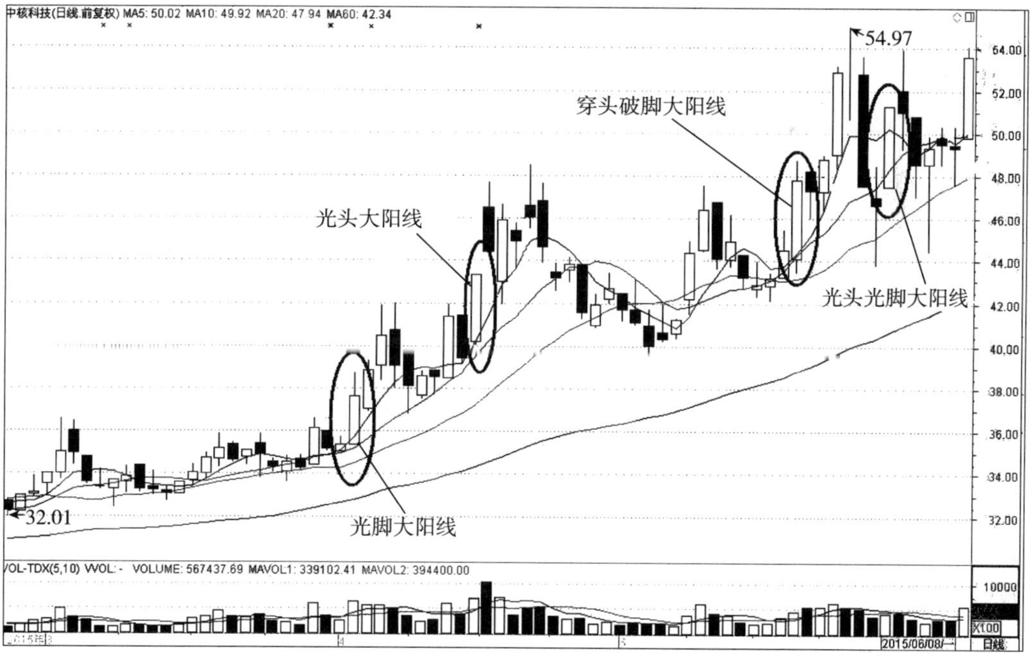

图 3-1　大阳线的分类

在分析日K线图中的大阳线时，应结合个股的前期走势来综合分析。

如果大阳线出现在股价连续走高的过程中，即在个股处于主升浪走势阶段时，无疑是多方力量充足，多方占据主导地位的体现，也是个股加速上涨的信号，此时投资者可以积极持股待涨。

如果大阳线出现在个股相对高位区的横盘震荡走势之中，则这种大阳线很可能是主力刻意制造的“放量大阳线”形态，并非是市场买盘充足的真实体现，此时投资者不宜盲目追涨。

如果大阳线出现在下跌途中的反弹走势中，则往往是多方力量的一次集中暴发，很可能是昙花一现，偶然出现的大阳线不能说明多方已开始占据优势。

K线出现的位置很重要，同一K线，出现在不同的位置，有各种不同的市场含义，这是必须要清楚的。在上升途中出现的大阳线，是股价加速上涨的标志，后市可能会惯性上涨。当股价已经高高在上时，收出大阳线则有加速赶顶的味道，要小心股价随时发生反转。在下跌途中收出大阳线，只能表明市场出现了一次反弹，最终股价要受到中长期走势的压制，因此不能对涨势期望过高。在下跌的尾声，大阳线则是股价反转的信号，预示多头开始反击，是进场的积极信号。

短线点金

日K线图中的大阳线，代表多方在当日取得完胜。周K线图中的大阳线，则代表多方在这一周取得了完胜。一般来说，日K线图中的大阳线易受偶然因素的影响，如果不结合股价前期具体走势，不能仅凭单日的大阳线而认为多方处于明显的主导地位。周K线的大阳线由于时间跨度相对较长，在多数情况下，可以较好地反映市场当前的多空力量对比情况。

2. 大阴线

大阴线是实体较长而影线相对较短的阴线。大阴线表明个股当日下跌幅度较大，代表空方力量强大，是个股看跌的信号。如图3-2所示。

大阴线一般是跌势信号，意味着空头势头正旺，后市一般会继续下跌。特别是高位的大阴线和跌破整理形态的大阴线，往往会带来迅猛的杀跌。但是大幅下挫后的大阴线，则可能是市场加速赶底的征兆，表明空头衰竭在即，反而成为买入信号。由此可以看出，不能单纯以大阴线来作为卖出信号。

与分析单日大阳线的方法相同，在分析日K线图中的大阴线形态时，也应结合个股前期走势来综合分析。

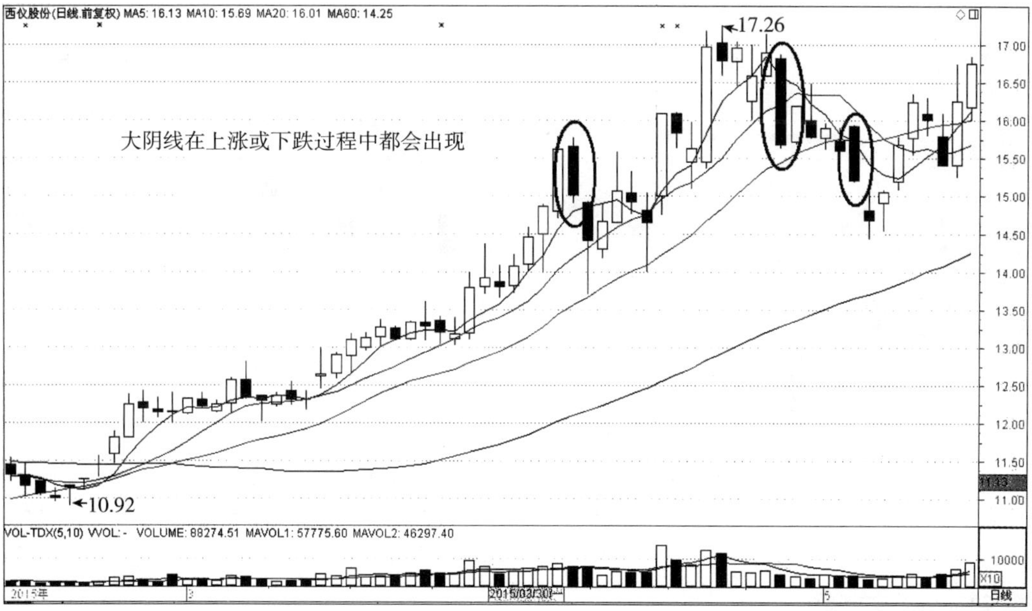

图 3-2　大阴线

如果大阴线出现在股价连续走低过程中，即在个股处于下跌趋势中时，无疑是空方力量强大、占据市场主导地位的体现，也是个股加速下跌的信号，此时投资者不宜贸然抄底入场。

如果大阴线出现在个股相对低位区的横盘震荡走势之中，则这种大阴线很可能是主力打压吸筹的表现，并非是市场抛压沉重的真实体现，此时投资者不宜盲目割肉出局，如图 3-3 所示。

股价所处空间位置对任何 K 线分析都非常重要，离开了空间位置来谈 K 线，将无法把握要领，难以判断真实的市场行为。大阴线本身当然具有很大的杀伤力，这是毫无疑问的，但有时候又未必是坏事。与其让股价绵绵阴跌，不如爽快点来几根大阴线暴跌，这样可能很快探到市场底部，至少也会来个像样的反弹。因此在整体大幅下跌后出现大阴线，很可能是空头的最后一击，底部就在眼前。

反过来，在股价已经大幅上涨后出现大阴线，很可能是市场反转的信号，最好趁早出局。在上升途中，大阴线很可能是洗盘的标志，洗盘完毕就是介入时机。在下跌途中，大阴线则具有向下牵引作用，会带动股价惯性下跌。

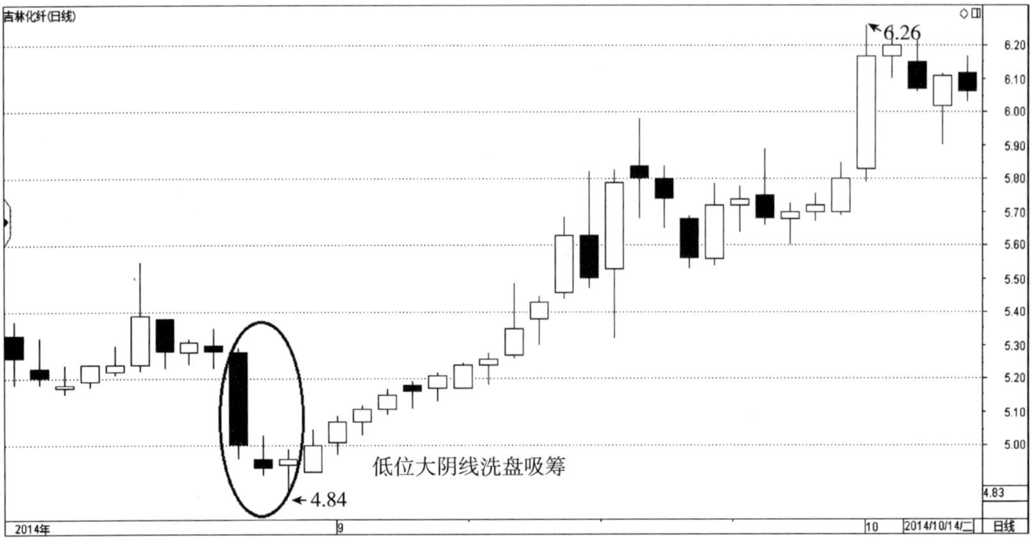

图 3-3　低位大阴线

短线点金

日 K 线图中的大阴线，代表空方在当日取得完胜。周 K 线图中的大阴线，则代表空方在这一周取得了完胜。一般来说，日 K 线图中的大阴线易受偶然因素影响，在不结合股价前期具体走势时，不能仅凭单日的大阴线就认为空方处于明显的主导地位。周 K 线图中的大阴线由于时间跨度相对较长，因此在多数情况下，可以较好地反映市场当前多空力量对比的情况。

3. 下影阳线与上影阳线

（1）下影阳线。

下影阳线是指下影线较长的阳线形态，是一种先跌后涨的 K 线形态。下影阳线的常见形成过程是这样的：开盘后，由于空方发起攻击，股价一路下跌，且下跌幅度一般较大，这也说明空方在盘中的攻击力度较大。但是当股价跌至一定的幅度时，却受到了多方力量的有力反击，随后在买盘不断涌入的情况下，价格一路上扬，直至收盘，收盘价基本是全天的最高价，因此形成了一个带下影线的阳线实体。如图 3-4 所示。

下影阳线通常表现为看涨信号，但实际操作时仍需要根据其所处的具体位置来判断。

在低价区或连续大幅下跌后出现下影阳线，表明该股股价探底成功，多方开始发力，后市行情有进一步上涨的潜力，是逢低买入的好时机。其中下影线越长，说

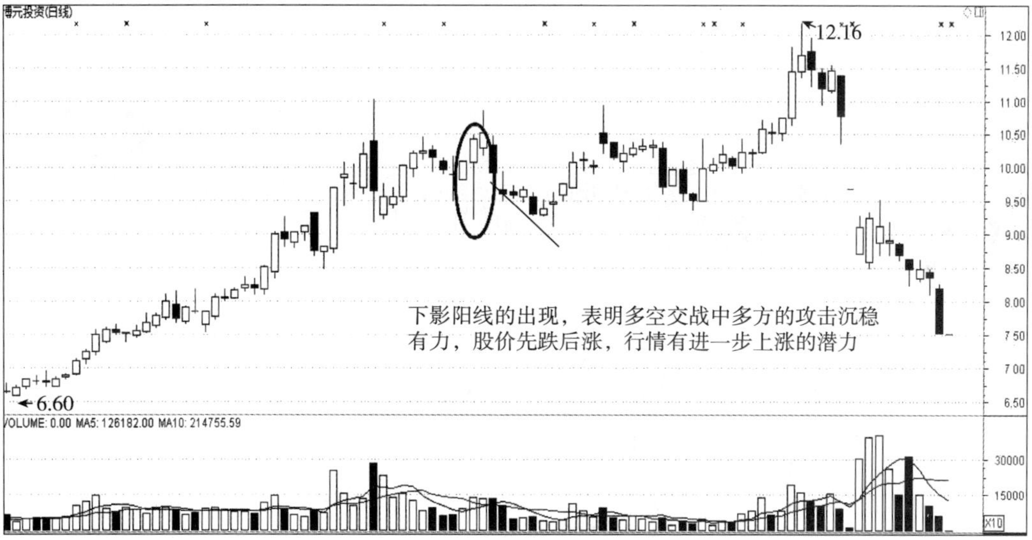

图 3-4　下影阳线

明后市上涨力度越强。

下影阳线出现在高价区且股价在一路下跌时，只能将该形态视为一次细微调整，不能认为是止跌反弹信号。上影阳线出现在上涨行情中，一般表示股价仍将继续上涨。

下影阳线出现在个股一波快速下跌走势后最具实战意义，此时多预示多方开始发起反击，是一波回调走势即将结束的信号，也是短线买入信号。反之，对于下影阴线来说，当它出现在个股的一波快速上涨走势后最具实战意义，此时是市场分歧加剧的表现，是个股空方力量显著增强的信号，也是个股一波回调走势即将展开的信号。

（2）上影阳线。

上影阳线是上影线较下影线长的阳线。这种阳线出现时，表示多方力量想在盘中推动股价上涨，但是受到了空方的强烈抵抗，上方抛压严重，但在收盘的时候，多方依然保持着优势。如图 3-5 所示。

遇到这种 K 线形态时，投资者可以根据实体的长短对多空双方的力量进行对比。单根上影阳线透露的信息有限，最好不要把它单独作为买卖决策的依据。

实战中，可以根据上影阳线的实体长短对多空双方的力量进行分析。

当实体较长时，表示股价虽然被打压，部分多头获利回吐，但买方仍是市场中的主导力量，通常表示后市看涨。

当实体较短时，表示买方虽然占据一定的优势，但是短期内持续上涨的可能性不大，这种图形常见于主力试盘动作。

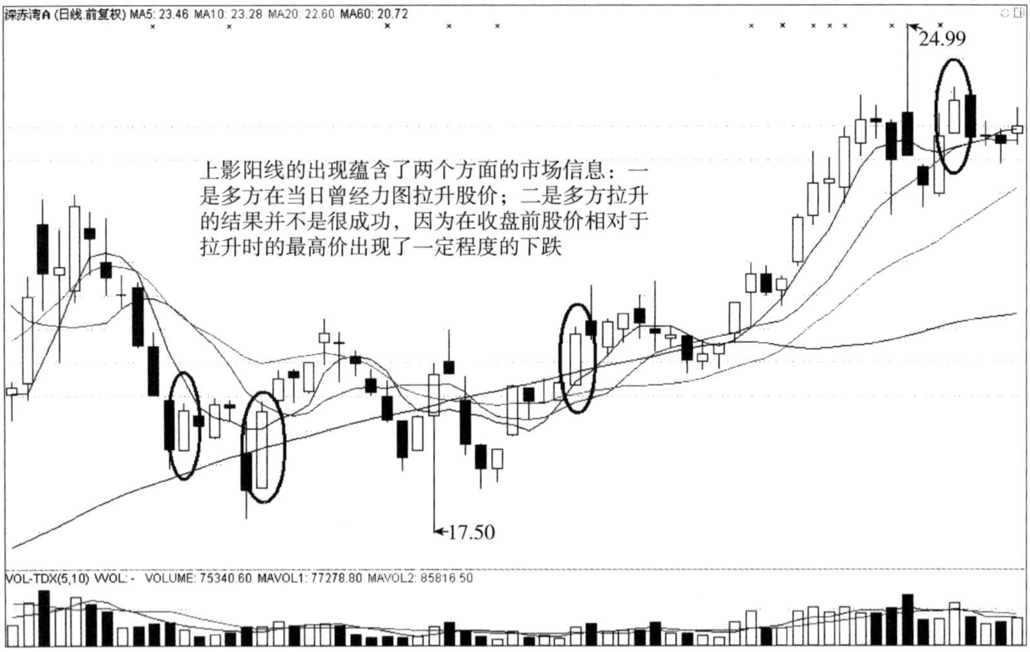

图 3-5　上影阳线

4. 上影阴线与下影阴线

（1）上影阴线。

上影阴线是一种带上影线的阴线实体，上影阴线收盘价低于开盘价。当阴线上端出现较长的上影线时，表示多空双方经过激烈的对抗，多方想拉高股价，但遭到空方的严重抛盘，价格冲高受阻。最后，由于买盘后续力量不足，卖盘力量却不断增大，股价被打压到了开盘价以下位置。如图 3-6 所示。

上影阴线通常表现为看跌信号，但在实际操作时，仍然需要根据其所处的位置进行判断。

上影阴线出现在高价位区域或大幅持续上涨后，说明上方抛压严重，多方无力抵抗，行情有反转下跌的可能。上影阴线出现在中低价位区域或者上涨过程中，表明后市可能仍有上涨空间。上影阴线出现在下跌行情中，一般表示股价仍将继续下跌。

（2）下影阴线。

下影阴线是指下影线明显比上影线长的阴线。当阴线下方出现较长的影线时，表示多空双方经过激烈的对抗，空方想打压股价，但遭到多方的奋起反抗，推动了股价的反弹。但在收盘阶段，空方仍占据着主动。如图 3-7 所示。

遇到这种 K 线形态时，投资者可以根据实体的长短，对多空双方的力量进行对比。单根下影阴线透露的信息有限，投资者最好不要把它单独作为买卖决策的依据。

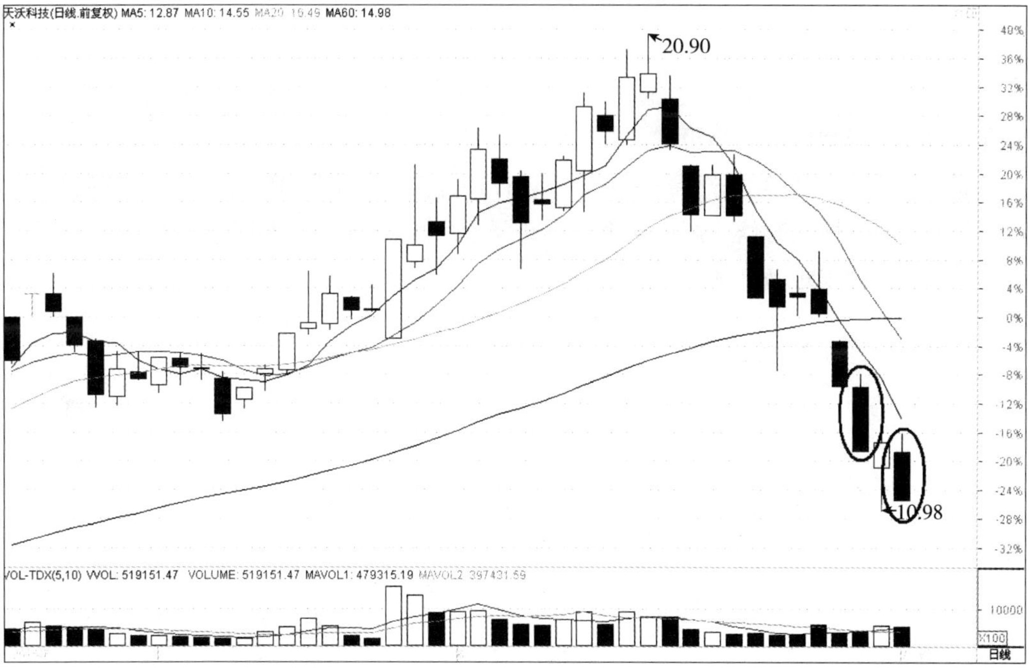

图 3-6　上影阴线

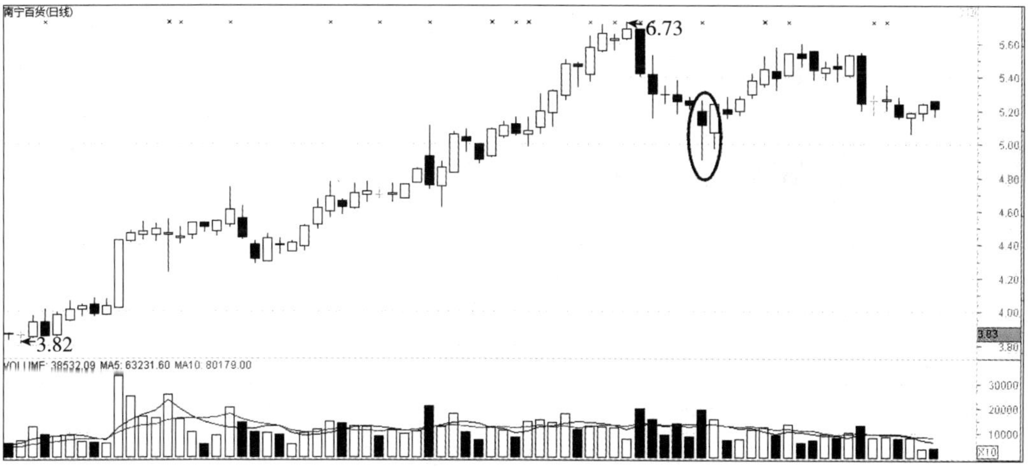

图 3-7　下影阴线

在高价位区域出现较大实体的下影阴线，表示虽然多方推动股价反弹，但空方仍占据主动。多方力量只能在股价下跌时提供一定的支撑，但难以拉动股价上涨。在低价位区域或股价经过较长时间下跌之后出现下影阴线，且该阴线的实体较小，表明该股下档承接力较强，股价有反弹的可能。

5. T 字形

T 字形 K 线在 K 线图中又称蜻蜓线，它的开盘价、最高价和收盘价相同，K 线上只有下影线，形状像英文字母 T，故称为 T 字线。T 字线是一种庄家线，完全由庄家控盘造成的。从心理学上分析，庄家一早就以不计卖价的大单抛出，散户来不及溜走。正当散户惊慌失措的时候，尾市又突然出现了多方的力量，用大买单将股价推到开盘价位，这是散户很难做到的事情，所以说是庄家的控盘伎俩。如图 3-8 所示。

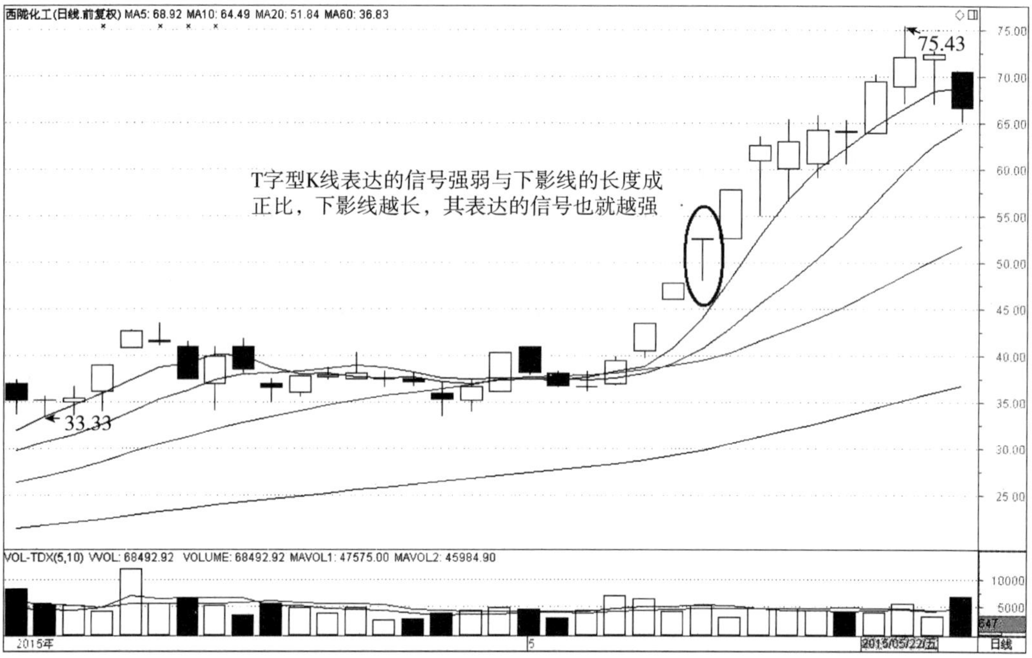

图 3-8　T 字形 K 线

T 字形 K 线的位置不同，技术含义也有所不同。它真实地反映了庄家的操盘意图，投资者需要认真分析 T 字形 K 线出现的时间、位置，再结合其他技术分析指标进行研判，才能识破庄家的阴谋。

（1）高位 T 字形 K 线，往往出现在股价有较大涨幅之后，是一种见顶信号。这时的 T 字形 K 线，其实就是庄家为了掩护高位出货释放的一枚烟幕弹，使散户误认为这是股价拉升过程中的一种洗盘行为。庄家在高位诱使一些抛出筹码的短线客再度追涨买入，让持筹的散户放心做多，庄家见诱多成功便趁机大量出货。

（2）低位 T 字形 K 线，出现在股价有较大跌幅之后，往往是一种见底信号。这时的 T 字形 K 线，反映了庄家在低位建仓后稳定军心的一种迫切心情。如果这种止跌信号被市场认同，庄家就会在 T 字形 K 线后面拉出几根阳线，或让盘面走势上升。当股价走势出现上述情况，可大致推断庄家的操盘意图，此时投资者可以采取适量买进策略，与庄共舞。

（3）股价上涨过程中的T字形K线，往往表明庄家正在洗盘，技术上是继续上涨的信号。如何识别是上升途中的T字形K线还是上升到顶部的T字形K线？主要有以下两点。

首先是判断上升幅度大小。假如上升幅度过大，出现高位T字形K线的可能性较大；反之，则可能是上升途中的T字形K线，投资者应该继续持仓。

其次是判断T字形K线之后股价重心的移动方向。如果股价重心上移，则是庄家利用T字形K线洗盘；如果股价重心下沉，则是庄家利用T字线出货。

（4）股价下跌过程中的T字形K线，往往是被套庄家制造止跌企稳假象，也就是诱多陷阱，技术上是一种继续下跌的信号。

如何区别下跌途中的T字形K线和下跌底部的T字形K线？区别方法有二。

首先是判断下跌幅度。如果跌幅过大，出现底部T字形K线的可能性较大；反之，则可能是下跌过程中的T字形K线。

其次是判断T字形K线之后股价重心移动的方向。如果股价重心上移，那么这根T字线就是股价见底回升的信号，此时投资者可以考虑买进。如果股价重心下沉，则是庄家制造的多头陷阱，此时投资者绝不可盲目进场，因为之后股价仍会有较大跌幅。

短线点金

需要指出的是，T字形K线不论是阳线还是阴线，实战意义基本上都是相同的。T字形阳线通常比T字形阴线的力量更大，投资者可以进行试探性的建仓。如果股价放量上升，可跟风做多。另外，股价底部出现T字形K线，对短线投资者来说，是抢先介入的良好时机。

K线组合应用技巧

1. 红三兵与黑三兵

（1）红三兵。

红三兵一般指在连续收阴线后连续拉出三根阳线，阳线每天的收盘价都高于前一天的收盘价，实体部分一个比一个长，并且开盘价在前一天阳线实体之内。收盘价在当天的最高点或接近最高点，说明短线股价上涨动能不小，后市看涨，因为阳线为红色，因此被称为“红三兵”。如图3-9所示。

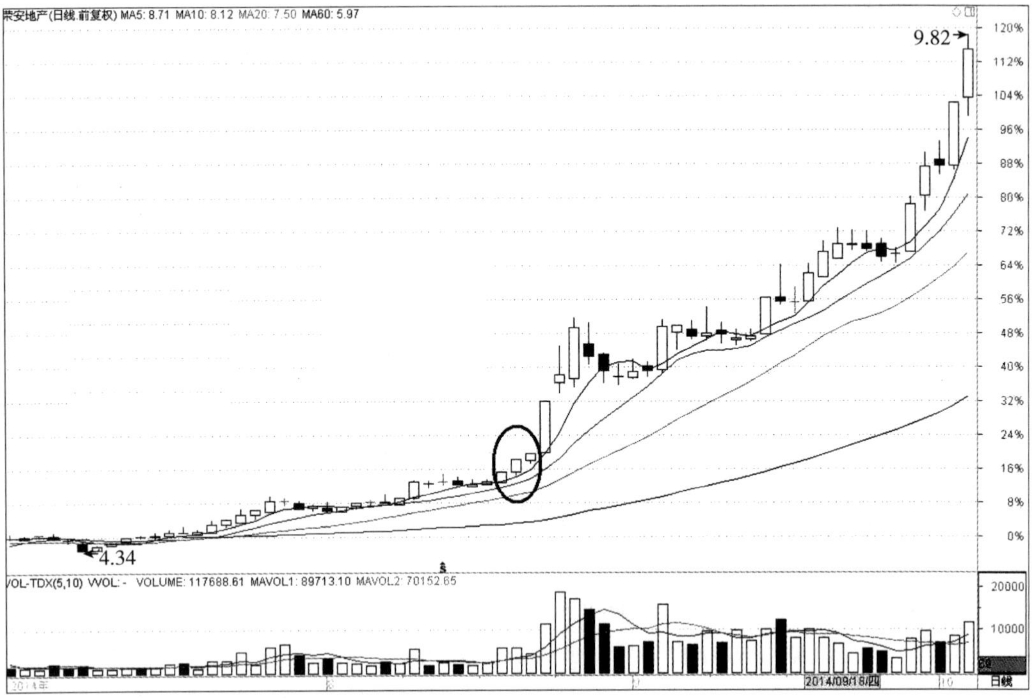

图 3-9　红三兵

红三兵 K 线组合的技术特征如下。

第一，股价在连续收阴线后，突然连续出现三根阳线，且每日收盘价都高于前一日收盘价。

第二，每天的开盘价在前一根阳线的实体内部。

第三，每天收盘价最好与当天最高价接近。

红三兵形态出现在底部盘整区域，其反转信号强烈，建议在红三兵出现后，股价回靠均线确认支撑有效时大胆介入，此时一波中线行情可能就此展开。

如果红三兵形态出现在市场底部，说明市场发出了强烈的反转信号，多方力量已经逐渐占据了优势，随后股价将会逐步拉升。如果红三兵形态出现在较长时间的横盘之后，并且伴随着成交量的放大，则说明一波涨势即将启动。但是，如果是在上涨行情末期，股价处于相对高价的区域出现红三兵，则不再具有持续上涨的研判意义。

短线点金

如果股票在较长时间横盘后出现红三兵的走势形态，并且伴随着成交量逐渐放大，那么股价转强的意味更加浓厚，投资者应密切关注。

（2）黑三兵。

黑三兵也叫“绿三兵”，与红三兵的形态和市场含义相反，一般指在连续阳线后连续拉出三根小阴线，并且每天的开盘价和收盘价依次是一根K线比一根K线低。如图3-10所示。

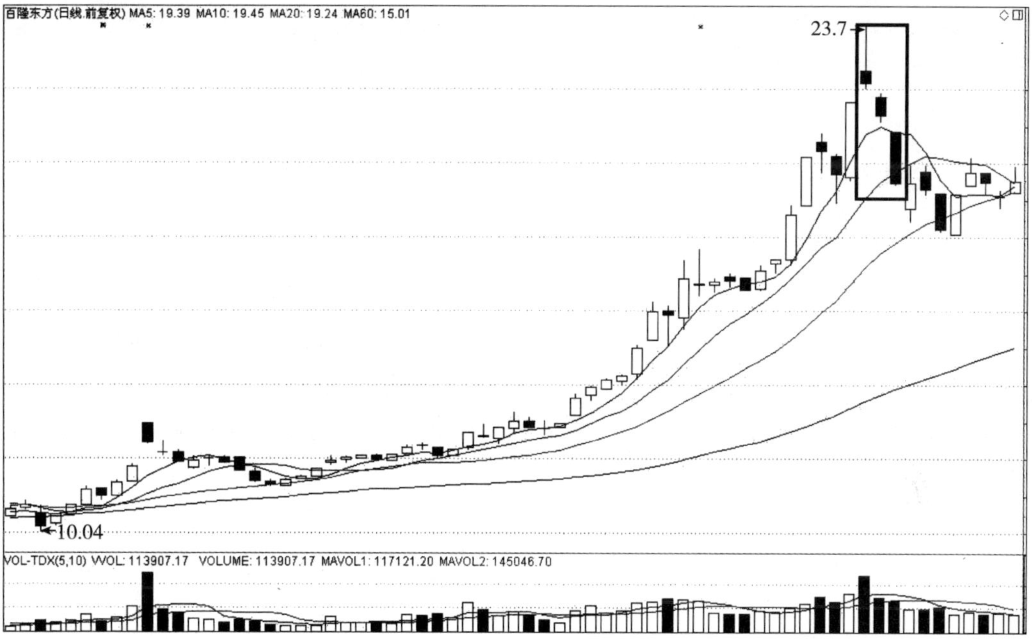

图3-10　黑三兵

黑三兵的技术形态如下。

第一，可在涨势中出现，也可在跌势中出现。

第二，由三根小阴K线排列组合而成。

第三，三根小阴K线的开盘价、最高价、最低价、收盘价依次是一根K线比一根K线低。

黑三兵清一色的绿油油、灰暗暗，给投资者的视觉产生强烈的危险震撼。

黑三兵可出现在涨势中，也可出现在跌势中。其所处的趋势及在趋势中的位置不同，具有不同的技术含义。在行情上升时，尤其是在股价有了较大升幅之后出现，预示着行情即将转为跌势。如果在下跌行情中，股价已经有了一段较大跌幅或连续急跌后出现，表示探底行情短期内即将结束，并有可能转为一轮升势。

投资者在交易中看到黑三兵形态，最好在该形态确立之后清仓，离场观望。通常情况下，第一天多为观望期，此时的市场走势还不明朗，市场信心不强烈，对后市把握不太大。第二天，黑三兵形态已经基本成形，投资者可以适度减仓，止损点可以设在重要的阻力区之上。第三天，黑三兵形态已经完全确立，投资者应该坚决离场。

短线点金

投资者见到黑三兵后，可根据黑三兵出现的位置决定操作策略。简单点说，就是在上涨行情中出现黑三兵，要考虑做空；在下跌行情中出现黑三兵，要考虑做多。

2. 早晨之星与黄昏之星

（1）早晨之星。

早晨之星是由三根 K 线组成的，在下降趋势中，首先会出现一根抛压强劲的大阴线。第二天股价出现向下跳空的走势，但全日跌幅有限，并出现少许回升，表现为实体较短的 K 线。第三天则是出现一根大阳线，其实体至少要切入第一根阴线实体的 1/2 处。如图 3-11 所示。通常情况下，早晨之星 K 线形态出现在下降趋势的末端，是比较强烈的趋势反转信号。

图 3-11 早晨之星

第一天股价下跌，由于恐慌性的抛盘，因而出现一根巨大的阴线，其可以是中阴线，也可以是大阴线，但不能是小阴线。第二天股价跳空下行，但跌幅不大，实体部分较短，为十字线或者实体部分较短的 K 线。第三天股价拉出一根实体较长的中阳线或大阳线，显示买盘力量强劲，市况已转好。

当个股出现早晨之星K线组合时，说明股价经过大幅回落后，做空能量已大量释放，阶段性底部已经到来。第二根K线阳线实体深入到第一根阴线实体部分越多，买入信号就越可靠，投资者见此形态，可考虑适量买进。

短线点金

出现早晨之星K线组合形态，大多表明股价底部已经确立，多方力量开始拉升股价。投资者遇到此形态时，待该形态确立后，可积极买入股票。

（2）黄昏之星。

与早晨之星相反，黄昏之星是典型的顶部反转形态，通常出现在股价大幅上涨之后。黄昏之星同样由三根K线组成，先是在上升趋势中某一天出现一根大阳线。第二天股价跳空向上，往往是一个带上下影线的小实体（阴、阳均可）。第三天出现一根大阴线，其实体至少要切入第一根阳线实体的1/2处。如图3-12所示。出现黄昏之星，意味着一轮上涨行情已经结束，投资者需要尽快择机离场。

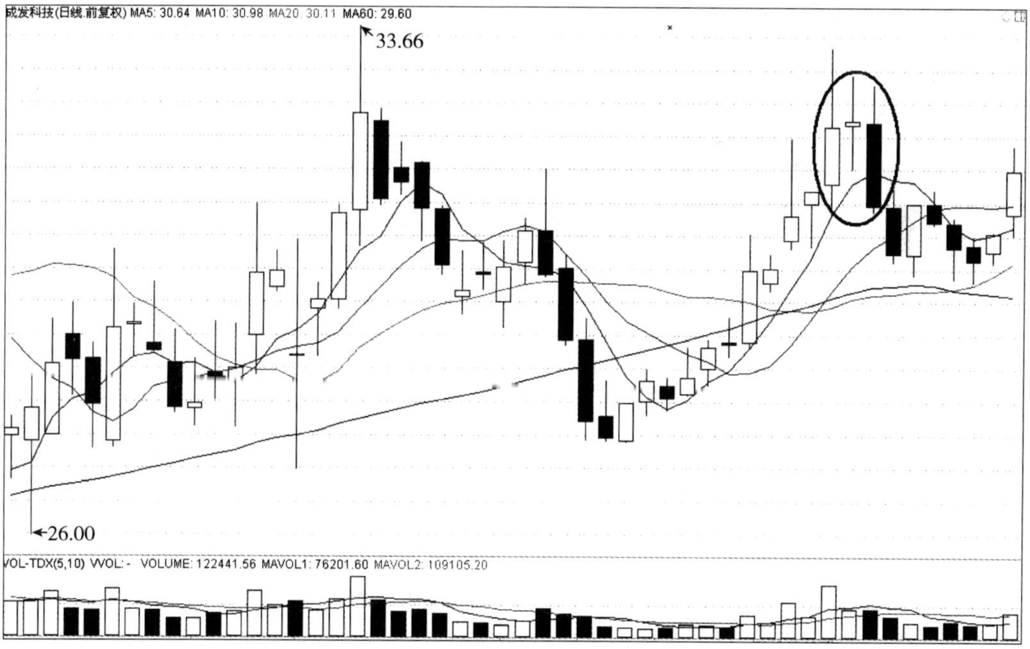

图3-12 黄昏之星

根据黄昏之星进行操作时，需要注意以下几点。

一是如果前期市场处于上涨行情，股价在近期应上涨至少50%。若涨幅没有达到上述要求，出现黄昏之星只是阶段性的回落信号。

二是根据个股的不同涨幅，操作也不同。在涨幅很大的股票上，若出现黄昏之星，则应立即卖出。若涨幅不算很大，可视当时情况选择继续持股或逐渐减仓。

三是当黄昏之星中的第二根K线和第三根K线之间存在缺口时，则转势的意味更强。第三根阴线深入到第一根阳线实体越深，则转势意味越强。黄昏之星若伴随着巨大的成交量，则见顶信号十分强烈。如果近期出现了其他见顶信号，则效果增强。

短线点金

黄昏之星K线形态是较有名气的K线组合之一。出现黄昏之星，表明股价已经离顶部不远，股价运行趋势将由强转弱，宜及早离场。

3. 上升三部曲与下降三部曲

(1) 上升三部曲。

上升三部曲出现在上升的途中，是一根大阳线或中阳线之后接三根较小的阴线，再接一根大阳线或中阳线的组合。其中三根小阴线均处于第一根阳线的价格范围之内，其走势有点类似于英文字母的“N”。如图3-13所示。

出现这种组合形态，表明主力在发动行情之前先拉出一根大阳线进行试盘，接着以连续出现的小阴线进行洗盘，清除浮筹，但是连续的几根阴线都不能将股价推到第一根K线的开盘价之下。随后又出现了一根大阳线，说明多方力量强势，上升行情即将拉开帷幕。

在上升三部曲K线组合中出现了三连阴，投资者不要认为股价就此转弱，转而开始做空。看到该K线组合后，可以认定这是一个买入信号，要敢于买进，并持股待涨。如果投资者把上升三部曲中的三连阴看成卖出信号并抛股离场，那就大错特错了，势必会错失一大段上涨行情。

在明显的上升趋势中，特别是股价处于上涨初期或上涨途中，即涨幅不大，这时出现上升三部曲K线组合时，后市继续大幅上涨的概率是相当大的。

如果股价经过大幅上涨，在高位震荡盘整时出现上升三部曲K线组合，这时投资者要警惕了，这种走势很可能是主力在诱多。

在明显的下跌趋势中，特别是在下跌初期或下跌途中出现上升三部曲K线组合时，投资者不能盲目乐观，这种走势很可能是主力在诱多。

见到这种K线组合之后，不要被中间的三连阴K线迷惑，而要注意观察股价的

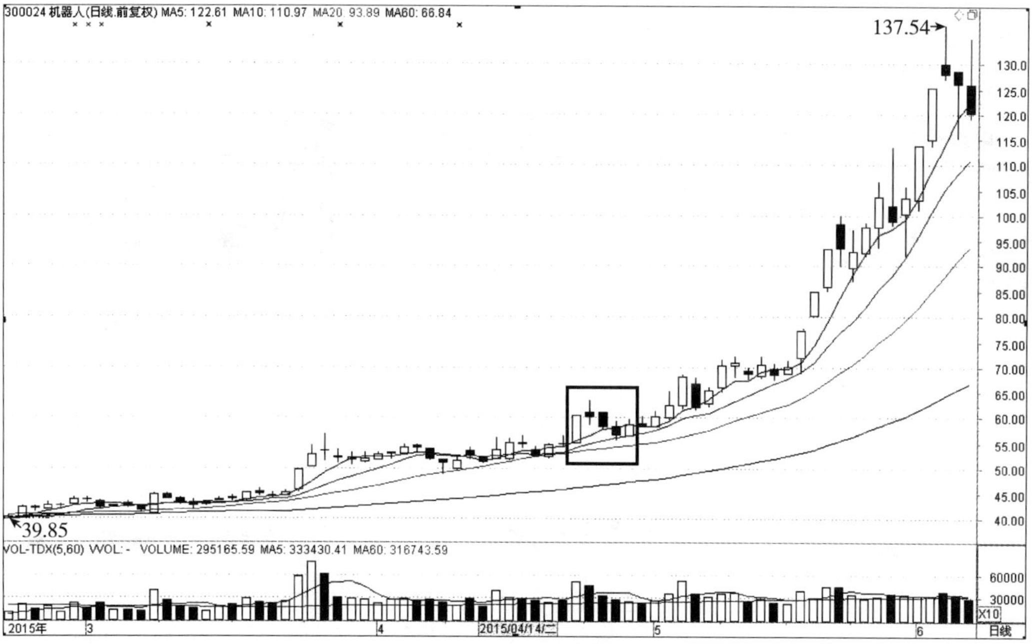

图 3-13　上升三部曲

下一步走势。只要发现股价向上运行并伴随成交量的放大，就要积极跟进做多。

（2）下降三部曲。

下降三部曲通常都是出现在下降趋势的途中，是一根大阴线或中阴线之后接三根向上攀升但是实体较小的阳线，再接一根大阴线或中阴线的组合。其中三根小阳线均处于第一根阴线的价格范围之内，后面出现的一根大阴线或中阴线把前面三根小阳线全部或大部分吞吃掉。如图 3-14 所示。

出现该组合形态，表明股价处于下跌趋势，虽然多方竭力向上突破，但由于空方力量比较强大，多方在空方的打击下无力反击。

在下跌行情初期或下跌趋势途中出现下降三部曲，收出第一根大阴线或中阴线时，成交量应当有放量行为配合。若第一根阴线是断头铡刀或刚刚跌破下跌中继平台，属于刚刚破位走势，后市股价继续大幅下跌的信号将更加可靠。

在第一根中阴线或大阴线之后，持续出现小阳线反弹，应当是缩量反弹走势。这样的量价配合，更能说明股价属于弱势反弹行为，看不出有主力资金介入的迹象。

最后一根中阴线或大阴线应当有再次放量配合，收盘再次创出 K 线组合新低。这样表明股价短暂反弹之后，空头能量再次聚集，宣告新一轮下跌再次开始，从而预期股价后市仍将下挫。量价配合完美的下降三部曲组合，后市行情几乎必跌无疑。

在股价下降趋势中见此 K 线组合，即使没有抛在下降三部曲的第一个卖点，也不能麻痹大意，应当尽快止损出局，换股操作，避免股价新一轮下跌开始，蒙受更大的损失。

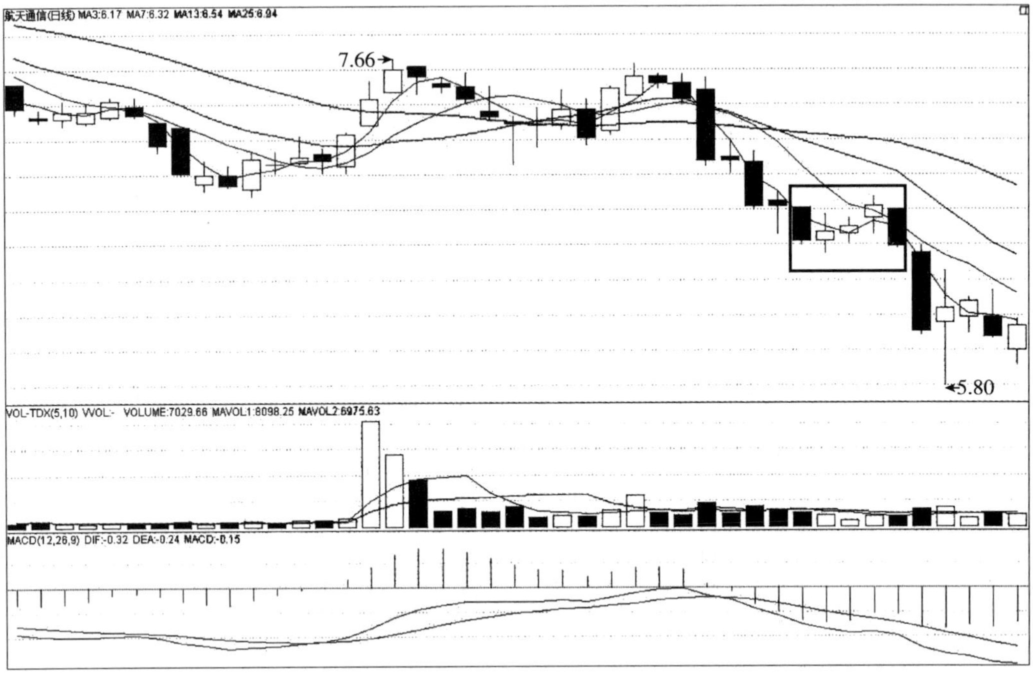

图 3-14　下降三部曲

短线点金

实战中，在 K 线图上很难找到标准的上升三部曲或是下降三部曲图形，它们中间所夹的小阴线和小阳线很有可能是三根以上，这些都是上升三部曲或下降三部曲的变异图形。投资者发现类似的图形，可以根据具体的情况灵活操作。

4. 曙光初现与乌云盖顶

（1）曙光初现。

曙光初现 K 线组合由两根走势完全相反的较长 K 线构成。股价经过一段时间下跌过后，第一天收出一根大阴线，第二天股价向下跳空低开之后，收出一根大阳线。第二根 K 线的开盘价要远低于第一根 K 线的收盘价，但第二根 K 线的收盘价却高于前一天的收盘价，并且阳线实体深入到前一天阴线实体内部 1/2 以上。如图 3-15 所示。

曙光初现 K 线组合一般出现在连续下跌行情的末期，说明多方开始强势反击，后市继续上涨的可能性较大。

无论是在熊市还是牛市中，应用曙光初现 K 线组合形态进行分析时，必须注意以下几个要点。

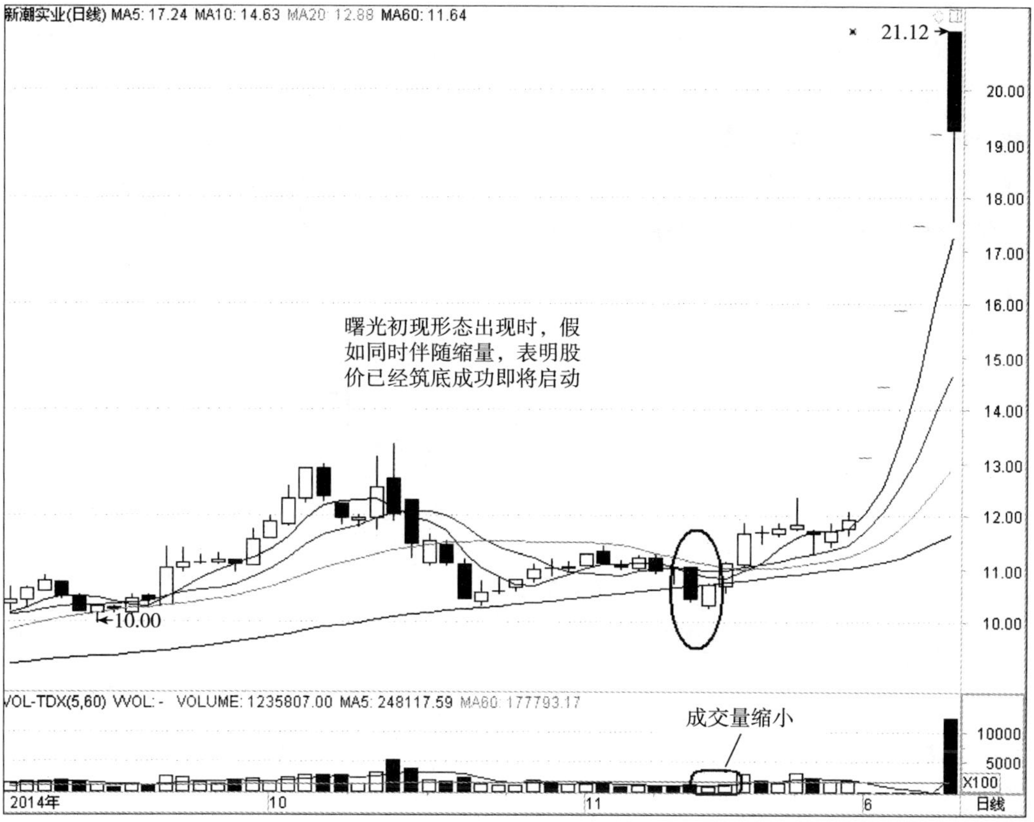

图 3-15　曙光初现

一是曙光初现 K 线组合形态出现的同时伴随成交缩量，表明股价已经筑底成功。

二是股价所处的环境和位置很重要。如果个股在涨幅过大时出现曙光初现 K 线组合形态，则有庄家骗线的可能性。

三是应重点关注曙光初现 K 线组合形态出现后股价的涨跌情况。曙光初现出现后，如果股价立即展开上升行情，则行情力度往往并不大。相反，如果股价有一个短暂的蓄势整理过程，则往往会爆发强劲的个股行情。

短线点金

在大盘趋势分析中，曙光初现 K 线组合形态也常常被用到，且十分有效。运用这一 K 线组合分析大盘趋势，常常能把握市场的拐点。曙光初现 K 线组合形态在股指中出现的次数虽然不多，但非常准确。

(2) 乌云盖顶。

乌云盖顶K线组合是由一根阳线与一根阴线组成的，顾名思义，就是一种见顶回落的转向形态。第一天收出的K线为强劲的阳线，第二天K线开盘价比前一日的最高价要高，但收盘价接近当日波动的低点，而且深入第一根阳线的实体部分。实战中，第二根阴线的收盘价必须跌入第一根阳线实体的一半以下，这样才有足够的力量促使转势，否则只好等待趋势的进一步发展。如图3-16所示。

图 3-16 乌云盖顶

乌云盖顶出现的位置不同，意义也不相同。在大盘或个股下跌途中出现乌云盖顶K线组合，表明股价有可能见底回升，此时投资者应该抓住有利时机逢低建仓。在涨势中出现乌云盖顶K线组合，说明升势可能已尽，投资者应该尽早离场观望。

运用乌云盖顶K线组合进行分析时，应该注意以下几点。

一是第二根阴线的收盘价越低，股价见顶回落的可能性越大。

二是第二根阴线在开盘阶段大幅超越前期高点，然后回头下跌，股价见顶回落的可能性大增。

5. 孕线与抱线

(1) 孕线。

孕线由两根K线组成。秉承前期走势，第一根K线为一个长长的实体，将第二根K线的小实体完全包容起来，从图形上看，小K线像是长K线怀中的胎儿，所以又被称为“身怀六甲”。

孕线一般分为三种形态：第一种是前一根 K 线为大阳线，第二根 K 线为一根短小的阴线，称为阳孕阴孕线。第二种是前一根 K 线为大阴线，第二根 K 线为一根短小的阳线，称为阴孕阳孕线，如图 3-17 所示。第三种是第一根 K 线为阳线或者阴线，第二根 K 线为一根十字线。

图 3-17　阴孕阳孕线

孕线的出现，往往预示着市场已经进入多空平衡状态，市场上升或下跌的力量开始衰竭，随之而来的很可能是转势。一般情况下，在上升趋势顶部出现孕线，表明将会有一波中级以上的调整。在下跌趋势的底部出现孕线，表明可能会有一波中级以上的上涨行情。特别是当股价收于第一根 K 线最高点之上，说明形态反转已得到确认，可以放心大胆地介入。

身怀六甲有如下三个形态特征。

①可出现在股价走势的不同部位，由一根较长 K 线和一根较短 K 线依次组合而成。

②较短的一根 K 线实体被较长的一根 K 线实体部分或完全包容。

③后面一根 K 线可以是小阳线、小阴线或十字线。

如果孕线中较短的 K 线是一根十字线，则被称为十字胎。投资者需要注意的是，孕线提示的买卖信号，只是“准市场逆转信号”。也就是说，在一个强劲的多头市场中，上升时出现孕线，股价并不会马上见顶，仍有可能继续上涨。反之，在一个空头力量十分强大的市场中，下跌时出现孕线，股价也不一定会马上见底，还有可能继续下滑，即通常所说的“涨要涨过头，跌要跌过脚”。

（2）抱线。

抱线，也称为穿头破脚、吞并线或者包线，是见底信号中最常见的一种，预示着反转行情的出现。

抱线形态与孕线形态相反。它也是由两根 K 线组成，前一根 K 线的实体较短，后一根 K 线的实体相对前一根 K 线要长一些。从图形上看，后一根 K 线完全包住了前面的 K 线，就像是一个人抱着一个孩子一般，因此被形象地称为“抱线”。

抱线通常有以下两种类型，一种为阴抱阳抱线，其形态为左边是小阳线，右边是大阴线。另一种是阳抱阴抱线，其形态为左边是小阴线，右边是大阳线。如图 3-18所示。

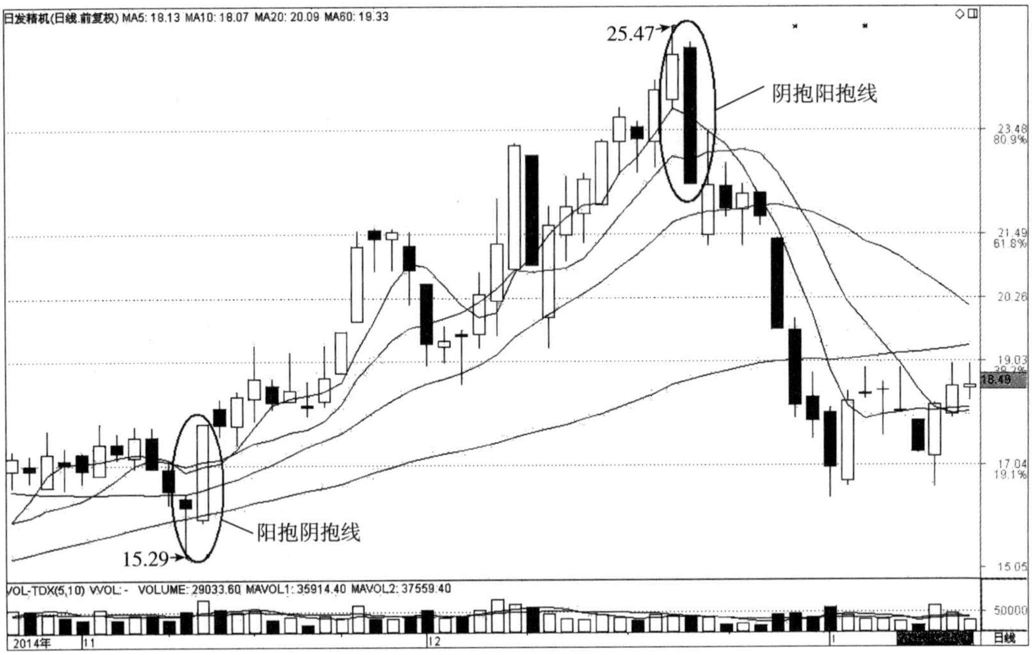

图 3-18　抱线

一般说来，无论是出现在底部还是顶部的抱线，都是转势信号，即由原来的跌势转为升势，或由原来的升势转为跌势。抱线转势的可靠性相对来讲是比较高的，如果出现下列情况，其转势的可能性更大。

第一，第一根 K 线实体与第二根 K 线实体的长度比例越悬殊，转向的力度越强。

第二，第二根 K 线的成交量越大，转向的可能性也越大。

第三，第二根 K 线包含的前面的 K 线越多（两根或以上），转向的力度也越强。

抱线往往出现在下跌趋势末端，有时也会出现在整理形态即将结束时。在下跌趋势末端出现，说明空方力量即将衰竭。出现在整理形态的末端，则说明是最后的洗盘。顶部抱线是股价见顶回落的信号。

投资者需要注意的是，出现抱线也可能是庄家的一种震仓手法。在大市比较低迷时，有的庄家往往会利用这种走势和人气状况进行建仓。随着该股天天收阳线，出现了非常可观的涨幅局面，自然会吸引大量的跟进者。此时，庄家为了震出跟风盘，就会采用这种震仓手法进行洗盘。

常见反转形态分析

反转形态表示股价的原有趋势将要逆转，也就是将要改变原先股价的走势方向。例如，原来的上升趋势将变为下降趋势，或原来的下降趋势将变为上升趋势。反转形态的典型图形有 M 形顶、W 形底、头肩顶（底）、岛形反转等。

1. 头肩底与头肩顶

（1）头肩底。

头肩底形态是一种典型的反转形态，又称为“倒转头肩式”。

形成“左肩”时，股价下跌，成交量相对增加，接着出现一次成交量较小的次级上升。随后股价再次下跌且跌破上次回落的最低点，成交量再次随着下跌而增加，且较“左肩”反弹阶段时的交投增多，形成“头部”。

从“头部”最低点回升时，成交量有可能增加。当股价回升到上次反弹高点时，出现第三次回落，这时的成交量明显少于“左肩”和“头部”。股价跌至“左肩”水平时，便稳定下来，形成“右肩”。

最后，股价正式启动一次升势，且伴随成交量的增加。当股价冲破颈线阻力位时，成交量更显著上升，整个形态便告成立。如图 3-19 所示。

实战操作时应注意以下几个要点。

①头肩底形态中的颈线，在实战中具有较强的参考意义。股价在颈线之下，颈线就是一条重要的长期压力线。一旦颈线被有效向上突破，就成为一条极重要的长期支撑线。

②当股价的收盘价向上突破颈线超过 3% 以上，并伴有增加的成交量配合放出时，为有效突破。一旦颈线被有效突破，股价将进入一个较长的上涨时期。

③一般情况下，股价完成突破后，都会有一个向下回落以确认颈线支撑力度的动作。只要股价不跌破颈线，就会很快加速向上扬升。投资者应抓住这个最好的中短线机会，以大部分或全部资金买入股票。

④股价向上突破颈线时，一定要有比较大的成交量配合。在以后的股价上升过

图 3-19 头肩底形态

程中，成交量不一定会放出大量，只要成交量不过度萎缩就没关系。

⑤头肩底一旦形成，其准确性很高，且向上突破的力度很强。股价有效向上突破颈线后，其上升幅度最少相当于头部至颈线的距离，此即头肩底基本的量度升幅。实践中，头肩底的上升幅度往往会超过基本量度升幅，特别是那些中小盘股票。

⑥颈线和基本量度升幅是头肩底形态中两个重要的研判标准，在实际研判和操作中，投资者一定要加以注意。

短线点金

头肩底是极具预测威力的形态之一，一旦获得确认，升幅大多会多于其量度升幅。换句话说，一旦头肩底成立，就表示股市最恶劣的阶段已经过去，最低价位已经出现，之后即使股价再次下跌，下跌幅度也不会太大。市场正在凝聚一种支持力和买意，一旦价位穿破颈线，就是一个极佳的入货信号。

（2）头肩顶。

头肩顶同样是一种反转形态，它呈现三个明显的高峰，其中位于中间的一个高峰较其他两个高点略高。在成交量方面，随着形态的演绎，会出现阶梯形的下降。

头肩顶是最为常见的反转形态，跟随上升市形成，并发出市况逆转的信号。头肩顶的标准形态由一个主峰、左右两个次峰组成。主峰为头，左峰为左肩，右峰为右肩。连接左右肩低点形成的趋势线，称为颈线。如图 3-20 所示。

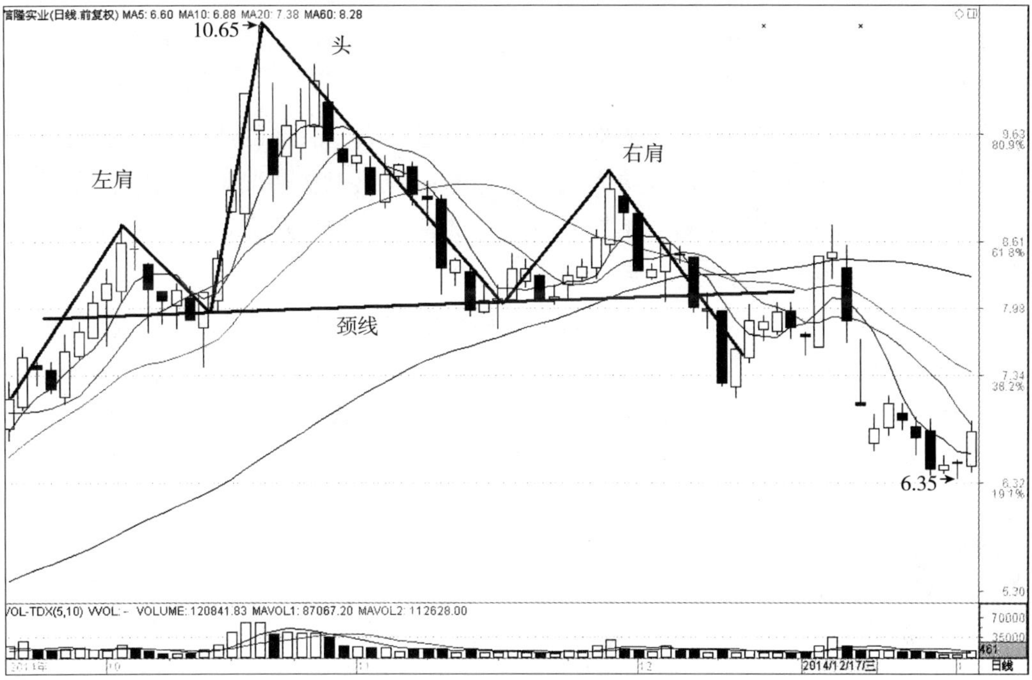

图 3-20　头肩顶形态

头肩顶的形成过程如下。

伴随巨大的成交量，市场表现出爆发性上涨的特征。当股价达到某一高度时出现缩量回调，形成左肩。不久股价又再度上涨并越过前一次上升的高点，但由于不能有效放量，或放量低于左肩水平，之后股价又回落到上次回落企稳处，形成头部。随后股价又一次涨至左肩顶点左右，再次无力上攻，成交量也明显减少，于是回落形成右肩。此时头肩顶雏形基本形成，市场转折已在眼前。股价跌破颈线之后，往往会有一个向上回抽的过程，此时颈线支撑变为压力，回抽过程是卖出的时机。

头肩顶是一个长期性趋势的转向形态，通常在牛市尽头出现。当最近一个高点的成交量较前一个高点降低时，就暗示头肩顶可能出现。当第三次回升股价依然没法升至上次的高点，且成交量继续下降时，有经验的投资者就会把握机会沽出。当头肩顶颈线被向下击破时，就是一个真正的沽出信号。虽然此时股价和最高点比较已回落了相当的幅度，但跌势才刚刚开始，未出货的投资者应尽快沽出。

当颈线被跌破后，可以根据这一形态的最少跌幅量度方法，预测股价会跌至哪一位置。量度的方法是：从“头部”最高点画一条垂直于颈线的直线，然后在“右肩”突破颈线处，向下量出同样的幅度，由此量出的价格就是该股下跌的最小幅度。

实战操作中，投资者应注意以下几点。

①一般来说，头肩顶的左右肩顶点大致相等，而且都比头部低。如果右肩超过头部，头肩顶形态便不能成立，可能会演化成其他形态。头肩顶一旦形成，要立即停止买入股票。

②成交量应该是右肩最少，头部或左肩成交量巨大，头部的成交量小于左肩的成交量时，形成头肩顶的可能性更大，这时应引起警惕。在情况不明朗时，应减少操作次数。股价跌穿颈线位时，不需要成交量的配合。如果跌穿颈线位之后成交量放大，不要轻易参与抢反弹，此后股价有可能会加速下跌。

③头肩顶的颈线是非常重要的一条线，如果它的水平位向下倾斜，即左肩底部高于右肩底部，表明市场较弱。如果水平位向上倾斜，即左肩底部低于右肩底部，表明市场较强。股价跌穿颈线位后，有时会出现反抽颈线位的走势，这时不要抢反弹，因为在颈线位附近遇到阻挡后，股价还会继续下跌。

短线点金

头肩顶形成后，下跌的幅度一般都大于最小量度跌幅，因此股价跌到最小量度跌幅附近位置时，应结合其他技术指标综合分析，确定是否买卖。如果在颈线位出现回升，股价高出头部，或者股价在跌穿颈线后回升到颈线位以上，这一点被有效确认，且伴有成交量的配合，则头肩顶形态可能不会实现（也就是说这是个假的头肩顶），大家要结合实际情况重新分析，然后再作出判断。

2. 双重顶与双重底

（1）双重底。

双重底，也称为双底、W 形顶，其形态犹如大写的英文字母“W”，如图 3-21 所示。双重底是价格走势的二次探底，预示多空力量对比发生整体性转变。在双重底构筑期间，可以看到量能相对放大，这是买盘加速入场、多方力量开始占优的表现。

双重底有两个较为重要的位置，一个是两底之间的连线，这是支撑位，它对个股的运行有强力支撑作用。另一个是颈线位置，也就是双顶构筑期间反弹时的高点连线。个股经这种二次探底的震荡之后，随着多方力量的增强向上突破颈线时，就预示着双底形态完全形成，也预示着一轮上升趋势即将展开。

实战中，依据双重底进行操作时，应注意以下几点。

①两个低点之间的间隔时间。第一个低点和第二个低点之间应有一定的时间间

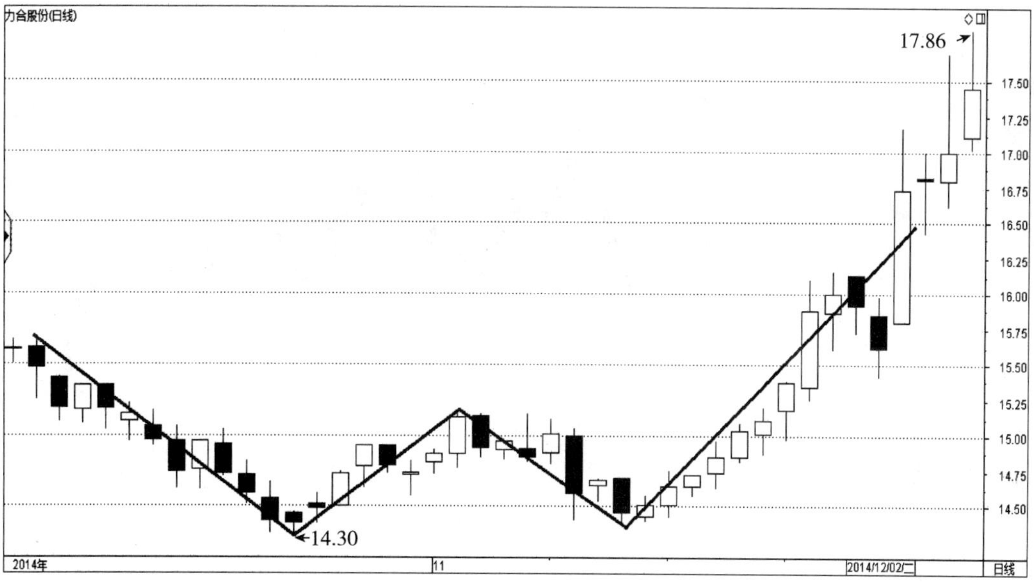

图 3-21　双重底形态

隔，理论上一般应不短于一个月。不过，在实践中能符合这一条件的双重底形态不多，所以只要间隔时间达到 10 个交易日以上即可确认。

②成交量。通常来讲，双重底的第二个低点成交量小于第一个低点的成交量。当股价向上突破颈线时，需要有大成交量的配合，成交量太小的突破有可能是假突破。

③向上突破后，理论最小涨幅是双重底的两个低点连线到颈线的垂直距离。

实盘操作中，在双重底构筑期间，有两个较好的中长线买点。

第一个买点出现在个股二次探底时，此时可以依据个股前期的累计跌幅、此前的企稳走势来预估底部的出现，从而选择在二次下探时逢低买入。

第二个买点出现在个股向上突破颈线位置时。此时双重底形态完全形成，一轮突破上行的上升行情正在展开。此时买股虽然买在了阶段性高点，但从中长期收益的角度来看，由于趋势反转已经明确，个股随后的上升空间仍然巨大，因此可以说，此时买股是一种明智的顺势操作，后期仍可以通过升势的发展获取高额利润。

（2）双重顶。

双重顶，也称为双顶、M 顶，其形态犹如大写的英文字母“M”，如图 3-22 所示。双重顶是价格走势的二次探顶，它的上下波动幅度较大，说明多空分歧加剧，多方不再占据明显的主导地位。

双重顶有两个较为重要的位置。一个是两顶之间的连线，这是阻力位，它对个股的突破上涨有强力阻挡作用。另一个是颈线位置（双顶构筑期间回调时的低点）。个股经过这种二次冲顶的震荡之后，随着空方力量的增强，开始向下回落。当股价向下跌破颈线时，预示着双顶形态完全形成，也预示着一轮下跌趋势即将展开。

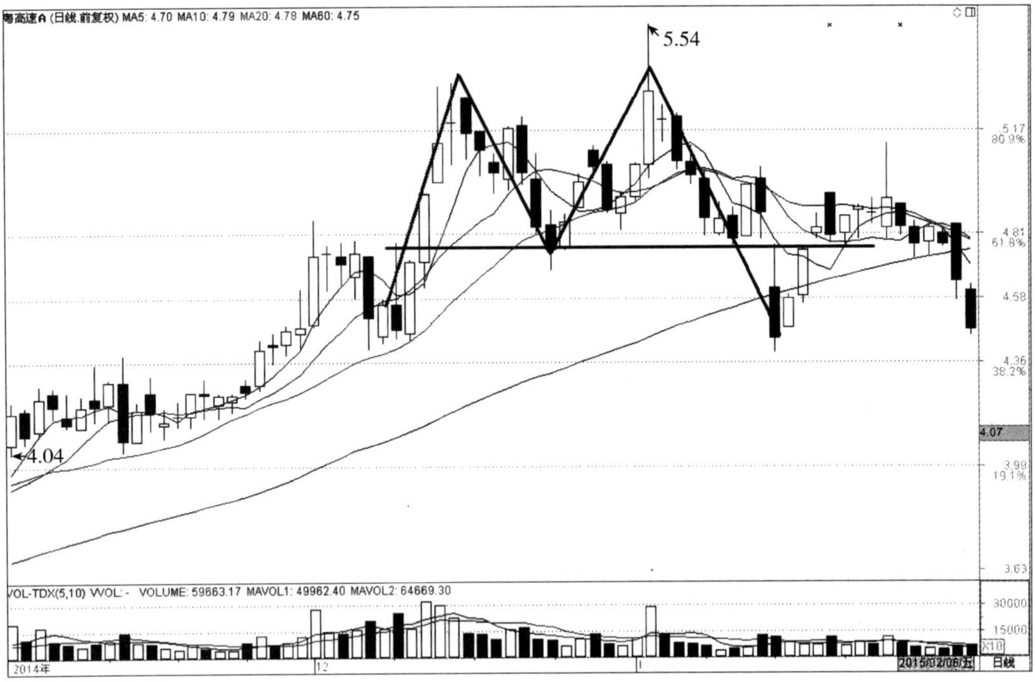

图 3-22　双重顶形态

实战中，依据双重顶操作的要点如下。

①最小跌幅的量度方法。双重顶最小跌幅的量度方法是，从突破颈线点开始，后市至少会再下跌到从颈线到双头连线的垂直距离。

②从双重顶成交量看，市场的买力已开始转弱，体现在双重顶的两个高峰都有比较明显的较大的成交量，不过第二个头部的成交量比第一个头部显著减少。

③股价跌破双重顶颈线时，没有大成交量的配合也可以信赖。

④一般来说，双重顶的最终实际下跌幅度往往是最小量度跌幅的 1～3 倍。

在双重顶构筑期间，有两个较好的中长线卖股点。

第一个卖点出现在个股二次冲顶时，此时可以依据个股前期的累计涨幅、局部走势中的宽幅震荡来预估顶部的出现，从而选择在二次上冲时逢高卖出。

第二个卖点出现在个股向下跌破颈线位置时，双重顶形态完全形成，一轮破位下行的下跌行情正在展开。此时卖股虽然没有卖在阶段性高点，但从中长期的角度来看，由于趋势反转已经明确，个股随后的下跌空间仍然巨大，因而此时卖出可以很好地保住牛市中获取的利润，不失为一种顺势而为的操作方法。

短线点金

双重顶形态并不一定都出现在顶部的反转形态中，有时在多头行情的整理过程中，也会出现小型的双重顶形态。双重顶的两个顶点之间的距离越远，形成双顶持续的时间就越长，将来双重顶反转后的波动越剧烈，下跌走势更猛。

双重顶的类型可以分为标准形和复合形两种。标准形就是只有两个顶部，复合形是指有时左右两头会出现多个小头的组合顶部，同样是可信赖的反转信号。

3. 圆顶与圆底

（1）圆弧底。

圆弧底，顾名思义，是指K线连线呈圆弧形的底部形态，常出现于交投清淡的个股中。形成该形态一般会耗时几个月甚至更久，因此具有相当大的下跌能量，这种底部通常是中长期底部。如图3-23所示。

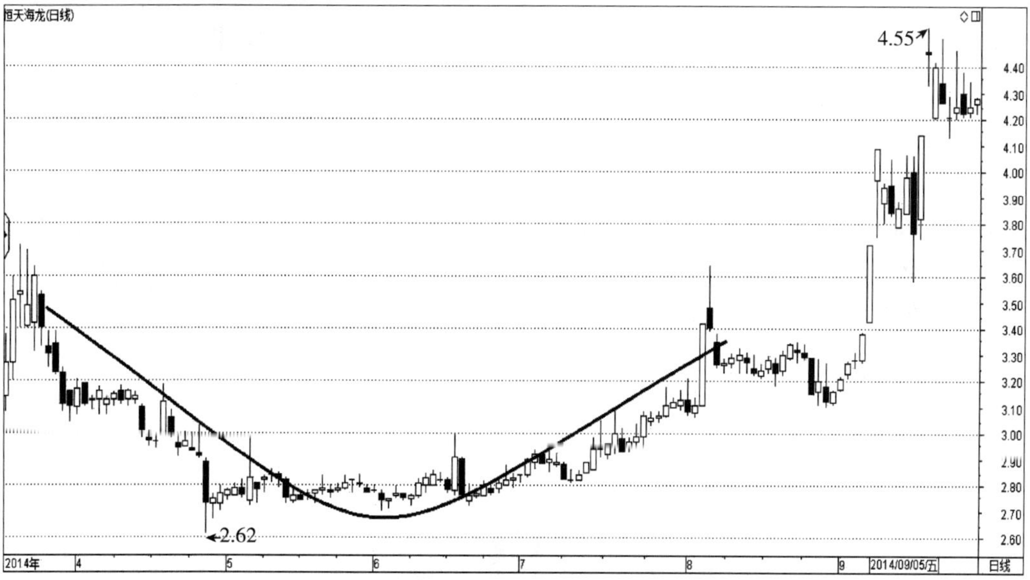

图3-23　圆弧底形态

形成圆弧底时，股价一般处于低价区，股价变动简单且连续，先是缓缓下滑，而后缓缓上升，K线连线呈圆弧形。成交量变化与股价变化相同，先是逐步减少，伴随着股价的回升，成交量逐步增加，同样呈圆弧形。圆弧底形成末期，股价迅速上扬，形成突破，成交量也显著放大，股价涨升迅猛，往往很少回档整理。

圆弧底往往出现在中长期跌落行情的晚期，跌落起伏越大，盘底的时间越长，股价反转就越牢靠，上升的力度越大，即“横有多长，竖有多高”。

短线点金

圆弧底形态耗时长，所以不应过早介入。首先，在买入之前，必须确认成交量底部已形成。其次，要在连续几日温和放量收阳线之后。另外，如果在圆弧底形成末期出现整理平台，则应在成交量萎缩至接近突破前成交量水平时及时抢进。

（2）圆弧顶。

圆弧顶为K线在顶部形成的圆弧形状，如图3-24所示。

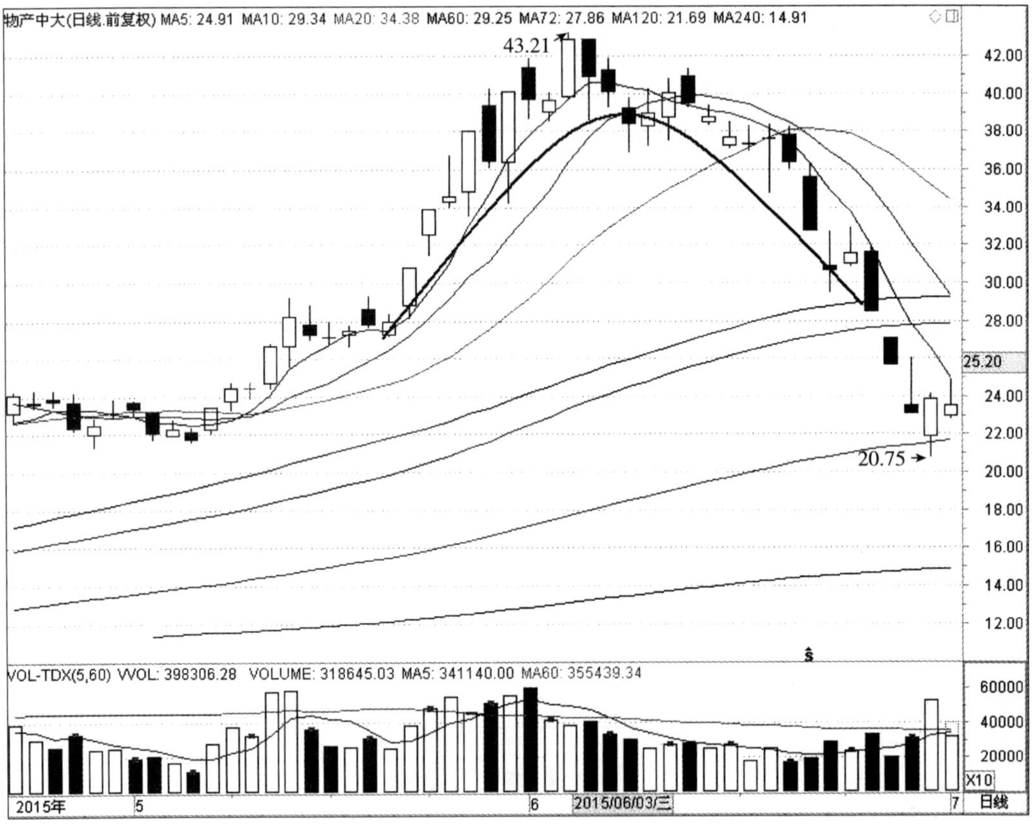

图 3-24 圆弧顶形态

多方在维持股价一段时间的升势之后，力量逐步衰竭，难以保持原来的购买力，股价涨势缓和，而空方力量有所加强。此时虽然股价顶部不断抬高，但每次稍有回升都快速回落，先出现新高点，然后回落点略低于前期低点。将股价短期高点连接，形成圆弧顶形状。

在圆弧顶形成过程中，多空力量相对均衡，股价保持平台整理的静止形态。一旦空方力量超过多方，股价即开始回落，股价跌破圆弧顶始点时表明形态确立。圆弧顶形态的最小跌幅一般是圆弧顶颈线与圆弧顶最高点之间的垂直距离。

在识别圆弧形时，成交量也是很重要的。无论是圆弧顶还是圆弧底，在它们的形成过程中，成交量都是两头多、中间少。越靠近顶或底成交量越少，到达顶或底时成交量达到最少（圆弧底在达到底部时，成交量可能突然大一下，之后恢复正常）。在突破后的一段，都有相当大的成交量。圆弧形形成所花的时间越长，今后反转的力度就越强，越值得对这个圆弧形加以重视。

实战中要注意以下几点。

①由于圆弧顶形态耗时较长，不像其他图形有明显的卖出点，但其有足够的时间让投资者依照趋势线、重要均线系统及其他指标在形态形成之前及早退出。

②圆弧顶最小量度跌幅为圆弧顶至颈线的垂直距离。股价在跌破颈线3%，向下突破确认后，可采取卖出策略。

③在圆弧底形成末期，股价跌到一定程度时，会引起持股者恐慌，使跌幅加剧，常出现跳空缺口或大阴线，此时是一个强烈的出货信号，应果断离场。

④圆弧顶成交量多呈现不规则状，一旦圆顶右侧成交量小于左侧成交量甚为明显时，圆弧顶形成的概率极高。此时要随时关注，当感觉有风险时，可以考虑提前卖出。

⑤圆弧顶形态为顶部反转形态，一旦形态确立，应及时卖出。一般而言，圆弧顶形态卖出点为股价跌破颈线支撑或者股价破位回抽颈线阻力位置时。

短线点金

圆弧顶经常出现于绩优股中，由于此类持股者心态稳定，多空双方力量很难出现急剧变化，所以主力常在高位慢慢派发，导致K线形成圆弧。在顶部形成过程中，成交量巨大而不规则，常常在股价上升时成交量增加，在上升至顶部时反而显著减少。在股价下滑时，成交量又开始放大。在圆弧底形成末期，股价缓慢盘跌到一定程度，引起持股者恐慌，会使跌幅加剧，常出现跳空缺口或大阴线，此时是一个强烈的出货信号，应果断离场。

4. 倒V形顶与V形底

（1）V形底。

V形底又称尖底，是指股指连续长阴下跌到重要支撑位，以V形反转方式连续长阳上攻，形成V形反转的底部样式。如图3-25所示。由于市场中卖方的力量很大，令价格稳定而又持续地跌落，当市场沽空力量消失之后，买方的力量完全控制整个市场，使得价格出现戏剧性的回升，几乎以下跌时同样的速度收复所有失地，因此在图表上形成一个像V字般的移动轨迹。V形底是一种变化较快、转势力度极强的反转形态。

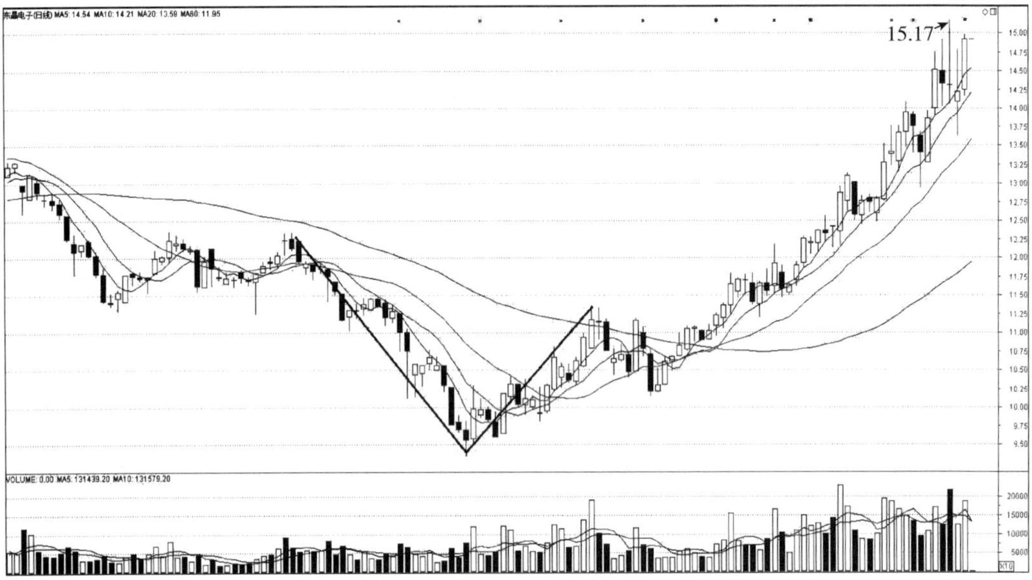

图3-25 V形底形态

V形底的形成有以下几个阶段。

①下跌阶段：通常V形的左方跌势十分陡峭，而且会持续一段时间。

②转势点：V形的底部十分尖锐，一般来说形成转势点的时间很短，而且成交量在低点时明显增多。有时候转势点就在恐慌交易日中出现。

③回升阶段：随着价格从低点回升，成交量亦随之增加。

④价格在突破延伸V形的徘徊区顶部时，必须有成交量增加的配合，在跌破倒转延伸V形的徘徊底部时，则不必需要成交量的增加。

（2）倒V形顶。

倒转V形顶的情形则刚刚相反，市场看好的情绪使得价格节节攀升，可是突如其来的一个因素扭转了整个上升趋势，股价以上升时同样的速度下跌，形成一个倒转V形的移动轨迹。如图3-26所示。这种形态不易辨认和交易。

在股价上涨趋势中，市场看好的气氛使得买盘强劲增加，股价上涨的速度越来越快，最后出现宣泄式暴涨。多头力量得到极度宣泄之后，便出现了危机，短线客见股价上涨乏力，于是反手做空。这种现象越演越烈，股价走势也出现了戏剧性的变化，股价触顶后便一路下跌，这样就产生了倒V形走势。

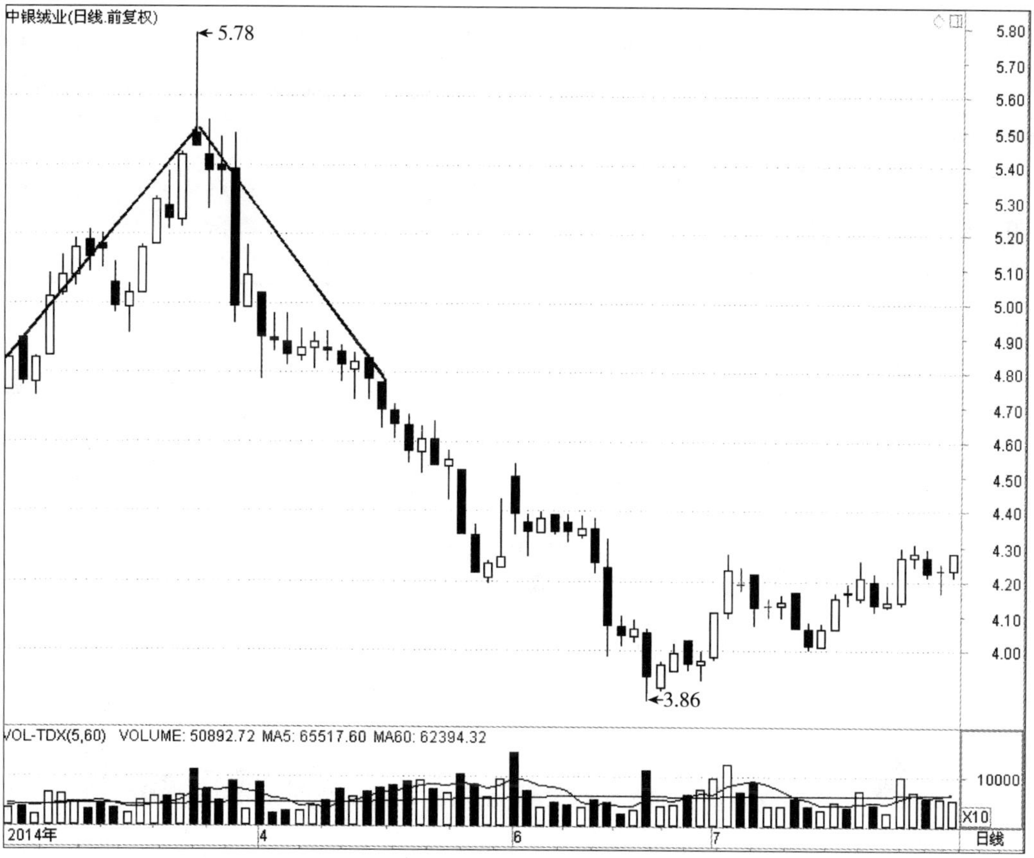

图 3-26　倒 V 形顶形态

短线点金

V 形顶形态多发生于行情的末升段，指数急涨之后，又急速下跌。形成该形态时，市场往往受到消息传闻的影响，或是市场情绪化操作的反应，令投资者来不及反应市场的快速变化导致。在行情发展过程中，较难马上发现是倒 V 形反转，但该形态很容易发生在对称三角形形态之后。V 形底引发的反转行情在判断时极为不易，无法从先前的走势来预推发生的可能性。反转发生后，低点爆发大量才是市场比较容易出现的止跌点，但并不表示后续走势会反转。

5. 底部岛型反转与顶部岛型反转

（1）底部岛型反转。

在下跌行情中，股价已经有了一定的跌幅，某日突然股价跳空低开，留下一个缺口。日后几天股价继续下沉，但股价下跌到某个低点又突然峰回路转，开始掉头回升，并留下了一个向上跳空的缺口。这个缺口与前期下跌的缺口基本上处于同一价位区域。从图形上看，股价明显地分成了两块，中间一段K线被左右两个缺口隔开，使得图表中的下边一块像漂离海岸的岛屿一般（有时候这个岛屿也可能由一根K线组成）。如图3-27所示。

底部岛型反转常伴随着很大的成交量，并且是个转势形态，表明股价已见底回升，将从跌势转化为涨势。

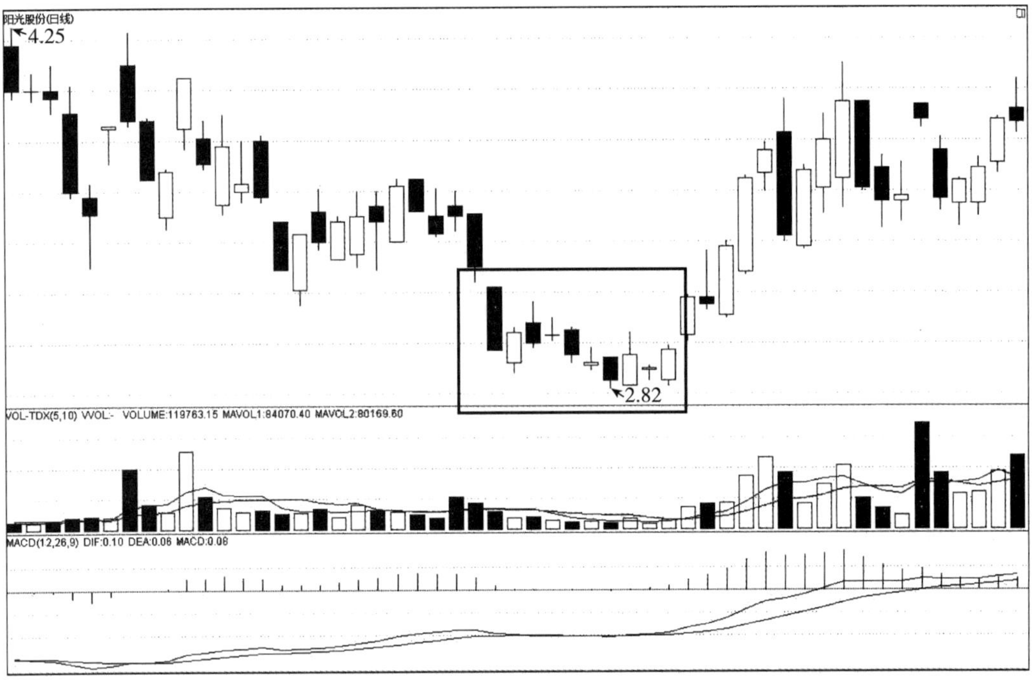

图3-27 底部岛型反转

底部岛形反转时常会伴随着很大的成交量，如果成交量很小，这个底部岛形反转图形就很难成立。底部岛形反转是个转势形态，表明股价已见底回升，将从跌势转化为升势。虽然这种转势并不会一帆风顺，多空双方会有一番激烈的争斗，但总的形势将有利于多方。通常来说，在底部发生岛形反转后，股价免不了会出现激烈的上下震荡。多数情况下，股价在下探上升缺口处会戛然止跌，然后再次发力向上。

对于走出底部岛形反转的个股，首先应想到形势可能已经逆转，不可再盲目看空。激进的投资者，可在岛形反转形态的向上跳空缺口上方处买进，稳健的投资者可在股价急速上冲回探向上跳空缺口获得支撑后再买进。当然，如果股价回调封闭了向上跳空缺口，则不要买进，可以继续密切观望。向上跳空的缺口被封闭后，一般来说后市就会转弱。

（2）顶部岛型反转。

顶部岛形反转的主要特征为，股价或大盘经过一段时间的上涨，出现一个向下的跳空缺口，而这个缺口与该股上升时向上的跳空缺口基本处于同一区域，于是整个股价 K 线图分成了互不相连的上下两部分，上面的一部分 K 线就像远离海岸的孤岛。

具体操作的时候，股价在前期上涨时留下一个向上跳空缺口之后继续上行，但走势已明显转弱并逐渐转化成向下。当下行到前期向上跳空缺口位置附近，突然以一个向下跳空缺口展开加速下跌走势，形成顶部岛形反转。顶部岛形反转是极强的见顶信号。

顶部岛形反转一旦确立，说明近期股价向淡已成定局，此时持筹的投资者只能认输出局，如果继续持股，必将受到更大的损失。空仓的投资者近期最好不要再过问该股，即使中途有什么反弹，也尽量不要参与，可关注其他一些有潜力的股票，换股操作为宜。

短线点金

值得注意的是，有很多股票底部岛形反转向上跳空缺口被封闭后，股价并没有重现跌势，不久又会重新发力上攻。这可能是底部岛形反转的向上跳空缺口与一般向上跳空缺口的不同之处，因此，对那些填补向上跳空缺口之后再度发力上攻，跃上跳空缺口上方的个股，要继续密切关注。持筹的仍可持股做多，空仓的可适时跟进。这里要注意的是，对填补向上跳空缺口后，股价还继续下沉的个股，就不可再看多了，此时投资者应及时空仓出场，以保证资金的安全。

经典整理形态分析

整理形态通常表示图表上的横向价格伸展仅仅是当前趋势的暂时休止，下一步的市场运行将与之前趋势的方向一致。整理形态通常为时较短暂，在更多的情况下，明显属于短暂形态或中等形态的类别。

下面是几种常见的整理形态。

1. 三角形

三角形形态属于持续整理形态的一类形态。三角形主要分为三种——对称三角形、上升三角形和下降三角形。

（1）对称三角形。

对称三角形这种情况大多发生在一个大趋势进行的途中，表示原有的趋势暂时处于休整阶段，之后还要沿着原趋势的方向继续运行。对称三角形由一系列价格变动点组成，其变动幅度逐渐缩小，即每次变动的最高价低于前次的水准，最低价比前次最低价水准高，呈压缩形状。如从价格变动的领域看，其上沿为向下斜线，下沿为向上倾线。把短期高点和低点分别以直线连接起来，就可以形成一个对称的三角形。如图 3-28 所示。

图 3-28　对称三角形

对称三角形的形成，最少要有明显的两个短期高点和短期低点出现。一般情况下，由于对称三角形属于整理形态，通常整理过程结束后，市场会沿着原来的趋势方向移动。只有在股价朝其中一方明显突破后，大家才可以采取相应的买卖行动。如果股价向上冲破阻力（必须得到大成交量的配合），就是一个短期买入信号。反之，若是往下跌破（在低成交量之下就可跌破），便是一个短期沽出信号。

对称三角形的最少升幅量度方法是，当股价向上突破时，从形态的第一个上升高点开始画一条和底部相等的直线，这就是对称三角形突破后股价上涨的目标位。股价突破对称三角形，由下向上突破上档趋势线，盘面应该出现较大的买入成交量，或者连续两至三天出现放量迹象，这种突破才有可信任度。股价向下突破，一般不需要多少成交量。但成交量加大时，跌破幅度也会越大，向下突破的可信度也就越高。

短线点金

虽然对称三角形是一种不太容易把握的技术形态，但股价确认突破后，无论是向上还是向下，在日线图形中都具有较强的短线可操作性。只要技术识别正确，利用短期支撑线与阻力线把握度量波动幅度，能帮助投资者获得收益和回避风险。

（2）上升三角形。

上升三角形是指市场在某水平线位置呈现出强大的卖压，股价从低点回升到水平线便告回落。但市场的购买力十分强劲，股价未回升至上次低点即告弹升，这一情形持续下去，就会使股价随着一条阻力水平线波动逐渐收窄。若把每一个短期波动高点连接起来，可画出一条水平阻力线，每一个短期波动低点则可划出一条向上倾斜的直线，这就是上升三角形。如图 3-29 所示。

图 3-29　上升三角形

上升三角形属于强势整理形态，股价波动的底部在逐步抬高，表明多头买盘踊跃。上升三角形突破成功的话，突破位为最佳买点，后市会有一波不俗的涨幅。如果上升三角形突破失败的话，则会承接形态内的强势整理而出现矩形整理，形成头部形态的概率不会太大。

在上升三角形中，显著的买入点是三角形形成过程中的最后一个点，以及有效突破后的介入点。部分情况下，突破三角形之后会有回抽，回抽突破趋势线时，同样是比较理想的介入机会。

另外需要说明的是，上升趋势中的上升三角形，往往表示市场短线强势。一般而言，上升三角形在其横向宽度的1/2～3/4之间的某个位置就会选择突破方向。如果超过该区域仍未突破，则三角形的顺势性突破力度将减弱，同时突破方向的变数也将增加。换句话说，就是上升三角形突破越早，发生错误的概率越小。假如股价反复走到形态尖端后跌出形态之外，这个突破的信号不足为信，实际操作中以等候最终突破方向为主。

短线点金

上升三角形是一种强烈的做多技术信号，买入时机一般有两种。

一是趁回调时埋伏抄底。这种买点一般是趁其股价在三角形区域内反复震荡时，较适合中线操作。

二是趁突破时及时跟进。这种买点就是等其形成向上突破时（K线站上三角形上方），较适合短线操作。

（3）下降三角形。

下降三角形的形状与上升三角形恰好相反，价格在某一特定的水平位置出现稳定的购买力，因此股价每回落至该水平位置便告回升，从而形成一条水平的需求线。可是市场的沽售力量却不断加强，价格每一次波动的高点都较前次为低，于是形成一条向下倾斜的供给线。如图3-30所示。

下降三角形属于中短期整理形态，但大多数情况下带有向下突破的可能，是一种看跌形态。下降三角形整理时间一般是在15到30个交易日范围内，而且在形态形成过程中，成交量是逐渐减少的。

虽然该形态反映出卖方力量占优势（供给线向下倾斜），形态向下跌破的机会较高。但过去的图表中显示，市场也有向上突破的可能性存在，投资者宜在形态明显突破后采取行动。向下跌破后，有时可能会出现假性回升，回升将会受阻于下降三角形的底线水平之下。和其他三角形形态没有分别。下降三角形越早实现突破，出错的机会越低。在接近三角形的尖端位置股价跌出形态以外，其预测的有效程度可能会很差。

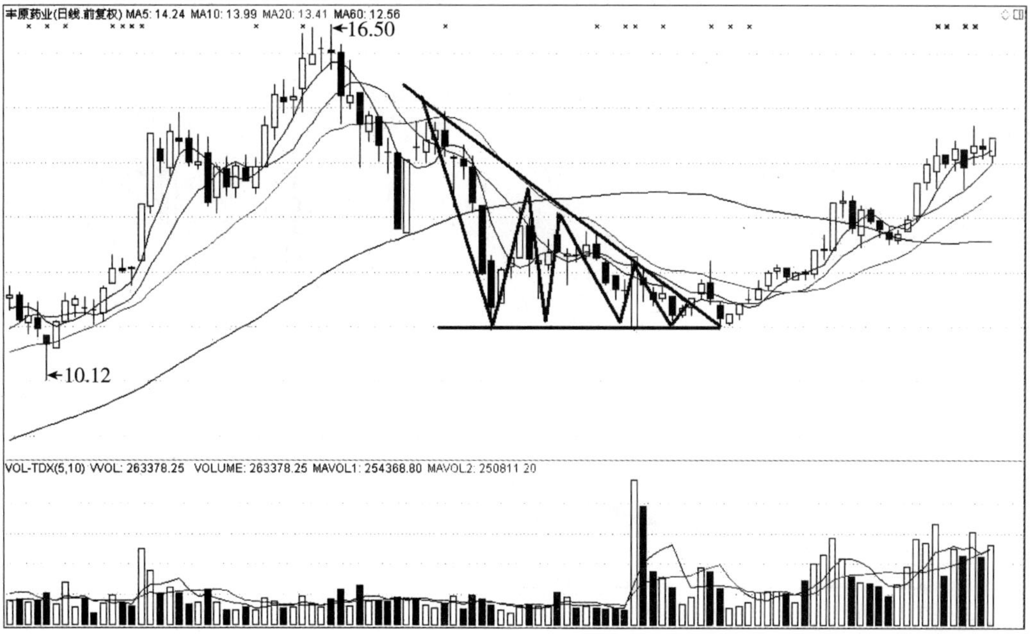

图 3-30　下降三角形

2. 矩形

矩形是股价由一连串在两条水平的上下界线之间变动而成的形态。股价在其范围之内波动，价格上升到某水平时遇阻回落，但很快地便会获得支持而上升。可是股价回升到上次同一高点时再次受阻，而回落到上次低点时则再次受到支撑。这些短期高点和低点分别以直线连接起来，便可以绘出一条通道。这个通道既非上倾，亦非下降，而是平行发展，这就是矩形形态。如图 3-31 所示。

矩形上边高点的连线为矩形整理形态的压力线，下边低点的连线为矩形整理形态的支撑线。如果原来的趋势是上升的，那么经过一段时间的矩形整理，很大概率将会继续保持原来的运行趋势，多方会占优势并拥有主动权，使价格向上突破矩形整理的上边界。如果原来的趋势是向下的，空方会采取行动，突破矩形的下边界。

矩形形成的过程中，除非有突发性的消息扰乱，其成交量应该是不断减少的。在形态形成期间，如果有不规则的高成交量出现，形态构筑可能失败。当股价突破矩形上边界时，必须有成交量激增的配合。跌破下限水平时，则不需成交量的增加。

矩形形态出现突破后，股价经常出现反抽走势，这种情形通常会在突破后的三天至三星期内出现。反抽将止于颈线水平之上，向下跌破后的假性回升将受阻于底线。一个波幅较大的矩形，较一个狭窄而长的矩形形态更具威力。

矩形整理形态是短线投资者最喜欢的一种形态。当矩形形态初步形成后，投资

图 3-31　矩形整理形态

者可利用矩形形态下有支撑线、上有压力线的特点，在矩形的下边界附近买入，在矩形上边界附近抛出，来回做短线操作。

做这种短线操作时，要注意以下两点。

一是矩形的上下边界相距要较远，即有一定的波动空间。

二是一旦矩形形成有效突破，则需要审慎决策。在上升趋势中，矩形带量向上突破盘整区域时，要坚决捂股待涨。在下降趋势中，矩形向下突破时，则要尽快止损离场。

短线点金

矩形形态在大多数场合中是以整理形态出现的，但在有些情况下，矩形也可以作为反转形态出现，投资者需要区别对待。当矩形是整理形态时，矩形有效突破后，股价会按照原有的趋势运行。当矩形是反转形态时，矩形有效突破后，股价会按照相反的趋势运行。

3. 旗形

旗形形态就像一面挂在旗杆上的旗帜，通常在急速而又大幅的市场波动中出现。价格经过一连串紧密的短期波动后，形成一个与原来趋势呈相反方向的稍微倾斜的长方形，这就是旗形走势。旗形走势分为上升旗形和下降旗形两种。

（1）上升旗形。

上升旗形是股价经过陡峭的飙升后，接着形成一个紧密、狭窄和稍微向下倾斜的价格密集区域。把这个密集区域的高点和低点分别连接起来，可以划出两条平行而略下倾的直线，类似一条下降通道，这就是上升旗形。如图 3-32 所示。

图 3-32　上升旗形

上升旗形的特征如下。

①当股价大幅上升至某一压力点，开始进行旗形整理时，其图形呈由左向右下方倾斜的平行四边形。

②旗形整理的时间一般不能超过 15 天。

③形态完成后，股价将继续维持原来的趋势。也就是说，一旦旗形整理结束，

股价就要向上突破，继续往上攀升。

上升旗形是庄家为中小散户设置的一个空头陷阱，盲目看空，不弄清楚原因就卖出股票割肉离场，正好中了庄家的圈套。正确的做法是：有筹码的要捂住股票，密切注意事态变化，只要调整时间不是太长，就不应卖出股票。持币的要时刻关注它的突破方向，一旦发现股价整理结束后向上突破，就应该及时买进。

（2）下降旗形。

下降旗形是当股价出现急速或垂直下跌后，接着形成一个波动狭窄而又紧密，稍微上倾的价格密集区域，类似一条上升通道，这就是下降旗形。如图 3-33 所示。

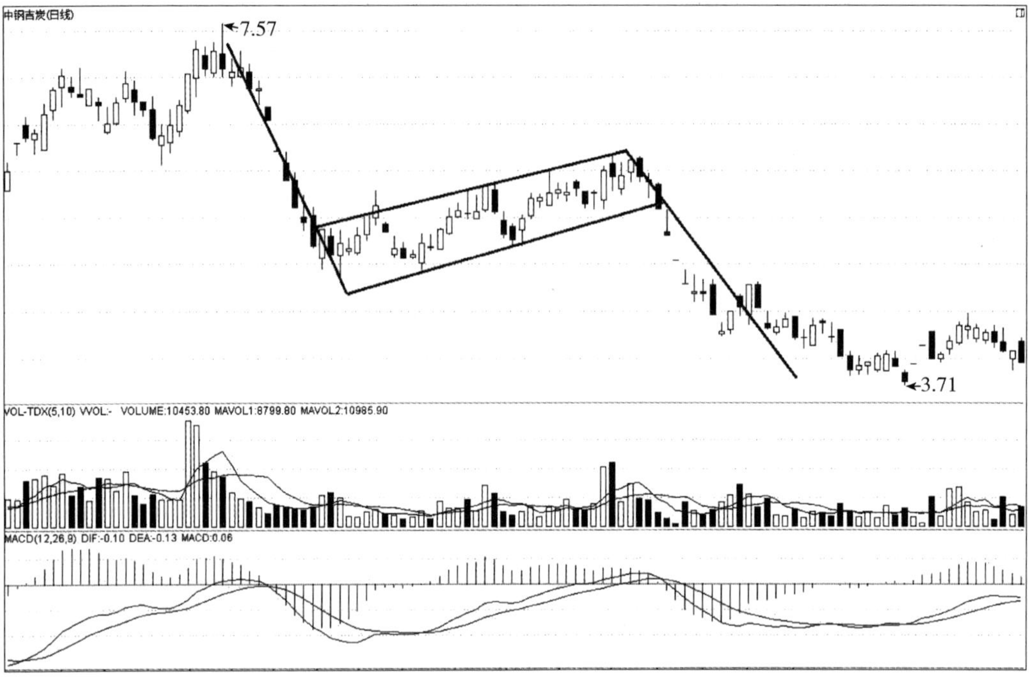

图 3-33　下降旗形

下降旗形是股价下跌过程中的一个整理形态，整理结束后股价仍会继续下跌。下降旗形是空方主力为了进一步打压股价，为中小散户精心布置的一个多头陷阱。如果投资者不明就里，看到股价缓缓上升就一头扎进去，十有八九会中庄家的圈套。

面对下降旗形走势，持币的投资者要做到不受庄家诱惑，不买股票，冷眼旁观是最佳投资良策。持筹的投资者，要趁股价反弹时尽量多卖出一些股票，以减轻仓位，切不可再错失一次逃命的良机。

短线点金

旗形整理形态中，成交量必须在形态形成期间不断地逐级递减。由于旗形属强势整理，所以成交量不能过度萎缩，而要维持在一定的水平内。当股价完成旗形整理向上突破时，必须要有成交量激增的配合。后市股价将大幅涨升，其上涨幅度会达到旗杆的价差，且涨升速度快，上涨角度接近垂直。当旗形向下跌破时，成交也需大量配合，这一点与其他整理形态有着显著不同。

4. 楔形

楔形形态与三角形、旗形形态十分相似，严格意义上讲，是这两种形态的变形，这也说明了楔形的多变性。楔形也是由一个旗杆和一个形态面组成。组成形态面的两个边向同一个方向延伸运行，并且有明显的交叉角度，这一点与旗形形态有所不同。两条同向倾斜、相互收敛的直线，分别构成股价变动的上限和下限，其中上限与下限的交点称为端点。楔形分为上升楔形和下降楔形。

（1）上升楔形。

上升楔形出现在一个大跌市，然后股价上升幅度和交易价格一路收窄。如图 3-34 所示。

上升楔形可分为持续图形或逆转图形两种。在持续图形中，上升楔形向上倾斜，直到遇到现在的下降走势。逆转图形亦会同样呈向上倾斜，但成交则顺势上升。无论哪一种类型，这种图形都被视为看淡形态。

上升楔形通常持续三到六个月的时间，并能提供给投资者一个信号——市势正在逆转中。在整个上升楔形形成过程中，成交量不断减少，整体上呈现价升量减的反弹特征。到最后，上升楔形整理以向下突破居多。从本质上来说，上升楔形只是股价下跌过程中的一次反弹波，是多方在遭到空方连续打击后的一次无力挣扎而已。

上升楔形只是下跌过程中的一次反弹，并不能改变股价下跌的趋势，因此，持筹的投资者可以趁反弹时卖出一些股票，进行减磅操作。一旦发现股价跌穿上升楔形的下边线，就不要再心存幻想了，应立即抛空离场，以免股价继续下跌带来的更大风险。

持币的投资者要经得起市场考验，不为反弹所动。要相信自己的判断，坚定地持币观望，不要急于购进股票。投资者如果能密切注意上升楔形内部的成交量变化，对上升楔形究竟会朝下突破还是朝上突破，大致还是能分得清楚的。

（2）下降楔形。

下降楔形是出现在上升走势顶部的一种常见形态。如图 3-35 所示。

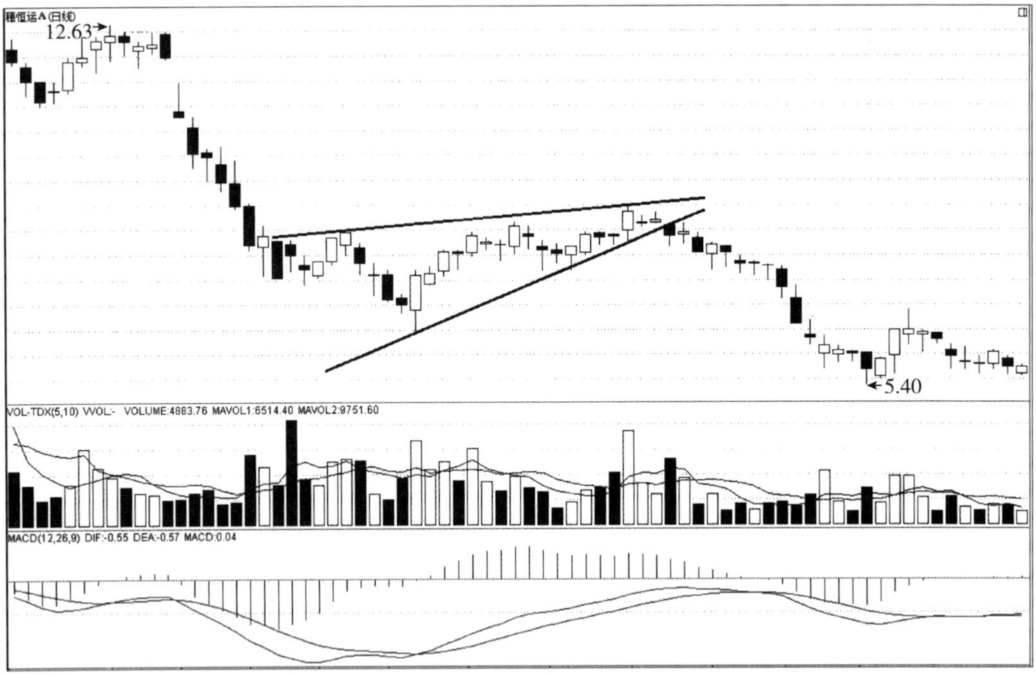

图 3-34 上升楔形

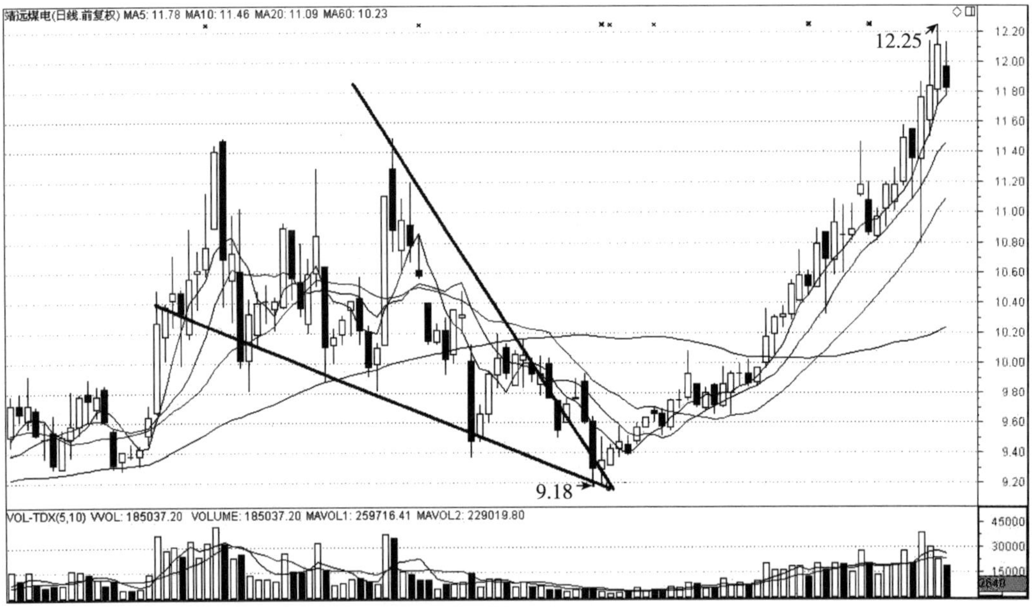

图 3-35 下降楔形

在价格出现上下小幅波动的整理期间，下降楔形可分为持续图形和逆转图形两种。在持续图形中，下降楔形呈向下倾斜，直到开启上升走势。反之，逆转图形亦同样呈向下倾斜，但成交量则顺势下降。无论是哪一种类型的楔形，这一图形都被视为看多。下降楔形通常拖延三到六个月时间，并能提供给投资者一个信号——市势正在逆转中。

在下降楔形中，价格上升，卖出压力亦不大，但投资者的兴趣却逐渐减少，价格虽上扬，可是每一个新的上升波动都比前一个弱。最后当需求完全消失时，价格便反转回跌。下降楔形表示一个技术性上渐次减弱的市场走势，当其跌破下边界后，就是沽出信号。

下降楔形的出现告诉我们，升市尚未见顶，这仅是升市的正常调整现象。一般来说，形态大多会向上突破。当其上连线阻力位被突破时，就是一个买入信号。

短线点金

下降楔形是诱空陷阱，为买进信号。在形成楔形的过程中，成交量不断减少，而且股价越接近楔形的尖端，成交量越小。股价上升突破压力线时，成交量明显放大。在突破压力线后常常出现回抽，并在原来的压力线附近止跌回升，从而确认向上突破有效。下降楔形多数情况会向上突破，少数情况下也会突破失败和向下突破，需要注意止损。

5. 菱形

菱形整理由于其形状似“钻石”，常常被市场人士称做钻石形态。如图 3-36 所示。菱形大多数时候是一种看跌形态，很少为底部反转，通常出现在市场短期或者中长期头部。其形态完成后，往往成为空头杀手锏，是一个转势形态。偶尔也会在下跌过程中以持续形态出现，此时在菱形整理完成之后，市场将保持原有趋势，继续下跌。

菱形是一个比较特殊且少见的形态，无论出现在行情的任何位置，其技术意义大多预示后市将下跌。其一旦形成后，往往具有较大的杀伤力，所以在目前只能做多才能盈利的单边市里，投资者不可不防。

菱形形态的成交量分布如同三角状，渐次放大后再逐步减少。菱形左半部和喇叭形一样，第二个上升点较前一个高，回落点较前一个为低，第三个上升点达到最高，同时回落点亦降为最低。当第四次回升时，高点却不能升过第三个高点水平，接着的下跌回落点又较上一个回落点为高。股价的波动从不断地向外扩散转为向内收窄，右半部的变化类似于对称三角形。

当菱形右下方支撑被跌破后，就是一个沽出信号，其最小量度跌幅是从股价向下跌破菱形右下边线开始，度量出形态内最高点和最低点的垂直距离，该距离就是

图 3-36　菱形

未来股价将会下跌的最小幅度。菱形形态越宽，跌幅也越大；形态越窄，跌幅越小。

如果股价向上突破右方阻力，并且成交量激增，放量涨升时，那么就是一个买入信号。当然，菱形走势形态不一定会向上突破，向下突破转化成顶部形态的机会也不少，应注意结合盘面具体分析。

菱形反转形态出现后，形态的最佳买卖点为股价带量突破菱形形态后半部对称三角形之时。

短线点金

菱形有时会出现在两个反方向通道的结合部，如股价以上升通道方式运行到高位后进行整理，这个通道的两条平行线就可以看作是菱形的左上边线和右下边线。随后股价转身向下，此时以下降通道的方式运行，这样菱形的右上边线和左下边线就可看作是下降通道的两条平行边。一旦出现这样的情况，股价后期跌幅通常至少是先前涨幅的50%，即回吐一半以上的前期升幅。

K 线缺口的短线运用

缺口是指股价在快速大幅变动中有一段价格没有任何交易，显示在股价走势图上是一个真空区域，这个区域称为“缺口”，通常又称为跳空。当股价出现缺口后，经过几天甚至更长时间的变动，然后股价反转过来，回到原来缺口的价位时，称为缺口的封闭，又称补空或补缺。

1. 缺口的分类

缺口分为普通缺口、突破性缺口、持续性缺口与消耗性缺口等四种。从缺口发生的部位和大小，可以预测走势的强弱，确定是突破还是已到趋势的尽头。

（1）普通缺口。

在股价变化不大的成交密集区域内出现的缺口称为普通缺口，一般缺口不大。这种缺口通常发生在耗时较长的整理形态或者反转形态中，出现后很快就会在几天内填上。如图 3-37 所示。普通缺口的确认，可以帮助投资者判断当前所处的盘势。

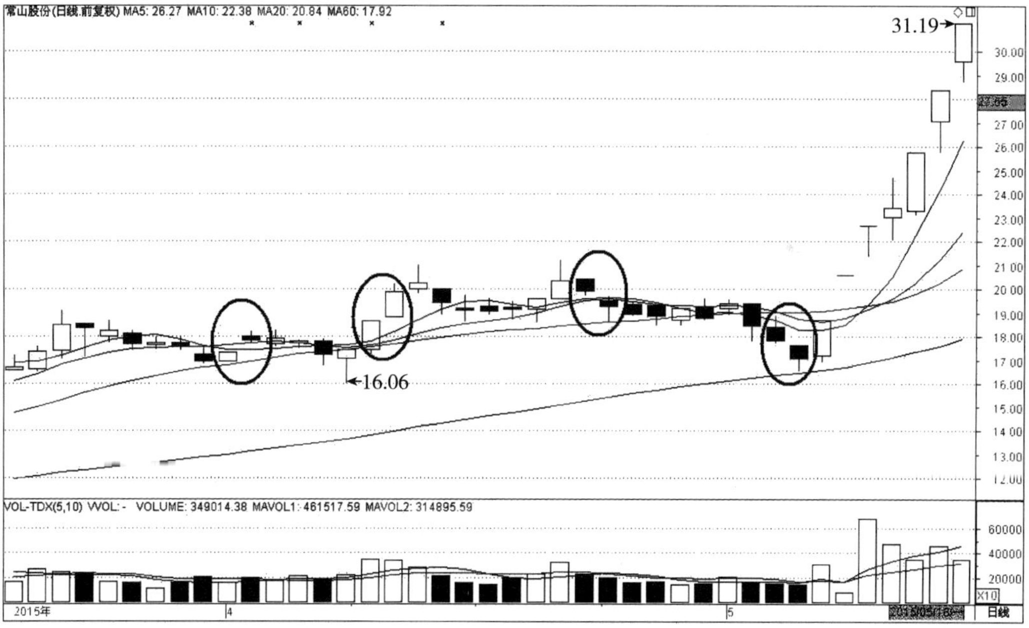

图 3-37 普通缺口

（2）突破性缺口。

突破性缺口是在一个密集的反转或整理形态完成后，突破盘局时产生的缺口。当价格以一个很大的缺口跳空远离形态时，表示真正的突破已经形成了。如图 3-38

所示。错误的移动很少会产生缺口，同时缺口能显示突破的强劲性，突破性缺口越大，表示未来的变动越强烈。

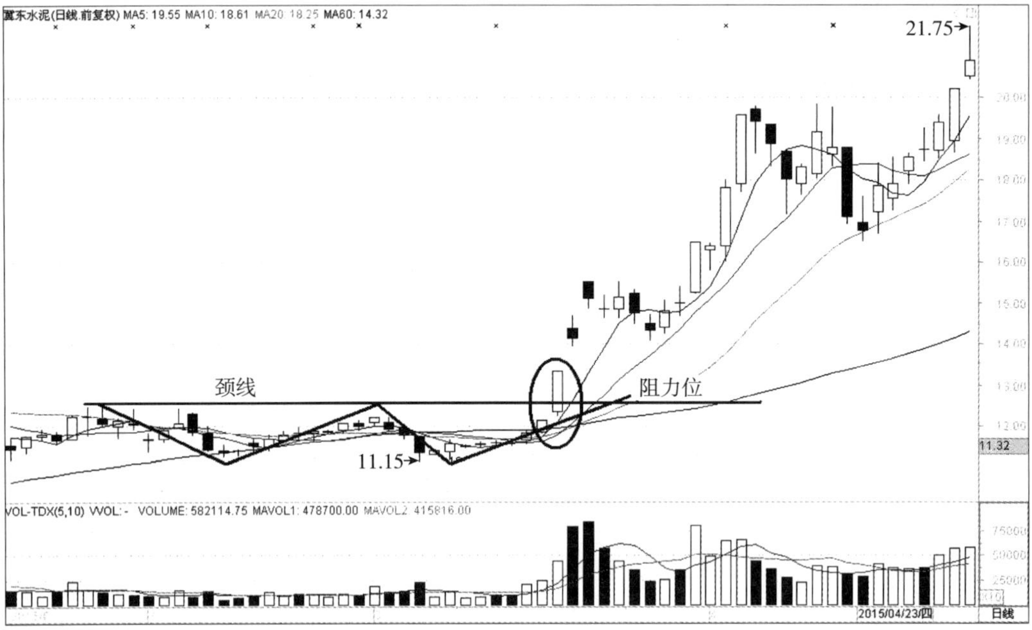

图 3-38　突破性缺口

（3）持续性缺口。

持续性缺口是指涨升或下跌过程中出现的缺口。任何离开形态或密集交易区域后的急速上升或下跌所导致的缺口，大多是持续性缺口。这种缺口不会和突破性缺口相混淆，常在股价剧烈波动的开始与结束之间的一段时间内形成。这种缺口又称为测量缺口，即股价到达缺口后，可能继续变动的幅度一般等于股价从开始启动到这一缺口的幅度。

（4）消耗性缺口。

和持续性缺口一样，消耗性缺口是伴随快速、大幅的价格波动出现的。在急速上升或下跌中，股价的波动并非是渐渐出现阻力，而是越来越急。这时价格的跳升（或跳空下跌）可能发生，此缺口就是消耗性缺口。如图 3-39 所示。通常消耗性缺口大多在恐慌性抛售或消耗性上升的末段出现，所以也叫竭尽缺口。

2. 缺口的意义

（1）普通缺口并无特别的分析意义，一般在几个交易日内便会完全回补，它只能帮助投资者辨认清楚某种形态的形成。

（2）突破缺口经常在重要的转向形态如头肩形态的突破时出现，这个缺口可以

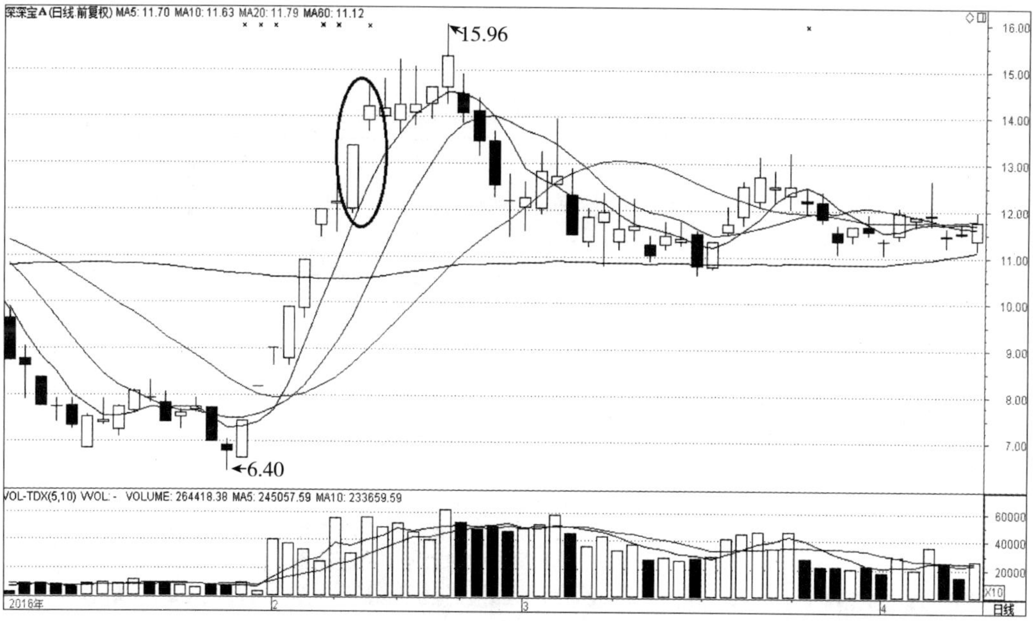

图 3-39　消耗性缺口

帮助辨认突破信号的真伪。如果股价突破支持线或阻力线后以一个很大的缺口跳离形态，则表明突破十分强而有力，很少有错误发生。

假如缺口出现前有很大的交易量，缺口出现后成交量却相对减少，则有一半的可能缺口将被封闭。若缺口出现后，成交量并未随着股价远离缺口而减少，反而增加，则短期内缺口不会被封闭。

（3）持续性缺口的技术分析意义最大。这种缺口通常在价格突破后远离形态至下一个反转或整理形态的中途出现，因此持续性缺口能大致预测价格未来可能移动的距离，所以又称为量度缺口。其量度的方法是从突破点开始，到持续性缺口始点的垂直距离，就是未来价格将会达到的位置。如图 3-40 所示。

（4）消耗性缺口的出现，表示价格趋势将暂告一个段落。如果在上升途中，表示即将反转下跌；若在下跌趋势中出现，就表示即将反转回升。不过，消耗性缺口并非意味着市道必定出现转向。持续性缺口是价格大幅变动中途产生的，因而不会在短时期内封闭。但是消耗性缺口是变动即将到达终点的最后现象，所以多半在 2～5 天的短期内会被封闭。

3. 缺口的分析技巧

（1）一般缺口都会填补。缺口是一段没有成交的真空区域，反映出投资者当时的冲动行为。当投资者情绪平静下来时，反省过去行为有些过分，于是缺口便告补回。其实并非所有类型的缺口都会填补，其中突破性缺口、持续性缺口未必会填补，

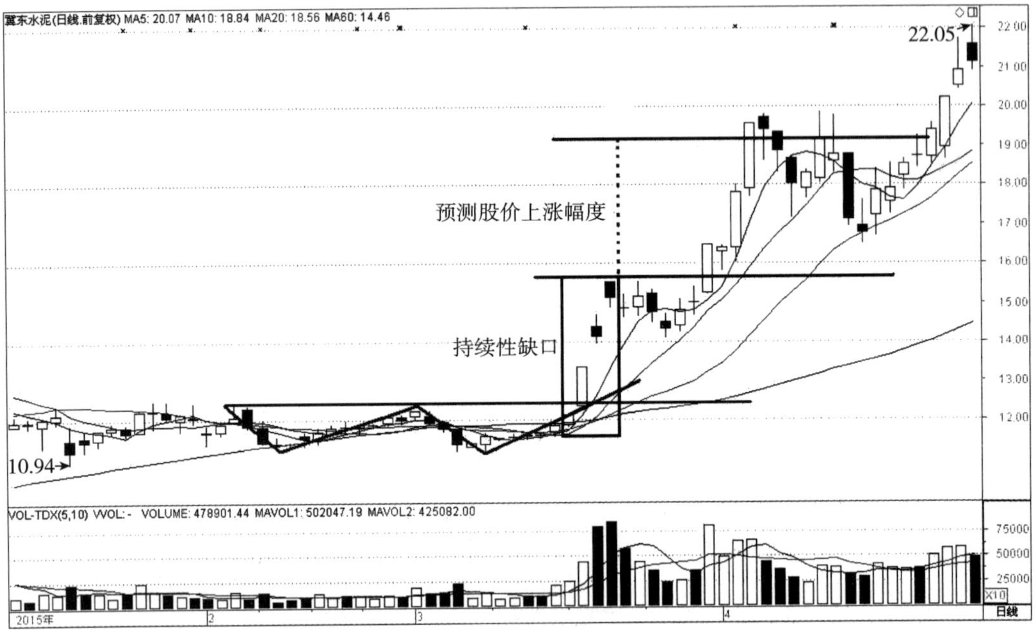

图 3-40　持续性缺口

至少不会马上填补。只有消耗性缺口和普通缺口才可能在短期内补回，所以缺口填补与否，对分析观察后市的帮助不大。

（2）价格在突破阻力区域时急速上升，成交量初期量大，然后在上升过程中不断减少。当价格停止原来的趋势时，成交量又迅速增加，这是多空双方激烈争夺的结果。其中一方获得压倒性胜利之后，便会形成一个巨大的缺口，这时候成交量又开始再次减少了。这就是持续性缺口形成时的成交量变化情况。

消耗性缺口通常是形成缺口的那天成交量最高（但也有可能在成交量最高的翌日出现），接着成交量减少，显示市场购买力（或沽售力）已经消耗殆尽，于是价格很快便告回落（或回升）。

短线点金

在一次上升或下跌的过程中，缺口出现得越多，显示其趋势越接近终结。举个例子，当升市出现第三个缺口时，暗示升市很快将终结。当第四个缺口出现时，短期下跌的可能性会大大增加。

第二节　量价关系中的短线机会

量价关系理论在技术分析中占据极为重要的地位。成交量是推动股价上涨的原动力，市场价格的有效变动必须有成交量的配合，量是价的先行指标，是测量证券市场的温度计。通过其增加或减少的速度，可以推断多空双方争斗的规模大小和股价涨跌的幅度。

量价关系对短线炒作的作用分析

量价关系的内容也就是成交量与股价趋势的关系。在量价关系理论中，成交量与股价趋势的关系可归纳为以下几点。

（1）股价随成交量的递增而上涨，是正常的市场行情。这种量增价涨的关系，表明股价将继续上升，如图 3-41 所示。在涨势中，股价随递增的成交量而上升，突破前一段涨势的高点，创下新高后继续上涨。后来这段上涨中的成交量，却没有超过前一段涨势中的成交量，则此时股价的涨势不可靠，短线趋势存在反复的可能。

（2）股价随成交量递减而回升，即股价上涨而成交量却逐渐萎缩，显示股价短线趋势存在反转的可能。成交量是股价上涨的原动力，原动力不足，股价自然会放慢上涨速度甚至回落。股价随着缓慢递增的成交量逐步上扬，然后走势突然成为垂直上升的井喷状态，成交量剧增，股价暴涨。紧随着此波走势，成交量又大幅萎缩，股价急速下跌，这表明涨势已到末期，上升乏力，趋势即将反转。反转的程度将视前一波股价上涨幅度的大小及成交量放大的程度而定。

（3）股价走势因成交量递增而上涨的行情持续数日之后，如成交量急剧放大，股价却上涨乏力，在高档盘旋，无法再向上大幅扬升，则显示股价在高档抛压沉重，这是股价下跌的先兆。股价连续下跌后，在低位成交量放大，股价却没有进一步下跌，价格仅小幅度波动，则表明行情即将反转，是短线买入的机会。

（4）在长期下跌形成谷底后，股价开始回升，成交量并未因股价上升而递增，股价上涨行情欲涨无力，其后再度跌落至前期低点附近，或高于前期低点时，如第二低点的成交量低于第一低点，则表明股价将上涨。

（5）股价下跌相当长一段时间后，会出现恐慌性抛盘。随着日益扩大的成交量，股价大幅下跌。继恐慌性抛盘之后，股价可能会出现反弹，同时恐慌性抛盘创

图 3-41　量增价涨

下的低点将不可能在短时间内被击穿，成为一个有力的支撑。因此在恐慌性抛盘之后，往往出现一个短期甚至是中期底部。

投资者应在操作过程中仔细把握成交量与股价趋势的上述几种关系，有效预测股价变化趋势，从而更好地把握短线机会。

个股量价关系及其短线实战作用

常见的量价关系有以下几种。

1. 量增价涨

量增价涨主要是指个股在成交量增加的同时，股价也同步上涨的一种量价配合现象。量增价涨只出现在上升行情中，而且大部分出现在上升行情初期，也有小部分出现在上升行情中期。

如果在涨势初期出现，可以判为上涨信号，应该寻机做多。在上涨趋势中途出现，说明市场做多动能充足，应及时跟进做多。一旦股价处于高位，或远离均线，成交量增速过快，为反转信号，不可盲目做多，如图 3-42 所示。在下跌趋势中出现，多为反弹，套牢者可止损。如果成交量不能持续放大，反弹行情有可能将告结束。在整理行情末期出现，如果有交易量配合，是向上突破信号，应择机介入。

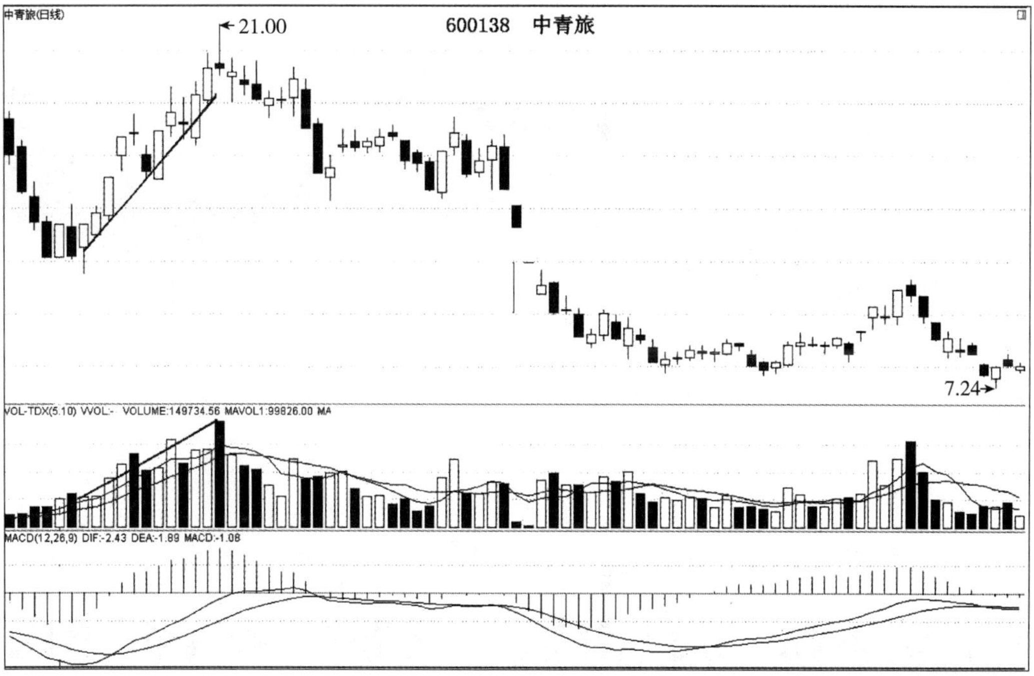

图 3-42　高位量增价涨陷阱

2. 量增价平

量增价平主要是指个股在成交量增加的情况下，股价却几乎在一定价位进行水平上下波动的一种量价关系现象。如图 3-43 所示。

量增价平既可以出现在上升行情的各个阶段，也可以出现在下跌行情的各个阶段。同时，既可以作为卖出股票的信号，也可以作为买入股票的信号。区别买卖信号的主要特征，关键是判断量增价平中的“价”属于高价还是低价。

（1）在涨势初期或者中期出现，表明主力正在吸筹建仓。一旦股价迈入上升走势，均线呈多头排列，就应择机做多。

（2）在涨势末期出现，表明主力在托盘出货，应做好离场准备。

（3）在跌势初期或者中期出现，经过下跌整理后，后市仍有下跌空间，应观望。

（4）在下跌末期出现，有主力多头介入的迹象，后市有望企稳回升，做买入准备。

（5）在整理行情出现，表明买盘增加，后市可能上涨，可以逐步进场做多。

3. 量增价跌

量增价跌主要是指个股（或大盘）在成交量增加的情况下，股价（或指数）反

图 3-43　量增价平

而下跌的一种量价关系现象。如图 3-44 所示。量增价跌现象大部分出现在下跌行情初期，也有小部分出现在上升行情初期。量增价跌现象在上升行情和下降行情中出现，研判结果也是不一样的。

（1）在涨势初期、中期出现，是主力打压震仓行为，只要价格回档不破 30 日均线，中线仍然可以继续持仓做多。

（2）在涨势末期出现，是反转信号，应卖出。

（3）下跌趋势中出现，表明做空力量强大，建议空仓。

（4）在底部出现，为反转信号，可配合其他指标适时建仓。

（5）在整理行情出现，是向下突破信号，应卖出。

4. 量缩价增

股价上涨，量能反而萎缩，无法同步放大，称为量缩价增，此为量价背离的典型走势之一。在正常情况下，量缩价增代表股价在上涨过程中，多头向上推升的力道不足，可以视为反弹走势或是涨势末端，股价可能出现反转下跌。如图 3-45 所示。

（1）在价格上升初期出现，上升无量配合，可能将要回调，应注意观察。

（2）量缩价涨一般表明市场人气较差，成交不活跃，是看跌信号，应谨慎做多。

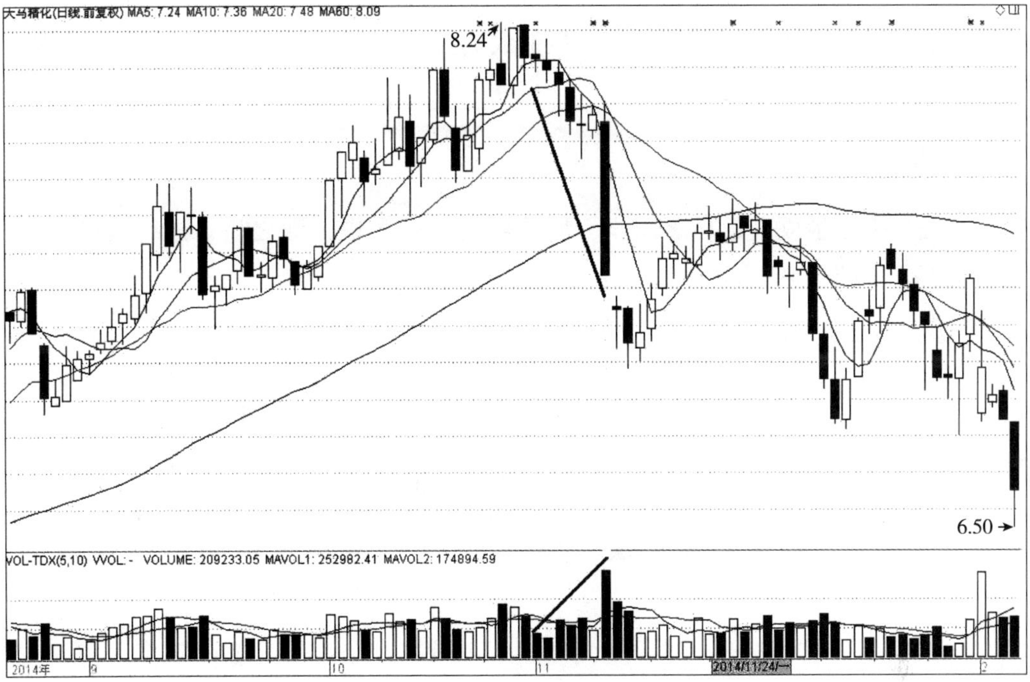

图 3-44 量增价跌

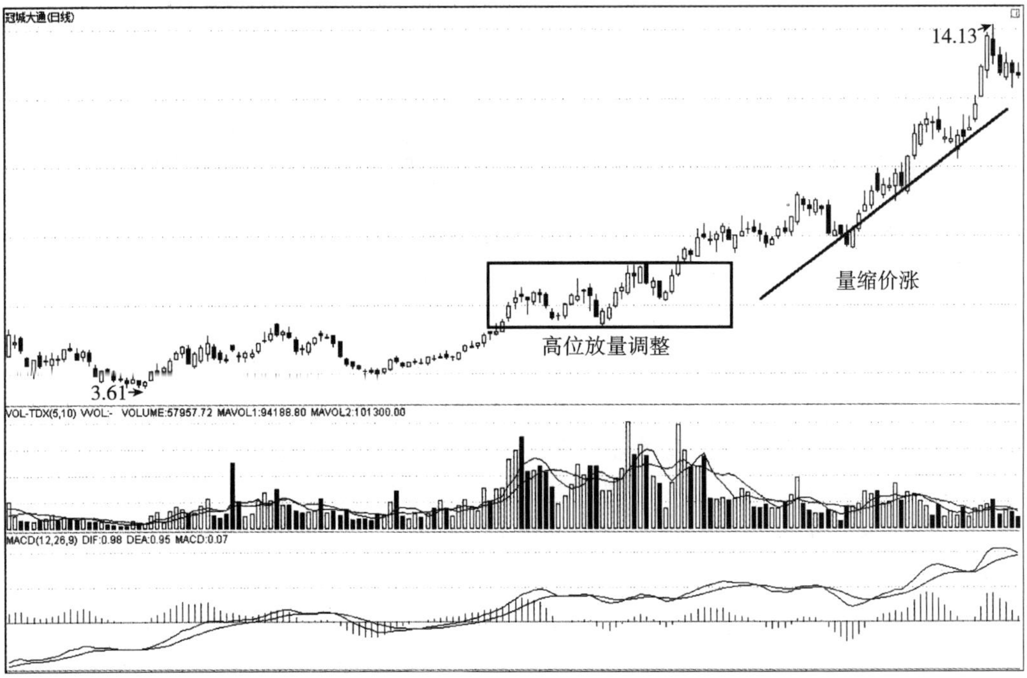

图 3-45 量缩价增

（3）在顶部出现，是转为下跌的信号，应做离场准备，择机逢高沽出。

（4）若主力深度控盘，也可以少量的成交拉动股价上涨。此时，如果股价能有规则地沿均线运行，可适量介入。

5. 量缩价平

量缩价平是指成交量显著减少，股价经过长期大幅上涨之后，进行横向整理，不再上升。如图 3-46 所示。

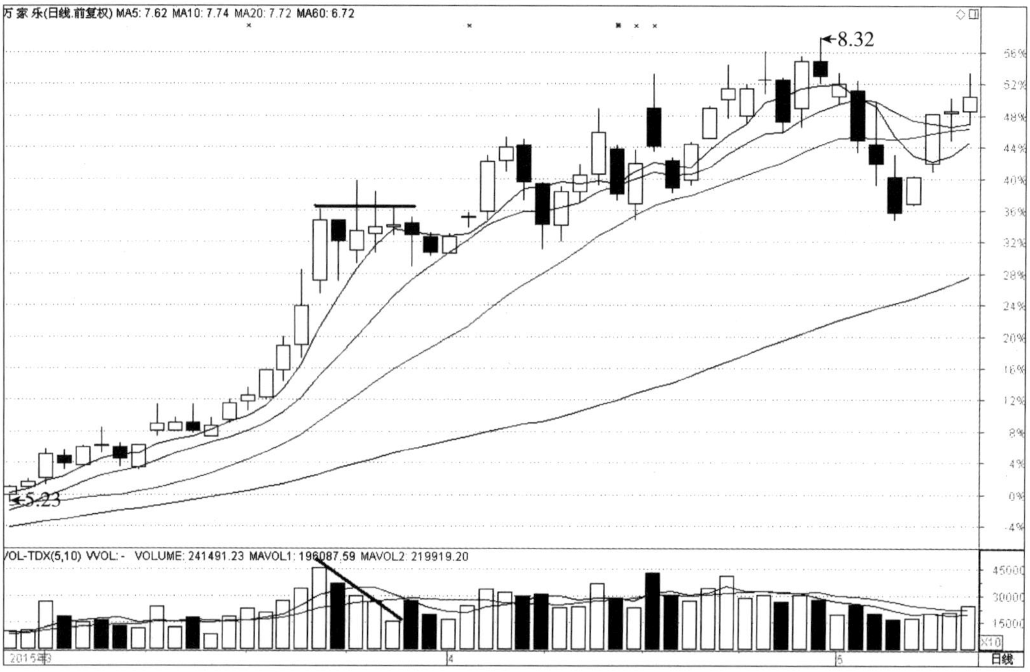

图 3-46 量缩价平

（1）在上涨行情初期出现，表明市场不振，后市方向和空间不明，应空仓观望。

（2）在上升趋势中途出现，一般为横盘整理，表明主力在洗去浮筹，为以后拉升扫除障碍，后市看好，应以做多为主。

（3）在下跌走势中出现，表明反弹无力，后市看淡，空仓。

（4）在跌势末期，成交量缩至最小，表明市场底部已近，交易者应做好买入的准备。

（5）在整理态势中出现，应继续观望。

6. 量缩价跌

量缩价跌主要是指个股（或大盘）在成交量减少的同时，股价（或指数）也同步下跌的一种量价关系现象。如图 3-47 所示。量缩价跌现象既可能出现在下跌行情中期，也可能出现在上升行情中期，但它们的研判过程和结果是不一样的。

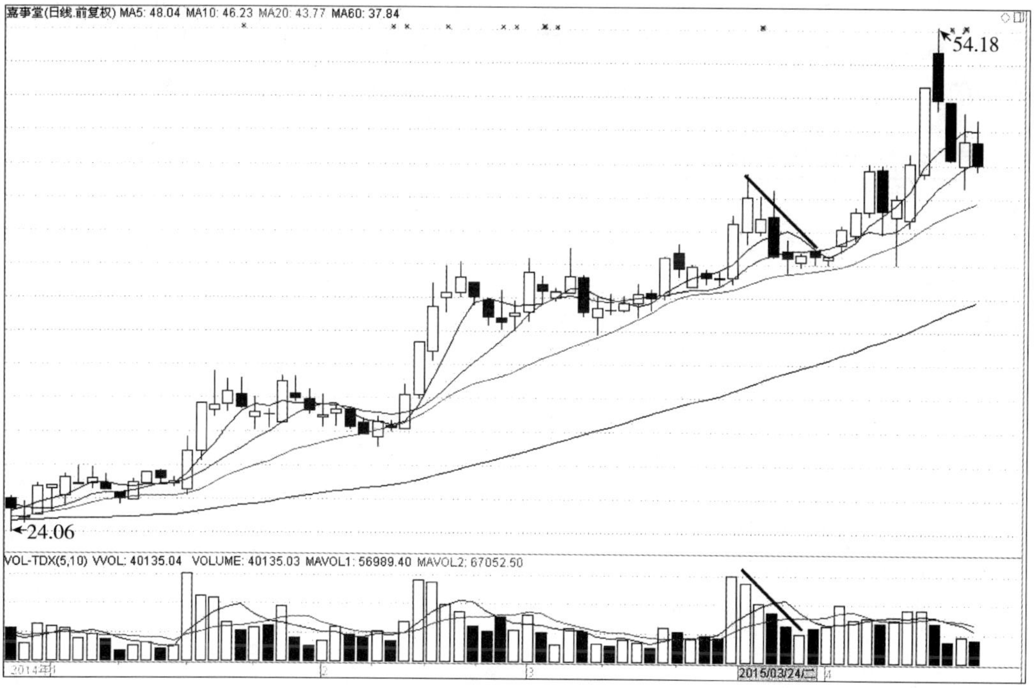

图 3-47　量缩价跌

（1）在上升行情中途出现，是正常回档，表明后市仍然看好，可以积极做多。

（2）在高位出现，如果成交量迅速缩小，则主力还在其中，后市仍可看好，可跟进做多。如果成交量不规则缩小，则很可能主力已到出货尾声，后市看空，应卖出。

（3）在下跌行情中出现，股价将继续下跌，应择机做空。

（4）在跌势后期出现，表明行情近期有可能反弹。

（5）在盘整态势中出现，表明很难出现突破走势，应退出观望。

■ 底部放量后的短线机会

底部就是通常所说的一段时期的低位，是指个股经过长时间且幅度巨大的下跌之后所在的价格区间。当个股经深幅下跌至最低位时，由于空方力量枯竭，多方力量涌入，从而使股价迅速企稳。在底部经过一段时间的震荡，主力借机吸筹。当主力手中有一定筹码，又不能吸收到更多筹码时，便会放量拉升。

1. 底部放量后上涨

底部区成交量放大，意味着主力已在底部介入，吸收筹码，是股价即将启动的表现。底部区放量上涨，是一种极为重要的量价配合关系，也是捕捉翻倍黑马股时常用的一种量价关系。如图 3-48 所示。

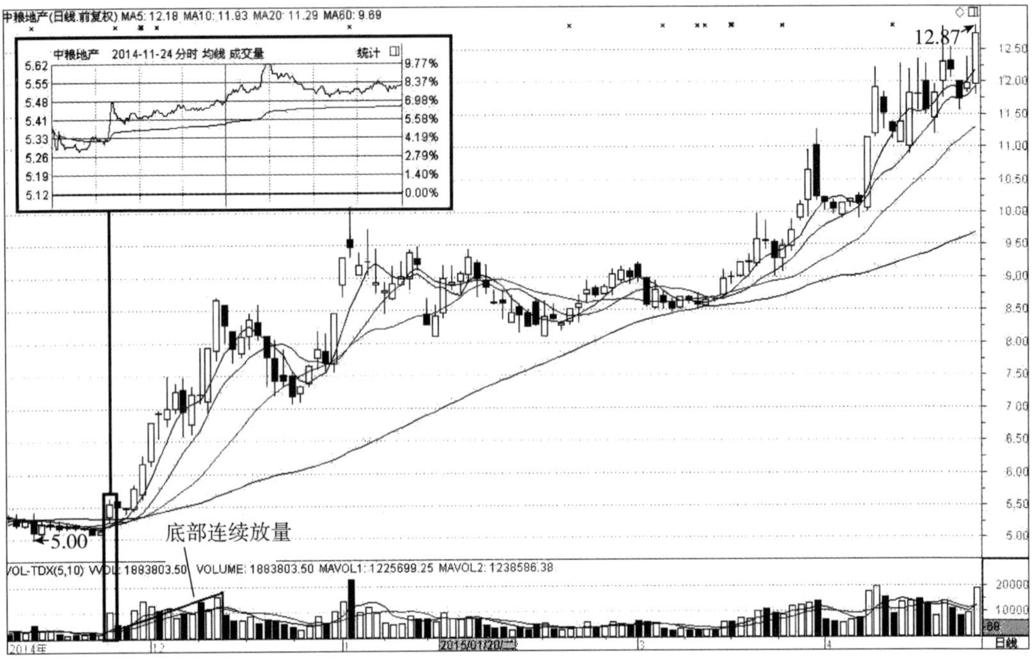

图 3-48　底部放量上涨

图 3-48 为中粮地产股价走势图。如图中标注所示，该股深幅下跌后，先是出现了低位企稳，随后则在低位强势横盘整理且成交缩量，这正是主力积极锁仓的表现。当主力吸收到一定筹码后便开始拉升，随后看到此股放量启动上涨。

需要注意的是，这里的放量是指不正常的特大量，比如说换手率达到了 10%。当主力在底部启动上涨行情时，为了消灭浮筹，会采用缓推式上涨模式，全天收大阳线，此时也会产生大量，但还不至于出现不可思议的大量。除非是大阳线碰到了某个关键阻力位，或是当日有配送股或限售股上市。至于何谓正常的大量，何谓不正常的大量，就需要交易者积累经验了。

2. 底部放量后下跌

股价从高位跌到底部一定是有原因的，比如大盘状况不好、公司业绩下降、个股题材透支等。在这些利空环境里，主力是很难全身而退的。即使通过底部放量这些小动作，也很难减掉较多的仓位，最终的结果往往是账面亏损继续增加，不断支付交易佣金。

这时出现底部放量下跌的现象，主要有三个原因。

（1）主力在进行最后的打压动作。

主力通过一些利空消息，制造带量的破位图形，迫使最后的卖单涌出，自己则全盘接纳，其目的就是为了实施打压式建仓。如图 3-49 所示。

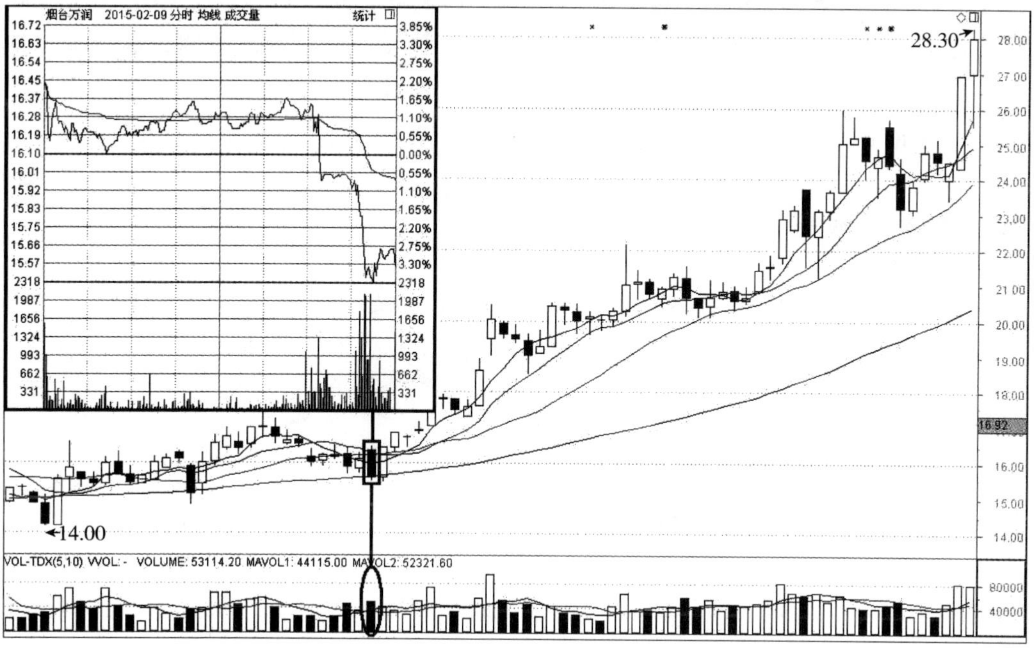

图 3-49　底部放量下跌

（2）主力强行出货。

这往往是主力资金链断裂的后果，或是个股基本面出现了极度恶劣的情形。有时候，为了能卖一个好的价位，主力会在出货前将股价向上做个拉升的“试盘”动作。如果市场买盘比较多，主力就会“先养再杀”。如果市场买盘比较少，主力往往会直接“杀鸡取卵”，这种情况会导致盘面出现数日或数十日的暴跌，最后个股常常跌得面目全非，而主力则是能拣回多少资金就是多少。

（3）换人坐庄。

有时候，主力知道自己已经无法从市场上全身而退了，就会寻找新的买家介入。一旦找到新买家，他们会约定在盘中交换筹码。但新买家常常会要求以更低的价格接盘，于是主力就会将股价砸下来后再与新买家交换筹码。但这种情况不会导致盘面出现连续暴跌的情形，一般个股下跌幅度往往在两个跌停板之内。一旦新庄入驻，该股股价往往还会继续下跌，迫使尚存的浮动筹码涌出。

3. 底部盘整放量

个股在底部盘整放量的情况相对比较复杂。比如大盘一路盘跌，股价应该也会盘跌，但现在依然只是盘整，那就说明有资金在承接或在维护股价，但是这并不一定表明后市涨势超过大盘，这取决于该主力是护盘的老主力还是承接筹码的新主力，以及主力的操盘手法、操盘计划、护盘动机、资金状况等。

若是护盘主力资金状况不好，那么即使主力勉强维持股价，后期大盘上涨也并不一定能带动该股上涨，此股可能长期在这个底部区间内反复波动。若是这样，那么主力很可能是在采取高抛低吸的办法做差价，缓慢降低持仓成本。

短线点金

投资者在底部放量时介入，可以在“机会与风险”中找到最佳平衡点，因为即使不会马上获利，也不会承担多少风险，如果有足够耐心的话，基本上是可以保证获利出局的。

利用均价线进行短线炒作

均价线是个股股价每个交易日成交价格的中心线。分时图中的均价线和 K 线图中的均线一样，只不过均线可以由多条平均线任意组合，而均价线只有一条线。在实际使用过程中，均价线只能结合股价走势曲线进行分析，不能自行组合使用。

均价线的作用有以下几种。

一是计算成本的作用。能够计算某一段时间收盘价的平均价格，掌握筹码在不同时期内的平均成本，为买卖提供关键依据。

二是指明趋势的作用。能表示出股价变动的趋势，如均价线始终维持往右上方移动，股价始终维持在均价线上，表示趋势为多头格局；反之，则为空头格局。

三是助涨助跌的作用。当股价经过一定幅度下跌后，向上突破某条重要均价线，股价在均价线上方运行，此线就会起到助涨作用。反之，当股价经过一定幅度上涨后，趋势变缓，均价线也从上升开始向右减速移动，股价跌破此线，在均价线下方运行，此线就会起到助跌作用。

均价线客观反映投资者当天的平均持股成本，对当天的股价有支撑和压制作用。短线操作时，结合当天股价曲线，可以帮助判断多空力量对比，从而确定适当的操作策略。可以帮助短线投资者进行判断，如庄家在尾市急速拉抬或打压股价，以求改变原来的 K 线形状或技术指标，但是均价线不会跟随股价快速发生大幅的变化。

如果股价不能稳稳地站在当天的均价线之上，而是大部分时间运行在均价线下方，每一次反弹都似乎很艰难，说明市场抛压很重，当天的平均持股成本对股价构成了明显的压力，如图 3-50 所示。此时投资者应该在股价跌破均价线时短线卖出。

图 3-50　股价运行在均价线下方

均价线逐渐向下倾斜，表明股价重心不断在下移。在日 K 线上出现成交量放大，股价却上不去的情况，或者是股价跳空高开却未能高走，反而下跌；或是留下了长上影线，或是放量下跌等情况时，表明市场短期趋势将走弱。这些现象都是冲高乏力的表现，股价随时都可能出现回调。投资者应当回避风险，出局观望。

短线投资者可以利用均价线来判断买卖时机。当股价上涨时，如股价远离均价线，短线可先行卖出，等股价回归均价线时再重新买入，这样炒作可以卖到较高的价格或买到较低的价格。

在每天 4 个小时的交易中，如果股价有一半时间以上是在均价上方成交，表明个股处于强势，可买进。如果股价多数时间位于均价线上方，即便短时间跌破均价线，但很快又拉回均价线上方，那么跌穿均价线时是短线买点。

反之，如果股价多数时间在均价线下方运行，一旦突破上方均价线，即刻又回落至均价线下方，表明个股处于弱势，应考虑卖出。如果个股股价带量突破均价线向上，表明多头反攻欲望强烈，回落到均价线时是短线买点。

底部温和放量的短线机会

所谓温和放量，是指股票价格慢慢地向上走，涨幅通常都不会太大，但是总体趋势还是向上的。当个股成交量前期持续低迷，之后逐渐出现一个类似“山形”一样的连续温和放量形态，回落时是短线买点。

成交量温和放大的直观特征，就是量柱顶点的连线呈现平滑的反抛物线形上升，线路无剧烈的拐点，成交量水平应该在3%～5%换手率方为可靠。温和放量的原因是随着主力吸筹动作的持续，外部筹码日益稀少，从而使股票价格逐步上升。但由于是主力有意识地吸纳，所以在其刻意调控之下，股价和成交量都被限制在一个温和变化的水平，以防止引起市场的关注。

股价经过一段时期的下跌后，在底部出现这种温和放量的走势，标志着股价逐步摆脱了下跌趋势，市场做多热情逐步地被激发出来。特别是在股价经历了长达一年的下跌行情之后，个股在底部出现温和放量的走势，标志着股价即将出现反弹行情，并且绝大部分反弹行情最终都会演变成反转行情，有些甚至会走出一波大幅度的上涨行情。如图3-51所示。

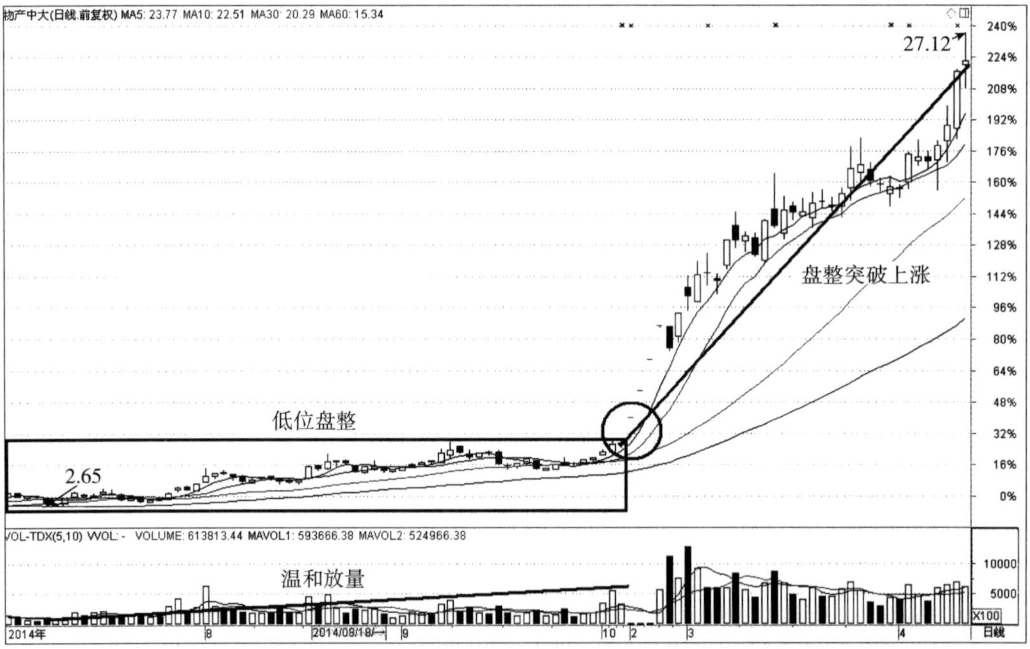

图 3-51　底部温和放量

当个股出现温和放量时，通常表明有实力资金正在介入，但这并不意味着投资者可以立刻介入。个股在底部出现温和放量之后，股价会随量上升，量缩时股价也会适度调整。这类调整没有固定的时间模式，少则十几天多则几个月。此时，作为投资者可以分批逢低买入，要有足够的耐心等待获利。当股价出现温和放量上涨之后，出现的调整幅度不应低于放量前期的低点，因为调整幅度如果低于主力建仓的成本区，说明市场抛压还是很大，后市调整的可能性也会非常大。

温和放量有可能是长线主力试探性的建仓行为，也许之后会出现一波上涨行情，但一般还是会走出回调洗盘的走势。也有可能是长线主力的试盘动作，主力会根据大盘运行的战略方向，确定下一步是反手做空打压股价以在更低位置吸筹，还是在强烈的大盘做多背景下就此展开一轮拉高吸货的攻势。最好把温和放量作为寻找“黑马”的一个参考指标，寻低位介入。

温和放量的时间一般不会太长，否则持续吸筹不容易控制股价，也会引起市场注意。在不同时期参与市场的散户群体和散户心理也会有很大变化，所以一个有实力的主力在介入个股前期，为了尽可能地获取低价筹码，会采用多种操作手法，温和放量无疑是其中最主要的一种手法。

不同位置的温和放量有着完全不同的技术意义，其中在相对低位和长期地量后出现的温和放量才是有指导价值的。但是也不能认为股价在底部出现了温和放量走势，就一定会出现大幅度的上涨行情。如果大势不好，或者是遇到突如其来的利空消息袭击，也会导致反弹夭折。因此，在遇到底部温和放量的个股时，投资者还要密切关注大盘走势，时刻留意消息面的动态。

出现温和放量这种情况，投资者要注意以下几点。

一是在出现温和放量之前，个股必须经历了一波长期的下跌行情，并且在出现温和放量之前，成交量必须有一个极度缩小的过程。

二是在出现温和放量的过程中，必须有股价的配合。也就是说，成交量温和放量的同时，股价也在缓慢地向上攀升。

三是股价在上升的过程中，始终依托 5 日均线的支撑。即使在股价下探过程中偶尔击穿 5 日均线，也会被很快拉起。

■ 底部放量滞涨的短线机会

所谓放量滞涨，是指在成交量明显放量的情况下，股价并没有上涨多少，有时甚至还出现下跌或者是大幅度冲高回落的走势。在底部出现放量滞涨走势时，一般都是庄家试盘导致的，股价往往呈现出冲高回落的走势，收盘收出一根带上影线的 K 线形态。如图 3-52 所示。

股价经过一轮下跌行情之后，运行到市场低位区域，盘中的做空动能逐渐弱化，股价下跌速度也随之放缓。同时，成交量也会由刚开始下跌时的放大转变成逐步缩

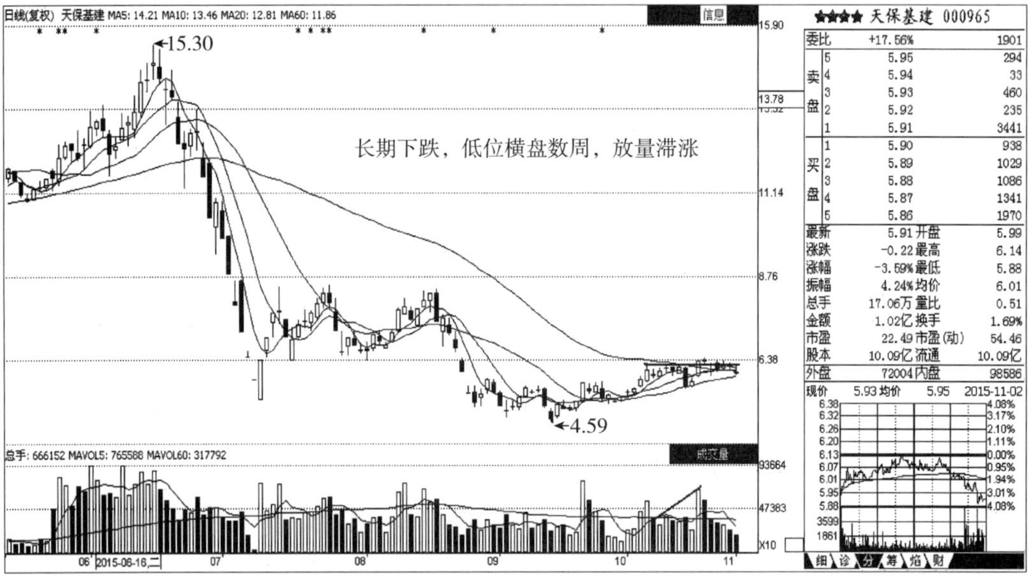

图 3-52　底部放量滞涨

小的状态。随着逐步止跌，股价出现了反弹或者是横盘震荡的走势。无论是反弹还是横盘震荡，在这个过程中，成交量相对于下跌末期都会出现明显放大的现象。

在反弹或震荡的过程中，股价某一天突然放量上攻，但是在上攻过程中受到了上档阻力而回落，截至收盘时，收出一根带上影线的 K 线形态，这根 K 线可能是阴线，也可能是阳线。

在底部区域出现放量滞涨现象，可能有以下两种原因。

一种是股价经过大幅下跌之后的技术性反弹导致的。当股价反弹到一定的高度之后，一些短线获利筹码以及原来被套的一些筹码，就会趁股价反弹冲高的机会出局，导致股价出现放量滞涨的现象。这种情况下，后市股价将会继续下跌。

如果是技术反弹导致股价出现放量滞涨现象，那么股价冲高基本上是由散户买盘推上去的，这时盘面上的主动性买单是断断续续的，而不是持续地向上吃进，并且很少有大单吃进的现象。当股价上冲到一定程度时，盘面上就会不断出现抛盘，股价随后出现震荡下跌的走势。

还有一种原因是有庄家入驻导致的。由于庄家在股价下跌的过程中不断地收集筹码，因此，随着庄家收集筹码的过程慢慢接近尾声，股价也会随之慢慢筑底，并出现止跌回升的走势。这时庄家为了测试盘中筹码的稳定程度，就要进行试盘。如果是由于庄家试盘导致股价放量滞涨，那么后市股价将会走出上涨行情。

如果出现放量滞涨是主力试盘所为，那么在股价上冲过程中，盘面上就会出现大量的大单主动吃进，并且这些大单都是主力的对倒单，股价在分时走势图上呈现出直线式的上升。有时主力甚至会向上跳高几个价位吃进，把股价迅速拉起。当股价上冲到一定程度时，主力会采取同样的对倒手法把股价打压下来。这时盘面上就会出现大卖单，将股价打低几个价位，直接向下抛售，股价随之出现快速下跌，在分时走势图上呈现出直线式的下跌。

总之，遇到这种股票走势的时候，应当对其多加关注。当主力出现一次试盘失败时，还可能会继续长时间在低位盘整。若是碰到利好消息或者其他时机成熟之时，股价出现向上突破，配合量能放大，这只股票就将成为大牛股。但是当主力趁机出货，而且成本均线出现下降趋势时，应当暂时出局观望，规避风险。

地量中的短线机会

所谓“地量”，是指股票（或大盘）创下了下跌以来的最少成交量。地量虽然是股价见底的征兆，但不是每一次都能成为个股见底前的反应。选择地量之后建仓，也是有一定的时机的。如图 3-53 所示。

不是每次地量之后，都能够出现触底回升的大行情。准确的触底反转位置，应该是个股在地量之后出现放量大涨的时候。地量下跌加放量见底反弹，才是真正的建仓信号。

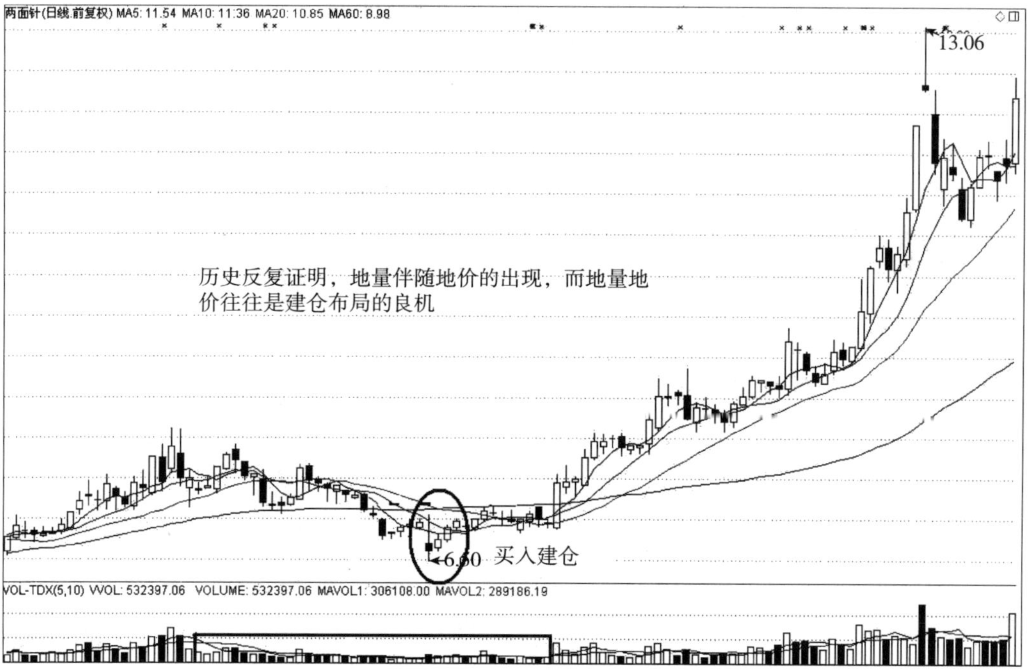

图 3-53　地量建仓时机的选择

在股价持续下跌过程中，空方实力有一个逐渐增加的过程。尤其是牛市刚刚结束，熊市逐渐开始的时候，股价的下跌过程就是市场中空方实力不断增大的过程。在股价真正见底之前，卖方的实力是会不断大增的。表现在成交量上，就是股价持续下跌，而成交量不断放大。

当股价跌幅超过预期的时候，会有一个见底之前的地量下跌走势。与前期的放量下跌走势形成对比的是，虽然股价仍旧未真正见底，但是空方的实力已经大不如前了。成交量萎缩到地量状态，就是股价见底的前兆。后市当中，股价有望出现一波多方逐渐反攻的见底反转行情。投资者选择开始建仓的位置，就是地量出现之后。

上升时的地量，是指在股价上涨过程中成交量呈现萎缩的情形，这一方面表明股价虽然上涨，但筹码锁定良好，主力已经基本控盘。另一方面，投资者的惜售心理严重。上升时的地量出现后，主力机构往往会对股价进行震荡洗盘，以将前期低位买入的投资者震仓出局。之后，主力会拉升股价，推动进入一波上涨行情。

在分析下跌时的地量时，投资者要注意股价下跌所处的阶段性位置。一般而言，在下跌初期出现地量情形，是风险没有得到有效释放，此时缩量或者无量下跌，预示着小幅反弹之后，股价还将继续下跌。在下跌中期出现地量情形，预示着即将出现反弹，反弹结束后，股价还将下跌；在下跌末期出现地量情形，则是跌势将停止，股价即将见底的信号。在底部区域出现地量结构，则是主力慢慢吸筹的结果。针对不同的位置，投资者可以进行合理分析后再制定操盘计划。

■ 天量中的短线机会

天量是指大盘或个股在人气高涨时形成的最大日成交量。在实际操作中，对于是否放出天量，有以下两个判断标准。

第一，绝对量。如果某个交易日，个股创下了历史上的最大成交量，那么就可称为“天量”。

第二，相对量。如果某个交易日，个股创下了这轮行情或者某个较长时间以来的最大成交量，同时在短期内不大可能再次出现更大的成交量，这个成交量就可以称为“天量”。

低价位天量是指在股价低位调整区域出现的最大成交量，也是通常所说的“天量之后的天量”。低价位天量表明多方主力拉升股价，吸引空方抛盘力量涌出，从而达到快速吸货的目的。这种走势往往预示着股价将进入一波上涨行情。如图 3-54 所示。

高价位天量是指在股价处于高位时出现的最大成交量，也是通常所说的“天量见天价”中的“天量”。高价位天量表明多方主力获利丰厚，拉升股价吸引更多投资者跟风买入，从而达到借机出货的目的。这往往预示着股价将进入一波下跌行情。

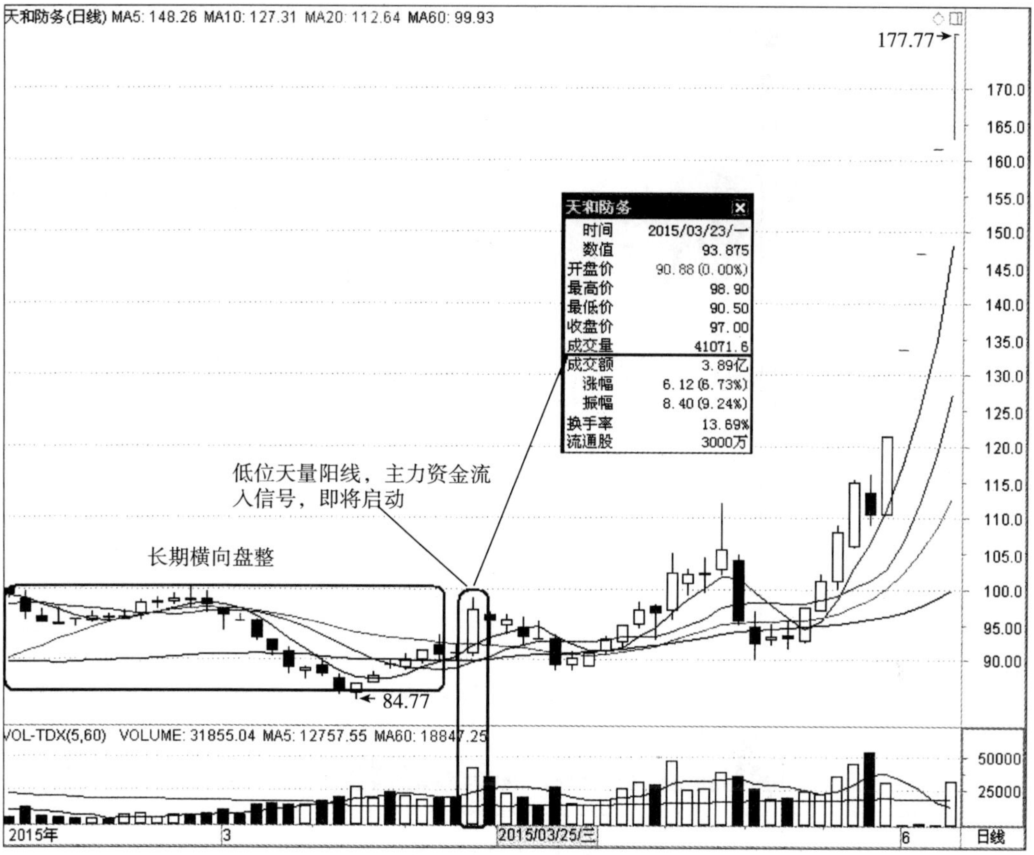

图 3-54　低价位天量

如图 3-55 所示。

短线天量买卖法的具体操作方法如下。

第一，选出近期成交量突然连续放大，日换手率 10%以上，大幅上涨（最好出现涨停）的个股观察。其主要特征是一根巨大的成交量红柱伴随一根长阳线，使股价迅速脱离盘整区。这个成交量是两个月以来的最大成交量，称为天量，其换手率在 10%～25%之间。

成交量放大可能是受到利好消息的刺激，如较好的业绩和分配方案，重大合作项目的确定等。但是并不建议投资者放量时立即跟进，因为导致股票突然放量上攻的原因是多种多样的，一般投资者喜欢立即跟进，但是极易掉进庄家拉高出货的陷阱。

第二，发现目标后不要急于介入，调出 60 分钟 MACD 跟踪观察。再强势的股票也会回档，为了避免在最高位套牢，宁可等到回档再买入。

第三，该股放出天量，短线冲高之后必有缩量回调，投资者就盯住其 2 浪调整的结束点作为短线买入点。这个点位能够保证一买就涨，充分发挥短线效率。

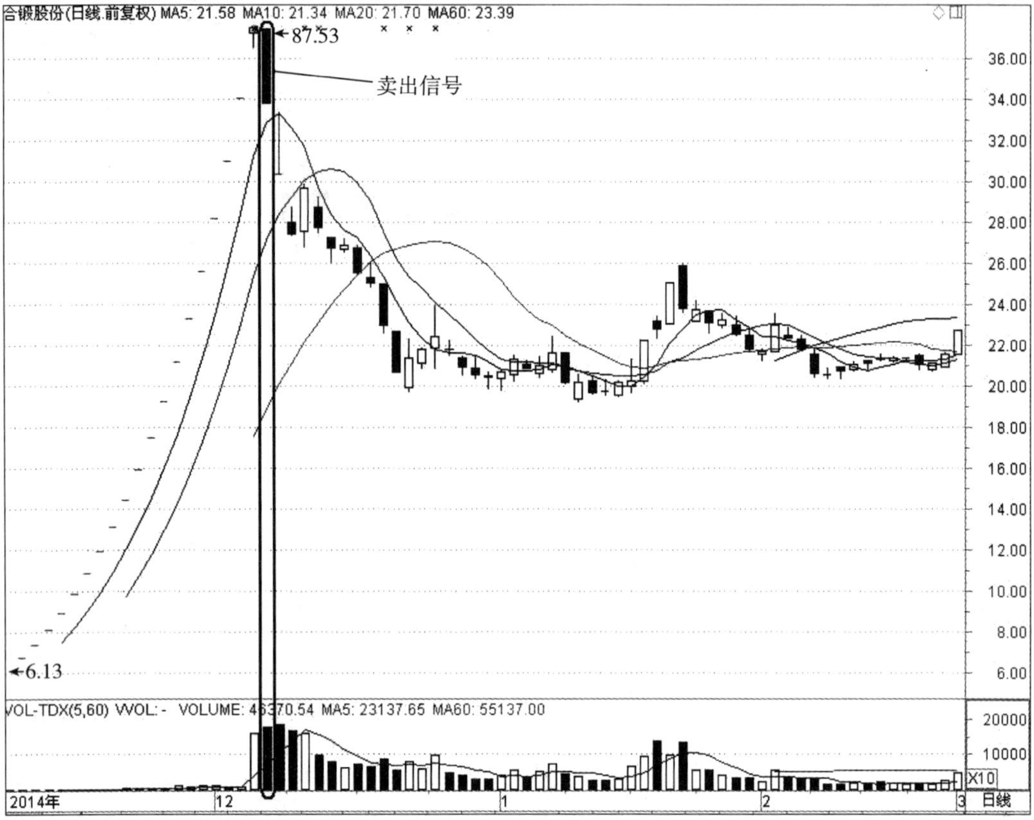

图 3-55 高价位天量

第四，回落时间一般为5～9天，60分钟MACD绿柱逐渐缩短，红柱放出后1～2个小时时逢低介入。一般来说，由于调整到此时成交量已经比较少（买入点的日成交量为天量的1/10左右），股价走平，MACD红柱放出后一两根K线为阴线，但短线抛压已穷尽，反弹一触即发，买入后立即可以享受3浪拉升的乐趣。一般会在2～3天超越1浪顶部，获利5%之上，或MACD红柱缩短则了结。1浪的高点可以作为止盈点，如出现重大意外变故，则以买入价为止损价果断出局。

■ 缩量是可靠的短线持股待涨信号

缩量是指市场成交较为清淡，大部分人对市场后期走势十分认同，意见十分一致。缩量主要是说市场里的投资者和机构看法基本一致，分两种情况：一是市场人士都十分看淡后市，造成只有人卖，却没有人买，所以急剧缩量。二是市场人士都对后市十分看好，只有人买，却没有人卖，所以急剧缩量。

缩量是因为投资者对个股的走势达成了心照不宣的看法，同时看涨或者看跌。

若是在股价上涨的时候成交量萎缩，是因为投资者一致看高一线，买的人多，卖的人少，以至于股价可以在价涨量缩的情况下创新高。下跌时成交量萎缩，则说明投资者一致选择卖出股票，买入股票的人很少，造成缩量下跌的状态。成交量萎缩到一定程度之后，出现放量上涨的大阳线，就是投资者买入股票的时机。

缩量一般发生在趋势的中期，大家对后市走势十分认同。下跌缩量，碰到这种情况，应注意观察，等量缩到一定程度，开始放量上攻时再买入。同样，上涨缩量，碰到这种情况，应坚决买进，坐等获利。等股价上冲乏力，有巨量放出的时候再卖出。如图 3-56 所示。

图 3-56 上涨过程中缩量

投资者选择缩量建仓的位置，一般应该在个股牛市行情比较明显的走势中，或者是在横盘整理的过程中出现了缩量之后的大阳线企稳迹象。这个时候开始建仓，一般是比较可靠的时机。K 线走势中，若在股价缩量的时候出现了一些见底回升的 K 线形态，投资者在之后的放量上涨中建仓，同样是不错的机会。

第三节　常见技术指标分析

技术指标是依据统计方法，运用一定的数学计算公式或数量模型，通过计算机系统生成的某种指标值或图形曲线。以指标技术判断价格未来走势的分析方法，就是技术指标分析法。

■ 均线的运用

均线是将某一段时间股指或股价的平均值画在坐标图上连成的曲线，用它可以研判股价未来的运动趋势。均线常用线有 5 天、10 天、30 天、60 天、120 天和 240 天周期。这些不同周期的均线构成了不同的均线交易系统，也是判断短期、中期和长期趋势的主要依据。

1. 均线使用原则

（1）当平均线从下降逐渐转为盘局或上升，而价格从平均线下方突破平均线，为买进信号。

（2）价格虽然跌破平均线，但又立刻回升到平均线上，此时平均线仍然保持上升势态，为买进信号。

（3）价格趋势线走在平均线上，价格下跌并未跌破平均线，之后立刻反转上升，是买进信号。

（4）当价格突然暴跌，跌破平均线且远离平均线，则有可能反弹上升，为买进信号。

（5）当平均线从上升逐渐转为盘局或下跌，而价格向下跌破平均线，为卖出信号。

（6）价格虽然向上突破平均线，但又立刻回跌至平均线以下，此时平均线仍然保持持续下跌势态，为卖出信号。

（7）价格趋势线走在平均线下，价格上升却并未突破平均线且立刻反转下跌，是卖出信号。

（8）价格突然暴涨，突破平均线，且远离平均线，则有可能反弹回跌，为卖出信号。

2. 均线的特殊用法

（1）均线多头排列是指短期均线在上、中期均线居中、长期均线在下，几条均线同时向上移动的一种排列方式。如图 3-57 所示。

图 3-57　均线多头排列

一般说来，无论大盘还是个股，均线出现多头排列，表明多头力量较强，做多主力正在控制局势，这是一种比较典型的做多信号。投资者见此图形，应以持股为主，但要注意股价与均线的偏离程度，并注意短线回落的风险。

均线空头排列指的是短期均线、中期均线和长期均线同时以圆弧状向下滑落，且长期均线在上方，中期均线在中间，短期均线在下方。如图 3-58 所示。

均线出现空头排列，预示大盘或个股会有一轮较大的跌势。投资者遇到大盘和个股均线出现空头排列后，要及时做空，离场观望为好。

（2）上升行情初期，短期均线从下向上突破中长期均线，形成的交叉叫做黄金交叉，预示股价即将上涨。如图 3-59 所示。

5 日均线上穿 10 日均线形成的交叉，10 日均线上穿 30 日均线形成的交叉，均

图 3-58　均线空头排列

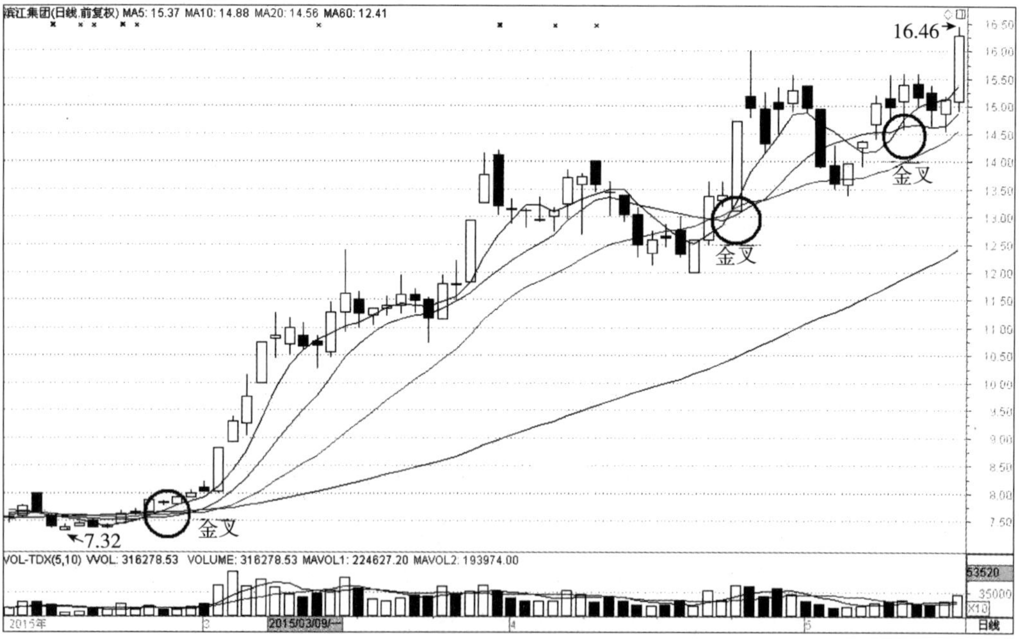

图 3-59　均线黄金交叉

为黄金交叉。

短期均线向下跌破中长期均线形成的交叉叫做死亡交叉，预示股价将下跌。如图 3-60 所示。

图 3-60　均线死亡交叉

5 日均线下穿 10 日均线形成的交叉，10 日均线下穿 30 日均线形成的交叉，均为死亡交叉。

短线点金

不是所有的黄金交叉和死亡交叉都是进货点和出货点，原因是庄家有时会进行骗线。尤其是在上升途中或者下跌途中，庄家可能会进行震荡洗盘或震荡出货。此时，黄金交叉和死亡交叉指示的买卖点非常不可靠，这种情况下，投资者应该小心谨慎。

■ MACD 指标的运用

MACD 全称为“指数平滑异同移动平均线”，是技术分析中最常用的技术指标之一。MACD 主要通过短期移动平均线与长期移动平均线的差值来反映股价的运行情况。短期移动平均线的周期一般选用 12 天，长期移动平均线的周期一般选用

26 天。

DIF=（12 个交易日的指数平滑移动平均值）-（26 个交易日的指数平滑移动平均值）

柱状线值（BAR）=DIF-DEA，此差值越大，柱线就越长。BAR 在技术图表上通过红柱和绿柱的高低来显示，正值越大，红柱越高；负值越大，绿柱越长。

1. MACD 指标买入技巧

使用日线 MACD 指标研判行情时，投资者可以依据绿柱、红柱和金叉等现象来判断买入点，具体分析如下。

当 MACD 指标的负柱峰（即绿色柱状线）开始由放大转化为慢慢收缩时，说明该股股价有企稳迹象，这是日线 MACD 指标显示的第一个买入点，也是一种长线少量买入信号。如图 3-61 所示。但是这种买入信号的安全性比较差，特别是该股由前期大牛于近期开始转熊时。

图 3-61　MACD 负柱峰收缩时的买入信号

当 MACD 指标中的 DIF 线向上突破 MACD 线，形成指标的黄金交叉时，说明该股的上升行情开始展开，这是日线 MACD 指标显示的第二个买入点，也是一种中线买入点，投资者可以中线增仓买入。

当 MACD 指标的绿柱逐渐消失，一旦红柱（即红色柱状线）开始放出，说明该股的中短线上升行情正在展开，这是日线 MACD 指标显示的第三个买入点，也是一种中短线买入点。

当 DIF 线和 MACD 线分别向上突破 0 轴线，表明该股中短期强势拉升行情正在展开，这是日线 MACD 指标显示的第四个买入点，也是一种短线买入点，激进的投资者可以短线加码买入。

2. MACD 指标卖出技巧

（1）若当日 MACD 指标红柱不能继续放大并出现缩小时，表明该股短线上升行情结束，将会出现下跌或盘整行情，这是日线 MACD 发出的卖出信号，投资者此时可短线获利离场。如果是短期涨幅巨大的股票，应当及时卖出，避免损失。

（2）当 DIF 线在 0 轴线附近向下突破 MACD 线，形成死亡交叉，表明形成了短期下跌行情，是中短线卖出信号，投资者可在此时中短线卖出了结。如图 3-62 所示。

（3）在 MACD 指标开始出现绿柱，红柱消失时，表明该股前期上涨趋势基本结束，股价将会出现中期下跌行情，是一个中线卖出信号。

图 3-62　DIF 向下突破 MACD

■ KDJ 指标的运用

随机指标 KDJ 以最高价、最低价及收盘价为基本数据进行计算，得出的 K 值、D 值和 J 值分别在坐标上形成一个个点，连接无数个这样的点，就形成一个完整的、能反映价格波动趋势的 KDJ 指标线。KDJ 指标主要是利用价格波动的真实波幅来反映价格走势的强弱和超买超卖现象，在价格尚未上升或下降之前发出买卖信号，是一种适合短线操盘的实用技术分析工具。

1. KDJ 指标的一般研判方法

KDJ 指标的一般研判方法，主要是从 KDJ 的取值、KDJ 曲线的形态、KDJ 曲线的交叉、KDJ 曲线的背离和 K 线、D 线、J 线的运行状态，以及 KDJ 曲线同股价曲线的配合等六个方面来分析。

（1）KDJ 的取值。

KDJ 指标中，K 值和 D 值的取值范围都是 0～100，而 J 值的取值范围可以超过 100 和低于 0。但在行情分析软件上，KDJ 的研判范围都是 0～100。根据 KDJ 的取值，可将其划分为超买区、超卖区和徘徊区。按一般划分标准，K、D、J 这三值在 20 以下为超卖区，是买入信号。K、D、J 这三值在 80 以上为超买区，是卖出信号。K、D、J 这三值在 20～80 之间为徘徊区，宜观望。

（2）KDJ 曲线的形态。

当 KDJ 曲线在 50 上方的高位时，如果 KDJ 曲线的走势形成 M 头或三重顶等顶部反转形态，可能预示着股价由强势转为弱势，股价即将大跌，应及时卖出股票。

当 KDJ 曲线在 50 下方的低位时，如果 KDJ 曲线走势出现 W 底或三重底等底部反转形态，可能预示着股价由弱势转为强势，股价即将反弹向上，可以逢低少量吸纳股票。KDJ 曲线形态中 M 头和三重顶形态的准确性要大于 W 底和三重底。

（3）KDJ 曲线的交叉。

当股价经过一段长时间的低位盘整后，当 K、D、J 三线都处于 50 以下时，一旦 J 线和 K 线同时向上突破 D 线，表明股市即将转强，股价跌势已经结束，将止跌向上，可以开始买进股票，进行中长线建仓。这是 KDJ 指标“黄金交叉”的一种形式。

当 K、D、J 线都处于 50 附近徘徊时，一旦 J 线和 K 线几乎同时再次向上突破 D 线，并且成交量再度放出时，表明股市处于强势之中，股价将再次上涨，可以加码买进股票或持股待涨。这是 KDJ 指标“黄金交叉”的另一种形式。如图 3-63 所示。

在股价涨幅已经很大的情况下，一旦 J 线和 K 线在高位（80 以上）几乎同时向

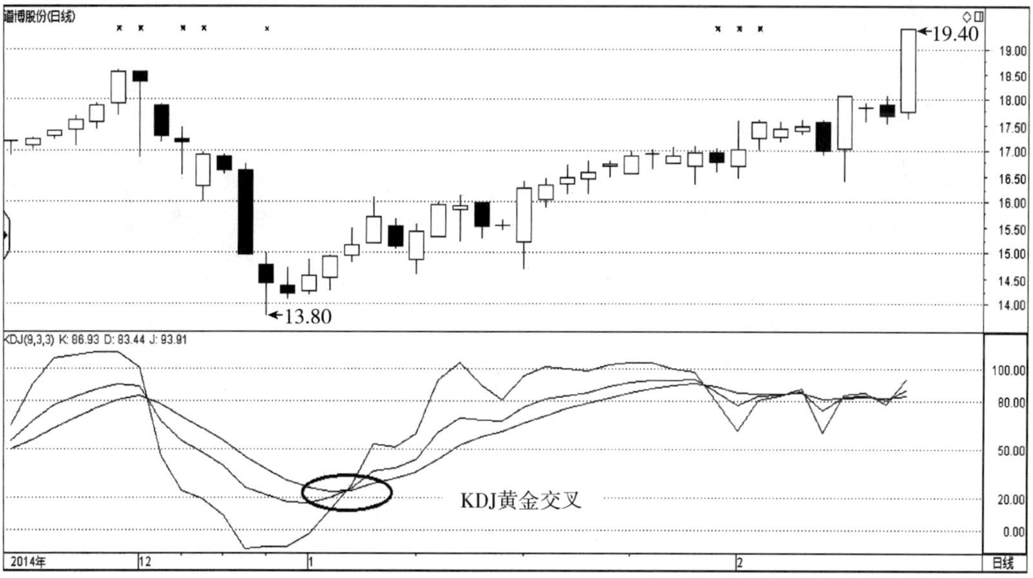

图 3-63　KDJ 黄金交叉

下突破 D 线，表明股市将由强势转为弱势，股价即将大跌，这时应卖出股票。这是 KDJ 指标“死亡交叉”的一种形式。

股价经过一段时间的下跌后，KDJ 曲线经过短暂的反弹到达 80 附近，但未能重返 80 以上时，一旦 J 线和 K 线再次向下突破 D 线，表明股市将再次进入极度弱市中，股价还将下跌，可以卖出股票或观望。这是 KDJ 指标“死亡交叉”的另一种形式。

（4）KDJ 曲线的背离。

当 K 线图上股价走势一峰比一峰高，一直向上涨，而 KDJ 曲线图上的 KDJ 指标走势却在高位呈现出一峰比一峰低的走势，这种走势现象叫顶背离。顶背离现象一般是股价在高位即将反转的信号，表明股价中短期内将下跌，是卖出信号。

当 K 线图上股价走势一峰比一峰低，股价在向下跌落，而 KDJ 曲线图上的 KDJ 指标走势却是在低位一底比一底高，这种走势现象叫底背离。底背离现象一般是股价即将低位反转的信号，表明股价中短期内将上涨，是买入信号。如图 3-64 所示。

2. KDJ 指标买卖技巧

经过一段较长时间的下跌后，股价进入底部横盘整理，同时，日线 KDJ 指标 K、D 和 J 三线也向下运行了很长一段时间。K 线和 D 线由前期的下跌逐渐转向上行，并向 D 线靠拢，预示股价有止跌企稳的迹象。一旦 J 线和 K 线向上突破 D 线，形成指标曲线的黄金交叉，这是日线 KDJ 指标显示的第一个买入点，投资者可以及时买入。如果日线 KDJ 指标的金叉出现在 50 以下，当 KDJ 指标中的 D 线向上突破 50 线

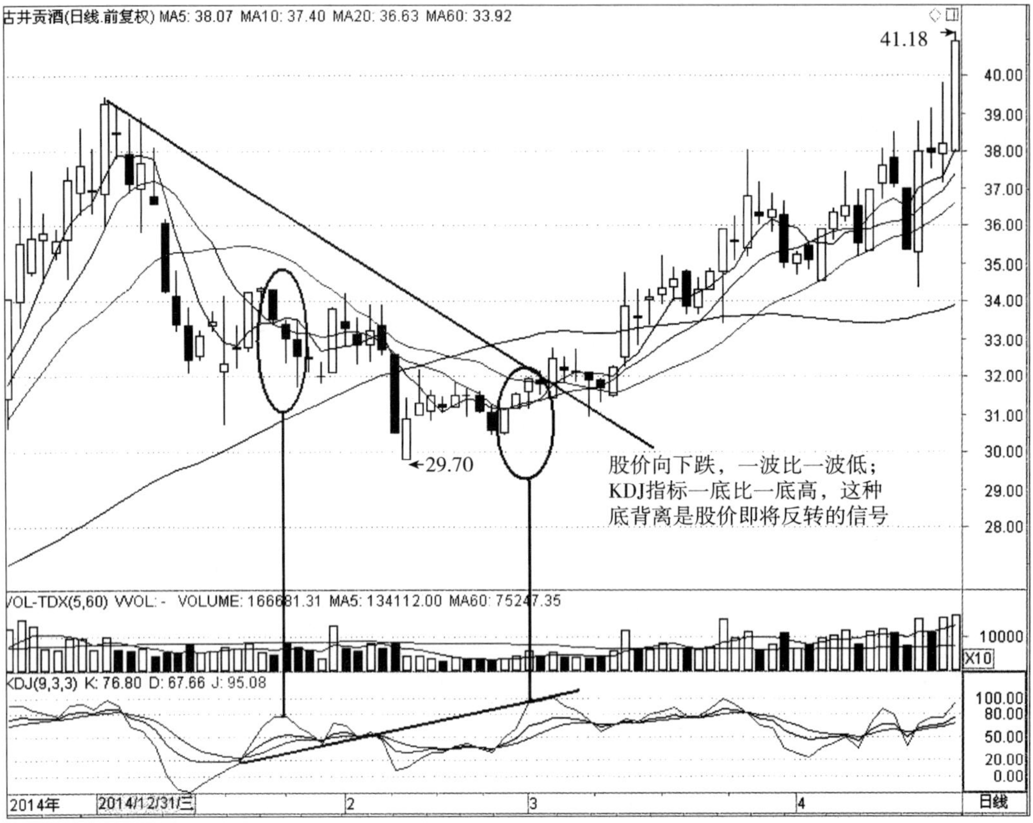

图 3-64 KDJ 指标底背离

时，是第二个买入点。金叉和 D 线向上突破 50 线时，如果该股成交量同步放大，买入信号可靠性更高。

股价已经在高位横盘了一段时间，当个股日线 KDJ 曲线在 80 线附近形成高位死亡交叉，并且该股股价也同时下跌，这是 KDJ 指标显示的第一个卖出点。获利比较多的投资者，可以短线卖出大部分股票。

当个股 KDJ 曲线在 50 线附近形成中位死亡交叉，并且该股股价也跌破中长期均线（60 日、90 日均线等），这是 KDJ 指标显示的第二个卖出点。稳健的投资者应考虑退场观望。

日线 KDJ 指标死叉以后，当 K、D 和 J 这三条曲线逐步向下发散，表明股价下跌趋势加剧，投资者可以考虑全部清仓。

■ 相对强弱指标 RSI 的运用

RSI 指标又称为相对强弱指标，由威尔斯·威尔德所创，以一段特定时期内的股价变动情况来推测价格未来的变动方向。RSI 指标是根据供求平衡的原理，通过测量某一个期间内股价上涨总幅度占股价变化总幅度平均值的百分比，来评估多空力量的强弱程度，进而提示具体的买卖操作。

1. RSI 指标的取值

RSI 指标的变动范围在 0～100 之间，强势指标值一般分布在 20 以下和 80 以上，如表 3-1 所示。

表 3-1　RSI 指标的取值

RSI 值	市场特征	投资操作
80～100	极强	卖出
50～80	强	买入
20～50	弱	观望
0～20	极弱	买入

RSI 数值大于 50 为强势市场，高于 80 以上则进入超买区，容易形成短期回档。RSI 数值小于 50 为弱势市场，低于 20 则进入超卖区，容易形成短期反弹。RSI 数值处于 50 以下，然后开始向上反转，并突破 50 分界，代表股价开始转强。RSI 指标处于 50 以上，然后开始向下反转，并跌破 50 分界，代表股价开始转弱。

2. RSI 曲线的交叉

长短期 RSI 曲线的交叉情况，可以作为研判行情的依据。短期 RSI 是指参数相对较小的 RSI，长期 RSI 是指参数相对较大的 RSI。

当短期 RSI>长期 RSI 时，市场属于多头市场。

当短期 RSI<长期 RSI 时，市场属于空头市场。

当短期 RSI 线在低位向上突破长期 RSI 线时，一般为 RSI 指标的黄金交叉，为买入信号，如图 3-65 所示。

当短期 RSI 线在高位向下突破长期 RSI 线时，一般为 RSI 指标的死亡交叉，为卖出信号。

3. RSI 曲线的形态

RSI 曲线在 50 以下，特别是 20 以下形成 W 底、三重底等底部反转形态时，是比较准确的中短线买入信号。

RSI 曲线在 50 以上，特别是 80 以上形成 M 头、三重顶等顶部反转形态时，是

图 3-65　RSI 指标黄金交叉

比较准确的中短线卖出信号。

4. RSI 曲线的背离

RSI 曲线处在高位，但在创出 RSI 近期新高后，反而形成一峰比一峰低的走势，而此时 K 线图上的股价却再次创出新高，形成一峰比一峰高的走势，这就是顶背离。顶背离现象一般是股价在高位即将反转的信号，表明股价短期内即将下跌，是卖出信号。如图 3-66 所示。

RSI 曲线处在低位，当 K 线图上的股价一路下跌，形成一波比一波低的走势，而 RSI 线却在低位率先止跌企稳，并形成一底比一底高的走势，这就是底背离。底背离现象一般预示着股价短期内可能出现反弹，是短期买入信号。如图 3-67 所示。

与 MACD 等指标的背离现象研判法则一样，RSI 的背离中，顶背离的研判准确性要高于底背离。当股价在高位，RSI 在 80 以上出现顶背离时，可以认为股价即将反转向下，投资者应及时卖出股票。股价在低位，RSI 也在低位出现底背离时，一般要反复出现几次底背离才能确认。

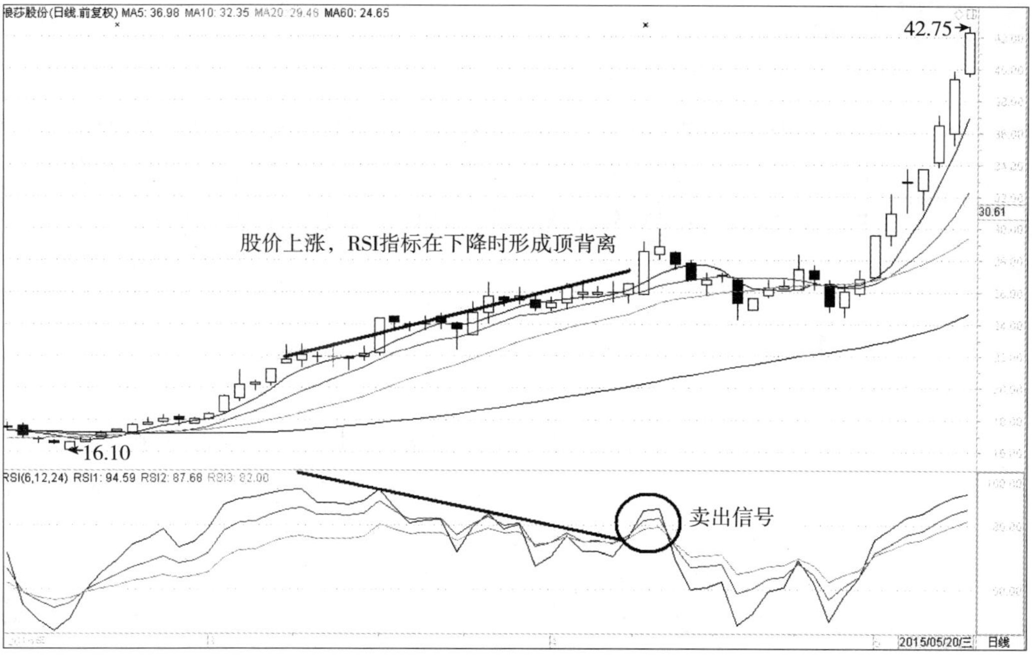

图 3-66　RSI 曲线顶背离

图 3-67　RSI 曲线底背离

短线点金

在 RSI 的背离中，顶背离的研判准确性要高于底背离。当股价在高位，RSI 在 80 以上出现顶背离时，可以认为股价即将反转向下，投资者应及时卖出股票。股价在低位，RSI 也在低位出现底背离时，一般要反复出现几次底背离才能确认转势，并且投资者只能做建仓或做短期投资。

BOLL 指标的运用

BOLL（布林线）指标是由约翰·布林格发明的一种包络线分析方法。BOLL 线由三条轨道线组成，一般情况下价格线在上下轨道组成的带状区间游走，而且随价格的变化自动调整轨道的位置。如图 3-68 所示。

因为主力利用 BOLL 指标做手脚的难度相对较高，因此利用 BOLL 操作时，可以避免很多诱多、诱空的虚假信号。一般而言，股价游走在 BOLL 上轨和下轨的带状区间内，当股价涨跌幅度加大时，带状区会变宽；当涨跌幅度缩小时，带状区会变窄。BOLL 能够清楚地指示出股价的支撑位、压力位，显示超买、超卖区域。

1. 布林线的使用要领

通过布林通道线可以评估股票走势的强弱。当价格线位于布林线中轨线以上时，趋势偏强；处于布林线中轨线以下时，趋势看淡。布林通道的两极为上轨线和下轨线，表示极强和极弱。

布林通道线的具体使用要领如下。

（1）股价在中轨线上方运行时，属较安全状态，短线可持有观望。

（2）股价在中轨线下方运行时，属较危险状态，短线投资者应趁反弹至中轨线时离场。

（3）股价突破上轨线后，回探中轨线时不跌破中轨线，表明后市看涨，投资者可持股或加仓。

（4）股价跌破下轨线后，反弹到中轨线时不站到中轨线以上，则后市看跌，投资者要果断卖出。

2. 布林线的买卖技巧

（1）当股价 K 线带量向上突破布林线的上轨线，并且 TRIX 指标也已经发出低位金叉信号时，说明股价即将进入一个中长期上升通道之中，这是布林线指标发出的买入信号。此时投资者应及时买入股票。

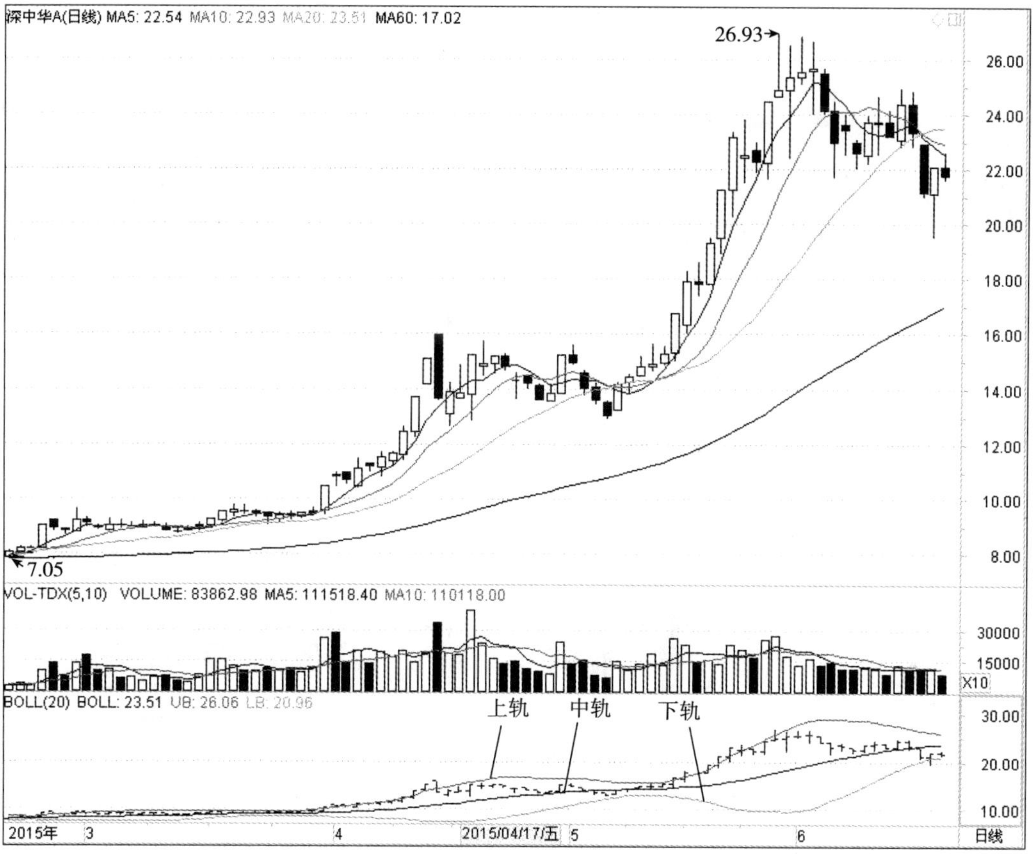

图 3-68　布林线指标

（2）当布林线经过很长一段时间的低位窄幅水平运动后，一旦股价 K 线带量向上突破布林线的上轨线，同时原本狭窄的布林通道被突破并向上开口，说明股价即将脱离原来的水平运行通道，进入到新的上升通道之中，这也是布林线指标发出的买入信号。如图 3-69 所示。

（3）当股价 K 线向下突破布林线的中轨线，并且 TRIX 指标也在高位发出死叉信号时，说明股价即将进入一个中长期下降通道之中，这是布林线指标发出的卖出信号。此时投资者应尽早清仓离场。

（4）当布林线经过很长一段时间的高位窄幅水平运动后，一旦股价 K 线向下突破布林线的下轨线，同时原本狭窄的布林通道突然向下开口时，说明股价即将脱离原来的水平运行通道，进入新的下降通道之中，这也是布林线指标发出的卖出信号。

■ 变动率 ROC 指标的运用

ROC（变动率指标）是利用物理学上的加速度原理，以当前周期的收盘价和 N

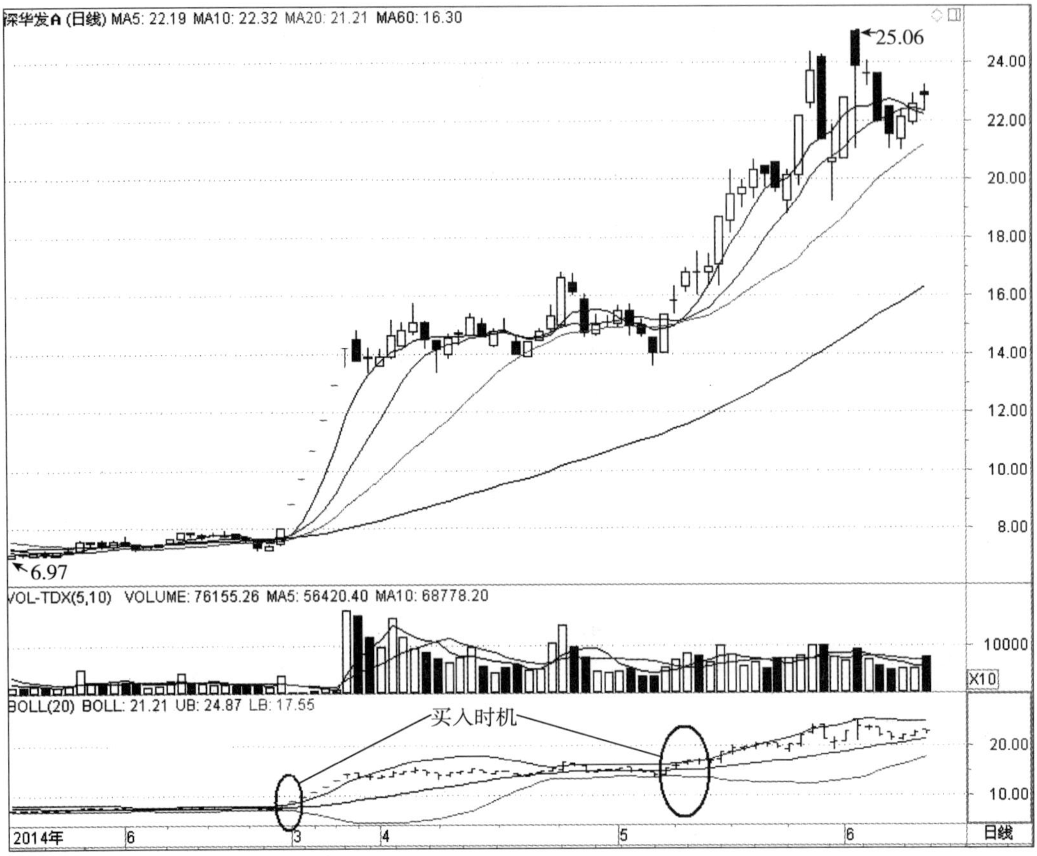

图 3-69　布林线指标发出的买入信号

周期前的收盘价作比较，通过计算股价在某一段时期内收盘价变动的速率，应用价格的波动来测量股价移动的动量，用以衡量多空双方买卖力量的强弱，达到分析预测股价运行趋势以及是否有转势意愿的目的。如图 3-70 所示。

由于选用的计算周期不同，ROC 指标包括日线 ROC 指标、周线 ROC 指标、月线 ROC 指标、年线 ROC 指标以及分钟线 ROC 指标等各种类型。经常用于股市研判的是日线 ROC 指标和周线 ROC 指标。

1. ROC 指标具体使用方法

（1）ROC 波动于“常态范围”内，当上升至第一条超买线时，应卖出股票。

（2）ROC 波动于“常态范围”内，当下降至第一条超卖线时，应买进股票。

（3）ROC 向上突破第一条超买线后，指标继续朝第二条超买线涨升的可能性很大。指标碰触第二条超买线时，涨势多半将结束。

（4）ROC 向下跌破第一条超卖线后，指标继续朝第二条超卖线下跌的可能性很大。指标碰触第二条超卖线时，跌势多半将停止。

图 3-70 ROC 指标

（5）ROC 向上穿越第三条超买线时，属于疯狂的多头行情，股价疯涨，回档之后还要上涨，不要轻易卖出持股。

（6）ROC 向下穿越第三条超卖线时，属于崩溃性空头行情，股价跌跌不休，反弹之后还要下跌，应克制不要轻易买进股票。

（7）在趋势明显的市场中，当 ROC 由上往下跌破 0 线时，为卖出时机；当 ROC 由下往上穿破 0 线时，为买进时机。在趋势不明显的平衡震荡市行情中，当 ROC 由上往下跌破 MAROC 时，为卖出时机；当 ROC 由下往上穿破 MAROC 时，为买进时机。

（8）当股价创出新低点，但 ROC 未配合下降，意味着下跌动力减弱，此为背离现象，应逢低承接；当股价创出新高点，但 ROC 未配合上升，意味着上涨动力减弱，此为背离现象，应慎防股价反转下跌。若股价与 ROC 在低水平同步上升，显示短期趋向正常或短期会有股价反弹现象；若股价与 ROC 在高水平同步下降，显示短期趋向正常或短期会有股价回落现象。

2. ROC 曲线的运行角度和运行时间

（1）ROC 曲线从上向下突破 0 线以后，如果 ROC 曲线向下运行的角度大于 45 度时，说明空方力量比较强大，股价跌势比较迅猛，股价还将继续下跌。此时，投资者应坚决持币观望，不宜轻易抢反弹。

（2）当 ROC 曲线向上运行的角度大于 45 度时，如果 ROC 曲线刚刚突破 0 线向上运行，说明多方力量开始积聚，股价将继续向上攀升。此时，投资者应坚决持股待涨。

（3）当 ROC 曲线向上运行的角度大于 45 度时，如果 ROC 曲线在突破 0 线后已经向上运行了很长一段时间，并且股价短期内涨幅过大时，说明多方力量消耗过大，股价将随时可能反转向下，此时，投资者应密切关注 ROC 曲线的走势。一旦 ROC 指标发出明显的卖出信号，应坚决清仓离场。

（4）当 ROC 曲线向下运行的角度小于 45 度时，如果 ROC 曲线向下突破 0 线后，在远离 0 线的低位持续运行了很长一段时间（最少 3 个月以上），一旦 ROC 曲线向上勾头，则表明股价的中长期下跌趋势可能结束，投资者可以逢低买入股票。

（5）当 ROC 曲线向上突破 0 值线以后，如果 ROC 曲线在 0 值线附近经过一段时间的中位盘整（一般 1 个月左右），然后再向上突破时，说明多方的力量开始加强，一轮新的涨升行情已经展开，股价将继续上涨。此时，投资者应坚决持股待涨。

短线点金

每只股票都需要具体界定其超买超卖值。界定某只股票的超买超卖值时，可以观察近一年来 ROC 在“常态范围”中大约上升与下跌的位置。此距离就是第一条超买超卖线的位置，再以此等距离向上和向下画第二条、第三条超买超卖线。为了判断是否处于“常态范围”，可以参考 BR、CR、VR 等指标。如果上述指标没有异常上扬，大致上都属于“常态范围”。

■ BIAS 指标的运用

BIAS（乖离率指标）也称为偏离度指标，由移动平均线派生而来，是反映股价的收盘与某一时期的移动平均线之间偏离程度的一种技术指标。

乖离率分为正乖离率与负乖离率，正乖离指的是股价高于平均线，负乖离指的是股价低于平均线，乖离率为 0 指的是股价与平均线相等。正乖离率越大，表示短期超买越严重，就越有可能见到阶段性顶部；负乖离率越大，表示短期超卖越严重，就越有可能见到阶段性底部。

1. 乖离率指标买入技巧

（1）BIAS 由负值变为正值。

BIAS 由负值变成正值，说明多方突破了空方的防线，是转强信号。但是均线所处的状态不同，乖离率转强信号的可靠程度也不相同，分为以下几种情况。

①当均线向上移动时，出现 BIAS 由负值变成正值，表明多方已控制局势，投资者可跟进做多。如图 3-71 所示。

图 3-71　BIAS 指标买入信号

②当 BIAS 由负值变为正值，移动平均线正在向下运动，为股价继续下跌信号。

③当移动平均线处于横向波动时，BIAS 随即进入了盲区。此时即使 BIAS 由负值变成正值，实际上也没有参考价值。投资者应当结合其他技术指标分析后再作出下一步打算。

（2）BIAS 接近历史最低值。

BIAS 接近历史最低值，说明空方做空能量已经到了极限，行情随时会掉头向上，投资者此时要做好积极做多的准备。

2. 乖离率指标卖出技巧

BIAS 由正值变成负值是转弱信号，根据移动平均线的状态不同，BIAS 转弱信号的可靠程度也不同，可分为以下几种情况。

（1）当移动平均线向下移动时，出现 BIAS 由正值变为负值，说明空方继续控制局势，投资者应及时退出观望。

（2）当移动平均线向上移动时，出现 BIAS 由正值变成负值，表明整个局势还在多方控制之中。此时行情仍有可能继续向上发展，投资者可继续持股待涨。

（3）当移动平均线处于横向波动时，BIAS 随即进入盲区，即使 BIAS 由正值变成负值也没有意义了。后续作出何种操作，应当结合其他技术指标分析后再作出选择。

第四章

短线炒股买卖点分析

第一节 短线买点分析

短线买入股票时，买入前的功课一定要做好，其中，掌握大盘企稳时的短线选股技巧尤为重要。买入股票时，要仔细观察盘面，深入分析，找到所要买入股票的最佳买点。当然，所谓最佳买点也不是绝对的，对投资者来讲，应该是一个相对满意的买入点。最满意的买入点，在不同状况下有不同的切入点。

根据消息面判断买入时机

根据消息面判断买入时机，要注意以下几点。

1. 大市处于上升趋势初期，出现利好消息应及早介入

大市处于上升趋势初期，再配合利好消息，会使股价快速上涨，这是短线操作介入的好时机。如2014年7～8月牛市刚起步时，佳电股份于8月14日刊登公告，称控股子公司科研项目核能核心装备技术取得阶段性重大突破。如果此时投资者果断介入，就会享受到该股连拉6个涨停的盛宴。如图4-1所示。

应在利好消息朦胧时适时介入，待利好消息明朗，遇股价回调时卖出。因为股价快速上涨，会使短期内获利盘增多，出现获利回吐现象，股价短期内产生回调。当股价获得支撑，重新抬头时，短线可以再次买入。

2. 大市处于上升趋势中期，出现利好消息应逢低买入

大市处于上升趋势中期，此时出现利好消息，会使投资者对后市更加充满信心，交易也会更加活跃。同时，市场外观望的资金也会加入做多大军，推动股价加速上升。短线投资者可以考虑在股价回调时逢低买入。

3. 大市处于下跌趋势初期，出现利好消息可抢反弹

当大市处于下跌趋势初期时，出现利好消息会使开始灰心的股民很快恢复信心，积极参与交易，股市随之会出现强劲弹升现象。短线操作可以快速介入抢反弹，但要注意设好止损位。由于此时参与交易者多为中小散户，缺乏机构主力，因此反弹

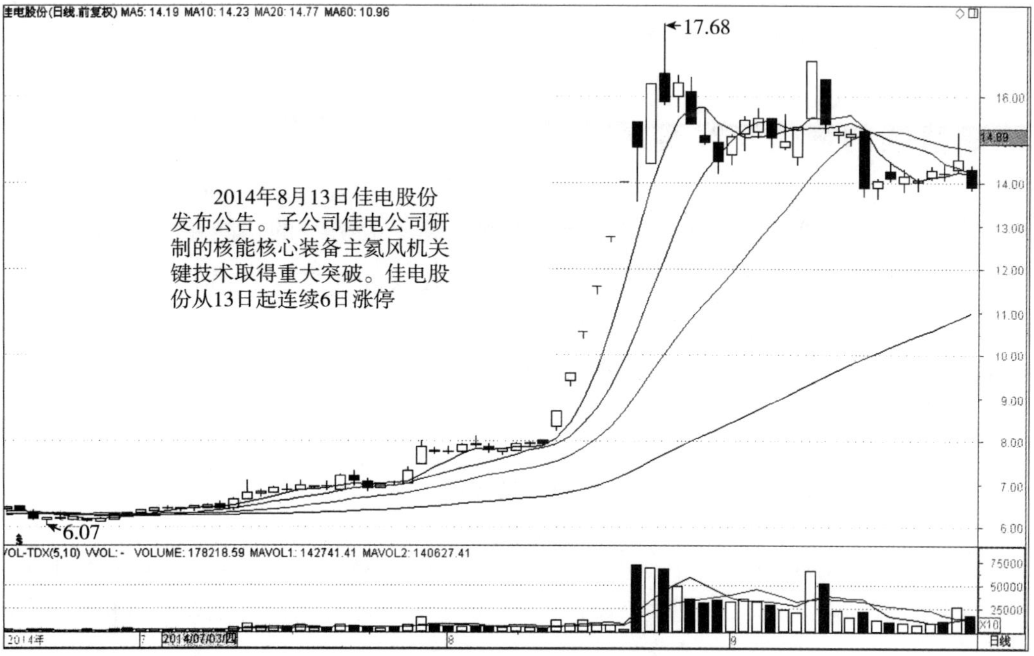

图 4-1　佳电股份公告利好消息后连拉涨停

时间不会太长，反弹空间也有限。短线操作抢反弹应快进快出，并设好止损位。

4. 大市处于下跌趋势中期，出现利好消息可少量介入抢反弹

当大市处于下跌趋势中期时，出现利好消息将促使股价走出一波反弹行情，但因大市颓势已定，反弹空间有限。短线操作可少量介入抢反弹，并设好止损位。若反弹力度很小，在反弹结束时，即使没有利润，也应该及时了结。

5. 大市处于下跌趋势末期，出现利好消息可及时介入

大市处于下跌趋势末期时，出现利好消息会使股价提前结束调整，进入下一轮升势。短线操作可于股价结束调整，向上攀升时及时介入。

6. 大市处于上升趋势中期，出现利空消息可逢低买入

大市处于上升趋势中期，出现利空消息将使股价回落，甚至产生暴跌。但因大市整体上升趋势已定，利空因素只能使股价出现短期回调，待利空出尽，股价仍会回升。

7. 大市处于下跌趋势末期，出现利空消息可逢低买入

大市处于下跌趋势末期，此时出现利空消息，将使股价进一步下跌。由于大市已跌了很长时间，或有了很大跌幅，再往下跌的空间已经很小。当利空出尽，股价就会见底回升，此时短线操作可以逢低买入。

趋势线的最佳短线买入时机

趋势线分为上升趋势线和下降趋势线两种。上升趋势线的功能在于能够显示出股价上升的支撑位，一旦股价在波动过程中跌破此线，就意味着行情可能出现反转，由涨转跌；下降趋势线的功能在于能够显示出股价下跌过程中回升的阻力，一旦股价在波动中向上突破此线，就意味着股价可能会止跌回涨。

利用趋势线判断买入时机的方法有以下几种。

1. 短期下降趋势线被股价向上突破时是短线买入时机

不管是长期、中期还是短期下降趋势线，如果被股价向上突破，都是买入时机。但对于短线投资者而言，应把短期下降趋势线被股价向上突破当作买入时机。如图4-2所示。

实际操作中，短期下降趋势线可区分为三种情况：一种是中期下跌趋势中出现的短期下降趋势，另一种是中期上涨趋势中股价回调时形成的下降趋势，还有一种是中期横向趋势中出现的短期下降趋势。

在中期下跌趋势中，股价主要以下跌为主，高点和低点都不断下移。但是股价下跌一段时间之后，往往会产生反弹，如果把握得当，会有可观的收益。股价向上突破短期下降趋势线时，便是短线买入时机。

在中期上涨趋势中，股价主要以上涨为主，高点和低点都不断提高。但有时候，股价会受到急速上升线的压制出现调整。当股价向上突破该条短期下降趋势线时，说明短期调整结束，股价又将进入新的上升阶段，此时也是中期上升趋势中的一个新的短线买入时机。

股价的中期趋势，除了中期上升趋势和中期下跌趋势之外，还有一种中期横盘整理趋势，即股价在一定的价格范围内进行中期箱体波动。此时，也可以运用短期趋势线来判断这种箱体波动中的短线买入时机。

2. 股价向上突破下降通道的上轨线是买入时机

下降趋势线是由下降趋势的两个峰顶连成的直线，当下降趋势线确定以后，再选择居于组成下降趋势线的两个峰顶之间的谷底做一条平行于下降趋势线的直线，该平行直线与下降趋势线之间的范围就称为下降通道。下降趋势线称为下降通道的上轨线，与下降趋势线平行的直线称为下降通道的下轨线。

图 4-2　股价向上突破短期下降趋势线

一般来说，股价在下跌过程中，跌至下降通道的下轨线会受到支撑而出现反弹，反弹至下降通道上轨线时又会遇阻回落。当最终股价放量向上突破下降通道上轨线时，便宣告下降趋势结束，上升趋势开始，因此是一个重要的短线买入时机。如图 4-3 所示。

3. 股价向上突破上升通道

在上升趋势中，有时候股价前期上涨会沿着一定的上升通道有节奏地运行，即在上升通道的下轨线形成明显的支撑，在上升通道的上轨线股价又遇阻回落。但是到了上升趋势末期，庄家大幅拉抬，股价放量向上突破上升通道上轨线的压力，出现加速上涨，短时间内升幅可观，若把握得当，短期内可以获得丰厚的利润。如图 4-4 所示。在上升趋势中，股价放量突破上轨线的压制是较为合适的短线买入时机。

股价的中期趋势，除了中期上升趋势和中期下跌趋势之外，还有一种中期横盘整理趋势，即股价在一定的价格范围内进行箱体波动。此时，也可以运用短期趋势线来判断这种箱体波动中的短线买入时机。当股价向上突破短期下降趋势线时，说

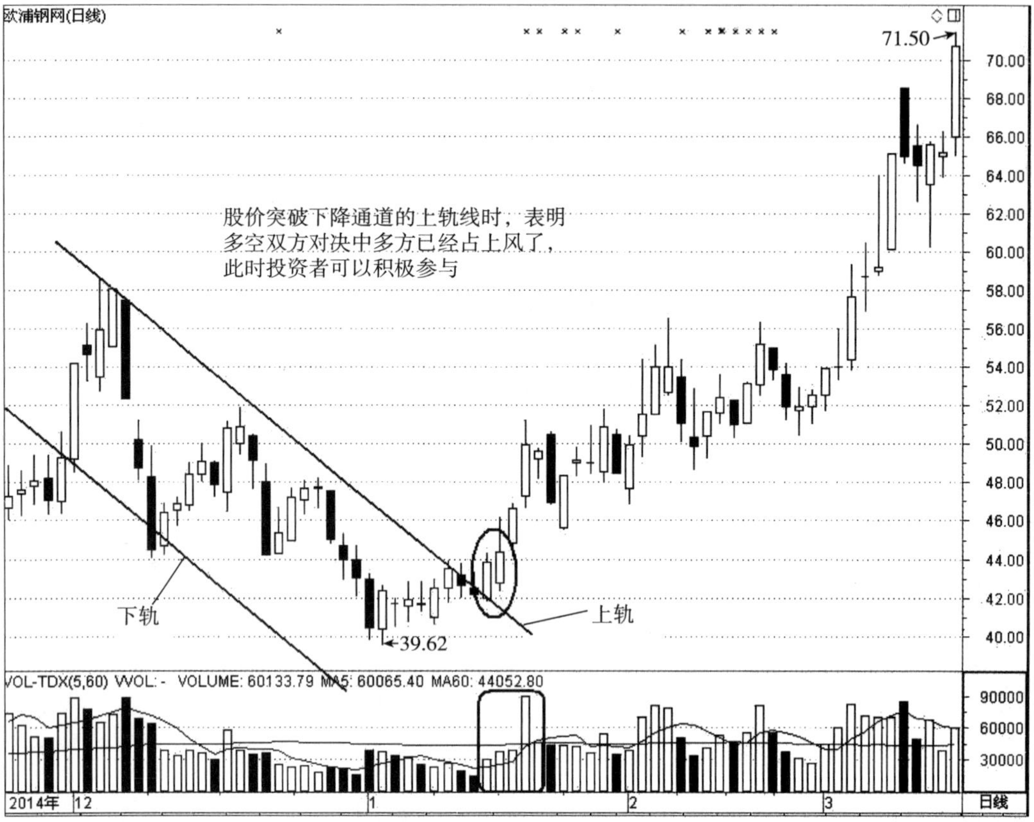

图 4-3 股价向上突破下降通道上轨线

明短期回调结束，股价又将进入新的上升阶段，此时也是中期横盘趋势中一个新的短线买入时机。

4. 股价向上突破水平趋势线时是买入时机

股价长时间运行，每次上冲到某个价位都受阻回调，把这若干高点连接起来，便形成一条水平的趋势线。当股价某一天放量向上突破这条水平趋势线时，为短线买入时机。

利用这种方法操作时，应注意以下两点。

(1) 股价向上突破水平趋势线时，如果成交量未配合放大，意味着换手不够积极，有可能突破后不久即跌回这条趋势线之下。

(2) 股价长时间在该水平线上运行，由于主力对倒或护盘等原因，持仓成本会不断提升。当主力再向上拉升时，明显是为这批筹码以后的出局再拉出空间。这种主力高度控盘的股票如果是在高位运行，只能适量短线参与。

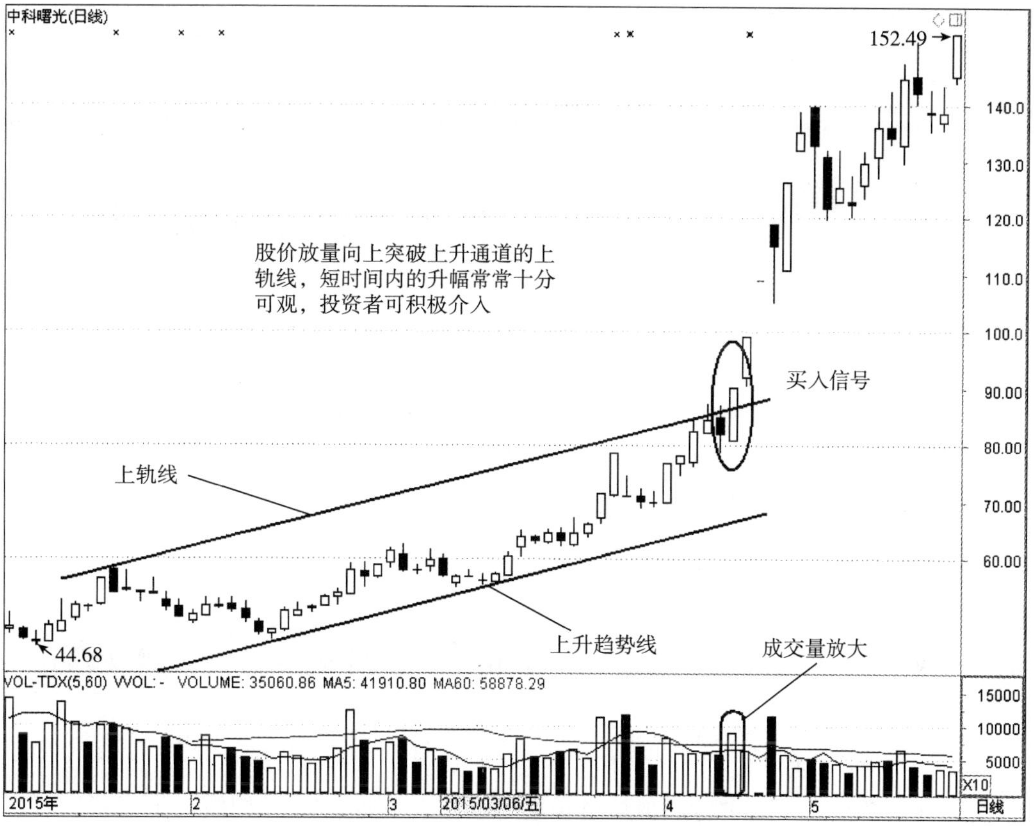

图 4-4　股价向上突破上升通道上轨线

■ 均线的最佳买入时机

一般来讲，均线的买入时机可以归纳为以下几点。

第一，股价由下向上突破 5 日、10 日均线，且 5 日均线上穿 10 日均线形成黄金交叉，表明买方力量比卖方力量占据优势，后市发展看好，此时投资者可以伺机买入股票。如图 4-5 所示。

第二，股价由下向上突破 5 日、10 日、30 日均线，且三条均线呈多头排列，表明买方力量已经战胜了卖方力量，此时投资者可以积极介入。

第三，在强势股的上升行情中，股价出现盘整，5 日均线与 10 日均线纠缠在一起，当股价突破盘整区，5 日、10 日、30 日均线再次呈多头排列时，此时投资者就可以放松警惕，选择合适的股票入场。

第四，在多头市场中，股价跌破 10 日均线而未跌破 30 日均线，且 30 日均线仍向右上方挺进，说明股价下跌是技术性回档，跌幅不致太大，此时为买入时机。

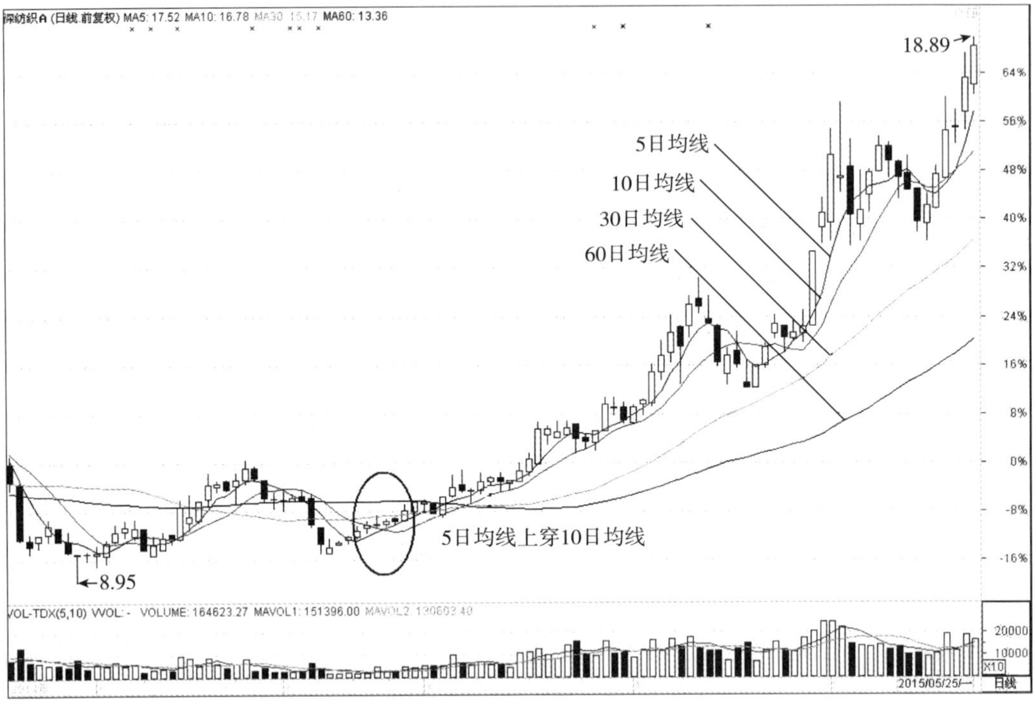

图 4-5　5 日均线上穿 10 日、30 日均线

第五，在空头市场中，股价经过长期下跌，在 5 日、10 日均线以下运行，恐慌性抛盘不断涌出，导致股价大幅下跌，乖离率增大，此时为抢反弹的绝佳短线机会，应买进股票。

除了上述所说的几种买入时机之外，以下几点也需要投资者加以把握。

在空头市场中，当股价向上突破 5 日、10 日均线后，又突破了 30 日均线，则反弹上升的力量增强，会有较大的上升空间，也可能是一轮中级行情，可逢低买入。

股价向上突破 5 日、10 日、30 日均线后，又继续向上突破了 60 日均线，则后市上涨空间会比其他情况来得强劲，如有利好消息的配合，则可顺势脱离空头市场，是极佳买点。

10 日均线位于股价下方，当股价与 10 日均线之间的距离逐渐拉大时，表示多头力量增强，后市上涨机会大，是买进时机。

■ 成交量的最佳短线买入时机

成交量分析是股市技术分析体系中的精华，因为成交量大小反映了市场的活跃程度，代表了投资者的群体心理预期和投资欲望，更重要的是庄家或主力机构的动向都会在成交量的变化中真实地体现出来，同时成交量的大小将决定行情的大小。

根据成交量判断短线买入时机的方法有以下几种。

1. 股价上升且成交量稳步放大时买入

有的股票在下跌过程中，成交量一直保持相对稳定的状态，没有明显的萎缩，股价却呈现一路阴跌的走势，且无止跌迹象，底部也无明显的形态可言。突然某几天成交量稳步放大，股价也由跌转升，下跌趋势的结束以股价向上突破重要的下降趋势线或 30 日均线为标志。

另外一种情况是，股价经过较长时间和较大幅度的下跌后，在一定的区域内上下波动且时间较长，成交量也无明显的增减变化，始终维持相对稳定的水平。待成交量稳步放大时，股价向上突破，上升行情开始。

以上两种情况均可在成交量稳步放大 2 至 3 天时择机买入，后市一般会有可观升幅。

利用此法时应注意：股价向上突破重要阻力位（如 30 日均线）时，成交量应明显放大，而且只有在成交量逐步放大或维持较高水平的配合下，上升趋势才可持久，如图 4-6 所示。否则只能说明是下跌途中的一次小的反弹而已。

2. 低位突然放量时买入

股价长期下跌，使得空头能量有足够的时间充分消耗。股价止跌走稳，表明多空能量获得暂时平衡，多头最终将打破这种平衡，低位放量正是多头力量异动的最初显现。短线炒手应在低位突然放量，股价明显上涨时跟进。

3. 低位放巨量时买入

股价经过大幅下跌后又进行了较长时间的横盘整理，若这时股价上涨，低位连续放出大成交量，则可以短线跟进。如图 4-7 所示。

成交量的变化会影响到股价的变化，同时成交量也是对股价的肯定。一个价格如果能被支撑住，就必须有成交量的配合，因此，巨量必然会伴随着股价的大幅上涨。如果个股在低位放出巨量，日 K 线已向上突破长期下跌趋势线或 20 日均线，可等待回调时介入。如没有回调，可以加价买入。特别是股价在低位启动，出现连续的两到三个涨停之后，成交量急剧放大，达到历史天量，换手率达 20%以上，更是买入时机，这是典型的庄家拉高进货形态。

4. 缩量整理时买入

股价经过一轮涨升后，获利盘涌出，使股价上升受阻，此时需先进行一段蓄势调整才能继续上升。此时成交量逐步萎缩到一个较低的位置，股价也小幅下跌至一

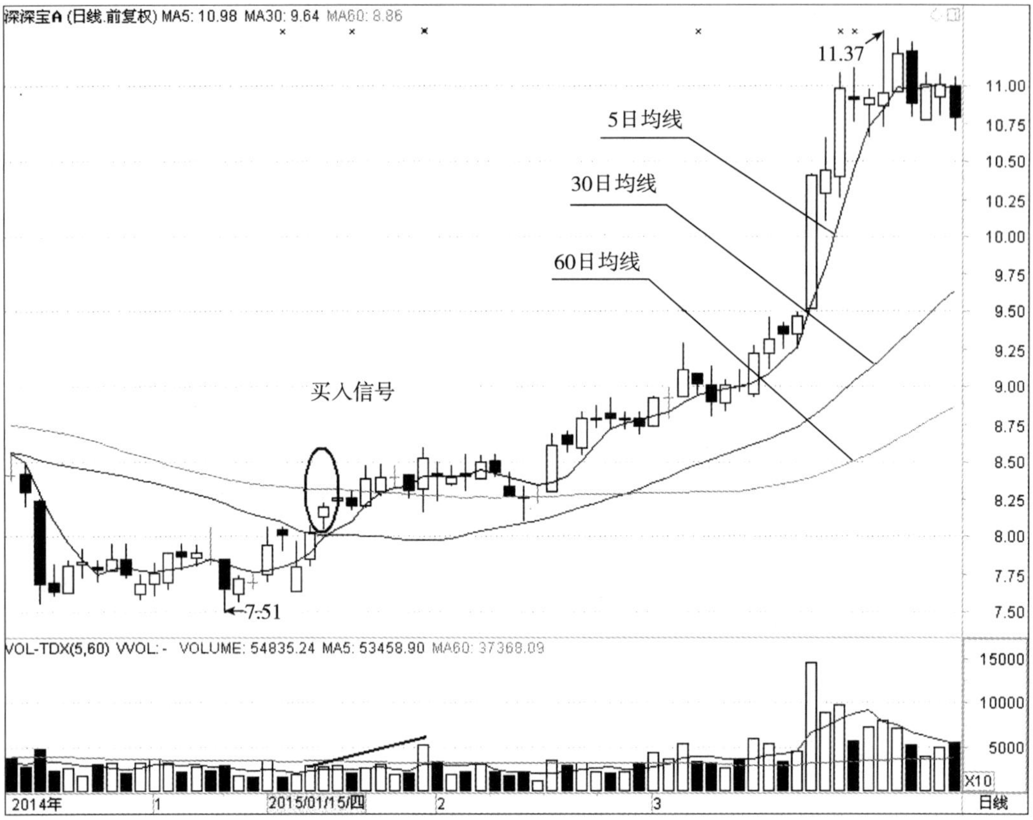

图 4-6　股价向上突破 30 日均线

个相对低点，这时应是明确的买入时机。如图 4-8 所示。

当成交量重新开始放大，将展开又一浪升势。特别是股价快速上涨后出现调整，成交量显著萎缩时，更应该大胆买入。这一般是庄家震荡洗盘的表现，过不了多久，庄家就会再度拉升股价。通常来说，在股价第一次快速上涨后的调整中，成交量明显萎缩时买入非常可靠，以后再被拉升后的缩量调整是否是买入时机，要视庄家的行为和股价形态而定。

5. 巨量打开跌停板时买入

巨量打开跌停板时，应是中短线买入时机。在涨跌停板制度下，出现跌停板时，买方寄望于下一交易日以更低价买入，使股价在缺少买盘的情况下无量空跌，跌势不止。但如果跌停板中途曾被巨额成交量打开，说明有买盘主动介入，股价反弹或反转在即。

股价跌停或持续跌停，一般来说都是受到重大利空消息的影响。如果利空已经兑现，巨量打开跌停应是较佳买入时机，后市必涨。如利空未出，则等利空兑现放量急跌后再买入。如遇突发性的重大利空政策出台，沪深股市大盘指数出现跌停或

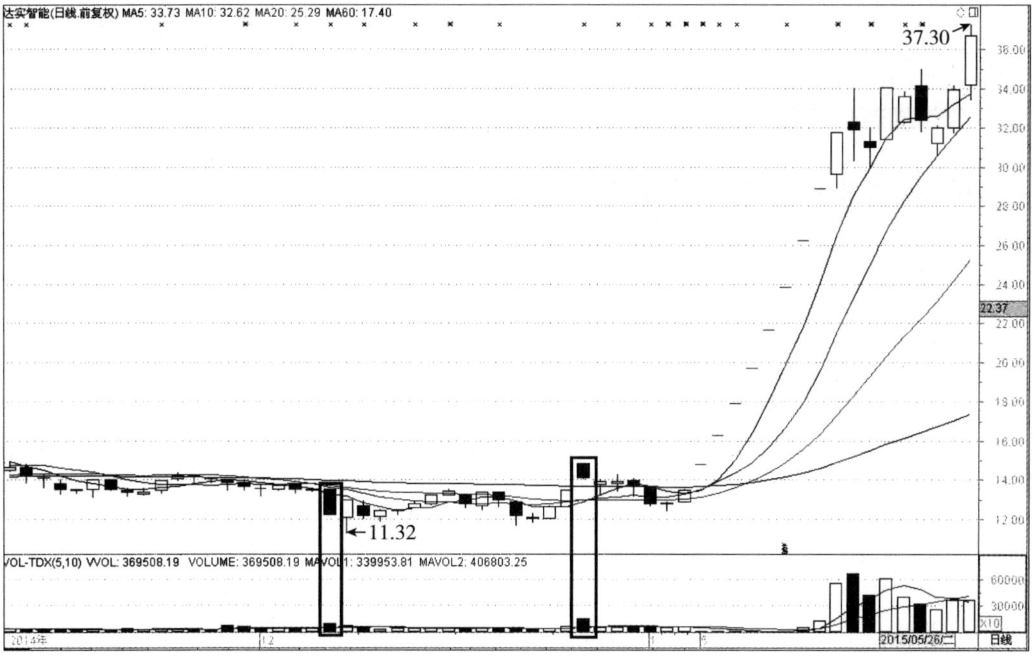

图 4-7　低位放巨量

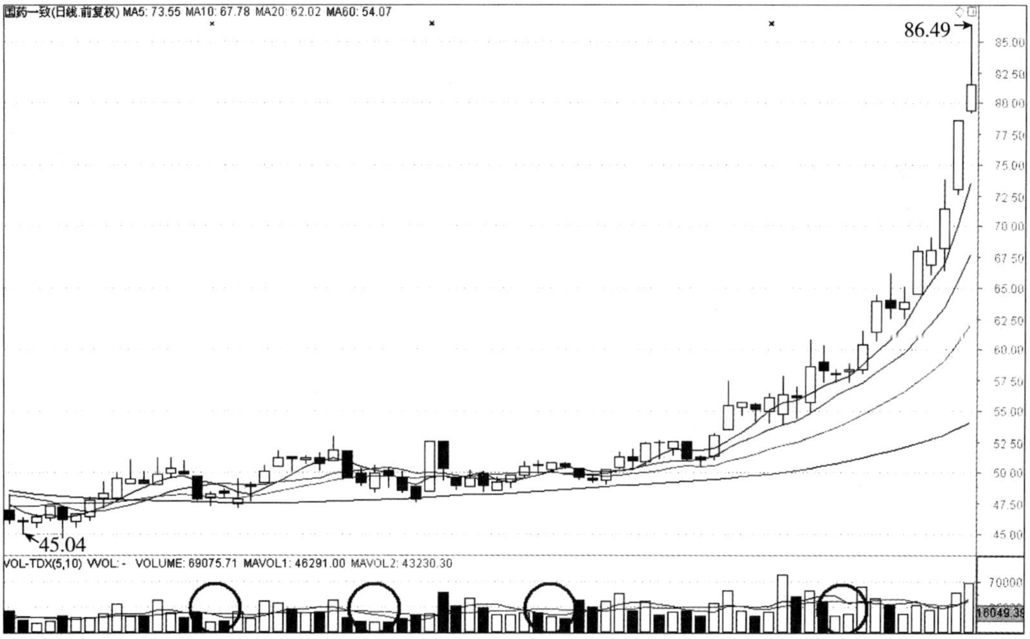

图 4-8　缩量整理

接近跌停后，众多个股特别是绩优股首先放量打开跌停时，是中短线最佳买入时机。

利用此方法时应注意：巨量打开跌停板买入后，要密切注意后几天的股价走势。如果其后两三天股价不再创新低，同时成交量明显萎缩，可确认是中短期底部。如果股价仍创新低下跌，说明跌势尚未结束，应止损出局观望。

6. 股价大涨而成交量严重萎缩时买入

行情启动之初，股价大涨，成交量严重萎缩，表明三个方面的含义。

其一，该股上行力度较大。

其二，庄家控盘，筹码已高度锁定。

其三，市场普遍看好该股，惜售心理严重。

在这种情况下，说明该股强势上行的力度得到进一步确认。短线操作者为了稳妥，可在成交量重新放大时跟进。

7. 放量使股价冲过前期高点时买入

一般来说，股价前期高点往往会成为以后上涨的重要阻力位，如果股价能够突破这一阻力位，则该阻力位就变成了未来股价的支撑位，因此，人们常把前期高点能否被突破看成能否创新高的依据。

常见的突破方式有两种，一种是轻松越过前期高点，另一种是放量突破前期高点。前者是指庄家已经建仓完毕，大部分筹码已被锁定，浮动筹码极少，股价可以轻松越过前期高点。后者是指庄家还没有建仓完毕，大部分筹码还未被锁定，需要通过巨大成交量使前期被套筹码解套并落入庄家囊中。

轻松冲过前期高点，一般是上升浪的腰部，放量突破前期高点是上升浪的底部。通常来说，当出现巨量冲过前期高点时，应及时跟进。当出现几天的温和放量超过前期高点时，也应积极买入，后市利润一定可观。

8. 股价回升，成交量大于前期顶部成交量时买入

当股价从顶部跌入低价区，庄家用低廉的成本开始大力收集筹码，此时成交量便会急剧放大。一旦成交量超过前期顶部成交量，说明股价上升已具备充足的动力，日后股价冲过前期顶部是不成问题的。投资者可在此时买入，也可以在股价冲过前期顶部的瞬间买入。

第二节 短线卖点分析

买对股票只完成投资过程的一半或更少，接下来就要跟踪股票，并在股价大幅上涨之后卖掉股票。如何卖股票同样至关重要，俗话说，会买是银，会卖是金。如果买了好的股票，未能选择好的卖出时机，将会给股票投资带来诸多遗憾。

■ 根据消息面判断卖出时机

中国股市中，消息面对股价的影响非常大，大盘及个股的暴涨与暴跌，大多是由利好与利空消息造成的。短线操作应对大市在不同情况下利空或利好消息带来的影响有所了解，以便采取不同的应对措施，捕捉短线卖出时机。

1. 大市处于上升趋势末期出现利好消息

股市经过长期的上升，主力机构已有了很大的账面利润，此时主力往往会借助利好消息出货。如图 4-9 所示。在大市处于上升趋势末期出现利好消息时，短线操作者应逢高卖出。

2. 大市处于上升趋势初期出现利空消息

大市处于上升趋势初期，此时出现利空消息，将会使股价快速回调或二次探底，甚至创出新低。短线投资者应在利空消息朦胧之时卖出，待利空消息被证实，股价回调获得支撑并重新抬头，或股价完成二次探底并回升时，可以再次买入。

3. 大市处于上升趋势末期出现利空消息

推动中国股市走出大行情的动力，主要源于一些资金实力雄厚的机构大户。这些机构入市的资金中，有一些是经不起审核的。每当审查各机构资金的消息传出，一些资金来源经不起审查的机构，便会不惜成本地清仓离场。

当股市过于狂热的时候，管理层往往也会出面干预。当这些利空消息传出时，股市的上升行情便到了尽头。因此，当大市处于上升趋势末期时出现利空消息，短线投资者应及早离场。

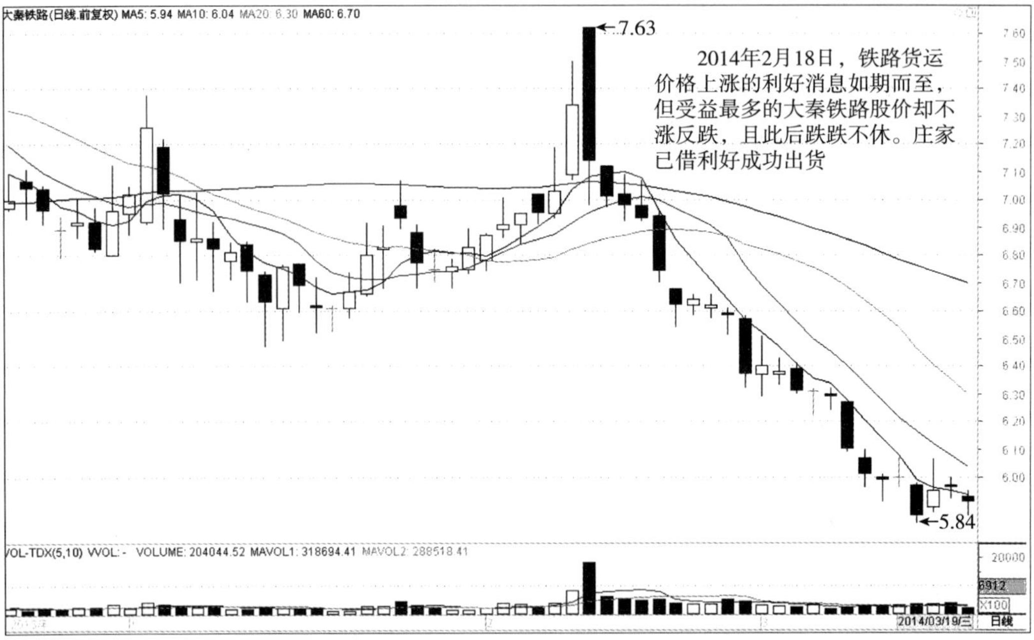

图 4-9　庄家借利好消息出货

4. 大市处于下跌趋势初期出现利空消息

大市下跌趋势初期，由于人们惯性的牛市思维，认为大市下跌只不过是牛市上升中途的回调整理，此后股市仍会上升，所以仍抱着股票不放，对大市发出的一些见顶信号视而不见，即使看见了，也认为是庄家设置的空头陷阱，不愿相信牛市会就此结束。

就在此时，利空消息传出。等许多投资者终于明白过来，大市已进入下降趋势了，于是恐慌抛售，股价出现大幅下跌。如果短线操作在顶部没有及时出货，待利空消息传出时，应果断离场。

■ 趋势线的最佳短线卖出时机

根据趋势线判断卖出时机有以下几点。

1. 上升趋势线被股价向下突破时止损

在股价上涨过程中，一个低点比一个低点高，将其中的两个低点连接起来，就构成了一条上升趋势线。上升趋势线反映了股价的上升趋势，并对股价起支撑作用。

根据股价上涨时间的长短，上升趋势可分为长期上升趋势、中期上升趋势、短期上升趋势。

当股价经过较长时间的单边上涨时，一旦股价从上向下跌破上升支撑线（日K线常是一根有力度的中阴线或大阴线），则上涨趋势已被破坏，此时无论有无大成交量的支持，都应离场。如图4-10所示。

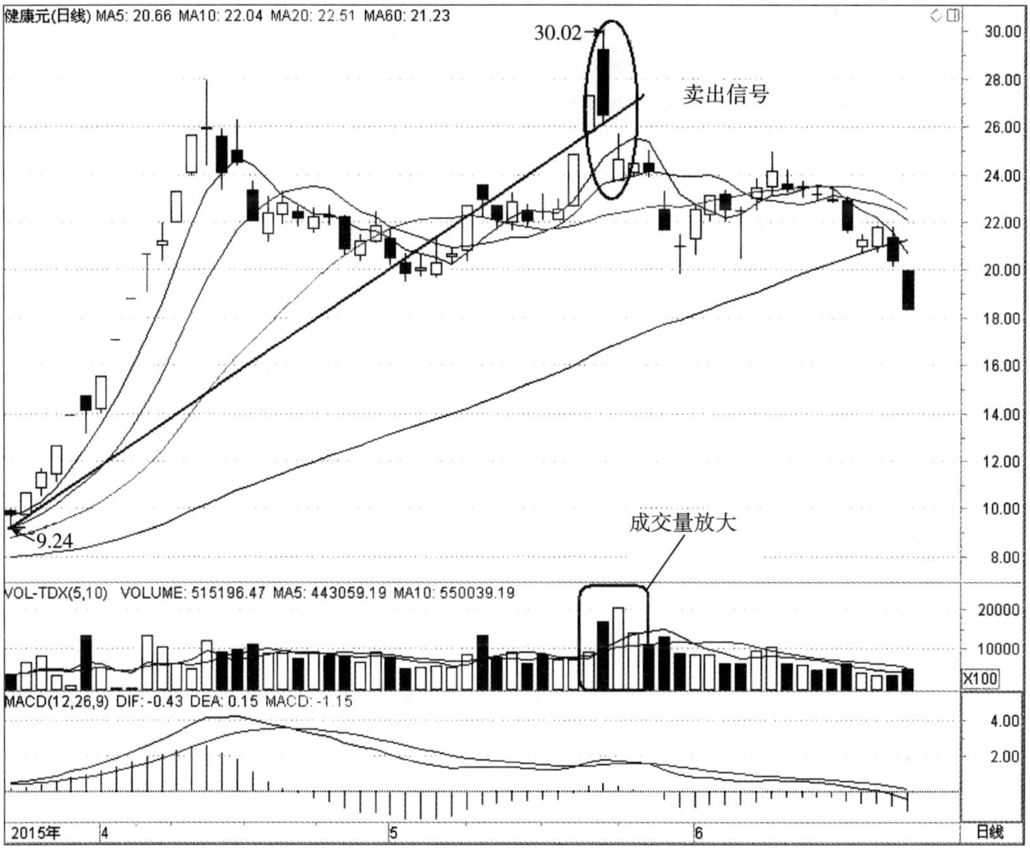

图4-10　股价跌破上升趋势线

在实际操作过程中，短期上升趋势线可区分为三种情况。

一是中期上升趋势中出现的短期上升趋势。

二是中期下跌趋势中股价反弹时形成的短期上升趋势。

三是中期横向趋势中出现的短期上升趋势。

在中期上升趋势中，股价以上升为主，低点与高点不断上移。但股价上升一段后，往往会产生回调。当股价从上向下跌破短期上升趋势线时，应立即止损。

在中期下跌趋势中，股价以下跌为主，低点与高点不断下移，但股价下跌一段之后，往往会产生反弹。这种反弹就是股价中期下跌途中出现的短期上升趋势，此时股价会受到一条短期上升趋势线的支撑。当股价跌破该短期上升趋势线时，说明短期反弹结束，股价又将进入新一轮下跌，此时应是短线抢反弹的卖出时机。

在中期横盘整理趋势中，股价在一定的价格范围上下震荡，如果股价震荡空间较大，就会形成众多的短期上升趋势与短期下降趋势。当股价跌破短期上升趋势线时，便是短线卖出时机。

利用此方法时应注意：首先确认短期上升趋势的时间，一般不应超过 4 周。其次，股价只要跌破上升趋势线，应该立即离场。最后，股价跌破上升趋势线，成交量同步放大，则会加深跌势，即使没有成交量的配合，股价也会自然滑落。

2. 股价反弹至中期下降趋势线附近时卖出

在中期下降趋势中，股价每次反弹至中期下降趋势线附近，都会受压制。如果股价不能突破这条阻力线，势必会再度下跌。短线操作在中期下降趋势中抢反弹时，应把股价靠近中期下降趋势线作为卖出时机。

利用此方法时应注意以下两点。

（1）不必等到股价触及下降趋势线才卖出，反弹行情结束迅速，短线操作应适度提前获利了结。

（2）在下跌趋势中抢反弹时，如果股价反弹失败，重新下跌，应立即止损了结。

3. 股价向下跌破水平趋势线时止损

股价长时间横向运行，每次下跌到某一价位附近，都会受到支撑。把这若干个低点连接起来，就会形成一条水平的支撑（趋势）线。当股价跌破这条水平趋势线时，应视为卖出信号，短线操作要及时止损。如图 4-11 所示。

利用此方法操作时应注意：水平趋势线既可以是股价上升途中回调时形成的水平支撑线，也可以是股价下跌途中形成的水平支撑线，短线操作应掌握破位即离场的原则。

4. 在中期上升通道中，股价每次触及上轨线时卖出

在上升趋势中，连接两个波谷的直线是上升趋势的支撑线（下轨线），通过两波谷间的峰顶作一条平行于上升趋势支撑线的直线，称为上升趋势的压力线（上轨线），它们中的空间称为上升通道。

在中期上升趋势中，股价每次触及上升通道上轨线时，都会受阻回落。因此，短线操作应将股价触及上轨线时作为卖出时机。如图 4-12 所示。

使用此方法时应注意：短线投资者应把股价无力抵达上升通道上轨线当作卖出信号，及时获利止盈。应把股价向下跌破上升通道下轨线当作明确止损点，及时止损。

图 4-11 股价跌破水平趋势线

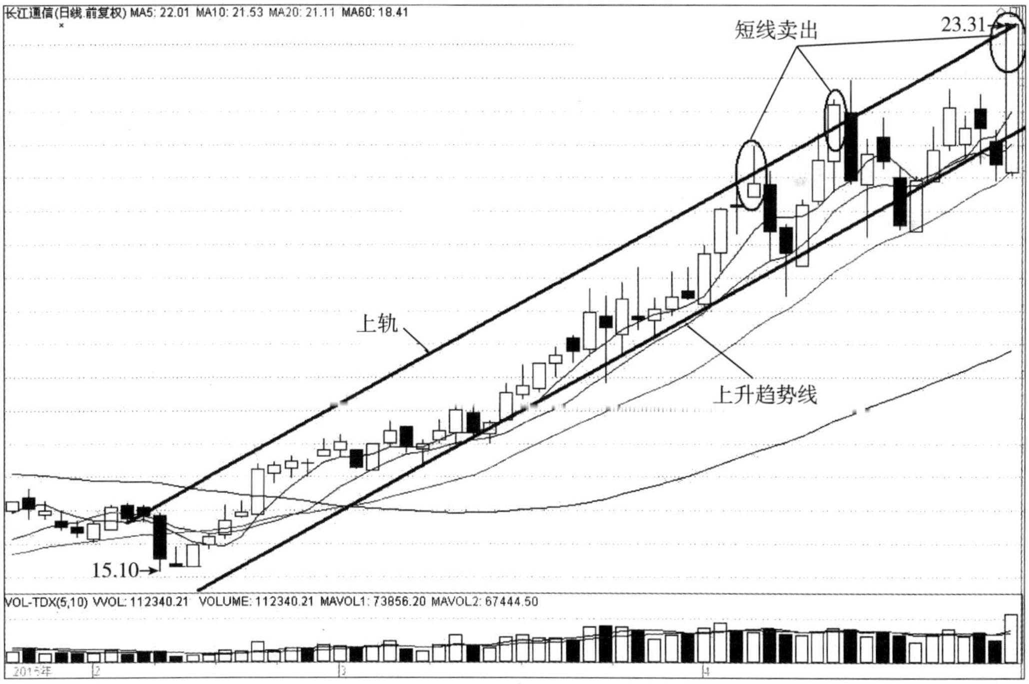

图 4-12 股价触及上升通道上轨

5. 在中期下降通道中，股价反弹靠近上轨线时卖出

在下跌趋势中，连接两个波谷的直线是下跌趋势的支撑线（下轨线），通过两个波谷间的峰顶作一条平行于下跌趋势支撑线的直线，称为下跌趋势的压力线（上轨线），它们中的空间称为下降通道。

在下跌趋势中，股价每次反弹至上轨线附近时，都会受阻回落，之后继续下跌。短线操作应将股价靠近中期下降通道上轨线时作为卖出时机。

利用此方法时应注意：不应奢望卖到反弹的最高点，遇到股价反弹无力，应及早卖出。股价向下跌破下降通道的下轨线时，股价将加速下跌，短线抢反弹者应立即止损。

均线的最佳卖出时机

概括来讲，均线的卖出时机可以归纳为以下几个方面。

（1）在上升行情中，股价由上向下跌破 5 日、10 日均线，且 5 日均线下穿 10 日均线形成死亡交叉，30 日均线有走平迹象，表明卖方力量占据优势，此时要立刻抛出手中的股票，离场观望。

（2）股价暴跌之后出现反弹，如无力突破 10 日或 20 日均线的压力，表明股价持续下跌的概率较大，应及时卖出股票。如图 4-13 所示。

（3）股价先后跌破 5 日、10 日、30 日均线，且 30 日均线有向右下方移动的趋势，意味着之后股价将会出现一段时间的下跌，应及时离场观望。

股价经过长时间盘局后，5 日、10 日均线开始向下，表明卖方力量已经超过买方力量，后市不被看好，应尽快卖出股票。

股价下跌反弹时，向上逐次攻破 5 日、10 日、20 日均线。当股价在 10 日均线上方运行，与 10 日均线之间的距离突然拉大，应及时卖出股票。当 60 日均线由上升趋势转为平缓运行或向下方转折时，预示后市将会有一段中级下跌行情，此时应卖出股票。

事实上，除了上述均线卖出时机，还应对以下几点予以关注：若股价依次向下跌破 10 日、30 日、60 日均线，且三线略呈平行状排列，则表示空头市场来临，空方已占优势，短期内跌幅会逐日加深，投资者应卖掉所有股票，减少损失，保存实力，以便在更低的价位补进。在较长时间的盘局中，若 10 日均线向右下方突破下行，表示空头力量增强，后市会继续下跌，是卖出时机。

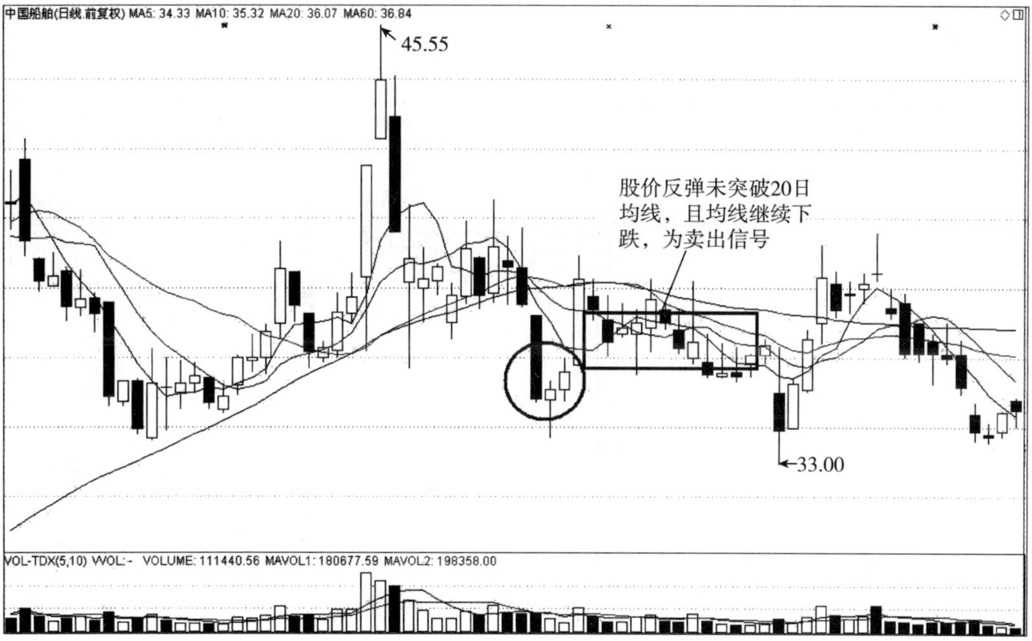

图 4-13 股价暴跌后反弹，未突破 20 日均线

成交量的最佳短线卖出时机

利用成交量确定短线卖出时机时，可以关注以下几点。

1. 高位出现天量之后卖出

“天量之后出天价”中的“天量”，是指某一个时间单位（如日、周）内的成交量为近期最大成交量。所谓“天价”，是指在某一个时间单位（如日、周）的价格是近期最高价格。

高位出现天量，大多是庄家大量派发筹码所致，表明股价下跌就在眼前，如果不及时清仓离场，前一阶段的胜利果实将会化为乌有。

利用此方法时应注意两点：一是出现天量时，股价（或指数）必须处于相对高位，相对高位的确认可以根据该股历史走势来判断；二是成交量必须是近段时间内的最大成交量。

2. 高位放巨量收长阴时卖出

K 线高位放巨量收长阴，通常是庄家出货的信号。当股价已有了较长时间和较大幅度的上涨后，买方力量已经显示不足。此时成交量忽然放出巨量，收出的 K 线为长阴线，通常表示庄家已完成拉高出货。此时如不能及时清仓出局，必被高位套牢。如图 4-14 所示。

图 4-14　高位放巨量收长阴

利用此方法短线操作时，应注意以下三点。

（1）必须是在上升行情持续较长时间，股价距行情启动点的涨幅在 30%～40%，该信号才有效。

（2）要注意两种行情的高位概念：其一，上攻行情的高位是从本轮行情的启动点计算；其二，反弹行情的高位从反弹点计算，其前期高点附近往往是反弹行情的高位。

（3）高位成交量巨大时的 K 线形态：其一，K 线长阴，股价大跌，庄家出货态度坚决；其二，K 线长阳，股价大涨，庄家强势拉高出货；其三，K 线大阴大阳相吞，是较强烈的顶部信号。

3. 高位出现价量背离时逢高卖出

成交量是股价上涨的原动力，成交量不足，意味着买方不再看好，股价将不可避免地出现回落或反转。价升量减与价跌量增，都属于价量背离现象。价格上升但成交量并未增加甚至减少，表明买方力量枯竭，股价空涨，难以持久，此为卖出时机。价格下跌，成交量反而上升，说明投资者看淡后市，纷纷抛售，致使价格急剧下跌，这是大市反转、熊市来临的特征，此为卖出时机。如图 4-15 所示。

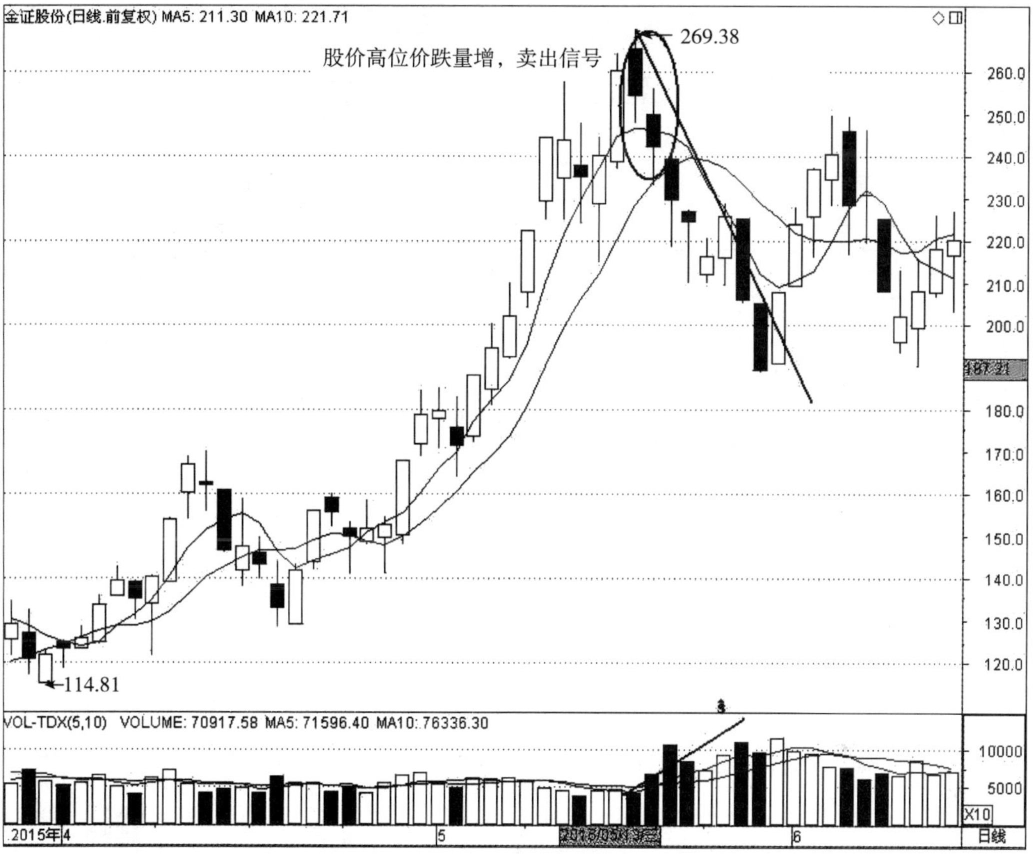

图 4-15 高位价量背离（价跌量增）

4. 股价高位平台窄幅整理且成交量萎缩时逢高卖出

股价经过大幅拉升，已经到了可获利出局的区域。随后出现的平台窄幅整理，使在此时介入者无获利空间。此时成交量萎缩，说明庄家推高动力正在消失，完成出货的庄家不会再维持这一平台，一轮跌势很快就会从此开始。

利用此方法时应注意：在快速拉升后，股价应有一定的升幅。平台整理的幅度不应过大，时间不应过长，成交量较前期上升时有明显萎缩。

5. 巨量打开涨停板时卖出

在涨跌停板制度下，成交量与股价的关系是：涨停量小，继续上涨；跌停量小，继续下跌。某只股票在涨停时没有成交量，是因为卖方惜售，不愿以此价抛出，所以才没有成交量。第二天，饥渴的买方会追买，导致股价继续上涨。如果当日出现涨停，同时成交量放大，说明卖方抛出意愿强烈，买卖力量发生变化，股价有望继续下跌。短线操作应在成交量放大，涨停不能维持的第一时间卖出。如图 4-16 所示。

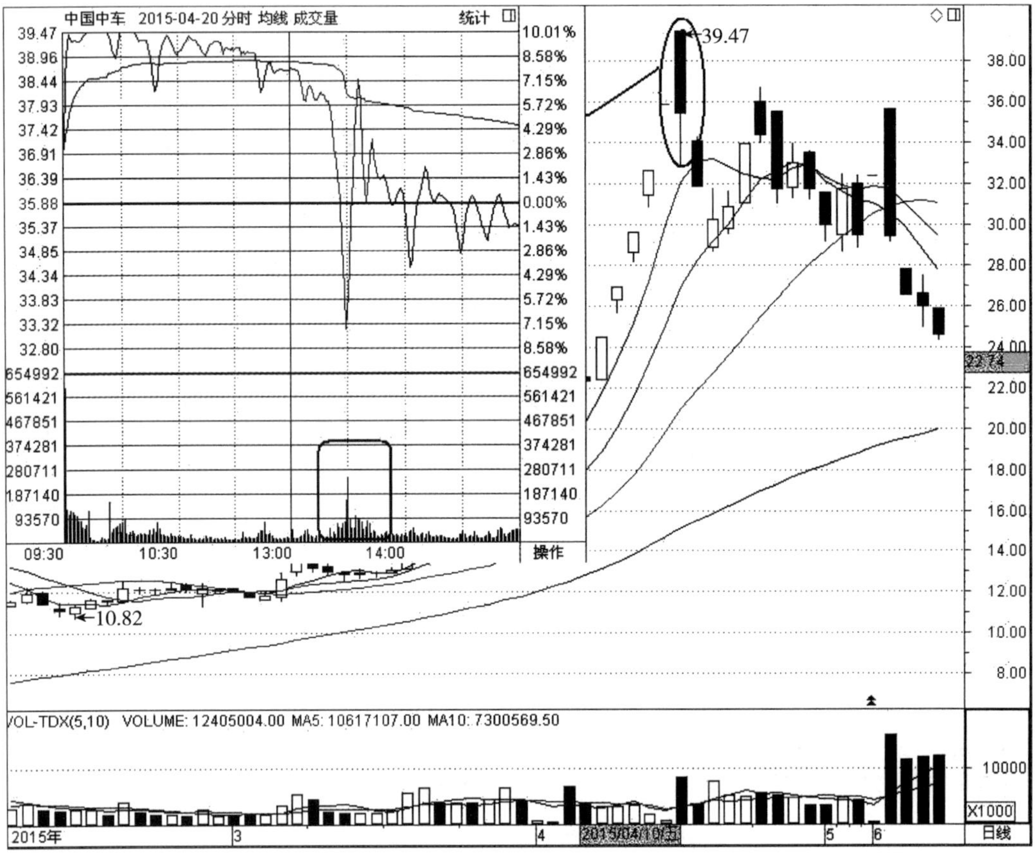

图 4-16 巨量打开涨停板

6. 股价多次冲高不过时卖出

前期高点往往会成为未来股价上涨的重要阻力位，如果股价能有效突破前期高点，证明上升动力充足，股价创新高不成问题。但如果冲高不过，则说明股价上升动力不足。如果是多次冲高不过，则说明股价上升动力严重不足，同时也反映多数人不看好后市，股价下跌指日可待。

利用此方法时应注意：股价上冲前期高点时，得不到成交量的配合，短线可把每次冲高不过时当作卖点，特别是第二次冲高不过后应坚决卖出。

7. 股价在高位出现无量空涨时逢高卖出

股价经过一轮涨升，买方力量已经消耗殆尽，没有能力将股价推向更高，但由于惯性作用，股价有可能顺势上涨，而成交量却不能配合放大，造成无量空涨现象。无量空涨说明买方已不看好后市，涨势不能持久，股价很快就会回落。当短线投资者发现股价在高位出现无量空涨时，应逢高卖出。

利用此方法时应注意：确认股价所处的位置已在高位，可根据该股历史走势判断。无量空涨的幅度不应过大，时间不应过长，可结合分时成交情况来综合判断。

8. 高位利好出台，成交量放大但股价却不升（甚至反跌）时卖出

当股价在相对高位时，庄家常利用利好消息引诱散户跟风，以达到出货目的。通常情况下，遇个股利好出台且放量，股价会冲高上涨。但如果股价在高位时，遇利好出台且放量，股价不升（甚至反跌）便成了一个危险信号，说明庄家出货的可能性极大，短线操作应抓紧时机卖出。

利用此方法时应注意：利好消息朦胧时介入，利好消息明朗时卖出。利好出台时应时刻注意成交量及股价的变化，稍有异动就要快速作出反应。

第五章

短线炒股之选股技巧

第一节　短线选股技巧

对于短线交易者来说，股市是动荡不安的，百分之几的涨跌幅往往来回交错，常常使人陷入一买就跌、一卖就涨的尴尬处境。短线交易者总是试图把握住所有短期内上涨幅度最大的股票以及所有能够获利的时机，事实上这是不可能的。但是，如果遵循有节奏、有节制的交易原则，在特定的时间段里，短线交易确实可以获利丰厚。

■ 短线选股原则

短线投资者一般持股时间不长，短则一两天，长则一两周。一般不太关心个股的业绩和潜质，只关心个股近期会不会涨，会涨多少。所以短线炒手的选股方法更倾向于技术分析，尤其是盘面分析。

短线投资者的选股标准有以下几个方面。

1. 走势强于大盘

判断个股是否是强势股，有以下几种方法。

（1）个股走势比大盘强，即总体涨幅高于大盘，上涨时走得快，下跌时抗跌性强，回落慢，而且会脱离大势，走出自己的独立行情。如图 5-1 所示。

（2）从技术上看处于强势。

①RSI 值在 50 以上。

②股价在 5 日、10 日、30 日均线之上。

③大盘下跌时该股在关键位置有支撑。

④不管大盘日 K 线怎样走，股价都不会创新低。

⑤看盘口，主动性抛盘和大笔抛单少，下跌无量，上涨有量。

2. 有强势主力介入

在股市中，主力就是携巨额资金的机构。投资者都知道，股市涨跌从长期看取决于价值规律，但在一段时间看，主要取决于供求关系，取决于资金流向。许多主力就是利用这个特点来达到自己的目的的。只要主力的运作没有约定操纵、对敲操

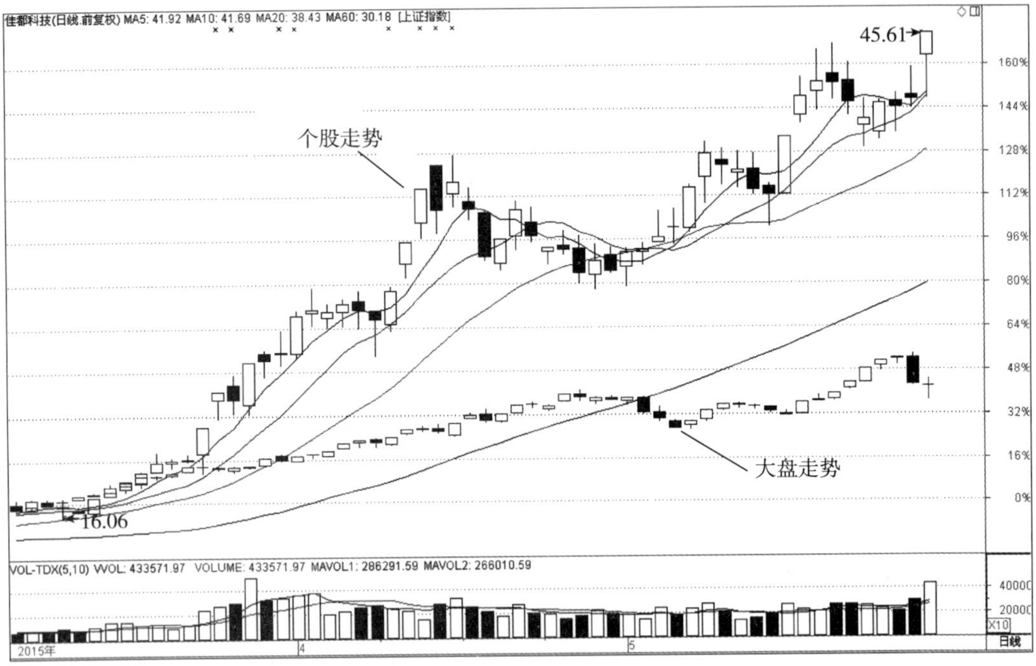

图 5-1 个股走势比大盘强

作和利用内幕，即是正常的投资者或者正常的投机行为。

一般来说，主力有强弱之分，一般实力比较强大的就是强主力。需要强调的是，股市中的每一只股票都存在主力，但是有主力不等于就有主力资金。通常情况下，主力资金可以操控一只股票的价格，而主力只能影响股价的短期波动。

一般而言，成交活跃，有经常性大手笔买单，有人为控盘迹象，关键处有护盘和压盘迹象，拉升时成交量急剧放大，下跌时成交量急剧萎缩，在大盘出现回落的时候个股也能保持强势，逆市拉升或抗跌，说明主力介入程度比较深，控盘能力强。

3. 选择市场炒作热点

做短线最忌买入冷门股，但冷门股有爆炸性题材，主力也收集了很长时间，极可能成为短线炒手的对象。在热门板块中挑选个股的时候（板块是基本面或技术走势上具有紧密关联度的一类股票群体），最好参与走势最强的龙头股。

比如，2015 年 4 月 15 日，工信部发布微博表示，“手机流量资费贵和网速慢”是社会关注和领导关切的热点问题，工信部将加快 4G 网络建设、大幅提升网速等工作的力度。受此利好消息刺激，通信板块龙头股中国联通直冲涨停，此后涨幅也一直居前。如图 5-2 所示。

一般而言，市场热点板块是资金集中做多的板块，往往涨幅惊人。对短线投资者来说，炒作要选择这样的板块。需要指出的是，虽然短线选股最忌的就是冷门股，但

图 5-2　牛市中，龙头股总是先于一般个股启动

是冷门股也会转换为热门股，成为热点，所以短线选股时应对此有一个客观的认识。

4. 关注成交量

股谚曰：量为价先导。量是价的先行者，股价的上涨一定要有成交量的配合。成交量是市场行为最基本、最原始的表现之一，也是技术分析的基本要素，是投资者看盘的一个主要焦点。

成交量放大，意味着换手率提高，平均持仓成本上升，上档抛压因此减轻，股价才会持续上涨。有时，在主力资金筹码锁定良好的情况下，股价也可能缩量上攻，但缩量上攻的局面不会持续太久，否则平均持仓成本无法提高，抛压大增，股票缺乏持续上升的动能。短线操作一定要选择带量的股票，对底部放量的股票尤其应加以关注。

5. 有潜在炒作题材

短线炒手喜欢炒朦胧题材，至于题材是否真实并不考虑，只要市场认同即可。但题材一旦见光，炒作便结束了。事实上，市场中的题材数不胜数，而且变化较快，但仍具有相对的稳定性和一定的规律性，只要投资者把握得当，一定会有丰厚的回报。

6. 技术形态向多

要把握这一点比较难，一般而言，短线炒作应回避技术指标出现见顶信号和卖出信号，少选择已进入超买区的股票，尽量选择技术形态和技术指标刚刚发出买入信号的股票。

■ 通过成交量选股的技巧

根据成交量选股，要求投资者注意成交量的变化，捕捉主力行踪，看破主力意图，这是中小投资者找到好股的重要方法。通常来说，当股价从高位滑落时，成交量会逐渐萎缩。当股价跌至一定位置跌不动的时候，往往伴随着成交量的极度萎缩。这时多空双方的力量已经发生了变化，空方的能量几近衰竭，而多方则有蓄势发动行情的机会。

成交量逐渐萎缩达到地量后，如果开始温和放量，使成交量曲线形态出现圆弧底时，就应该注意，股价很可能会反转回升。这种形态出现后，成交量放大越明显，后市股价的上涨动能越足。

实际操作中，投资者可采用以下办法。

（1）选取成交量某天突然放大，之后维持在较高水平，但股价上涨幅度较小的股票，如图 5-3 所示。

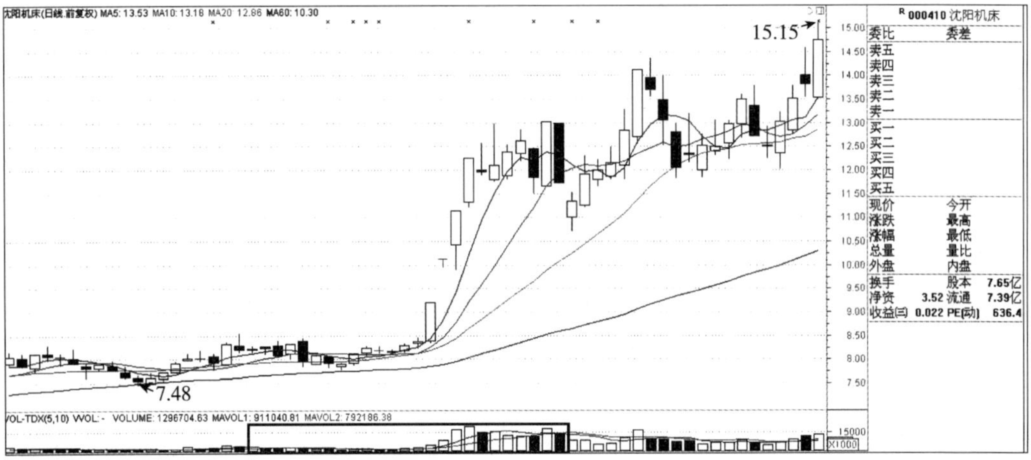

图 5-3　成交量突然放大，之后股价维持在较高水平震荡

出现这种情况，一般都是主力在有计划地进行吸纳，但这种吸纳容易引起股价的上扬。主力为了掩盖其吸货的迹象，经常会在尾市的时候将股价砸低，从而在 K 线图形上留下长长的上影线，给人一种上方抛压非常严重的感觉。主力这种欲盖弥彰的做法，给短线操作一个较好的建仓介入机会。

（2）选择某天股价大涨，成交量异常放大，之后能够维持这种走势的股票。

这类股票通常是有突发性的利好消息待公布，主力来不及慢慢地在低位吸货，只好采取拉高建仓的方式。由于这类股票的主力介入成本较高，后市大多会有爆发性的行情出现。

（3）选取前期曾经出现急拉行情，调整时长期无量横盘的个股。

这类股票待其成交量重新放大，可积极跟进。通常量比在 3 以上，以 6～9 较佳，太大有出货嫌疑。前期出现过急拉行情，特别是连续几个涨停板拉上去的股票，都有大资金的介入。经过较长时间的调整之后，浮动的不坚定筹码所剩无几，从而为以后行情的纵深发展打下了坚实的基础。另外，股价能够缩量横盘，说明前期介入的主力资金无法在高位顺利出逃，同时主力有护盘的迹象。

这类股票成交量重新放大，最好是能够放大至前期开始急拉时的成交量，可能是因为前期主力蓄势完毕，卷土重来，也有可能是有新的增量资金介入。不管是哪种原因，重新放量之后，该股上涨的概率极大，积极跟进收益较高，风险较小。

（4）选取成交量连续几个月极度萎缩的个股。

有的股票经过一段时间的放量之后，成交量大幅萎缩，有的甚至会出现连续很长时间日成交少于 10 万股的情形。这里说的成交量萎缩，可以是冲高回落后的萎缩，也可以是漫漫熊途后的萎缩，它们都反映了持股者的惜售心理和多空双方不再认同股价的下跌，在技术指标上出现了严重的超卖现象。此时买入股票最安全。

选取这类股票的时候，要遵循以下几个原则。

一是长时间成交清淡，几乎没有买卖，日成交长时间维持在 1000 手以下。

二是股价随着成交量的缩小逐步下跌，跌至某个位置跌无可跌，成交量开始放大。

三是维持较小日成交量的时间越长，将来上涨的空间越大。

四是成交量放大至缩量时的 7 倍以上（约为 100 万股）时，中线可积极介入。

以上四种依据成交量选股的方法并不是绝对的，最后的投资决策仍然要靠投资者自己根据对当日市场的观察、思考作出判断。

短线点金

庄家经常采用多卖少买的方法设置成交量陷阱，误使投资者认为庄家吃货而大胆跟进。先吃后吐，吃少吐多，也是庄家在成交量上设置的一个陷阱。庄家要出货时，会先把股价拉高 5%～10%，而且高位放巨量，显示出有大资金买进的假象。多数人也会认为主力在买进，风险不大，因此积极买进。然后主力再逐渐出货，股价逐渐下跌。如果做得好，主力当天可以出很多货。

通过图形选股的技巧

利用股票形态选股，实际上就是直接从股票的历史价格图表中分辨股价的变动趋势。

一般投资者都会使用形态选股法选择股票，只是每个人的看法各不相同而已。实际上，即使是同一种形态，有同样的成交量配合，因为分析的角度不同，分析的结果也会大相径庭。

在弱势中，那些看上去形态好、向上突破的个股，往往却是会将投资者套牢的个股，如图 5-4 所示。相反，这些个股在强势市场中却是最值得投资者选择的。道理其实很简单：庄家习惯在弱势走势中出货，而好的形态正是他们大量出货的掩护。当行情向好时，主力也会顺势而为。

图 5-4　弱势大盘高位大阳慎入

通过技术指标选股的技巧

技术指标只是判断股价走势的辅助工具。技术指标绝对不是决定股票涨跌的主要因素，决定股票涨跌的主要因素是庄家。庄家做盘的时候，会根据需要利用技术指标，有时候参考技术指标控制股价走势，有时候刻意“调整”技术指标控制股价的涨跌，但庄家也有不在乎、不顾忌技术指标的时候。大部分情况下，技术指标只能作为判断股价走势的参考，单纯以技术指标预测股价涨跌，很可能进入短线操盘的误区。

技术指标法就是依据技术指标选择股票。按功能来划分，技术指标可以分为趋势型指标、超买超卖型指标、人气型指标和大势型指标等。使用技术指标分析股价走势，研判法则主要包括指标的背离、指标的交叉、指标的高位和低位、指标的转折、指标的盲区等。

1. 指标的背离

指标的背离是指技术指标曲线的波动方向与股票价格曲线的走势不一致。指标出现背离，表明价格的变动没有得到指标的支持。背离特征一出现，就是一个比较明显的采取行动的信号。

指标背离有两种情况，一种是顶背离，另一种是底背离。顶背离通常出现在股价的高档位置。当股价波浪上升，而指标波浪下降，即指标处于高位，则表示股价的上涨是外强中干，暗示股价很快就会反转下跌。顶背离是比较强烈的卖出信号。如图 5-5 所示。

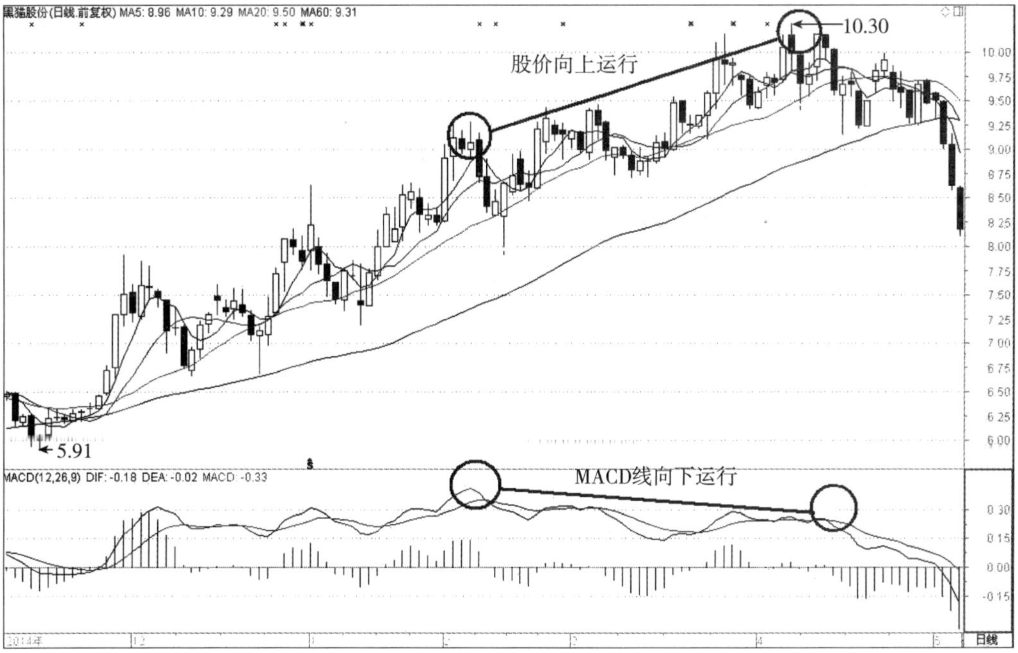

图 5-5 MACD 指标的顶背离

与之相反，底背离一般出现在股价的低档位置。当股价波浪下降，而指标波浪上升，这种情况下一般认为股价不会再持续下跌，暗示股价会反转上涨。底背离是一种建仓买入信号。如图 5-6 所示。

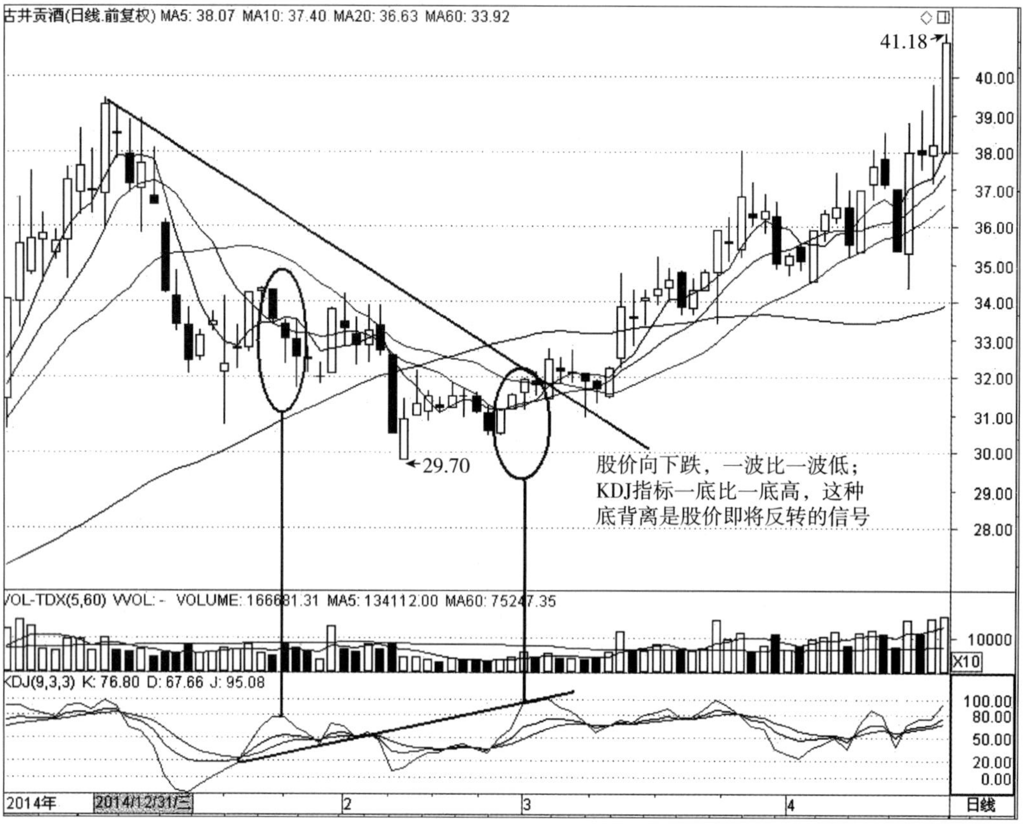

图 5-6　KDJ 指标的底背离

应用指标背离的时候，通常需要注意以下几个问题。

能够形成明显背离特征的指标有 MACD、RSI、KDJ 等，但各技术指标的有效性并不相同，其中 RSI 与 KDJ 转向成功率相对而言比较高一些。

一般出现在强势中的指标背离较为可靠。股价在高位时，通常只需出现一次背离形态，即可确认趋势反转。股价在低位时，一般要反复出现几次背离，才可确认其为反转形态。

单一指标背离的指导意义不强，如果多种指标都出现了背离情况，此时股价见顶或见底的可能性较大。特别是 KDJ 指标结合 RSI 指标一起判断股价走向时，具有较强的指向作用。

2. 指标的交叉

指标交叉是指技术指标中的两条指标曲线发生了相交现象。交叉表明多空双方力量对比发生了变化，可以分为黄金交叉、死亡交叉两种。

黄金交叉和死亡交叉都是同一技术指标不同参数的两条曲线之间的交叉，其中黄金交叉是指上升中的短期指标曲线由下向上穿过上升的长期指标曲线。指标出现黄金交叉，如果这个时候股价同时向上突破压力线，预示股价将继续上涨，行情继续看好。如图 5-7 所示。

图 5-7 KDJ 指标黄金交叉

死亡交叉是指下降中的短期指标曲线由上而下穿过下降的长期指标曲线。如果这个时候股价向下突破支撑线，表示股价将继续下降，行情看跌。如图 5-8 所示。

3. 指标的高位和低位

指标进入高位和低位，表示该指标认为市场已经进入超买区和超卖区。技术指标值的数字太大或者太小，都说明市场的某个方向已经达到了极端的地步，此波段行情有可能结束，应该引起投资者的注意。

4. 指标的转折

技术指标转折指的是技术指标曲线在高位或低位发生了掉头现象，表明前面超

图 5-8 RSI 指标死亡交叉

买或超卖状态已经走到了尽头，一个趋势将要结束，新的趋势将要开始。

5. 指标的盲点

技术指标的盲点是指在一部分时间里，技术指标不能发出买入和卖出信号，处于“盲”的状态。每种指标都有自己的盲点，即指标失效的时候。应用某种技术指标，在条件不符合的时候会失效。因此在指标的具体运用中，要善于分析和归纳总结，遇到有些技术指标出现盲点和失效的情况，应综合考虑其他的技术指标。

短线点金

可以通过技术指标寻找并辅助判断有炒作价值的股票，但是不能完全依赖技术指标选股，更不能完全根据技术指标炒股。过于偏重技术指标来判断股价走势，这样观察股价走势的周期较短。太在意短期的涨跌，太在意财富的短期增减，考虑问题可能比较片面。太注重眼前的短期、局部利益，长远的、整体的利益就可能考虑不够。

技术指标相互间的功能和使用方法也是不一样的，几个指标之间也有相互打架的时候，要注意区别各种技术指标的特点，弄清各自的优点、缺陷。要特别注意总结实盘经验，找出如何避免这些缺陷的办法。

通过均线选股的技巧

股票市场的波动性很大，有时让人摸不着头脑，但均线可以平滑地处理这种波动，使价格过于随意的波动减少。均线技术是最基本的分析技术，是股价的生命线，也是对交易成本的最直观反映。

1. 利用 5 日均线选股

5 日均线属于短期均线，它反映的是最近 5 天股价的基本走势情况。在实际操作中，当股价向上突破 5 日均线时，是一个重要的短线买入信号，投资者可在下一个交易日的低位处买入。如果下一个交易日不是低位，就要等待时机，等待下一个低点出现时再买入。如图 5-9 所示。股价远离 5 日均线后，必然会出现回档整理，所以股价始终都会与 5 日均线重新汇合，投资者不要心急，应耐心等待其再次回落到下一个低点时买入。

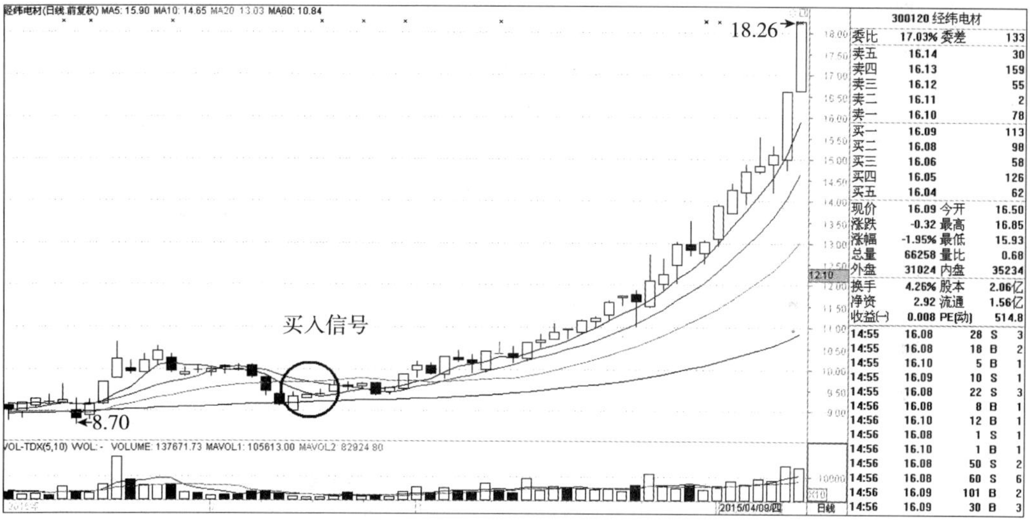

图 5-9 股价突破 5 日均线

2. 利用 10 日均线选股

10 日均线是短期内多空双方力量强弱的分界线。当多方力量强于空方力量时，股价会运行在 10 日均线上方，说明越来越多的人愿意以高于最近 10 日的平均成本买入股票，因此 10 日均线为短线操作提供了一个依据。

从投资策略上说，激进型投资者在股价站稳 10 日均线时买进，其优点是在上升行情初期跟进，不会踏空，如图 5-10 所示。在股价跌破 10 日均线时卖出，其优点是在下跌行情中不会被深套，损失较小。

图 5-10　股价站稳 10 日均线是建仓良机

3. 利用 20 日均线选股

20 日均线也属于短期均线，它反映的是最近 20 天股价的基本走势情况。在实际操作中，当 20 日均线从上向下穿过股票价格 K 线图时，表明市场买方力量强于近 20 天以来的平均市场买方力量，此时投资者可以短线买入股票。如图 5-11 所示。

图 5-11　股价突破 20 日均线，预示上涨行情得到确立

4. 利用30日均线选股

30日均线是大盘或个股的中期生命线。每当一轮中期下跌行情结束，指数向上突破30日均线，使30日均线由下降转为上升，往往会有一轮较大的中期上涨行情。

从投资策略上说，稳健型投资者在股价站稳30日均线时买进，是一个风险系数较小的中线最佳进货机会。但是要注意，在突破30日均线时要放量，最好放大量。如果股价刚突破30日均线就转头向下，这时要果断止损出局，因为前期上涨很可能是个多头陷阱，真正的大跌还没有开始。

第二节　短线炒股应选的股票类型

并非所有股票都可以做短线，投资者可以按其行业属性进行分类。对那些需要重点关注的股票，一旦其满足短线操作的介入条件，就应立即买入。

近期热门股

热门股是指那些交易量大、换手率高、流通性强的股票，与冷门股相对，特点是价格变动幅度较大。股市当天成交量最多的股票，大多就是当天的热门股。

炒短线要选那些近期的热门股。从成交量上看，热门股每天成交的金额一般都在当天股票总成交金额排名中的前30名以内。热门股代表了市场的热点和焦点，也是一般所称的“主流股”。因为有较多投资者买进卖出，所以热门股通常会有较大的涨跌幅度。不论是短线操作还是中期投资，热门股都不失为一种好的选择。

1. 热门股的特征

投资者选择热门股时，应该关注两个方面：首先要预测哪一类股票在最近一段时间内会走红；其次要尽可能提前判断当前的热门股是否会退化，何时退化。

判断某股是否属于最近热门股，有效的指标是换手率。换手率高，说明近期有大量的资金进出该股，流通性良好。

操作中可利用以下几个辅助规则进行判断。

（1）换手率能否维持较长时间。若在较长一段时间内，个股都能保持较高的换手率，说明资金进出量大，热度较高。如图5-12所示。一些个股仅仅有一两天成交突然放大，其后重归沉寂，并不能说明该股股性已转强。

（2）从走势形态、均线系统上作辅助判断。换手率高，有可能表明资金流入，亦有可能为资金流出。一般来说，出现较高的换手率，同时均线系统保持空头排列，重心下移，表明资金从该股流出，后市以下跌为主。

（3）从价量关系上看，一些热门股上涨过程中往往保持较高的换手率，此时继续追涨风险较大。

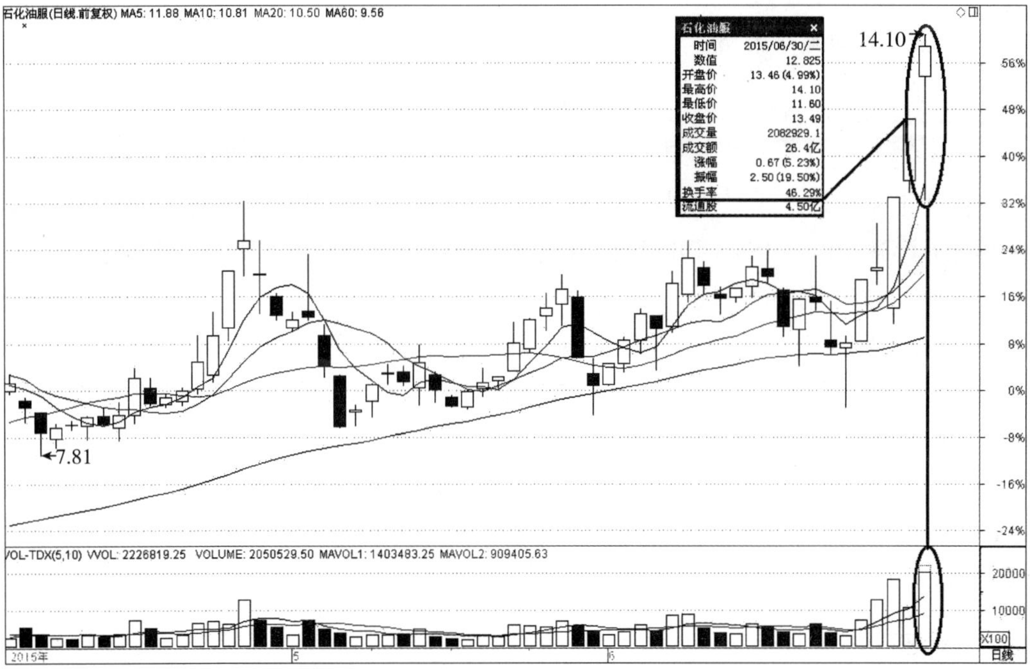

图 5-12　换手率高，成交量大，市场极度活跃

2. 选择热门股的技巧

投资者在选择热门股时，可以参照以下几个方面。

（1）根据经济周期的循环来选择。

根据经济周期循环理论，判断当前经济形势总体处于周期的哪一阶段，确定这种经济形势下哪些行业或产业会成为热点。举例来说，当经济处于衰退阶段时，各类公司盈利能力普遍减弱，但消费并没有停止，因而消费领域情况相对较好，热门股就有可能出现在消费领域。在经济复苏阶段，人们竞相扩大生产规模，生产企业的情况相对较好，热门股也就因此可能出现在生产部门。

（2）经常进行技术分析。

选定热门股后，应进行技术分析，以验证判断正确与否。如通过 K 线图、指标等技术分析，看结果是否和自己的判断相符。如果技术分析显示该股走势较好的话，那么投资者就可以选择该股。

（3）根据投资者的心态来选择。

个股走势也是投资者心态的一种反映。比如，投资者担心通货紧缩，这一忧虑很快会反映到自己的投资行为上，进而影响到股票价格。若能敏锐地把握投资者的想法，了解投资者关心的事，选择热门股就不是难事了。

3. 热门股的操作策略

热门股的操作策略共有三点，具体如下。

（1）冷静观察，力争及早发现，特别是发现主流热点和热门板块中的龙头股。只有抓住主流热点，才能达到迅速获利的目的。对于一般个股，从启动价算起，如果累计升幅达 10%～15%便可卖出。对于有可能成为热点的个股，在升幅达 20%之际，反而是确认买进的时候。

（2）虽然热点经常出现，但热点能否持续是关键。热点持续将带动整个市场走好，这是决定是否继续持股的关键。先少量建仓，争取主动，不要因为股价已经上涨了一些而望“热点”兴叹。

（3）若放量突破 30 或 60 日均线，其后是缩量上涨走势，则应坚决跟进，如图 5-13 所示。热点股若随同大盘高位放量，MACD 或 RSI 形成高位死叉，应减仓并逐渐退出。

图 5-13　股价放量突破 60 日均线

重点题材股

顾名思义，重点题材股是指符合国家重点战略规划，有炒作题材的股票。这些题材新闻效应强，可供炒作者借题发挥，容易引起市场大众跟风。例如，能源紧张了，一些替代性能源如生产太阳能电池的工厂就成为炒作题材，称为新能源概念股。新兴概念比如南车、北车，可以带动高端装备概念股走强。总之，一切可以引起市场兴趣的话题，都是炒作题材，涉及的股票也就成了题材股。比如，2015 年，中国铁建就曾借助“一带一路”概念数度拉升股价。

根据市场人士的分析，常被利用的炒作题材大致有以下几类。

一是经营业绩好转、改善。

二是国家产业政策扶持，政府实行政策倾斜。

三是将要或正在合资合作、股权转让。

四是出现控股或收购等重大资产重组。

五是增资配股或高送股分红等。

总之，“题材”的实质就是具有特色。具有鲜明特色的股票，总是会引起投资大众的注意，从而具有良好的市场表现。

题材股起初往往是抽象、朦胧的，似明非明，吸引着股民们的关注。一旦完全看清了，题材股的炒作也就接近了尾声，也就是说，题材股具有朦胧的特点。就因为这个朦胧的特征，往往给投资者极大的想象空间，让投资者对后市发展充满希望。

题材股并不是一直都会存在的，它是在一个阶段发生的。也就是说，题材股的时效性非常强，“过时不候”可以说是题材股的另一个特征。不过有些题材每年都会爆发一次，说明这些题材股具有反复炒作的特性。总体来说，题材股很容易引起广大投资者的关注，能够很快地激发人气，让广大投资者跟风投资。

强势表现股

一般来说，强势股是指在股市中稳健上涨的股票，它们可能是一波行情的龙头股，也可能是热点板块中的代表性股票。所谓强势股，第一是要有稀缺性。在沪深股市 2000 多只股票中，大概只有不到 50 只股票属于强势股。第二，强势股一般不大可能是流通市值太大的股票，也很少是基本面不明朗的问题股。第三，强势股弹性足，很活跃，个股的波动幅度大体上相当于指数的 3～5 倍。

操作短线就要操作强势股，只做龙头，不做跟风；只做拉升，不做调整；只做强势，不做弱势。

短线强势股的主要特点如下。

一是高换手率。强势股的每日成交换手率一般不低于 5%，某些交易日会达到 10%以上，甚至可能达到 20%～30%。

二是具有板块效应。强势股可能是一波行情的龙头股，也可以是热点板块中的代表性股票。强势股的涨跌会影响同板块股票的涨跌。

1. 捕捉强势股

强势股一般是市场热点，是所有投资者关注的对象，也是投资者所要捕捉的对象。但是在变幻莫测的股市中，强势股亦有真假。很多强势股只是昙花一现，许多投资者介入后，才发现上了庄家的当，但是为时已晚，只能割肉了结。

捕捉真正的强势股，要注意以下几个方面。

（1）关注具有板块效应的个股。

每一次行情变化都会有一个导火索，行情导火索的点燃者，一般就是后市的强势股，这些个股出现行情波动时，经常带动一个板块同时启动。如图 5-14 所示。

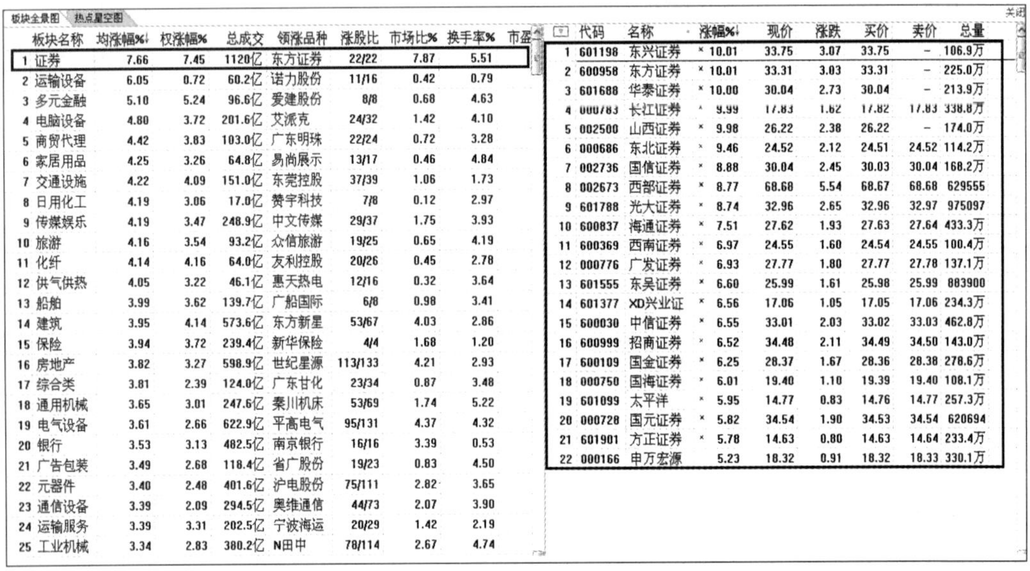

	板块名称	均涨幅%↓	权涨幅%	总成交	领涨品种	涨股比	市场比%	换手率%	市盈
1	证券	7.66	7.45	1120亿	东方证券	22/22	7.87	5.51	
2	运输设备	6.05	0.72	60.2亿	诺力股份	11/16	0.42	0.79	
3	多元金融	5.10	5.24	96.6亿	爱建股份	8/8	0.68	4.63	
4	电脑设备	4.80	3.72	201.6亿	艾派克	24/32	1.42	4.10	
5	商贸代理	4.42	3.83	103.0亿	广东明珠	22/24	0.72	3.28	
6	家居用品	4.25	3.26	64.8亿	易尚展示	13/17	0.46	4.84	
7	交通设施	4.22	4.09	151.0亿	东莞控股	37/39	1.06	1.73	
8	日用化工	4.19	3.06	17.0亿	赞宇科技	7/8	0.12	2.97	
9	传媒娱乐	4.19	3.47	248.9亿	中文传媒	29/37	1.75	3.93	
10	旅游	4.16	3.54	93.2亿	众信旅游	19/25	0.65	4.19	
11	化纤	4.14	4.16	64.0亿	友利控股	20/26	0.45	2.78	
12	供气供热	4.05	3.22	46.1亿	惠天热电	12/16	0.32	3.64	
13	船舶	3.99	3.62	139.7亿	广船国际	6/8	0.98	3.41	
14	建筑	3.95	4.14	573.6亿	东方新星	53/67	4.03	2.86	
15	保险	3.94	3.72	239.4亿	新华保险	4/4	1.68	1.20	
16	房地产	3.82	3.27	598.9亿	世纪星源	113/133	4.21	2.93	
17	综合类	3.81	2.39	124.0亿	广东甘化	23/34	0.87	3.48	
18	通用机械	3.65	3.01	247.6亿	秦川机床	53/69	1.74	5.22	
19	电气设备	3.61	2.66	622.9亿	平高电气	95/131	4.37	4.32	
20	银行	3.53	3.13	482.5亿	南京银行	16/16	3.39	0.53	
21	广告包装	3.49	2.68	118.4亿	省广股份	19/23	0.83	4.50	
22	元器件	3.40	2.48	401.6亿	沪电股份	75/111	2.82	3.65	
23	通信设备	3.39	2.09	294.5亿	奥维通信	44/73	2.07	3.90	
24	运输服务	3.39	3.31	202.5亿	宁波海运	20/29	1.42	2.19	
25	工业机械	3.34	2.83	380.2亿	N田中	78/114	2.67	4.74	

	代码	名称	涨幅%↓	现价	涨跌	买价	卖价	总量
1	601198	东兴证券	10.01	33.75	3.07	33.75	–	106.9万
2	600958	东方证券	10.01	33.31	3.03	33.31	–	225.0万
3	601688	华泰证券	10.00	30.04	2.73	30.04	–	213.9万
4	000783	长江证券	9.99	17.83	1.62	17.82	17.83	338.8万
5	002500	山西证券	9.98	26.22	2.38	26.22	–	174.0万
6	000686	东北证券	9.46	24.52	2.12	24.51	24.52	114.2万
7	002736	国信证券	8.88	30.04	2.45	30.03	30.04	168.2万
8	002673	西部证券	8.77	68.68	5.54	68.67	68.68	629555
9	601788	光大证券	8.74	32.96	2.65	32.96	32.97	975097
10	600837	海通证券	7.51	27.62	1.93	27.63	27.64	433.3万
11	600369	西南证券	6.97	24.55	1.60	24.54	24.55	100.4万
12	000776	广发证券	6.93	27.77	1.80	27.77	27.78	137.1万
13	601555	东吴证券	6.60	25.99	1.61	25.98	25.99	883900
14	601377	XD兴业证	6.56	17.06	1.05	17.05	17.06	234.3万
15	600030	中信证券	6.55	33.01	2.03	33.02	33.03	462.8万
16	600999	招商证券	6.52	34.48	2.11	34.49	34.50	143.0万
17	600109	国金证券	6.25	28.37	1.67	28.36	28.38	278.6万
18	000750	国海证券	6.01	19.40	1.10	19.39	19.40	108.1万
19	601099	太平洋	5.95	14.77	0.83	14.76	14.77	257.3万
20	000728	国元证券	5.82	34.54	1.90	34.53	34.54	620694
21	601901	方正证券	5.78	14.63	0.80	14.63	14.64	233.4万
22	000166	申万宏源	5.23	18.32	0.91	18.32	18.33	330.1万

图 5-14　从板块涨幅榜中找强势股

（2）选择领涨的个股。

强势股一般都具有板块效应。投资者要果断跟进这些领涨的个股，切忌具有“恐高症”，认为领头羊涨幅过大，要树立强者恒强、弱者恒弱的思维。领头羊如果有风险，其所属板块的其他个股风险将会更大。

（3）关注受大盘拖累而下跌的个股。

一些个股具有很好的成长性，本身并没有下跌的趋势，因为大盘表现不好，受其拖累而下跌。这些个股的价值被恐慌的投资者低估，其下跌主要是因为投资者当时信心不足，非其本身原因所致，一旦大盘走强，它们在后市成为强势股的可能性极大。这类个股在后市大盘企稳后，将会领先大盘启动，且上涨幅度也会比大盘大。

（4）关注形态突破前有洗盘行为的个股。

这类个股的庄家控盘力度比较大，启动后的持续上涨能力较强。出现这种现象，可以证明庄家已做好充足的准备，不愿让其他投资者坐轿。从另一方面说，这类庄家的实力不一般，有实力完全控盘，根本不需散户来帮忙拉抬股价。

2. 强势股的操作技巧

短线强势股的操作要领包括以下几个方面。

（1）抓住龙头股不放。龙头股一般在大盘低迷时率先放量上涨或第一个封涨停，激进的投资者如果能够及时介入龙头股，可以持股不动，等待大盘行情结束或龙头股明显形成头部时方卖出。

（2）在强势股技术性回调过程中介入。强势股因为受市场关注程度高，而且可能有主力操纵，一般上涨迅速，而回调时间短，幅度浅。操作强势股必须选好盘中的买卖时机，如短线买价过高，当股价进入整理状态时会影响心态。

（3）强势股出现利空消息时。强势股在一轮上涨过程中，可能出现基本面的利空消息，这时该股短线会有一波下跌。不过由于板块热点还未消退，主力资金也在其中，等该股短暂企稳之后，主力再次拉升的概率很大，下跌就是介入的最佳时机。

（4）强势股的盘中买点有两个：贴着 5 分钟 EXPMA 指标买，或者贴着 5 分钟的分时 K 线图里 MA30 均线买。判断其股价见顶的标志是：这两个均线系统被击破后，股价产生震荡，参与者可以在震荡中择机离场。某些涨停的股票盘中一再被打开，只要股价不破 5 分钟 EXPMA 均线仍可买入。强势股的卖点除了看通道是否被破坏，还可观察 OBV 能量指标。在 5 分钟图形上出现股价上涨、OBV 指标下降的背离现象，说明资金买卖的天平开始倾向于空方，投资者可以选择卖出。

短线点金

“涨时重势，跌时重质。”涨市中投资强势股是最适宜的。如果是投资水平不高的新股民，在操作强势股时需要注意：尽量选择大盘处在上涨趋势或平衡市中操作。在大盘出现明显头部形态或明显下跌趋势时，尽量不要操作。

■ 板块龙头股

当某一板块成为市场热点时，总有一些出类拔萃的个股，这些个股涨势迅猛，回调时幅度较小，是同类个股中上涨的榜样。对于这种出众的个股，一般将其称为这一板块中的龙头股。短线操作要选龙头股，捕获翻倍黑马股也要选龙头股。只有龙头股，才能使收益最大化，创造最高的回报。

1. 捕捉龙头股

(1) 强于同类个股。

龙头股是上涨动能更充足的个股，因而在走势上，龙头股要有强于同类个股的能力。如图 5-15 所示。

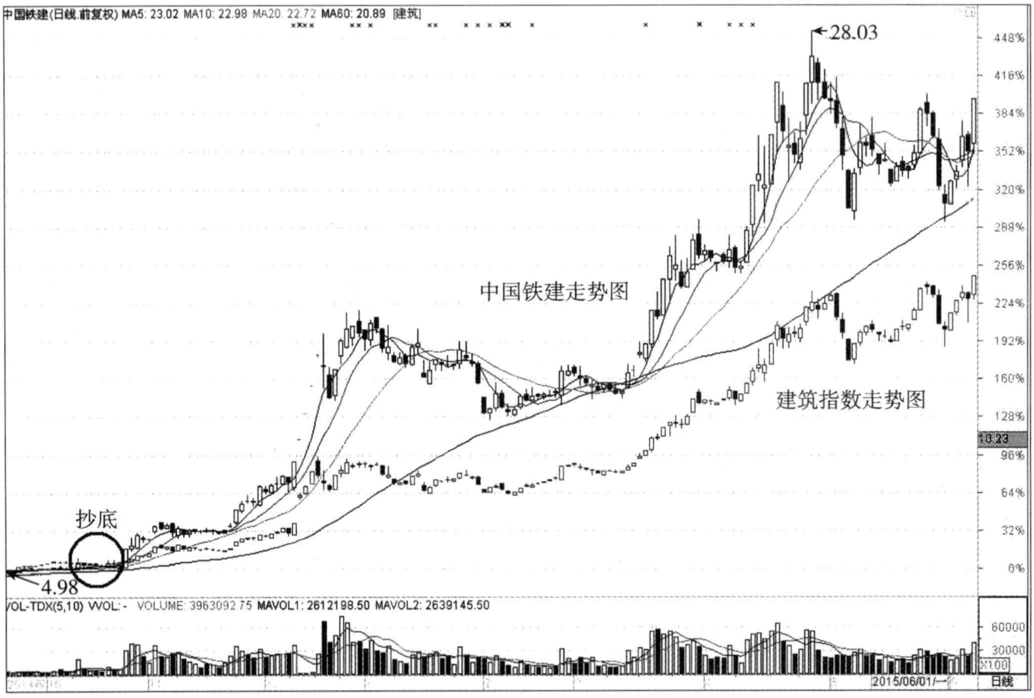

图 5-15　建筑板块龙头股中国铁建与建筑板块指数对比图

投资者要密切关注板块中的大部分个股的资金动向。当某一板块中的大部分个股有资金增仓现象时，要根据个股的品质，特别留意有可能成为领头羊的品种。一旦某只个股率先放量启动时，确认向上突破有效后，不要去买其他跟风股，而是追涨这只领头羊，这叫“擒贼先擒王”。

这种选股方法看上去是追涨已经涨高且风险很大的个股，实际上由于龙头股具有先板块启动上涨，后板块回落的特性，所以它的安全系数和可操作性均远高于跟风股。至于收益，更是跟风股望尘莫及的。

（2）上涨空间充足。

在辨识龙头股时，可以从个股走势周期循环的角度着手把握。只有当个股处于整体走势中的相对低位区时（如上升途中累计涨幅较小的时候），才有可能成为主力下一轮炒作的龙头股。

（3）涨停板实现突破。

龙头股是主力重点炒作的品种，其上涨势头迅猛，而涨停板则是主力做多意愿坚决的体现。在实盘操作中，涨停板特别是盘整后的涨停板突破形态，可以说是检验龙头股的关键因素。

2. 龙头股操作技巧

（1）追涨龙头股的第一个涨停板。如果投资者错过了龙头股启动时的买入机会，或者投资者的研判能力弱，没能及时识别龙头股，可以在其拉升阶段的第一个涨停板处追涨。通常龙头股的第一个涨停板比较安全，后市最起码有一个上冲过程，可以使投资者从容地全身而退。投资者可以在龙头股即将封涨停时追涨，也可以在龙头股封涨停后打开涨停时追涨。

（2）炒作龙头股要敢于介入。一旦确认了龙头股，就应勇敢介入。龙头股往往抗跌性较强，因此当龙头股升幅达 70%左右，可以适当地注意一下相关公司股票的表现及市场状况，如仍有机会，可继续持有，否则先出局观察，再作定夺。

龙头股主升行情结束后，并非完全没有机会，以下两种情况可以考虑介入。

一是龙头股若遇大盘风险或主动下挫收出中阴线，要列入第 2 日重点观察对象。有放量拉升迹象时，可以及时介入，第 3 日冲高卖出。

二是若龙头股在行情尾声的强势整理中表现出一定的规律，可以做差价。

（3）在龙头股强势整理期间介入。即使最强劲的龙头股行情，中途也会有强势整理的阶段，这是投资者参与龙头股操作的最后阶段。投资者需要把握具体整的机遇，积极参与。但是，这种操作方式也存在一定的风险，当市场整体趋势走弱，龙头股也可能会从强势整理演化为真的见顶回落。

识别龙头股是见顶回落还是强势整理，主要应用心理线指标 PSY：当龙头股进转入调整时，PSY 有效下穿 50 线，说明龙头股已经见顶回落，投资者不必再盲目追涨买入。如果 PSY 始终不能有效下穿 50 线，则说明龙头股的此次调整属于强势整理，后市仍有上涨空间，投资者可以择机介入。

短线点金

炒作龙头股时，资金不必全仓杀入。虽然一轮行情产生后，龙头股表现远远较一般股票出色，但不一定是最出色的。因为一旦行情被龙头股激起，部分市场主力就会找到与此类似的股票介入，趁机狂炒，企图浑水摸鱼，有时会出现部分个股乱涨一气。龙头股树立之后，部分与之相关的公司会被市场投资者挖掘，随后跟上，从而形成板块效应，往往这些个股也有不错的机会。可以适当分配部分资金参与这些个股的炒作，以取得较佳的收益。另外，有时一轮行情发展过程中，会有龙头股轮流炒作的现象，因此分散资金运作是必要的。

短线黑马股

黑马股是指价格可能脱离过去的价位而在短期内大幅上涨的股票。众所周知，黑马股是可遇而不可求的，被大家都看好的股票很难成为黑马。

黑马股一般都有以下三个共同的特征。

一是低起点。绝大多数黑马股都是低价位启动的。

二是具有远景题材，要成为黑马股必须具有远景题材，并且远景题材最好具有很大的想象空间。

三是动力强劲。动力强劲也是黑马股的一个必要条件，一定要有动力出现，才不会使投资者因等太久而失去耐心。尤其从周线上观察，若个股在底部出现大量，隔不了多久，便会爆发大的行情。

所谓短线黑马股，通常是指短线资金操作的股票。这种股票具备速战速决的特点，主力一般并不具备雄厚的资金实力，然而由于他们总能把握有利的时机，遂会发动一次短线上涨行情。行情发动之时，个股往往成为市场的焦点。对于这类短线黑马股，散户投资者一旦没及时卖出，便会被套在高点上。

短线庄家进场与离场的速度很快，但若股价上涨到了顶部，总会有明显的技术特征表现出来。只要散户投资者掌握了这些顶部技术特征，就不会被套在短线高点之上。

1. 黑马股的选择标准

黑马股的这些选择标准，可在一只个股中单独存在，也可能共同存在，只要投资者注意观察，是可以做出准确判断的。

（1）选择技术形态有坚实底部的个股。

有庄家介入的个股，一般底部形态都是坚实的。底部越大，持续时间越长，说明庄家吸筹越多，控盘能力越强，以后拉升时上升幅度和空间也越大。如图 5-16 所示。尤其是有强庄家介入的股票，一般都有暴升的机会。

处于庄家收集阶段的个股，其底部形态较为明显，主力也会在分时图和买卖盘中露出痕迹。拉升阶段，成交量巨额放大、加速萎缩、洗盘砸盘，都可看出庄家的影子。此时关注和跟进，可搭一段顺风船。

图 5-16　底部横盘吸筹

（2）分析上攻时的成交量。

成交量是多空战斗力的对比。看盘先看成交量，临盘要关注大单成交情况，大单反映庄家资金的多空意志。当大单低挂时，主力往往会打压股价，使其节节走低。当大单高挂时，它往往会提升股票价格，使其节节走高，随波上攻。上攻时，大单成交量反映庄家资金的价格意向，一定程度上决定着股票价格的升幅。关注上攻时成交量的变化，及时操作，可提高捕捉涨停的概率。

（3）多关注公司公告。

能够连续拉数个或者数十个涨停的股票，往往会有庄家的消息面配合。一般来说，有重大利好首次披露，一旦涨停，上攻力量将会非常强大，机会也很大。但需要注意该利好是否预先透支，即出利好之前是否已被热炒过。热炒过的股票，利好有可能成为庄家逃跑的好时机。

（4）选择走势较强的个股。

“强者恒强。”在选股时，如均线系统形成多头排列，股价又站在均线之上，或者是 RSI 指标出现背离，都可以大胆介入。技术形态临近突破的个股，一般都有较长时间的整理和蓄势阶段，所以追踪“黑马”，要选底部构成圆底形态且刚刚突破时跟进，或三角形整理形态低位向上突破时大胆跟进，也可在临近突破时或已经开始突破时跟进，这样可以避免等待太久。

2. 黑马股的操作技巧

从技术上讲，短线个股的顶部往往会出现近期巨量，这些巨量是庄家集中出货造成的。同时，在巨量出现之前，往往还会出现一根实体比较大的阳线。这根大阳线所起的作用，就是吸引散户投资者第二天追高买入。一旦买盘入场，庄家便可顺利出货。

股价长期下跌末期，股价止跌回升，上升时成交量放大，回档时成交量萎缩，日 K 线图上呈现阳线多于阴线的走势。阳线对应的成交量呈明显放大特征，用一条斜线把成交量峰值相连，明显呈上升状，表明主力庄家处于收集筹码的阶段。每日成交明细表中，可以看到抛单数额少，买单大手笔数额多，这表明散户在抛售，而有只“无形的手”在入市吸纳，收集筹码。

股价低迷时刻，上市公司公布利空，股价大幅低开，引发广大中小散户抛售。因为有主力介入，股价最终反而上扬，成交量放大。股价该跌时反而大幅上扬，唯有主力庄家才敢逆市而为，由此可以确认有主力介入。股价呈长方形上下震荡，上扬时成交量放大，下跌时成交量萎缩，经过数日洗筹后，主力就会拉动股价放量上攻。

短线点金

很多投资者对黑马股的认识存在一定的误区，认为黑马股就是股市中的明星。其实这个认识是错误的，因为黑马股不是人人瞩目的明星，也不是涨幅最大的个股，而是投资者本来不看好，却能够异军突起的个股。所以选黑马的技巧不是选人人都知道的强势股，而是要透过现象看本质，从大多数人都不看好的个股中选出来的强势股。

■ 逆市走强股

逆市走强股是指走势和大市不同甚至相反的股票。逆市股股票往往有资金雄厚的大庄家操纵和控盘。当大市上涨，所有股票都翻红时，它却发绿，保持 1%至 2%的跌幅。当大市下跌，大多数股票都发绿时，它却万绿丛中一点红，显示出与众不同的特性。庄家之所以要这样做，是为了向投资者显示实力，吸引人们注意这只股票，以达到炒作、派发的目的。如图 5-17 所示。

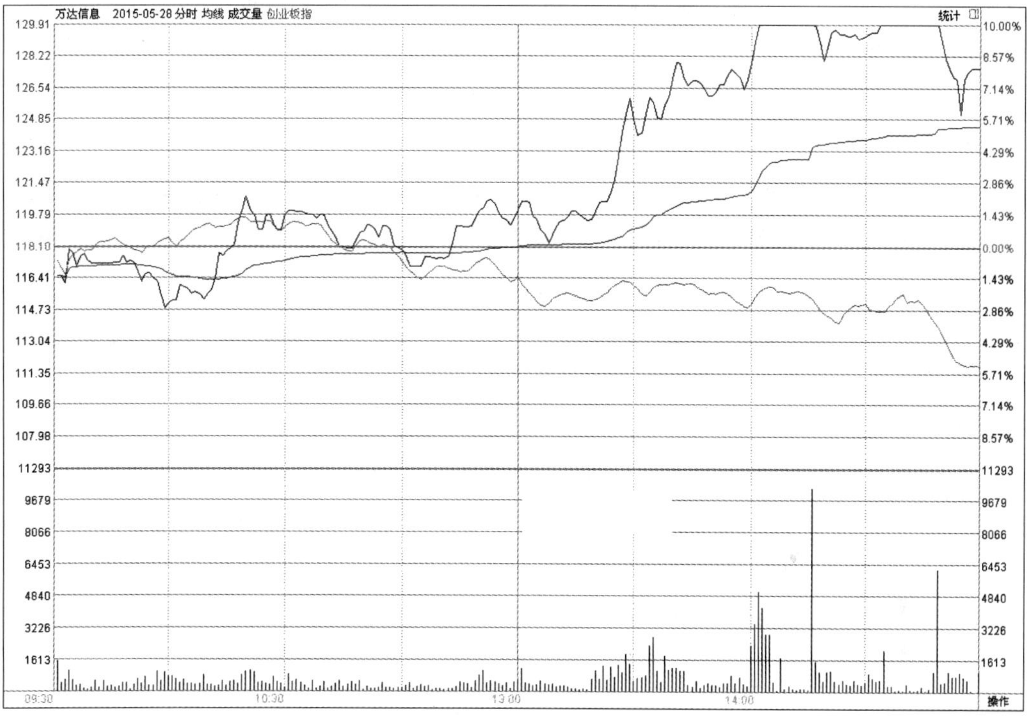

图 5-17　逆市上涨的个股

具体而言，在大盘下跌时，主力控制逆市股股价跌幅小于大盘的跌幅。在大盘整体下跌过程中，则出现阶段性企稳或反弹走势。一旦大盘下跌企稳，主力会制造反弹拉升股价，上涨幅度远大于大盘。总体累积下来，此类逆市股的整体形态明显强于大盘。从其逆大盘走势过程可以看出，此类逆市股一般都出现在中期行情股中。

众所周知，大盘下跌中能逆势企稳甚至上升的个股，要么是主力仍驻其中，要么是主力趁机吸货。这两个基本判断得出一个结论：主力在场。关注逆市股可谓是漫漫熊途中寻求避风港的最佳策略，也是股谚“跌市重质”“该跌不跌就看涨”的精华所在。

逆市股的潜力很大，原因如下。

首先，它能保持每个阶段的涨跌走势强于大盘或与大盘同步，本身就已经说明主力高超的看盘水平和资金实力，这在一定程度上为该股的后期走强打下了扎实的基础。

其次，主力顺势借助大盘的涨跌来完成筹码收集运作，这样就具备了相当高的隐蔽性，不易引来浮筹的过度关注，这往往是潜力股的重要特征之一。

“顺势而为”乃逆市选股法的精华所在，由此可以预见的是，此类主力借势收集筹码后，其在大盘的反弹或拉升行情中，出击力度往往更为出众。

在大跌市仍能缩量企稳构筑整理平台，逆市时间越长，后期潜力越大。其中特别强调整理平台要缩量，这是该形态中最关键的一点。因为在大盘下跌、压力区抛压等多重压力之下，该股仍能够企稳，并且缩量，已经很清楚地说明了两点：一是有主力在场，所以不跟随大盘下跌；二是主力一定达到至少相对控盘程度，才能在缩量的情况下保持股价不跌。既然主力控盘，其伺机拉升的意愿势必强烈，相对而言，投资者处于主动地位。

选择价位在主力成本区或相对底部的股票较安全。对投资者而言，可以首先淘汰掉主力高度控盘且股价在相对高位的逆市股票，除此之外，介入剩下的逆市股风险不是特别大，这在调整市中有利于自我保护。逆势股的主力成本区，一般可用成交密集区进行替代分析。

大盘大幅上扬时看不出庄家的实力，大盘调整时，庄家的实力就露出端倪了。实力弱的个股会随波逐流，走势弱不禁风。有强庄入驻的个股则走势坚挺，甚至逆市上扬。当大盘下跌时个股或横盘整理，蛰伏不动，或小幅盘升，逆势而上，表明该股主力实力强大，日后必有大行情。

大盘回调的时间越长，个股逆市运行的时间越长，越能表明其是强势股。个股在大盘持续走下降通道时，却逆市构筑一条标准的上升通道。大盘节节走低，该股节节走高，期间大盘跌20%，该股却逆市上涨40%，且升势温和，不紧不慢，无暴涨暴跌现象，这显然是一只大牛股。

逆市股一旦在大盘企稳时开始突破，其拉升时往往逐步连续地放量。因为此前的平台缩量其实是成交量的累积阶段。从成交量的转换原理看，后面阶段就有一个成交量释放期，这恰好与拉升期需要放量的要求相辅相成。

另外，正由于成交量集中持续放大，造成股价运行的惯性较大，像刹车后失去动力但车仍会继续前行一样，股价在成交量缩小时仍会惯性上行，形成成交量的顶背弛。但这时候往往就是股价将见顶的信号，应择机抛出。在操作策略上，可以等待出现连续放量突破时及时买入。这时虽然不是介入的最低点，但往往是最安全点。

■ 超跌反弹股

超跌反弹股指的是连续下跌或价格低廉，即将面临反弹或反转形态的个股。股票超跌有两种类型，一种是个股本身基本面因素变化导致的超跌，如利润完成情况太差，配股方案不佳等。另一种是技术性的超跌，即大市下行时，其跌得更深更快，或新股上市时生不逢时，价格定位太低等。

不管是哪种类型的超跌股，在未来的走势中，或早或晚都会出现一个补涨行情。出现补涨行情，可能是因为超跌本身提供了股市中最有上涨潜力的因素——低价位，也可能是因为介入超跌股的实力大户及股票发行公司设法进行自救，还有可能是因为导致超跌的恶劣因素被改善以至转好，等等。

选择超跌股，需对超跌股的基本面情况作深入分析，从中选择一批业绩有潜力，技术面严重超跌并调整到位的个股，具体依据如下。

（1）选择基本面良好，无明显利空影响的超跌股，回避一些有问题的超跌股。一只股票出现超跌一定有其原因，或者是该公司基本面出现了问题，或者是行业环境出现了变化，或者是主力资金不足以支撑股价，主力出逃导致股价超跌。由这些原因造成超跌的个股，投资者还是谨慎选择为好。

也有一些超跌股并不是由业绩恶化、行业变化或者主力资金出逃造成的，而是在大盘持续调整期间缩量下跌形成的股价下探。在这种情况下，一旦主力资金进行托盘，股价将很快回升。由这类原因造成的超跌股，往往是黑马股的摇篮，投资者应该加以关注。如图 5-18 所示。

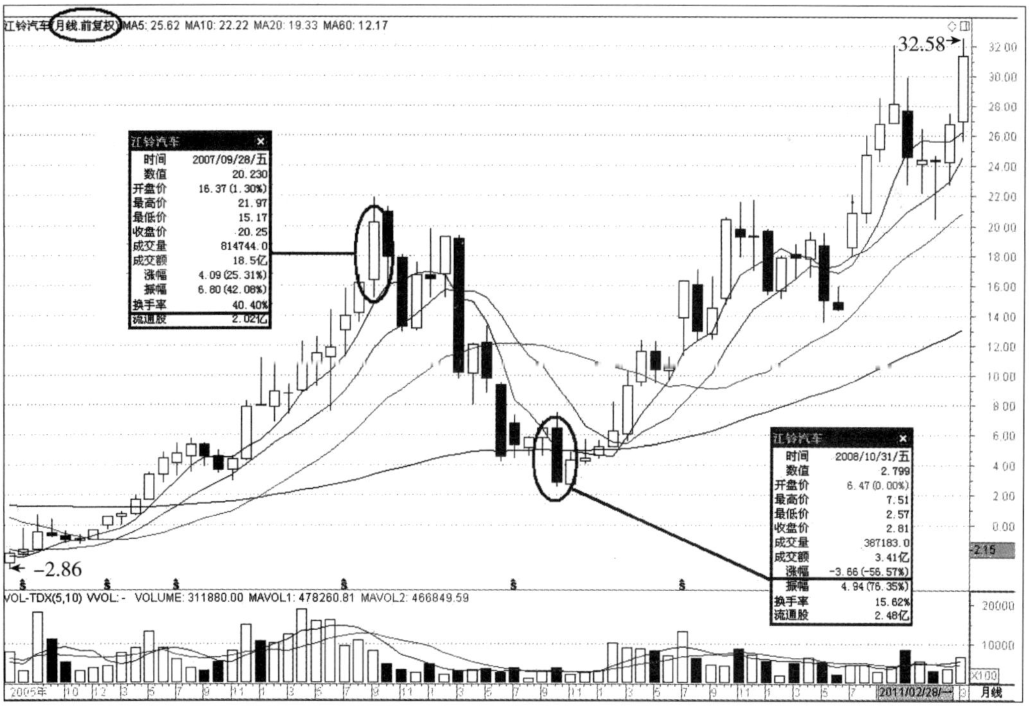

图 5-18　超跌股抄底

（2）短线回落幅度较大，跌幅远大于大盘跌幅，并且一直下跌，期间未随大盘出现反弹，该股多头能量集聚较好。股价快速下落，成交快速萎缩，说明下跌动力释放充分。随后在底部出现明显放量的态势，意味着有短线上攻的要求。

寻找有价值的超跌股，最起码的一点就是股价超跌。这里的超跌主要指那些股价已经创出新低的个股。股价越是创新低，后期爆发潜力就越强。需要注意的是，超跌股在爆发前，往往会出现连续性的不明显放量，这是股价爆发前的征兆之一。

遴选出超跌股后，一定不要急于买入。只有当日线级别的成交量出现异动，同时 60 分钟 MACD 底背离时再出手。当投资者真的抓住了超跌黑马的时候，注意不要贪心过度，50%的利润空间就必须考虑了结。

第三节 不同市道下的短线炒股选股思路

短线操作的真正目的不是想赚大钱，而是为了不参与走势中不确定因素太多的调整。“走势中的不确定因素”，是一种无法把握的巨大风险。用短线操作的方法，可以最大限度地避开这种风险。这是一般投资者进行短线操作的目的，也是短线操作的一个优势。

■ 多头市场的短线选股思路

多头市场中，指数屡创新高，投机炒作之风盛行，投资者只要做多买进，多少都会有利可得。指数虽持续上升，个股表现却各有千秋，因为在这一时期比较盛行“主力操作”。有些股票虽然业绩不差，但因盘大难炒，也可能表现平平。相反，有些业绩平平的投机股却能够一鸣惊人。

当多头市场确立以后，选股应选择热门投机股。

1. 根据多头市场所处阶段选股

在多头市场第一阶段，大多数股票脱离底部后会急剧上涨，市场升幅较大。由于买盘踊跃，大量资金涌进股票市场，因此多头市场一旦得到确认，应尽早建仓。如图 5-19 所示。

多头市场第一阶段，大多数股票从底部反弹，几乎什么股票都会上涨。在这期间内表现最好的，可能是高风险股票。风险股由于具有不确定性，因而在空头市场中受打击最严重，从而使股价跌到极低的价位。当增量资金进入股市时，这些股票就会迅速反弹到较为正常的价位，因此在这一阶段，高风险股票往往会有更出色的表现。

此外，某些小盘成长股可能也具有投资价值，因为在空头市场中，投资者往往远离小型成长股，因为担心其风险性，大家纷纷抛出，使股价大幅下跌。

第二段行情也是相当有利的。该阶段股价指数的升幅往往超出整个多头行情的25%，但是股票选择就变得更为困难了。通常来说，在这段行情中，成长股开始大胆表现。投资者普遍看出经济发展的未来美景，并且寻找参与成长的方式。在这种投资气候里，成长股会更快地升高价位，此时的绩优成长股走势也相当好，可能其

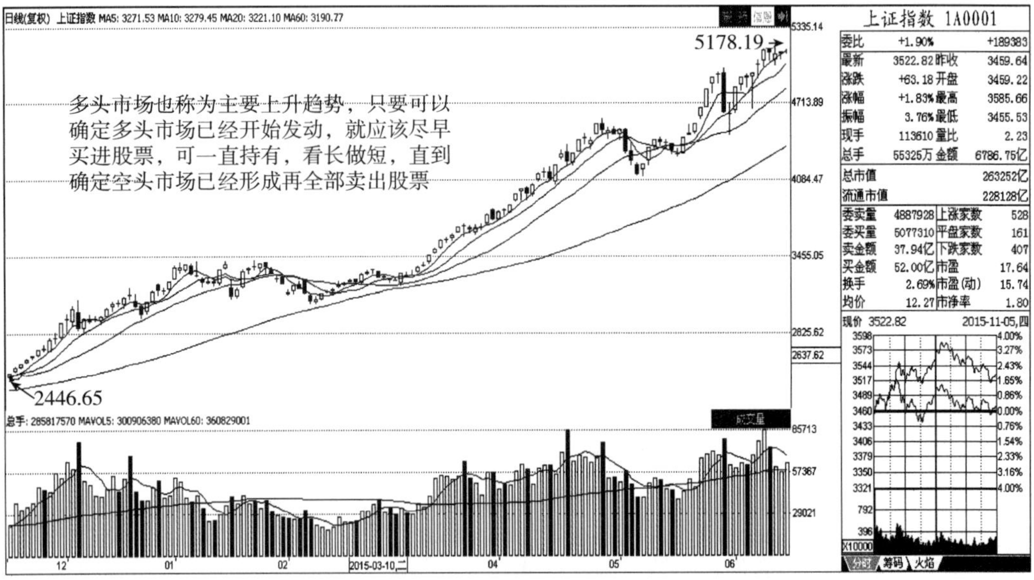

图 5-19　多头市场

涨幅比股价指数还要高。因此，在这一段行情内，最好选择绩优成长股。

到了多头市场的第三阶段，对股市的把握更为困难。这段行情的涨幅一般不到整个多头行情 25%，而且只有极少数股票继续上涨。因为该涨的个股大都已经涨得差不多了，因此该阶段只要有 10%～15%的盈利就很幸运了。该阶段股票选择极其困难，只有绩优成长股是可以获利的少数股票。

2. 选择强势股

（1）选择均线呈多头排列，且角度较陡峭的股票。角度越陡，升势越强；角度太平缓的股票，一般升势缓慢。

（2）选择“永不回头”型股票。即选择图表呈梯形拾级而上，以横盘代替调整的股票。此类股票一般有强庄介入，或有潜在利好题材，内部知情人紧抓不放，它们往往对股市大盘的指数变化不敏感，具有天马行空、独往独来的品性。即使受到突发性利空打击，它们也会很快恢复元气。买到这样的股票，就要长抱不放，直到大盘变盘为止。

（3）选择已经突破盘局的股票，长期盘整且尚未启动的股票不宜过早介入。股市有句格言叫做“横着有多长，竖起来就有多高”。久盘后的股票浮码清理彻底，一旦股价开始起飞，多半会持续很长一段时间，正所谓“不鸣则已，一鸣惊人”。有的投资者在低位没买入此类股票，股价启动后心理不平衡，索性去买尚未启动的股票，殊不知在一个强势市场中，往往会强者恒强，弱者愈弱。买入尚未启动的股票看似比较安全，但无法预料它究竟会盘整多久，如果过早介入，就会把资金卡在那里。

（4）选择股价不因利空出现而下跌，甚至逆市上行的强势股。

这类股票一般具有潜在利好题材，所以抗跌性极强，易涨难跌。股价由高档滑落后横向整理时，如果成交量急剧放大，一般情况下不久后股价也会急涨，因为股票已经经过大量换手整理，正在等待下一波行情的到来。

在强势市场中，投资者应注意绝对价位低的三线股，此类三线股往往会成为投机炒作的对象。但对于一般投资者来说，不要过分热心去寻找三线股，防止不小心跌入多头陷阱而不能自拔。

3. 多头市场踏空选股

在空头市场中，若持有高价买入的股票，之后股价不断下跌，称为股票套牢，简称套牢。相反，在多头市场初期或行情向上突破时，那些未来得及买入股票或在低价抛出股票者，则称为资金踏空。

资金踏空时，投资者可选择如下股票操作。

（1）选择涨幅明显小于大市的股票。

在多头市场中，股票往往有轮涨效应。踏空后选择涨幅明显小于大盘的股票，可以等待补涨来获得收益，或者说弥补损失。有时涨幅滞后的股票，获利机会往往大于股价超前上涨的股票。短线操作也可抛出涨幅明显大于大盘的股票，买入涨幅明显小于大盘的股票，以期获得更大的收益。

（2）选择同板块或同概念中的低价股票。

在股票市场中，同板块或概念中通常有比价效应，踏空后可以选择比价相对偏低的股票逢低买入。若该板块股价启动上涨，价位高的上扬，价位低的必然紧随其后。

（3）选择个股利空致使股价回落整理的股票。

投资者若判断后市为强势，个股因利空因素影响股价暂时回落并出现整理走势，成交量明显萎缩，出现小阴或小阳走势，则可考虑进货建仓。当别人还在犹豫观望时，率先进入者必能以低价获得股票，待利空因素消化完毕，股价必然会上涨。如图 5-20 所示。

（4）选择平开或低开的新股。

对于新股，其平开或低开并不意味着股价会一味走低，相反，当大势反转上升时，庄家拉抬的正是这些新股。因此，踏空行情后，选取此类股票也是获得收益或补回损失的一种方式。

4. 不同投资者的选股技巧

市场进入多头行情后，股价会一升再升。投资者欲在市场中尽可能多地盈利，

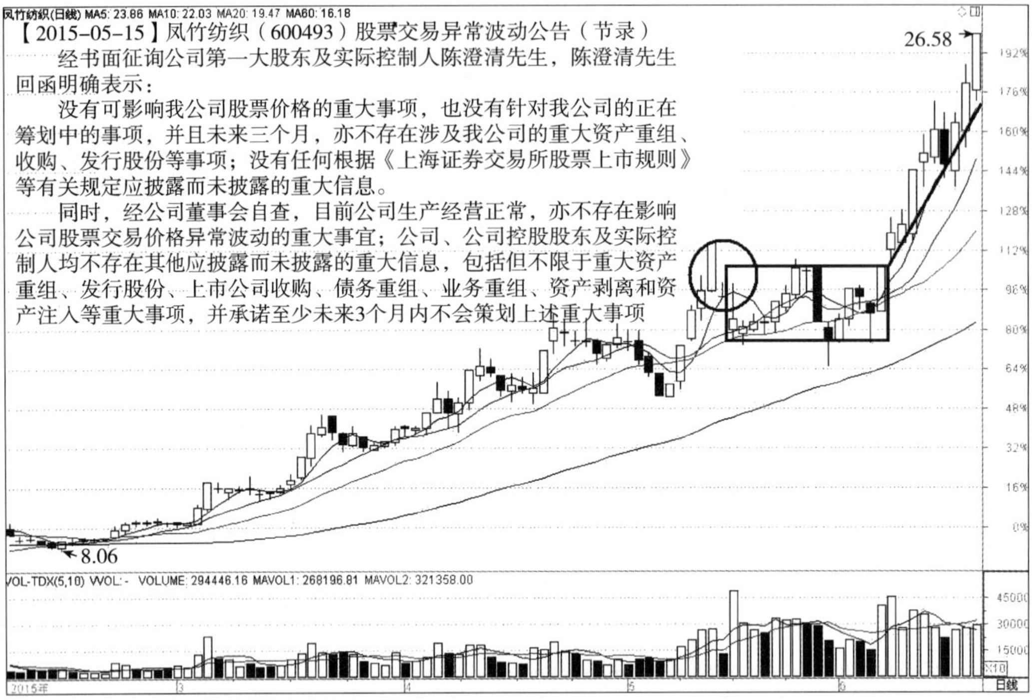

图 5-20　利空消息导致股价大跌

除了高抛低吸，踏准市场运行节奏外，选股也很重要。不同类型的投资者，选股策略也不同。

（1）进取型。

操作技巧熟练的投资者，宜选有实际业绩支撑的二线股。选股时可以关注这几点：要有有效题材，即被市场认同的题材；流通盘要小；行业背景特殊或有朦胧利好。

（2）稳健型。

上班族则宜选业绩优异的一线股。这类股票一般盘子较大，行情发展较缓慢，但也具有风险小的稳健特点。

（3）投机型。

这种类型的投资组合以三线股甚至问题股为主，主要着眼其“乌鸦变凤凰”带来的股价飙升。因介入时风险较大，适合信息灵通、投资经验丰富且承受力强的人士投机性参与。同时，对其财务状况和基本面的变化也应跟踪研究。

逼空行情下的短线选股思路

所谓“逼空”，就是反复单边上涨，不给那些踏空而在等待回调买入的人机会。

这种行情的特点就是，一旦你抛出股票，就很难以低于卖出的价格再次买进。你总想等回调有个低点再次入场，但这种回调总是点到即止。如图 5-21 所示。

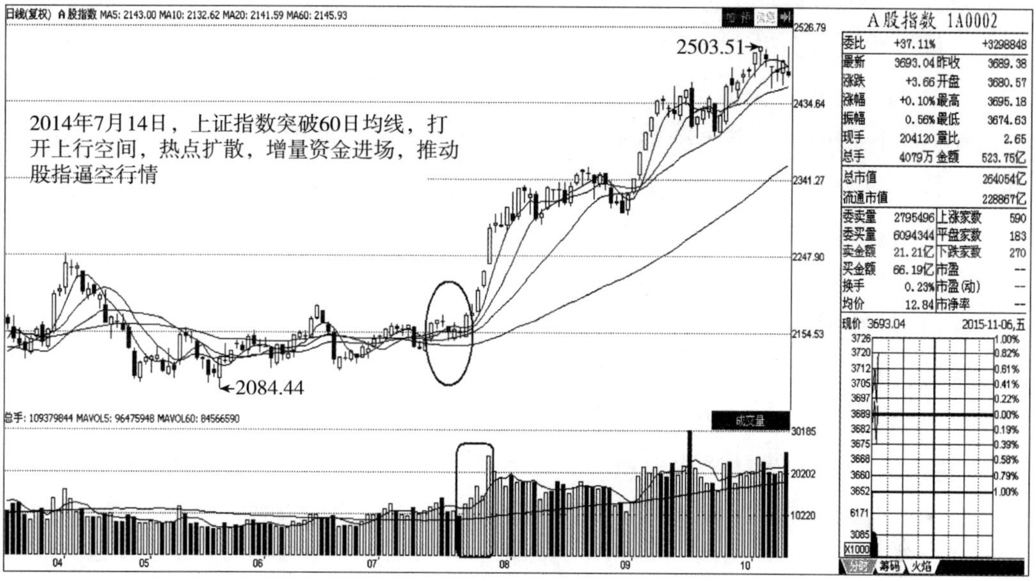

图 5-21　逼空行情

1. 逼空行情的市场特征

逼空行情中，个股基本面不再是最重要的因素，板块效应、资金效应、题材效应才是关键，要选择上涨趋势明显的强势股和龙头股。在逼空行情初期，绝大多数股票都会轮番上涨。但随着行情的进一步深化，强势股就会逐渐脱颖而出。

在逼空行情中，成交量越是温和放大，就越有持续上涨的动力。相反，如果在短期内出现巨量，往往意味着行情即将见顶。

另外，越是出现“井喷”式上涨，就越是要小心行情反转。在熊市中，井喷行情换来的总是幅度更深的下跌。大盘保持一定速率，一步一个脚印地上涨，其后劲更足。只有在稳健走高的行情中，主力资金才能充分建仓，才更有利于行情向纵深发展。

2. 逼空行情中的选股技巧

（1）选股以热门股、涨停股为主。

某个板块多数个股出现涨停，表明主力资金主要集中在该板块。从该板块中挑选个股，往往能取得超过大盘的涨幅。对低位首先收出涨停的个股宜重点关注，此时往往是该股启动甚至加速上扬的信号，可及时跟进。投资者可在该股涨停的第二天追涨买入。

（2）把握时机，介入宜早。弱市中需要把防范风险放在首位，强市中则应把抓住机会放在首位。弱市中，庄家为了减轻拉抬难度，习惯在尾市拉升，因此应把买股的时间尽量往后推，一般在下午 2:30 之后再选股买入，最后 1 分钟买入的风险只有 1 分钟。在强势市场中，庄家不给跟风盘低价买入的机会，总是早早把股价拉至涨停，稍一犹豫就会失去机会，早买 1 分钟比迟买 1 分钟往往能买到更低的价格。

（3）回档宜买不宜卖。

在逼空行情中，投资者普遍担心热门股涨幅已经很高，希望回调以后再介入。其实，若某只个股一直保持较高的换手率，说明市场成本提升很快，众人拾柴火焰高，即使出现回调，也一般采取强势调整的形式消化获利盘，即调整在盘中完成，大幅调整的机会不多，过分谨慎只能看着机会溜走。

在逼空行情中，盘中的回档并不表明该股已经掉头向下，通常是上升过程中的短暂整理，盘中回档宜加码买入而不是卖出。

（4）卖出要等“空翻多”。

“逼空”行情的最佳卖出时机，是市场中出现“空翻多”现象时。在“逼空”行情强劲上升的走势中，最先大胆跟进的投资者短期获取了非常丰厚的利润。这种赚钱效应会最大限度地摧毁其他看空者的信心，使那些习惯于看空的投资者不敢看空、做空，因而纷纷“空翻多”。同时，也使得一些谨慎的市场人士逐渐加入到多方阵营中，从而使市场中的投资观点趋于统一。在绝大多数看空者纷纷“空翻多”时，行情最容易形成阶段性头部，成为最佳的卖出时机。

逼空行情大多发生在熊市末期，这时大多数投资者存在惯性思维，发现行情上涨时不敢追，或者见涨即抛。应对逼空行情，首先要转变熊市思维，操作上一方面要适度追涨，另一方面要敢于捂股。当行情不断上升时，投资者不能采用熊市中那种见涨就抛的操作手法，而应加码买进，直到逼空行情告一段落并开始回落调整时再卖出。

短线点金

对于展开逼空行情的板块和个股，善于短线炒作的投资高手，要迅速及时地跟进。在实际操作中，要做到判断准确，操作果断。做到这两点并不容易，需要投资者事前经过长期周密的准备和研究。

空头市场的短线选股思路

大市由升转跌，指数屡创新低，或是大跌之后陷入盘局，这时空头市场形成。如图 5-22 所示。

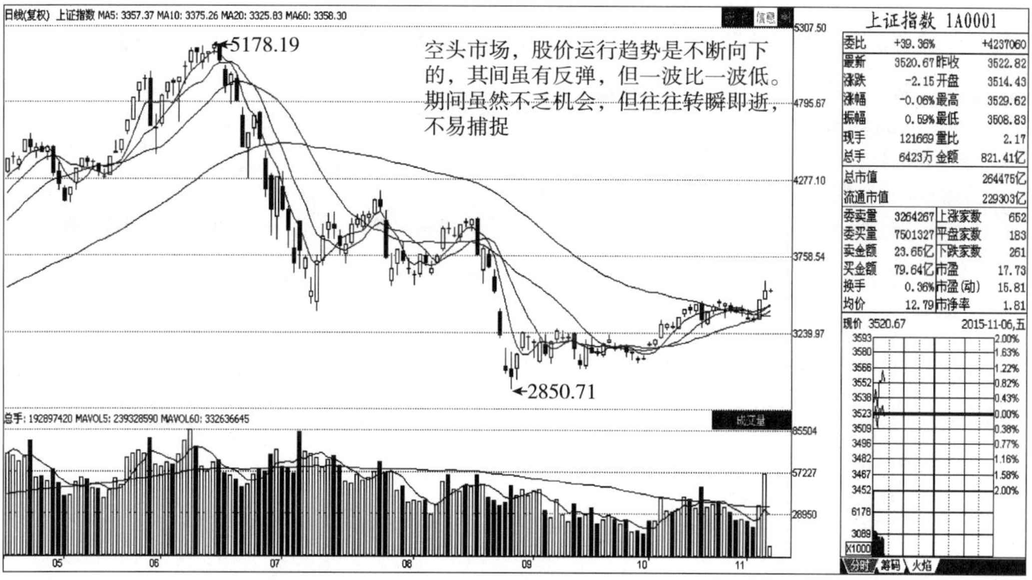

图 5-22　空头市场

市场之所以陷于弱势，原因在于此时经济不景气，各行各业都呈现了低迷的状态。上市公司当然也不例外，许多公司呈现出负增长，甚至大量亏损。人们无法知道经济何时复苏，股价会跌至何种程度，也难以预测当前的盘局是否就是股价的底部，还会不会继续下跌。

投资者应当多作基本面分析，仔细研究上市公司的财务报表，选择那些相对来说具有投资价值的低价股票，这类股票具有较好的抗跌性，即使失手套牢，也不致套得太深，还有东山再起的机会。具体操作如下。

1. 短线抢反弹

熊市经过一轮大幅度下跌后，往往会出现反弹。短线做反弹，只要选择准确，就能给短线投资者带来高额回报。

（1）选择价廉绩差的三线股。

大多数三线股缺乏业绩支撑，大势不妙时，往往是首先抛售的对象，跌得最惨。炒作三线股，因反弹压力小，股价涨得快，获利相对于那些绩优股会更加丰厚。

（2）选择受利空打击较重的股票。

一些股票因受利空消息的影响被大量抛售，股价受空方打压，往往跌得很深。利空消息被消化，这些被利空消息打压的股票，必定会迅速恢复到合理价位。

（3）选择庄股。

庄股往往受主力关照，虽因大市下行而跌落，但跌幅不大。一旦大市回暖，庄家一定会全力拉抬，反弹力度自然也就大得多。

（4）选择有利好但受大市拖累的股票。

有的股票有利好消息，股价本应上涨，但受大市拖累，股价该涨未涨。一旦大市回暖，必定会有不俗的补涨行情出现。

2. 根据上市公司基本面选股

（1）选择营运正常的公司。经济不景气虽然会使公司获利减少，但能保持正常的运行，表示该公司内部管理健全，只要市场状况改善，很快就会复苏。这样的公司可以作为优先考虑的对象。

（2）选择财务结构正常的公司。财务结构良好的公司，负债比率较低，利息负担较轻，可以有效降低营运成本，将亏损降低到最低限度，比较容易渡过不景气时期。这类公司列入投资对象是比较理想的。

（3）挑选产品具有竞争力的公司股票。

具有行业独特性的公司，在市场上会有较强的竞争能力，同时也会带来较丰厚的利润。经济不景气时能盈利的公司，大多是这种类型的公司。

（4）挑选净资产较高的公司股票。

净资产高的公司稳定性高，在经济不景气时，有较雄厚的财力作后盾，对于经济不景气有较好的应变能力，值得投资。

（5）选择管理水平良好的公司。管理水平如何，决定一家公司的经营效益和发展速度。良好的管理会使企业收到高效率低成本的良性效应，竞争力相对较高，有较强的市场适应能力。

短线点金

在空头市场中做短线，抢反弹可选严重超跌、股性尚佳、盘子适中的股票。股票的涨跌如弹簧，压得越紧，跌得越狠，反弹的力度就越高，涨得就越多。拉得越长，涨得越高，可压缩的空间和下跌的幅度也就越大。空头市场中抢反弹，若买卖时机掌握得当，同样可以获得比较丰厚的回报，但期望值不能过高，以免被套牢。

熊市中应关注的股票类型

熊市中选股的难度要远远大于牛市及盘整市道，因为大盘不断下跌，大部分个股的走势也会逐级向下，只有极少数个股能够逆势上扬。在熊市中挑选牛股，有点像大海捞针，没有一定专业知识和经验，最好还是知难而退。熊市中选股虽然难度很大，但跌势中还是会有市场机会，并且有章可循。

熊市选股有进取型和保守型两种策略。进取型策略的核心是在熊市中赚钱，逆流而上；保守型策略的核心是要在熊市中尽可能地回避风险，保存实力。

1. 熊市选股技巧

（1）选择基本面情况发生重大变化，业绩有望转好的个股。

这类个股，无论在牛市还是在熊市，都是受追捧的对象。由于基本面发生了重大好转，必然或早或晚反映到股市上。当然还要注意买入时机，不要等到涨得很高时才买。

（2）选择具有长期良好发展前景的个股。

具有良好发展前景的公司，是大多数人选股时追求的目标。这类公司经营稳健，发展前景光明，被许多人看好。在牛市中，这类股票的股价可能高高在上，业绩被提前预支。在熊市中，它们可能会随大盘大幅下跌。尤其是在暴跌时，就为投资者提供了一次绝好的买入机会，让你用很低的价格得到一只优质的股票。一旦市场止跌回暖，就能获得意外的惊喜。如图 5-23 所示。

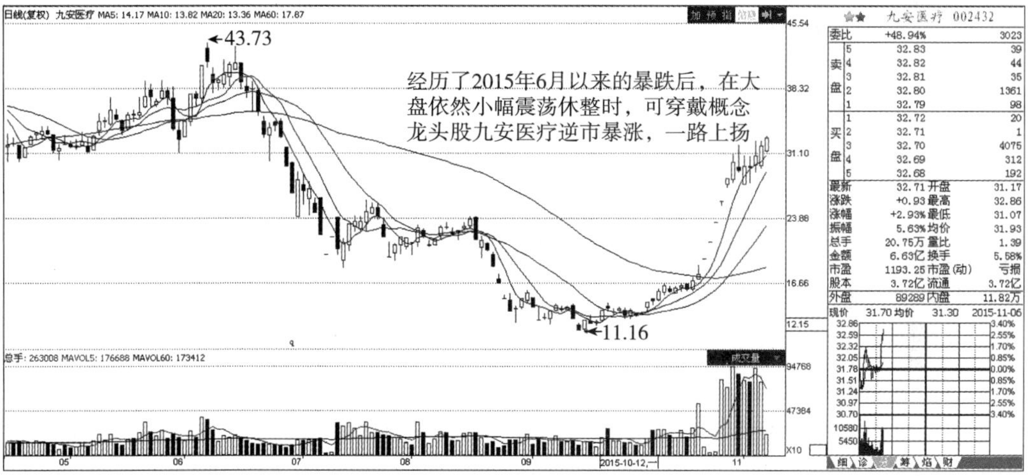

图 5-23 熊市重质，优选个股

当然，选择这类个股一般应立足于中长线持股，不能指望短期内就能获得高额利润，逆市暴涨的个股毕竟是少数和特例。

（3）要选择趋势向上，并且有成交量配合的个股。

没有成交量的股票是很难上涨的。趋势向上体现在 K 线上，就是要选择 K 线一个底部比一个底部抬高的股票，逢低买进，逢高卖出。

（4）选择在熊市后期暴跌的个股。

熊市后期，经过暴跌后，空方力量过度释放，导致股价远离平均成本。由于股价有向平均成本靠拢的趋势，股价远离均线的幅度越大，其回归的可能性和力度相应也就越大。因此暴跌之后常常会有较大的反弹出现，是短线买入的时机。

个股暴跌有时是以大盘的暴跌为背景，这时可以选择有庄入驻的股票介入，因为有庄的个股，后期反弹力度也较大。个股暴跌的原因主要是突发性因素和庄家出货两种。突发性事件造成的暴跌，有可能产生强力反弹，而庄家出货的暴跌则不会出现像样的反弹。

（5）选择庄家和机构介入的个股。

股市中的庄家和机构实力强大，非一般中小投资者可比。但是，它们也有进出不灵活的弱点，庄家一旦介入一只个股，就要持有较长的时间。尤其在熊市，除非认输，割肉出局，否则庄家就要利用每次反弹的机会，伺机拉升股价。中小散户只要介入时机合适，成本价在庄家之下或与庄家成本持平，并且不贪恋过高的利润，那么获利的概率还是很大的。

总之要记住，在熊市中选股，要关注大盘走势，了解盘中热点以及政策的转变。

2. 熊市操作注意事项

（1）遇到反弹行情要休息。

日线级别的反弹行情，往往是今天高收明天就低开，抢这样的反弹，风险大于机会。出现周线反弹行情时，主力一般介入较深，他们拉高派货周期相对较长，可以满仓杀入，但要见好就收。

（2）在熊市中要及时止损，但不要盲目杀跌。

熊市阶段虽然总的原则是持币观望，但也不是绝对不可以进场，因为熊市中仍然有短线机会。熊市阶段选股有三个原则：选股看质地，重点看形态，超跌抢反弹。

止损应该选择目前浅套而且后市反弹上升空间不大的个股进行。对于目前下跌过急的个股，不妨等待其出现反弹行情后再选择时机卖出，不要盲目杀跌。

（3）在熊市中还应注意找准机会低位换筹，也就是将手中股性差、涨升空间小的股票换成潜力股，这样做虽然暂时会有损失，但股市一旦反转，潜力股获利的空间将更大。

对于高位套牢的投资者，可视自己仓位的轻重做不同的选择。满仓被套的投资者，要耐心等待自己的股票反弹。半仓被套的投资者，可采取低位补仓的办法，以摊低持股成本。

短线点金

熊市选股，要切记“选股如选美”和“宁缺毋滥”的道理，选中的个股必须要有一定的特色。如果可供选择的对象条件平平，最好的办法就是不予参与，否则面对的风险要远远大于收益。

牛市中的短线选股思路

“牛市”也称多头市场，指行情普遍看涨。牛市阶段，大盘总的趋势是向上的，回调只是短期和小幅的下跌。在一轮牛市中，选股同样重要。牛市中，投资者操作的风格要大胆、泼辣，一味地谨小慎微，收获可能不尽如人意。

要实现收益最大化，可以遵循以下操作技巧。

1. 牛市选股技巧

在牛市中选择大牛股，可以从以下几个方面着手。

（1）选择涨幅高的股票。

涨幅高包括三层并不矛盾的意思。

一是绝对涨幅要高。如果股价从底部启动已上涨50%以上，进入主升浪应该是顺理成章的事。

二是实现阶段突破。能够成功突破前一顶部的股票理当看好，不能突破或在前一顶部下逡巡，有无功而返的可能。

三是创新高。股价创历史新高，说明价值要重新发现，价格要重新定位，在成交正常的情况下，理应看高一线。

（2）选择龙头领涨股。

龙头领涨股是股市的灵魂和核心，在牛市中能起到带领大盘冲锋陷阵的作用。在整个牛市期间，这类股票往往一直向上不回头，是投资者公认的大牛股。一旦龙头股涨势乏力，也许牛市就快到尽头了。

投资者只要跟定龙头股，一般均可收获不菲，而且风险较小。这一选股思路简单易懂，尤其对散户投资者来说，可操作性强。

（3）庄家资金介入程度要高。

并非庄股就好，关键是散户的地位决定了不可能对公司的基本面研究太深。庄家资金实力雄厚，其敢于重仓介入的股票，前景基本上比较看好。散户无法研究公司的基本面，但可以通过K线走势研究主流资金的进驻程度。庄家浅尝辄止的，我们放弃；庄家实力弱小的，我们观赏；庄家实力非凡，大举入驻的，我们就重仓参与。

当然，庄家资金介入程度高与控庄股还存在区别，如果庄家已经将股票做成了新庄股，说明风险已经大于收益，理应回避为上。

（4）选择有丰富潜在题材的股票。

股价容易翻番的个股，大多有实质性的潜在题材作为动力，如资产重组、外资参控股、并购、高比例送转等。我国股市历来有见利好出货的习惯，因此，投资者如果发现个股涨幅巨大，而原有的潜在题材也逐渐明朗化，基本上已经转变为现实题材了，就要提防庄家借利好出货。

（5）板块呼应度要高。

价值投资理念下，庄家资金已经从个股挖掘转向行业挖掘。有板块呼应度的股票，说明该行业发展前景较好，属于当前热点或潜在热点，有发展潜力。即使是临时性热点，板块呼应度高的特点，也决定了被套的可能性不大，因为热点会反复表现，为投资者多次创造解套获利的机会。

牛市中有时候会有“鸡犬升天”的场面出现，投资者可供选择的股票很多。但这并不是说可以闭着眼睛乱选，仍要细心寻找其中真正的明星股。只有这样的股票，才会让你涨得放心。

2. 牛市不同阶段的选股方法

牛市的发展分为三个阶段，如图 5-24 所示。在不同的阶段，选股的原则是不同的。投资者要想捕捉到更多的赚钱机会，就应该遵循不同阶段的选股原则。

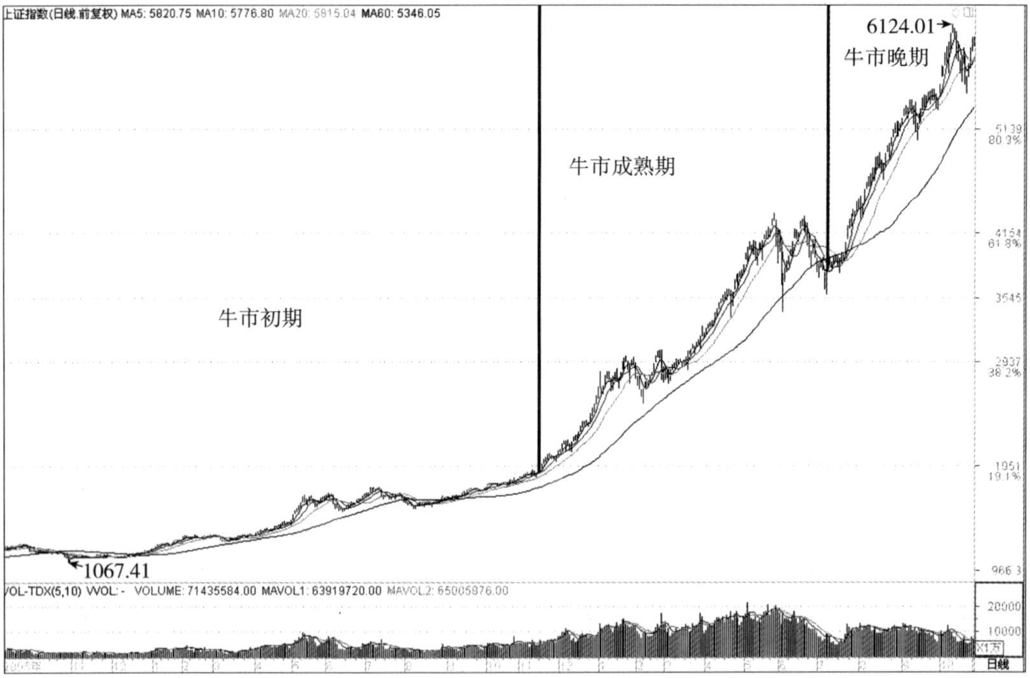

图 5-24　牛市的三个阶段

（1）牛市初期。

这时大盘刚刚企稳，虽然还需要一段时间休养生息，但下跌空间已被封杀，同时将来可能走牛的热点还没有显现。在这个阶段，投资者不必为选什么股苦恼和发愁，只要没有严重危机的股票，即可作为投资对象。

（2）牛市成熟期。

这时牛市特征明显，已经被多数市场投资人士所认可，主流热点也已大白天下。热点此消彼长，轮番登上涨幅榜。这个时期，虽然绝大多数股票都有很大机会获利，但每只股票走势的强弱不同，预期上升空间也有很大的差别，所以选股就显得更加重要了。

在牛市成熟期，投资者应该重点锁定以下三类股票。

①龙头股。龙头股是股市的灵魂和核心，牛市中的龙头股更是起到带领大盘冲锋陷阵的作用。在整个牛市中，龙头股往往一直向上不回头，一旦龙头股涨势乏力，牛市就快到尽头了。投资者只要跟定龙头，一般均可收获不菲，而且风险较小。这一选股思路简单、易行，尤其对散户投资者来说，可操作性强。

②选择超强势股。超强势股在牛市中犹如顺风扬帆，高速前进。超强势股一般有以下几个特点：介入机构实力强大；公司基本面情况有重大变化或情况良好；社会公众对该股评价甚高；该股在拉升前有一段较长的蓄势过程。

③成交量最密集的股票。

（3）牛市晚期阶段。

在牛市晚期，很多股票出现最后的疯狂：股价大幅拉升，指标相当强势，成交量不断放大。这种异常热闹的景象，很容易冲昏投资者的头脑，令投资者失去应有的警惕之心，没有觉察到可怕的顶部已经悄然而至。

盘整阶段选股技巧

盘整阶段的趋势特点是多空相持，俗称牛皮市。这一时期热点板块已经扩散，个股异常活跃，因此基本操作原则是轻指数重个股。短线投资者可以重点关注以下几种股票。

1. 走势独特的个股

经过轰轰烈烈的牛市阶段，庄家一般都已各居其所了。有些老庄开始出货，但刚刚入驻的新庄无法马上就走，还需要再拉升一段，把这轮行情做足，这也是盘整阶段短线股民的希望所在。

一般来说，这一阶段选股应该首先从形态着手。如从每天的涨跌榜前 20 名和后 20 名以及成交量或成交金额的前 30 名中，寻找那些走势独特的个股，因为不甘寂寞的庄家，总是在排行榜的这些位置出现。寻找独特走势的实质，就是寻找急切拉升股价的庄家。

2. 主力介入的个股

一般来讲，盘整阶段能选到主力资金介入的个股，是许多短线投资者的希望。因为在盘整阶段来临之前，许多主力资金都已站稳脚跟，许多主力需要在这时进行拉升，短线投资者可以从形态入手选择主力资金介入的个股。

寻找主力介入的个股，实质是寻找主力资金的踪影，但要注意买进主力资金介入的个股的时机。一般来说，主要有两种时机可以进行操作，一是标准的突破形态，如图 5-25 所示；二是连创新高的强势形态。标准的突破形态，介入的时机和牛市相同。连创新高的强势股，在介入时机上应该选择短期均线下探，长期均线又返身向上的时候。

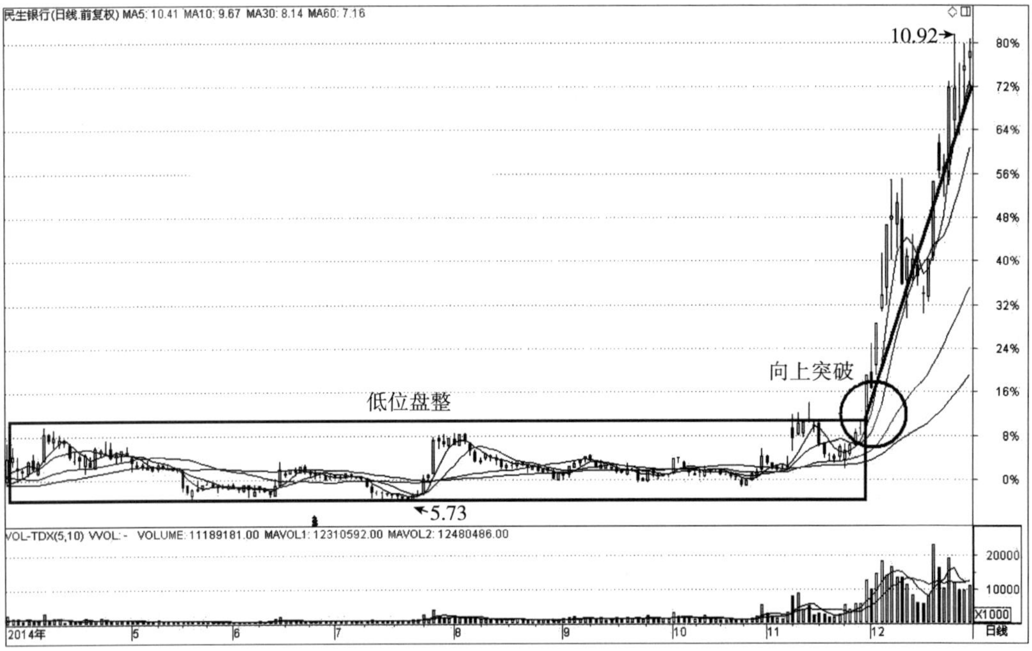

图 5-25　标准的低位盘整突破形态

3. 正处于拉升阶段的个股

这些处于拉升阶段的个股，之前都是先小阴小阳线缓缓推高，然后用大阳线向上突破，随后进入急升段。其共同特征是：一是在前期行情中升幅平平，成为弱市中的主角；二是上升过程中新高不断，明显处于拉升期。

有的投资者认为，这些个股不断创出新高，已有较大升幅，买入后风险太大。其实，一般来说，处于拉升期的个股，强势状态通常会持续一段时间。新高不断，说明该股风头正劲，看似风险大，实际上恰好是抓住了主升段。

4. 超跌反弹个股

超跌反弹是指前期行情中有较大涨幅，经过长期回调，调整幅度比较大，一般回调幅度在50%左右，风险释放得较彻底，反弹过程中价量配合良好。

参与这些个股需要把握两点：一是快进快出，反弹行情来去匆匆，稍一犹豫即擦肩而过；二是及时落袋为安。由于反弹的动力来自市场超跌后的自我修正，反弹高度通常有限，股价难以逾越前期高点。持短线心态参与的个股亦应短线持有，介入的理由已发生变化时，不宜再持股。

短线点金

盘整市场，介入时机要视个股具体走势而定，可选突破时和强势追高，但要有风险意识，提防主力骗线。也可选在箱体走势的低点介入，仓位原则是半仓操作，随机应变。持股原则是以短为主，高抛低吸。

盘整阶段买股也有四个原则：独特走势看看，基本分析入选，形态分析关注，理想时机介入。

精通选黑马股的技巧

人们常把长期被市场冷落，价格较低，成交稀疏，后来却出人意料地走出大幅上扬甚至股价翻几番走势的个股，称之为黑马股。黑马股给人的印象就是黑得绝大多数投资者不敢想象它会上涨，即使它大幅上涨了也不敢追，不敢碰。黑马股一旦启动上涨，拉升速度很快，耐力持久，上涨幅度大，震荡剧烈。

黑马股启动前，市场的浮动筹码较少，股价震幅趋窄。如果主力今天休息，则盘口的交易非常清淡。启动之前，往往会有连续多个交易日的阶段性地量交易过程，30日均线连续多个交易日走平或者开始缓慢上移。30日均线代表市场平均成本，如果一只股票的30日均线走平，则意味着多空双方进入平衡阶段。如图5-26所示。

30天之前买进股票的投资者已经处于保本状态，只要股价向上攻击，投资者就可以迅速进入盈利状态。由于市场平均成本处于解套状态，该股向上拉升时，套牢盘的压力会比较轻，并且刚启动时市场大部分筹码处于微利状态，获利兑现的压力也比较轻，因此行情启动之初，主力运作也会相对轻松。

黑马股启动前，周线指标及月线指标全部处于低位。日线指标处于低位，并不能说明什么，主力依靠资金实力，可以比较轻松地将日线指标尤其是广大投资者熟

图 5-26　30 日均线代表市场平均成本

悉的技术指标如 KDJ、RSI 等做到低位。只有周线指标与日线指标同时处于低位，该股才真正具备黑马个股的潜在素质。

1. 黑马股的特征

从个股走势及盘面上来看，黑马股有以下几个特点。

（1）个股股价在连续小阳后放量且以最高价收盘，这是主力在抢先拉高建仓，可看作起涨的信号。

（2）个股股价在低位，下方出现层层大买单，而上方仅有零星的抛盘，并不时出现大手笔打掉下方的买盘后又扫光上方抛盘。此为主力在对倒打压，震仓吸货，可适量跟进。

（3）个股在低价位出现涨停板，但却不封死，而是在“打开－封闭－打开”之间不断循环，争夺激烈，且当日成交量极大。这是主力在利用涨停不坚定的假象振荡吸筹建仓，这种情况出现之后，往往不久就会有某种突发利好。

（4）个股低开高走，盘中不时往下砸盘，但跟风者不多，上方抛盘依然很少，一有大抛单就会被一笔吞掉。底部缓慢抬高，顶部缓慢上移，尾盘却低收。这是主力在故意打压以免暴露痕迹。看到这种情况，可在尾盘打压时介入。

（5）个股经历长时间的底部盘整后，向上突破颈线压力位，成交量放大，并且连续多日站在颈线位上方。此突破为真突破，投资者应迅速跟进。

2. 选择黑马股的步骤

选择黑马股必须掌握以下几个步骤。

（1）搜寻目标股票。

证券报刊或营业部都会提供一些研究报告，其中提及的行业或股票可以提示我们挑选某些股票；自己熟悉或从事的行业也是选择的目标；广播电视节目中常会提及一些公司，也会激发出一些选股思路；日常生活也会提示一些股票；还可以按个股的技术图形搜寻目标股票。

（2）研究公司所处行业状况。

当基本认可公司以后，还应该研究一下该公司所处的行业，主要关注行业发展空间是处于平走、上升还是下降状态，是否受到国家政策的鼓励或限制。如果该行业正受到国家的整治，则应小心一些。对行业竞争的激烈程度及盈利模式，也应有一定的了解。

（3）分析公司的财务状况。

根据个人的财务分析能力，对公司的财务报表进行分析。一般而言，这部分的研究越充分越好。如果没有足够的财务知识，也可以简单地查看一下。如果炒短线，则不必深入进行财务分析，只要保证公司不退市就可以。

（4）分析大盘状况，确立操作周期。

分析目前股市处于牛熊的哪一阶段、市场的操作特点、市场主线发展变化情况等。确立操作的时间长短，是中长线进入，还是短线炒作，避免短线变中线、中线变长线、长线变贡献。

（5）个股技术分析。

根据对大盘的分析，从股票池中选择一两只股票进行技术分析，结合盘面观察，寻找合理的买入点。特别是对盘中是否有主力或者主力目前的情况，做出大致的判断。如果进行中短线操作，要对主力的操盘风格做一些必要的了解，同时避免买在一个相对的高位。

（6）设定止损点及盈利目标。

买入股票前，就应根据股票的波动规律设定止损点。例如，可以设定下跌百分之多少就卖出，买入后几天不涨就卖出等。止损价位可以随着股价的上升不断提高，但不可随着股价下跌而降低。同样，要对盈利目标进行大致的估计。

短线点金

一般来说，能成为黑马股的个股，启动前总是会收到各种各样的利空。黑马股形成前的走势，也让投资大众对它不抱希望。能成为黑马的个股，在筑底阶段会有不自然的放量现象，量能方面显示出有增量资金在积极介入。因为散户资金是不会在基本面利空和技术面走坏的双重打击下建仓的，所以，这时的放量说明有部分恐慌盘在不计成本地出逃，而放量时股价保持不跌，说明有主力资金正在趁机建仓。因此，这一特征反映出该股未来很有可能会成为黑马。对这一特征应该重点加以关注。

第四节　利用均线和趋势线选股的技巧

在技术分析中，趋势是绝对核心的内容。运用各种分析技巧的唯一目的，就是帮助我们认识市场的趋势，从而顺应趋势的方向买卖股票，或者识别趋势的转折信号，以把握最佳的买卖点。

了解趋势线

在分析趋势时，往往通过绘制趋势线来进行分析。画趋势线是衡量趋势发展的手段，通过趋势线的方向，可以明确价格发展的方向。根据趋势线的方向，可以分为上升趋势线和下降趋势线，如图 5-27 所示。

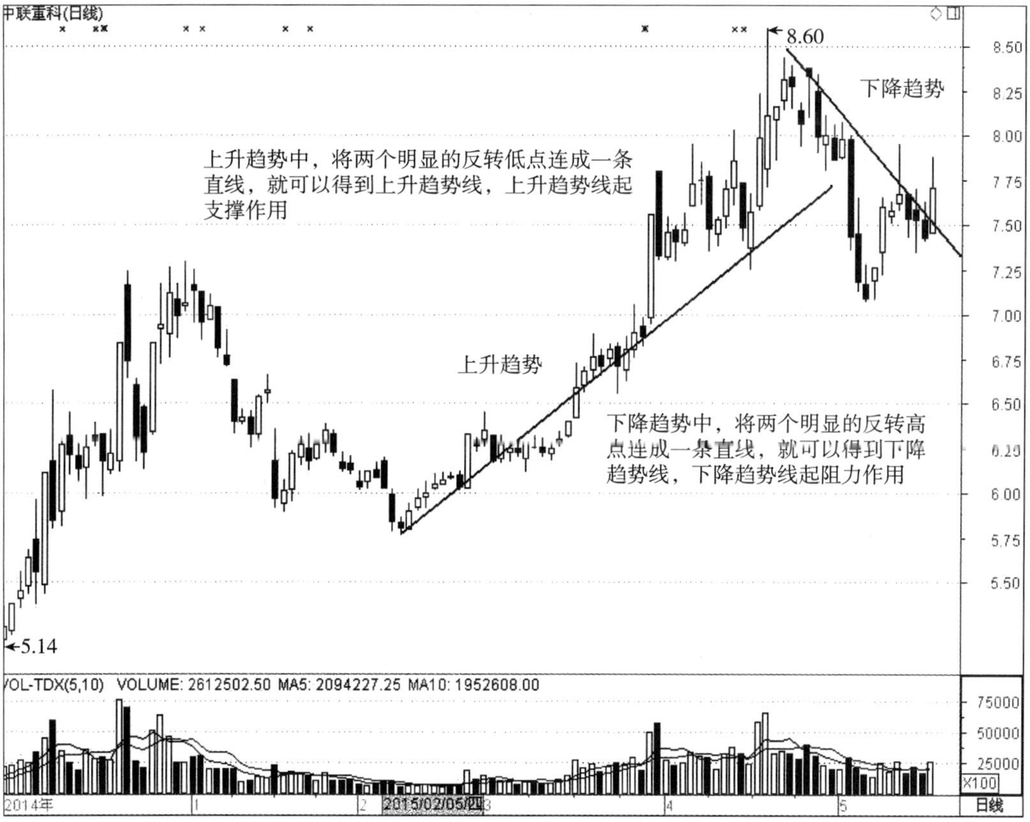

图 5-27　上升趋势线和下降趋势线

上升趋势线的功能在于显示出价格上升走势的支撑位，一旦价格在波动过程中跌破此线，就意味着行情可能出现反转，由涨转跌。下降趋势线的功能在于显示价格下跌过程中回升的阻力，一旦价格在波动中向上突破此线，就意味着价格可能会止跌回涨。

根据价格波动时间的长短，可以把趋势线分为长期趋势线、中期趋势线和短期趋势线。长期趋势线应选择长期波动点作为画线依据，中期趋势线则以中期波动点连线，短期趋势线建议利用 30 分钟或 60 分钟 K 线图的波动点进行连线。

画趋势线时应尽量先画出不同的实验性连线，待价格运行一段时间后，保留经过验证能够反映波动趋势、具有分析意义的趋势线。

1. 利用趋势轨道决定买卖点

（1）无论是在上升还是下跌趋势轨道中，当股价触及上方压力线时，都是卖出时机；当股价触及下方支撑线时，都是买进时机。

（2）若在上升趋势轨道中，发现股价突破上方的压力线，证明新的上升趋势即将产生。

（3）同理，在下跌趋势中，发现股价突破下方的支撑线，可能新的下跌趋势即将产生。

（4）在上升行情中，一波的波峰比前一波峰高，一波的波谷比前一波谷高；在下跌行情中，一波的波峰比前一波峰低，一波的波谷比前一波谷低。

（5）在上升趋势轨道中，若发现股价无法触及上方的压力线时，即表示涨势趋弱了。

2. 趋势线的修正

以上升趋势线的修正为例，当股价跌破上升趋势线后，又迅速回到该趋势线上方时，应将原使用的低点之一与新低点连接，得到修正后的新上升趋势线，该线能更准确地反映股价的走势。

趋势线不应过于陡峭，否则很容易被横向整理突破，失去分析意义。在研判趋势线时，应谨防主力利用趋势线设置“陷阱”。一般来说，在股价突破趋势线以前，上升趋势线是每一次下跌的支撑线，下降趋势线则是股价每一次回升的阻力线。

在股价突破趋势线时，如果出现缺口，极可能出现反转走势，并且趋势反转后，股价走势有一定的力度。股价突破下降趋势线的阻力转为上升时，一般需要大成交量的配合。股价向下突破上升趋势线时，成交量一般不必放大，也可以在突破后几天内成交量急剧放大。

趋势线选股的技巧

趋势方向有三种：上升趋势、水平趋势和下降趋势。对于不同的趋势，买入股票的时机是不同的。投资者炒股只有通过低买高卖才能赚钱，所以选取具有上升趋势的个股尤为重要。也就是说，在选股的时候，得选取K线图形中每个后面的峰和谷都高于前面的峰和谷（即一底比一底高）的股票。

1. 利用上升趋势线选股

上升趋势线一旦形成，股价将在趋势线上方运行一段时间。根据这一原理，可以选取在上升趋势线上方的个股。

当上升趋势线形成后，股价就会在这条上升趋势线的支撑下向上运行。但在沿这条上升趋势线运行的过程中，股价并不是一直处于上涨中，中间会有短时间的回调，很多时候股价会回落至趋势线附近，甚至有些个股会跌至趋势线的下方。如图5-28所示。

图5-28　上升趋势线运行中股价的涨落

在选股时，如果能确认趋势线有效，可等待股价回落到趋势线附近时，择机介入中短线操作。

选取股价跌破上升趋势线之后迅速以中阳或长阳线回升至趋势线上方的个股。目前，主力洞察到越来越多的中小投资者利用上升趋势线选股，因此，他们在操作时经常刻意地将股价砸穿上升趋势线。这样做能起到洗盘的作用，将一部分持股不坚定的跟风盘清洗出局。

中期上升趋势中，股价回调不破上升趋势线又止跌回升时是买入时机。在中期上升趋势中，股价的低点和高点不断上移，将其不断上移的两个明显低点连成一条向右上方倾斜的直线，便是主升趋势线，该趋势线将成为股价回档时的支撑。股价每次回调至该线，不跌破该线又止跌回升时，便是上升趋势中的短线买入时机。

2. 利用下降趋势线选股

下降趋势中，股价某一天放量向上突破下降趋势线时，可以视为短线买进信号。股价向上突破趋势线之后，又反转下降到某一点，但没有下降到下降趋势线以下，随后股价又反转上涨，这时的止跌点位可视为第二次买入的机会。

利用此种方法操作时应注意：有的时候，在股价突破下降趋势线时，成交量并没有随着增大，这可视为短期反弹。随后股价可能又回到下降趋势线以下，这说明原有下降趋势并没有改变，短线仓位应立即止损出局。

3. 利用水平趋势线选股

股价长时间水平方向运行，每次上冲到某一个价位，都受阻回调，把这若干个高点连接起来，便形成一条水平的趋势线。当股价在某一天放量向上突破这条水平的趋势线时，视为买进信号。

利用这种方法操作时，应注意以下两点。

股价向上突破水平趋势线时，如果成交量未配合放大，意味着场内换手不够积极，有可能突破后不久即跌回这条趋势线之下。若股价并没有回落到水平趋势线以下，而是稍有回落即反身向上，可以视为第二次买入机会。

股价长时间在该水平线上运行，由于主力对倒或护盘等原因，持仓成本也会不断提升。当主力再向上拉升时，明显是为这批筹码出局拉出获利和出逃空间。这种主力高度控盘的股票，如果是在高位运行，投资者只能少量参与。

短线点金

运用趋势线选股时，要先明确股价下穿上升趋势线是真突破还是假突破。如果股价在小幅跌穿上升趋势线之后，在趋势线附近稳住，并能在跌破后的一个星期以内（时间越少越好）以中阳或长阳线重新站稳上升趋势线之上，且有成交量配合，则向下的突破为假突破。类似的假突破股票，在股价重新回到趋势线之上时，可能会展开短期的报复性上涨行情，短线操作可适量介入。

均线具有的特性

均线可以反映真实的价格变动趋势，即通常所说的上升趋势、下降趋势。借助各种均线的排列关系，可以预测价格的中长期趋势。同时再结合K线技术，可以实现低买高卖，获得较高的收益。

使用均线时，还要注意到平均价格与实际价格在时间上有超前或滞后现象，很难利用均线把握价格的最高点和最低点。另外，在股价盘整时期，均线发出的买卖信号过于频繁，应谨慎使用。

1. 追踪趋势

均线可以反映出价格运行的趋势，依据均线操盘，可以追随这个趋势，中途不要轻易放弃。

如果从股价的K线图中能够找出上升或下降趋势线，那么均线将与趋势线保持方向一致，消除股价在运行过程中出现的起伏。均线的周期越长，越接近于趋势线。

2. 滞后性和稳定性

短时间内，均线数值发生较大改变（无论是向上还是向下）比较困难，即使当天价格有很大变动，均线也只会发生很小的改变，因为它反映的是若干天价格的平均变动。一天的大变动被若干天平均，就会变小而且显示不明显。这种特性的优点是运行稳定，不会因小的变动轻易改变方向。

通常周期越长的均线，越能表现出稳定的特性，即均线不轻易往上往下变动，必须等价格趋势真正明朗了，均线才会往上或往下延伸。在上升趋势中，价格开始回落之初，均线经常是向上运行的。等到价格下滑显著时，才见均线转为下降，这是均线最大的特色。

均线的缺点是滞后性。在K线组合已经出现反转信号时，均线仍然维持原方向，所以运用均线操盘时，一定要结合K线理论以及其他技术指标使用。

3. 助涨助跌性

当股价突破均线时，无论是向上突破还是向下突破，股价都有继续向突破方向再走一程的愿望，这就是均线的助涨助跌性。

股价从均线下方向上突破，均线也开始向右上方移动，可以看作是多头支撑线。股价回跌至均线附近，自然会产生支撑力量。短期均线向上移动速度较快，中长期均线向上移动速度较慢，但都表示一定期间内平均成本增加。此时，卖方力量若稍强于买方，股价回跌至均线附近时，便是买进时机，这是均线的助涨功效。如图5-29所示。

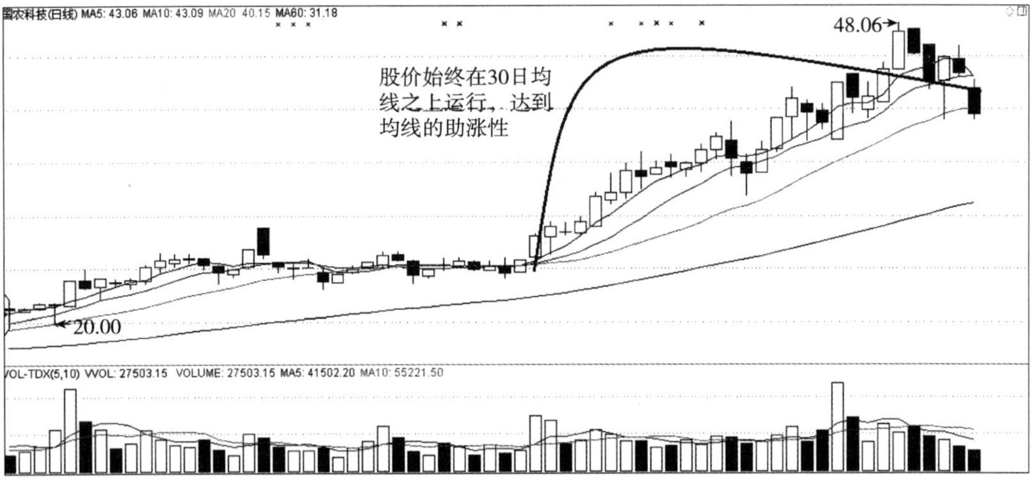

图 5-29　均线的助涨特性

等到股价上升减缓或开始回跌，均线也开始减速移动。股价回调至均线附近时，均线失去助涨功能，将有重返均线下方的趋势，此时最好不要买进。

反过来说，股价从均线上方向下突破，股价回升至均线附近时，自然产生阻力，均线也开始向右下方移动，成为多头阻力。因此，均线往下走时，股价回升至均线附近是卖出时机，均线此时有助跌作用。如图 5-30 所示。

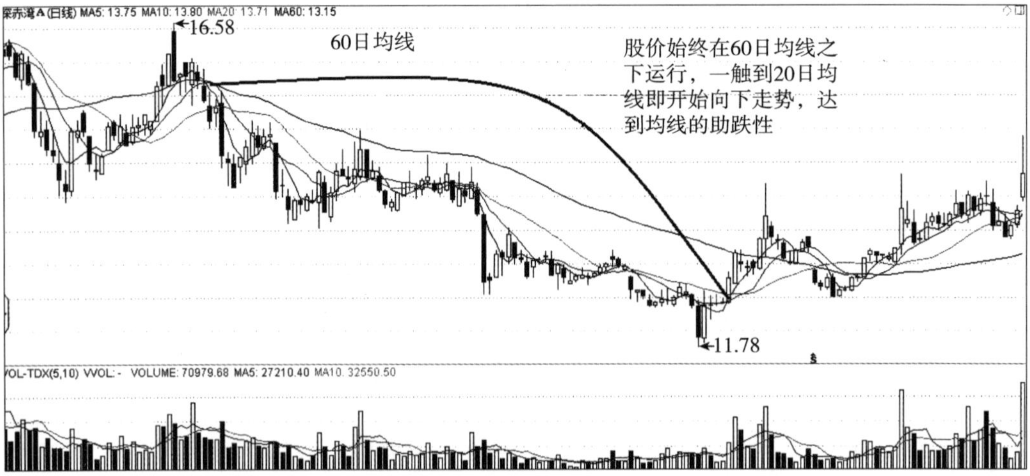

图 5-30　均线的助跌特性

等到股价下跌减缓或掉头回升，均线开始减速移动。股价若再次与均线接近时，均线便失去助跌意义，将有重返均线上方的趋向，此时不要急于卖出。

4. 安定特性

通常周期越长的均线，越能表现安定的特性，即价格必须涨势真正明确后，均线才会往上走。价格下落之初，均线还是向上走的，只有价格下落显著时，均线才会向下走。

单一均线短线选股技巧

单一均线选股的优点在于直观方便，简单实用，适用于单一的短期、中期或长期均线操作。缺点则是不能兼顾其他几条均线的运行趋势，使不确定性增加。

1. 5 日均线选股技巧

5 日均线属于短期均线，反映了近 5 个交易日以来的股价基本走势。当股价向上突破 5 日均线时，是一个重要的买入信号，如图 5-31 所示。

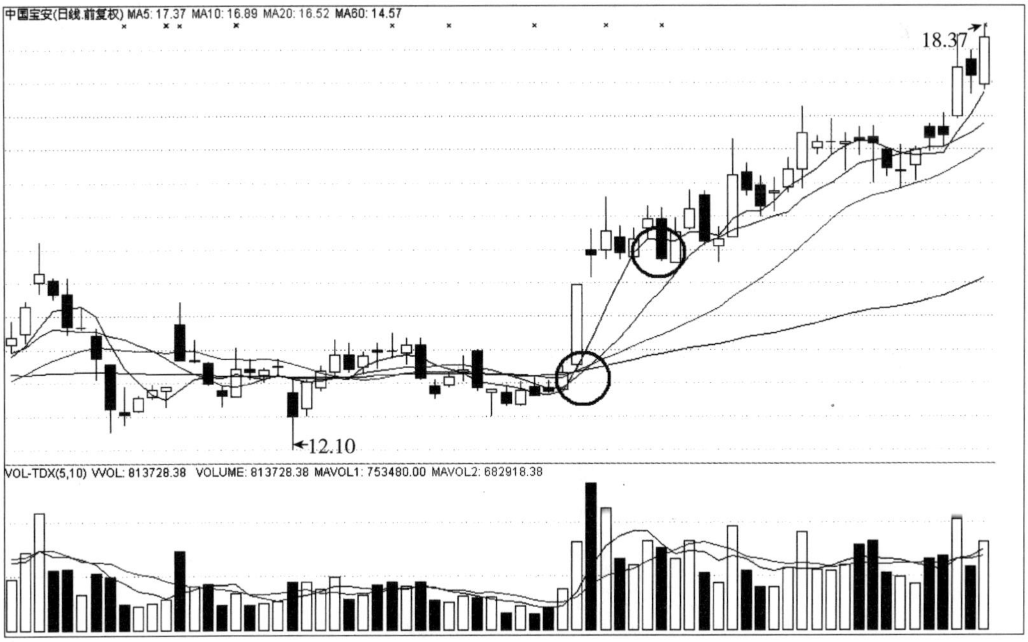

图 5-31　5 日均线买入时机

以 5 日均线判断买入时机时，可在股价向上突破 5 日均线的下一个交易日逢低买入。如果下一个交易日没有出现回调，那么就要等待时机，等待回调低点出现时再买入。股价向上远离 5 日均线后，必然会出现回档整理。因为股价必然会与 5 日均线重新汇合，所以投资者不要着急买入，应耐心等待其出现回落时，等到回落低点时再买入。

2. 10 日均线选股技巧

10 日均线反映了股票近 10 天以来的基本走势。在实际操作中，当股价在 10 日均线上方运行时，股价趋势向上，表示股价还会继续上涨。当股价在 10 日均线下方运行时，股价趋势向下，表示股价还会继续下跌。在下跌行情后期，股价从下向上突破并站上 10 日均线时，说明下降趋势结束，上涨行情开始，这是投资者非常重要的买入时机。

10 日均线是多空双方力量强弱的分界线。当多方力量强于空方力量时，股市就属于强势，股价在 10 日均线之上运行，而且将有更多的买入者愿意以高于最近 10 日平均持股成本的价格买入股票，股价自然会上涨。当股价位于 10 日均线附近时买入，虽然此时离底部或前期最低价有一定的距离，但这时上升趋势已经明确，股价上涨趋势刚刚开始，这也是一个买入的好时机。

3. 20 日均线选股技巧

20 日均线反映了近 20 个交易日以来股票价格的基本走势。当股价 K 线由下向上穿过 20 日均线时，表明当前市场买方力量强于近 20 天以来的平均市场，此时投资者可以买入股票。也就是说，当 20 日均线从上向下穿过股价 K 线图时，是较佳的买入时机，投资者可以买入股票。如图 5-32 所示。

图 5-32　20 日均线买入时机

4. 30 日均线选股技巧

30 日均线是沪深两市的生命线，其转折代表中期市场趋势的初始改变。从沪深两市的实战经验来看，沿着 5 日、10 日、20 日或 30 日均线大幅上涨的股票，大涨后又分别跌破 5 日、10 日、20 日或 30 日均线，这样上涨后又跌破均线的走势，后市大都不妙。有效跌破的标准是股价连续 3 日内均收在 30 日均线之下，跌幅超过 3%。

30 日均线属于中期均线，可作为中长线走势的研判依据，它反映的是最近 30 天股价的基本走势情况。在下跌行情中，如果股价向上有效突破 30 日均线且 30 日均线下行速度减缓，有走平甚至上翘的迹象时，往往是中期下跌趋势结束、新一轮中期上升行情开始的标志，此时是中长线买入时机，

短线点金

单一均线选股的优点在于较为简单，直观，实用性强，适用于单一的短线、中线或长线操作，缺点是不能兼顾短期与中期趋势。多条均线组合（一般为 3 条均线）正相反，其优点是短期、中期或长期趋势兼顾，但有时由于 3 条均线来回交叉，不能给出明确的买卖信号，甚至有时是互相矛盾的买卖信号，会使投资者无所适从。因此，单一均线与多条均线组合研判股价走势各有优缺点，股民可根据自己的使用习惯和要求，选择使用不同的均线或均线组合。

均线组合短线选股技巧

均线组合的优点在于短期、中期或长期趋势可以兼顾，但多条均线来回交叉，不能发出明确的买卖信号，有时信号甚至互相矛盾，容易误导投资者，使投资者混淆其判断依据。

1. 5 日均线和 10 日均线组合选股

首先，在熊市（空头市场）中，如果股价连续上升突破 5 日和 10 日均线后趋于平稳，表明短线市场行情正在由看空转为看多，多方力量增强，空方力量相对减弱，后市上涨的概率较大，是买入时机。

在空头市场中，反弹也是买入时机，特别是当股价从高位暴跌下来，股价在 5 日均线和 10 日均线之下运行，距离 10 日均线很远，而 10 日均线的乖离率达到 15%～20%甚至更大时，表示一波强力反弹即将来临，这也是买入信号。

在盘整时期，如果5日和10日均线向右上方突破上升，表示多方力量增强，后市可能震荡走高。如果5日和10日均线向右下方下滑，表示空方力量增强，后市很可能震荡走低。如果5日和10日均线互相黏合在一起，则不可轻易进场，因为这一时期多方力量大量增加，后市上涨概率较大。等到5日和10日均线走势分离并向上运行时，才是买入时机。反之，当5日和10日均线走势分离并向下突破时，表明空方力量增强，后市下跌概率较大，是短线卖出时机。

如果5日均线和10日均线趋势都向上，且5日均线在10日均线上方运行时，应该考虑买进。一般来说，股价不击穿10日均线，就可以继续持有。如图5-33所示。

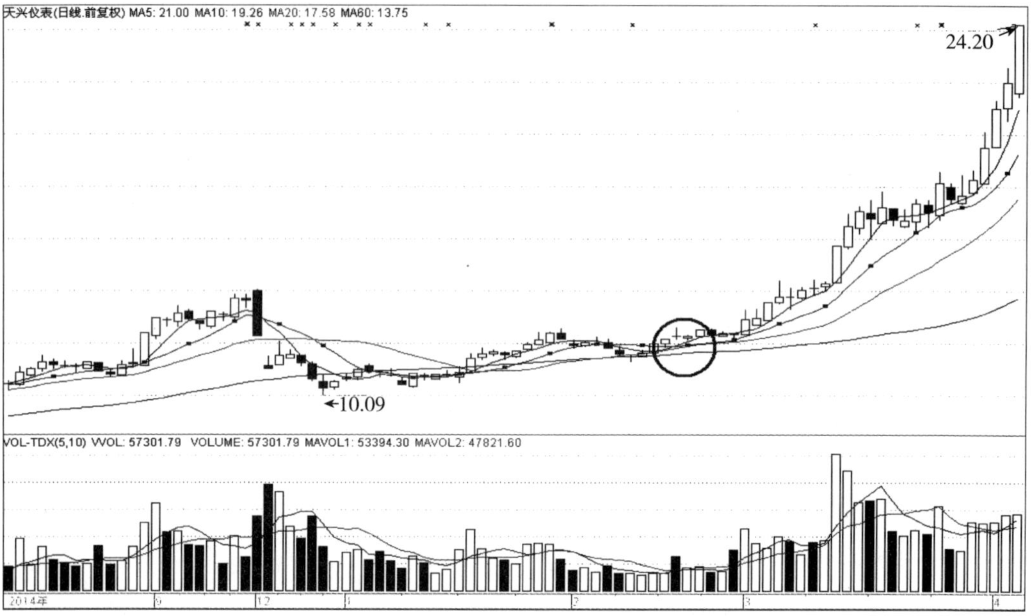

图5-33　5日均线与10日均线趋势向上

如果10日均线被有效跌破，且5日均线也掉头向下，则应该卖出。因为10日均线对于主力来说非常重要，号称是其持仓成本线，一般来说主力不会轻易让股价跌破10日均线。

如果5日均线从下向上突破股价K线且站在K线上方，但10日均线依然居于股价K线下方并依然向上运动时，表示多头市场出现回调，但股价回调幅度不会太大，投资者可以持股观望。

如果10日均线在5日均线之后也从上向下交叉突破股价K线并向下运行，表明股价日后跌幅会较大，投资者应立即卖出股票。

2. 10日均线和20日均线组合选股

当10日均线由下向上穿过20日均线时，表明市场近10天的平均买方力量强于前20天买方的力量，日后个股上涨机会较大，投资者可以短线介入。

在空头市场中，如20日均线也随10日均线从上向下穿过K线，则表明后市上涨空间更大。如果同时还有利多的基本面配合，投资者可以摆脱空头思维，反手做多。

如果个股的10日均线由上向下穿越20日均线形成死叉，发出卖出信号，短线投资者可按均线组合指引的卖点卖出股票。在空头市场中，如10日均线单独从上向下穿过K线，则表明股价有所反弹。因为这时只是10日均线单独向下穿过K线，表明反弹力度较弱，反弹时间也无法持久，如把握及时，短线高抛低吸可以赚取差价。如果10日均线和20日均线相继从上向下穿过K线，表明股价会有较大的上涨空间，反弹力度加强，买方力量大大强于卖方，一般投资者也可短线介入股票。

3. 5日、10日、30日三条均线组合选股

5日、10日和30日三条均线组合，是投资者分析研判股价走势中最常用的均线组合，具有极强的实战性和可靠性。

（1）当5日、10日和30日三条均线组合呈多头排列时，为买入时机。

在均线组合中，当参数小（时间短）的均线与参数较大（时间较长）的均线按从小到大的顺序由上到下依次排列时，称为多头排列。如图5-34所示。

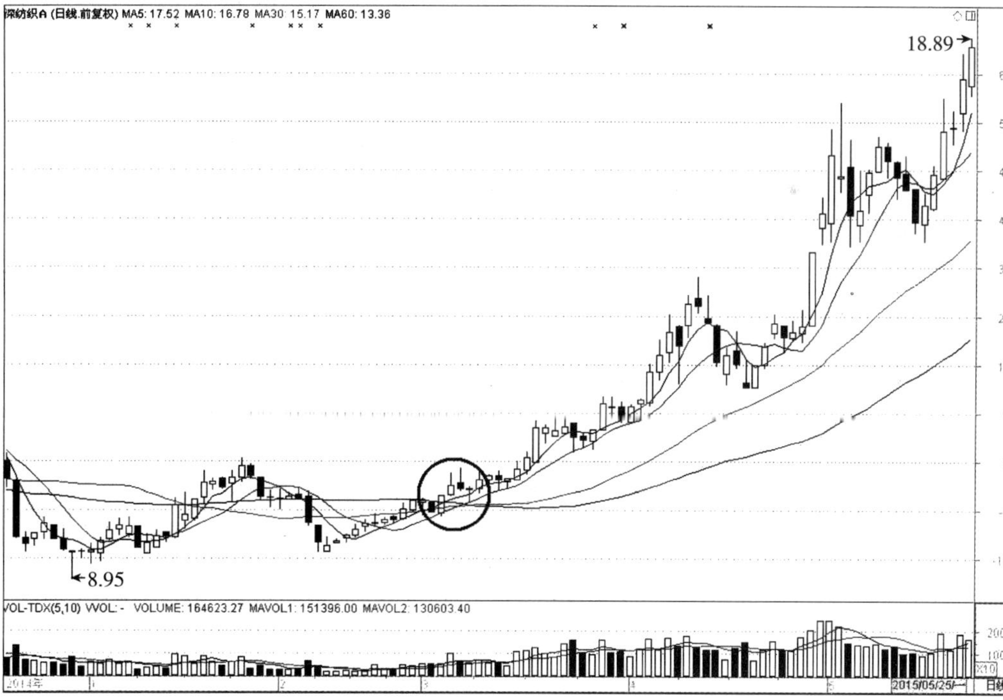

图5-34　5日、10日、30日均线多头排列

多头排列的均线会在较长一段时间内对股价起到助涨作用，因此投资者在选股

时，应选取均线组合呈多头排列的股票。

(2) 当股价向上突破5日、10日和30日三条均线组合时，为最佳买入时机。

在中期下跌趋势中，5日、10日和30日均线一般呈空头排列。但是，在中期下跌趋势末期，空方抛压减轻，股价下跌速度明显减缓，甚至开始横盘或稍有反弹，5日、10日均线先是走平，然后5日均线上穿10日均线形成黄金交叉并呈多头排列，此时三条均线成为股价回调时的强有力支撑线，能够确认中期下跌行情结束，上涨行情正式启动。

当股价向上突破5日、10日和30日三条均线，特别是三条均线呈多头排列时，是最佳的买入时机。

股价在5日、10日和30日三条均线先后形成黄金交叉之后继续上涨，此时均线便是典型的多头排列。

(3) 横向盘整时，5日、10日和30日三条均线组合由黏合状分离并向上运行，是最佳的买入时机。

在横向盘整时，由于5日、10日和30日三条均线组合多呈黏合状互相缠绕，相对较难判断今后的走势。横向盘整时，均线出现的位置会有所不同，由此增加了走势的不确定性，也增加了判断走势的难度。

在上升趋势中途或长期下跌趋势的底部，如果股价形成横向盘整走势，一旦股价向上突破，这时5日、10日和30日三条均线组合会由黏合状分离并上行，此时是买入信号，为中短线买入时机。

在盘整时，多空力量长时间不相上下，横向趋势运行的时间往往较长，少则1～2个月，多则半年以上。因此，横向趋势需要投资者具有十足的耐心，一旦股价向上突破，之后的行情会相当可观。

短线点金

5日、10日和30日三条均线组合是股民最常用的均线组合，具有极强的实用性和可靠性。当然，仅仅凭借均线来选股具有一定的局限性。在实际选股中，最好能同时参考成交量、形态、技术指标等因素，以提高选股的准确性。

第六章

短线炒股之操盘技巧

第一节　短线炒股的技巧

股票投资分为短期投资、中期投资和长期投资三种，具体选择何种方式进行操作，主要依据投资者的个人喜好。总的来讲，大部分股民都经意或不经意地选择了短线投资的方式。短线投资有时间短、获利快的优点，但是同时也具有风险大的缺点，因此在进行短线操作时，必须选择优质股票，快进快出，保证收益的同时回避风险。

■ 短线炒股的要点

短线炒股相对于普通股票操作有其特性，投资者在制定操作策略时，需要特别注意几个要点。

1. 永远把资金安全放在第一位

资金安全就意味着永远有机会，若资金被套了，即便发现好的机会，也不见得能弥补割肉带来的损失。事实上，无论是在什么行情中，短线获利的机会都非常多。

为了保障资金的安全，投资者在短线操作中尽量不要选下跌趋势、震荡盘整趋势、买方动能小于卖方动能、上涨幅度过高导致超买或有退市风险等情况的股票。这些类型的股票或许满足某个上涨因素，也可能会有一定幅度的反弹或上涨，但风险太大，不满足资金安全的原则。

投资者应该关注那些上涨动能充足、业绩优良或处于快速上涨初期阶段的股票，甚至是处于中长期上升趋势的股票。这些股票的上涨趋势强劲，起码可以保证投资者不损失本金。

2. 与庄共舞

短线投资者需要跟庄操作，通过对 K 线图、资金出入数据、技术指标等进行分析，从而判断庄家的操作计划、买卖步骤，最终在庄家拉升的过程中获取利润。如图 6-1 所示，2014 年 A 股市场券商板块可谓“一枝独秀”，在保险、军工等热点板块的配合下，共同带领大盘指数不断刷新年内高点。此时散户如果能跟定庄家，围猎券商板块相关个股，收益定然不菲。

庄家的操作行为在很大程度上能直接影响股价的涨跌，从 K 线图以及指标上可以得到股价走势的判断，这是逆向对庄家行为进行推理的理论依据。

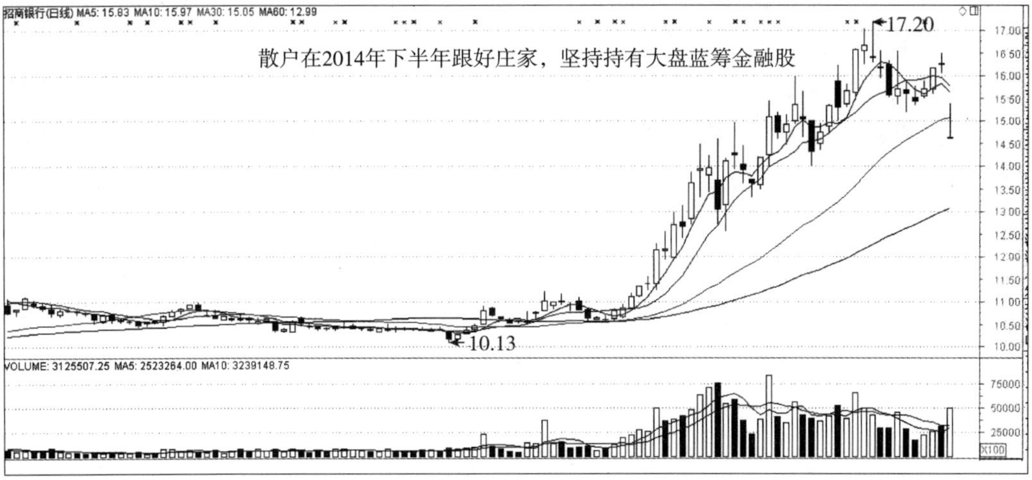

图 6-1 与庄共舞

3. 需要学会观望和快进快出

短线操作首先要学会持币观望，直到出现合适的买入时机再出手。不要盲目地介入股票，也不建议提前介入而降低资金的使用效率。发现股票出现买入机会时，经过谨慎分析，之后果断买入。当行情发展出现变化时迅速出局，落袋为安。

短线炒股中的买入时机，应该是上升趋势得到确认之时，卖出时机则是短期顶部信号发出时，而非顶部信号得到确认之后。

4. 制定止损止盈目标并严格执行

短线操作中要避免贪念，不甘心止损或不舍得止盈，都属于过分贪婪。操作时要理性分析，果断买卖，严格遵守自己设定的止损或止盈目标。突发事件导致股价动能进一步加强时，可以进一步调整目标价位。比如当有利好消息出现时，可以调高目标价位；当突发利空消息，导致股价走势偏离预判时，也要降低目标价位。

实际操作中，投资者可以将可动用资金分成三份。当对股票走势信心充足时，可以投入两份甚至所有资金来操作。当信心不足时，可以动用 1/3 的资金来操作，从而保证手头有可用的资金来抓住其他机会。

短线炒股获利技巧

在股市投资中，短线投资者若想更好地获利，掌握股市投资技巧是关键。

1. 积极参与市场热点

短线投资者要能够及时发现市场的短期热点。事实上，总有少数个股不理会大盘走势，走出出色的短线行情，同时带动整个板块上涨。短线操作，就是要选择这类被市场广泛关注却有大部分人犹豫不定、不敢介入的个股。

不少投资者机械地固守“长线是金”的教条，排斥积极追随热点并不断换股的股市操作手法。捂股不动不仅有可能几个月下来一无所获，而且很容易在不经意和消极等待中被套牢。

追随市场热点是短线投资者战胜大盘并取得理想投资收益的途径之一。阶段性热点均为投资者提供了中短线获利机会，投资者如果能够按照股市热点轮换规律把握市场机会，则可获得相当可观的投资回报。如图 6-2 所示。

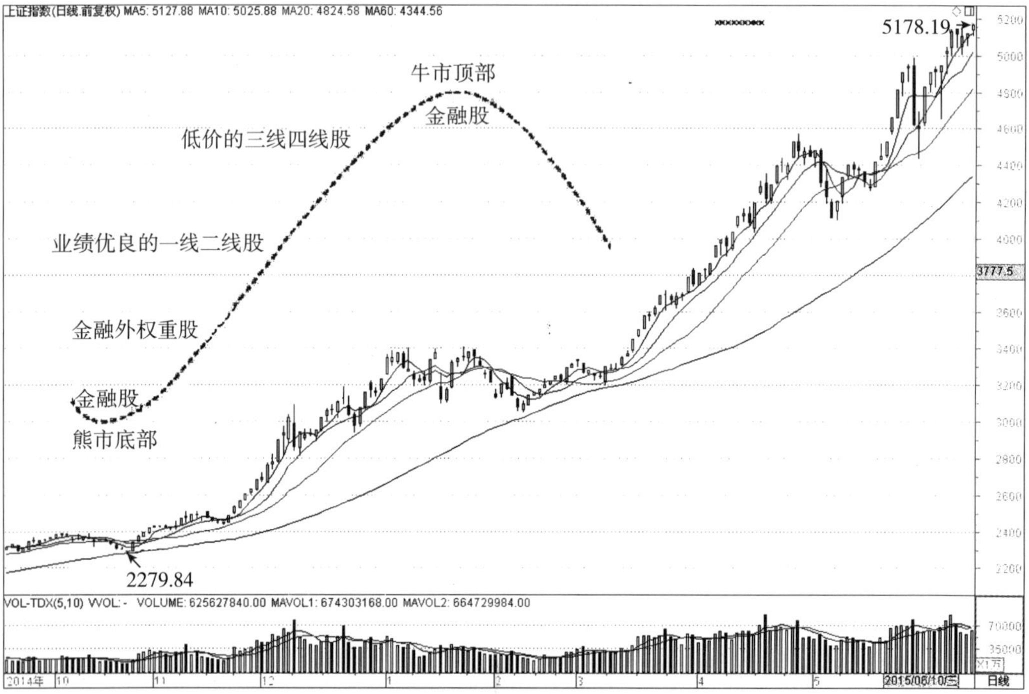

图 6-2　板块轮动规律

2. 重点抓强势板块中的龙头股

在热门板块中挑选个股的时候，一定要参与走势最强的龙头股，不要参与补涨或跟风的个股。这类龙头股在某板块走强的过程中，往往上涨时冲锋陷阵在先，回调时走势抗跌，能够起到稳定军心的作用。龙头股通常有大资金介入，有实质性题材或业绩提升作为依托。通常情况下，龙头股可以从成交量和相对涨幅分析中选择。

3. 使用各种技术分析工具

虽然我国股市存在庄家设置图表陷阱的现象，导致某些情况下技术分析方法失灵，但真正领悟了技术分析的精髓之后，就会具有识别技术陷阱的经验和方法。在此基础上，运用技术分析方法确定中短线买卖时机，不失为一种有效和可行的途径。如运用均线组合分析、资金流向及成交量分析、形态理论分析等看似简单的分析方法，实践中如能结合基本分析正确地运用，对投资者选股很有帮助。

比如，从技术上分析，超短线候选股必须是5日均线向上且有一定斜率才予以考虑。买入的时机是在中长阳线放量创新高，或股价无量回抽5日线企稳的时候。但有的时候遇到连续放量暴涨的个股，尤其是低位放量起来的个股，次日量比又放大数倍乃至数十倍的个股，可以追涨进场。

4. 严格遵守纪律

短线操作最重要的一点是设定止损点。一旦失败，就要有勇气止损出局，这是短线操作铁的纪律。原则上有3%或5%的利润就出局，积少可以成多。如果红色的K线在你眼里变成了黄金且无限延长，这时恰恰是你需要出局的时候。短线出局的原则是个股涨势一旦逆转就出局，跌破5日均线或股价低于前两天（2日均线走平）收盘价时就跑，这是比较好的获利办法。

一旦选好了短线个股，就应该按照预定计划坚决地去做。现在能够选出好股的人很多，但最后自己并没有操作。我们在作决定的时候，应该相信自己事先细致和系统的分析，不要让所谓的股评家改变你的操盘意志。

短线点金

进行短期操盘获利时，投资者要明白，当股价涨升到一定价位之后时，往往风险也会同步放大，股价在此时会产生很大的波动，也很容易吸引其他投资者抢购。在这种情况下，往往能够带来股市行情持续攀升，有很大可能出现创出历年最高的现象。投资者短线操盘时，只要能把握好时机，当股价出现攀升时买进，在股市行情出现快速上扬时将其抛售，是可以稳定获取股票差价带来的利润的。

第二节 不同行情的短线操盘技巧

股市有牛市、熊市以及牛皮市等说法，并非只有在牛市才可以进行股票投资。在不同的行情中进行短线操作时，可以参考下面的一些方法。

牛市中的短线操作技巧

牛市基本的炒股策略是持股待涨。只要没有确认市势已脱离多头状态，就不要抛出。所谓牛市，简单地讲，就是在宏观经济面向好的推动下整体行情看涨、买盘较多的市场走势状况。在这种市场状况下，大盘走势一般较为乐观，各种利好消息较为明朗。牛市中投资，投资者必须掌握一定的投资技巧，了解投资环境和自身条件。如果不分时机，盲目运作，就很难取得“正果”。

牛市投资的几点炒股技巧如下。

1. 追涨的技巧

在牛市行情中实施买入操作，需要转变操作思维，不能再拘泥于业绩、成长性、市盈率等进行操作，而是要结合上涨趋势来操作。具体来说，就是要选择盈利机会更大的个股操作。

另外，也不能看到个股放量涨升了，就立即追涨。有时候即使个股成交量突然剧烈增长，但如果拉涨资金只是短线流动性强的投机资金的话，那么涨升行情往往不能持久。因此，投资者必须对增量资金进行综合分析，包括资金的规模与实力，资金的运作模式，资金的运作水平，资金的市场敏锐程度。只有在个股的增量资金属于实力雄厚的主流资金时，才可以展开追涨操作。

2. 冷静操作

坚定持股，不受小道消息和谣言的蛊惑，牛市持股不悔。在股票市场上，不论是牛市还是熊市，都会有漩涡，投资者必须辨别什么是陷阱，什么是机会。一般股民常被谣言吓住，或见风即逃，或听到谣言即止盈出局，错失了牛市的获利机会。

在牛市中，一些机构为了使大盘能够持续上涨，在牛市发展到一定阶段时，往往会采取“震仓”手法，将一些持股意志不坚定的散户恐吓出局，为进一步拉升股价创造条件。如图 6-3 所示。

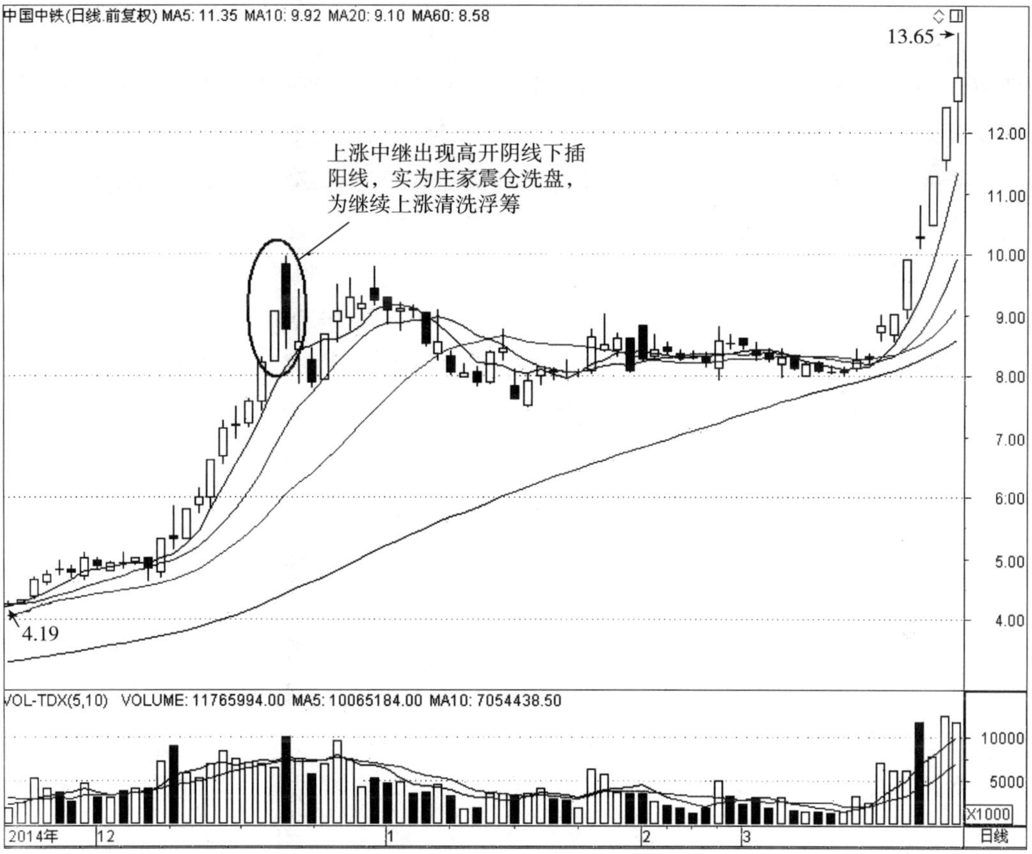

图 6-3　牛市上升途中庄家震仓

在这种时候，投资者首先要明确庄家的操盘意图，在确定了大盘的牛市走势时，应坚定信心，不为庄家震仓洗盘和谣言所动，跟定牛市的走势，决不轻易清仓或减仓。这是牛市获利的关键。

3. 资金集中操作

牛市总的行情是属于上涨趋势，在市场走势坚挺的市道下，获得收益的概率相对较大，因此要把资金集中起来进行操作。应遵循利益最大化原则，将大部分资金投向成长性较好的个股并且集中持股。

有些个股的走势特征是牛市牛涨，熊市熊跌，它们通常是那些股价不高、盘子较小的二线股。在牛市来临时，不妨逢低购入这些品种建仓。这是风险分散理论在牛市行情中的特定运用方法，不可死守教条。当然也要以品种的选择策略为前提。

4. 选股要求

具有翻番潜力的个股，其启动价位往往比较低，一般在3～8元区间。启动价较低通常是由两方面原因造成的：一种是个股盘子较大，缺乏炒作题材，股性不活跃，不受大多数投资者欢迎，市场反应冷淡，导致股价偏低。另一种是主力选中该股后，为了能在低位建仓，故意大肆打压股价，造成个股严重超跌，股价明显偏低。股价偏低，几乎是所有实现翻番黑马股的共同特征之一。

在牛市行情初期，最先涨起来的肯定是领头羊，热点板块的其他个股都唯“头羊”是瞻。由于领头羊在行情中具有重要作用，主力在培育领头羊的过程中，往往也会不计成本，股价可以拉到惊人的高度。因此，在行情初期，一旦出现热点板块，应该首先按照领头羊的标准去寻找那些率先起涨的个股，毫不犹豫地抓住领头羊，一直握到热点板块转换。

即便是临时性热点，板块呼应度高的特点也决定了买入后被套的可能不大，因为热点会反复表现，即便短期被套，也会有多次解套获利的机会。

5. 分期操作

股市有言：牛久必熊，熊久必牛。初入牛市之时，行情看涨，投资者应尽量满仓操作。牛市持续一段时日之后，如果没有利空消息出台，牛市即进入中期阶段，满仓者应及时调整品种，将资金向短期均线向上移动且穿过长期均线的个股，而且短期均线的斜率越大，越是应该选择的对象。一般来说，在牛市中，只要在所谓“黄金交叉点”处购入个股，就能稳健地获得丰厚的利润。

牛市发展到一定阶段，行情一般会出现转向，此时投资者应在预期收益率和实际收益率之间进行比较，结合行情利空和利好的实际状况，适当分批分期减仓。首先要减掉那些利润率已经很高，上冲余地不大的个股，同时选择一些业绩稳健的绩优股以回避牛市转向风险。

短线点金

在实际操作中，投资者要想正确应对大的牛市，首先在思想上要敢于看多，克服“恐高症”，摒弃“一涨就卖”的思维方式。因为牛市行情一旦确立，在消息面、资金面没有根本改变前，行情不会轻易结束。在行情得到政策面和资金面的配合持续走高时，如果散户总是不敢看多，势必会失去很多赚钱机会。

熊市行情的操盘技巧

所谓熊市，是指行情看跌，股价低迷，指数下挫，卖者较多的市场状况。熊市操作思路，根据老股民的经验，应是将平时的选股标准反过来分析。当然，即使有了一定的分析水平，实际上要选出可以建仓的股票也极为困难。

即使是弱市，聪明的投资者也总能从中赚到钱，关键就是如何操作弱市中的股票。也就是说，弱市中操作股票并不可怕，关键是投资者要精心设计，用心去做。

1. 适当地休息和等待

在熊市里，不要将大量的精力花在对行情的跟踪上，要将眼光更多地盯住政府政策、行业发展前景、企业经营效果等市场背后的因素，为下一轮行情作准备。在熊市时，应增加研究“趋势和市场”这方面的工作。

俗话说“顺势而为”，在市场出现明显的熊市特征后，应多看少动，以空仓为主，这是投资者保护自己最好的办法。如果空仓有难度，持仓最好不超过30%，一般应控制在50%以内。

2. 及时调整持股

在熊市中，要根据市场热点的变化，适时调整股票品种，增加绩优品种，剔除投机品种。如果持仓个股出现反弹，对于能解套的股票，逢高应择机离场，至少应减半仓。同时，对质地不佳、业绩不好、被套不深的个股，必要时应适时止损。兑现的资金，可以在市场走稳后抢反弹，或介入手中仍持有的个股，摊低持股成本。

总之，熊市初期进行试探性地减仓；中期出仓态度要坚决，不恋市，不捂股；后期进仓要果断，看准时机，赚取短期利润。不过，在大势未明之前，一般不宜贪利恋市，以持币观望为上策，否则熊市意味着利益损失。

3. 坚持超短线操作

熊市中，几乎所有股票价格的走势都是与大盘走势相符的，高点越来越低，低点也越来越低。所以在熊市中买股，手中的股票只会越来越不值钱，若做长线只会越套越紧。熊市中，股价也不是每天全部都下跌，偶尔也会出现反弹现象。如图6-4所示。

熊市中也会有少数与大盘背道而驰的上涨个股，熊市中难得上涨几天的少数个股都是庄家拉升的，庄家必须用这种手段才能高抛低吸，达到在熊市中赚钱的目的。虽然有庄家拉升，但个股也脱离不了熊市的下跌大势，所以庄家做的也是短线。

熊市不反转，投资者就不要有做中长线的念头。散户只有像庄家一样做短线，

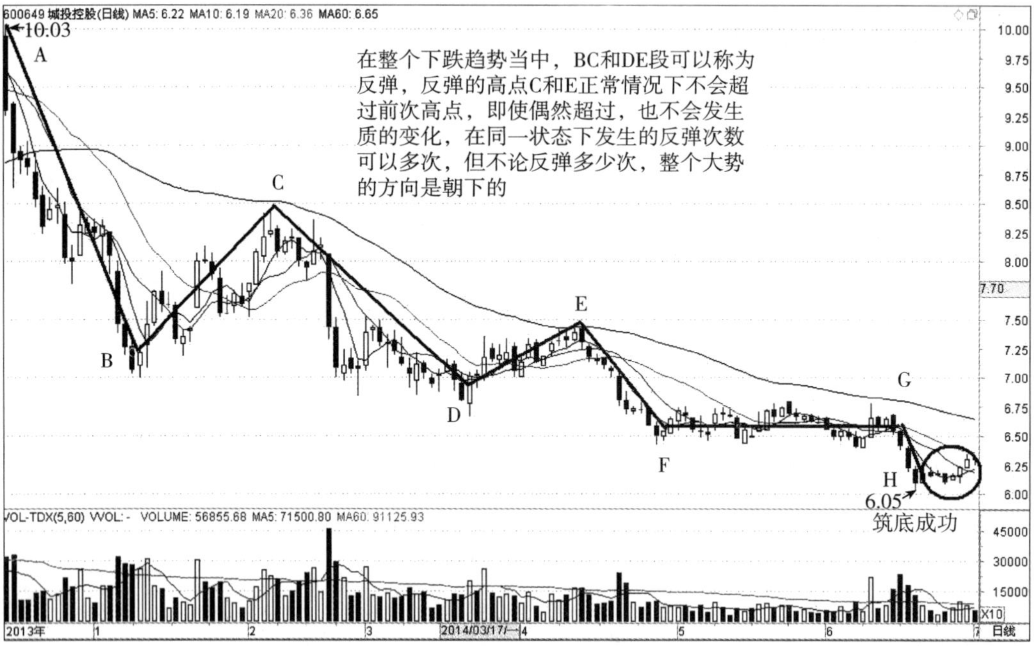

图 6-4 熊市个股抢反弹要慎重

低吸高抛，才能赚钱。散户要根据自身能力进行分析，抓住庄家已介入的上涨股票，立即跟进做短线，但绝不可恋战。

4. 分期操作

熊市初期，由于很多消息尚未明朗，一般应采取试探性调整的办法，即对一些持有量较大、价位尚在波动的股票逐步减仓。出货后，如判断价格还会上升，不妨逢低适量吸纳。但对于一些价高利大的股票应坚决出仓，尤其是在熊市时期，它们会顺势狂跌。

熊市中期，一般的劣绩股都会原形毕露，这时如果手中还有这类股票，应果断地将其出清，调换那些下跌幅度较小、抗跌能力较强的股票。之所以这样操作，主要考虑未来下跌浪的启动将是由这些股票带动的。

熊市的谷底应考虑购进。果断地在熊市末期进仓的投资者，往往是股市最大的赢家。

5. 及时止盈止损

很多股民对于股票下跌带来的损失一般都会痛惜不已，总是希望自己的股票价格能再回升，亏损状态下都不愿意割肉。一旦股价反弹上涨，又不愿意卖出，奢望能更多地获利。这种想法会让股民不仅不赚，反而还会损失得更多。

投资者在熊市中少量参与时，一定要做好随时撤退的准备。如果股价上涨到预先设定的止盈价位，就要及时抛出，落袋为安。如果股价不涨反跌，跌至预先设定的止损价位，就应坚决抛空出局，以免遭受更大的损失。

短线点金

在熊市买进股票时，可以挑选一些暴跌的品种。跌得越深，离阻力位越远，将来反弹的力度也就越大。所以熊市抢反弹，要尽量选择那些超跌的股票，以便抓住更大的获利机会，获得更多的投资收益。

猴市行情的操盘技巧

上涨叫牛市，下跌叫熊市，在这两者之间的运作状态则被称为“猴市”。猴市的形成情况比较复杂。就个股而言，当庄家洗盘时会形成震仓猴市，当庄家高位清仓时，会形成出货猴市。就大盘股指而言，当各种对证券市场影响重大的消息或政策密集出台时，会导致股指猴性大发；当指数经历长时间、大幅度的上涨或下跌后，也容易形成猴市。猴市行情的典型特点就是“上蹿下跳”，如图 6-5 所示。

图 6-5　猴市行情上下震荡

在猴市行情中操作股票，可以参考以下几点。

1. 不追涨杀跌

猴市中炒股，一定要掌握猴市的市场特征。猴市中的大盘如同一只猴子，爬树爬得太高，自然会下来饮水；在树下待得过久，自然又会爬回树上。在猴市中过度追涨和恐慌杀跌都是不合时宜的，因为追高之后很难再有获利空间，杀跌之后也往往没有逢低补回的价差。

2. 顺势而为

猴市中的投资者必须顺势而为。顺势而为包括两个方面：一是要顺应市场整体趋势，待股指回调企稳后，坚决入市做多；等股指上行受阻时，坚决获利了结。二是要顺应个股的趋势，准确把握猴市的热点切换，切不可在市场已经形成主流热点的情况下逆势操作。

3. 稳定心态

猴市中，往往行情稍有好转，投资者就欣喜若狂，行情一旦低迷，投资者又容易陷入悲观甚至绝望的心情中，从而导致投资行为缺乏完整的规划，投资水平起伏不定。在猴市中，投资者一定要认清“涨有度、跌有限”的市场本质，保持平和的心态，只有这样才更有利于对猴市波段机会的把握。

4. 精选个股

猴市中，指数缺乏连续性的大幅度上涨，但是个股中却不乏获利的机会。猴市中具有丰厚获利潜能的个股，往往集中于少数几个热点板块中，并表现出强者恒强的特点。投资者要加强对这些强势品种基本面的研究和股价运行规律的分析，在猴市中赚取价差。

5. 转变理念，正确认识猴市

投资者在评价股市时，通常喜欢用牛市或熊市来形容市场走势。其实，股市并非仅仅只有牛熊之分，猴市行情在股市中并不鲜见。投资者有必要突破“牛”“熊”思维的框框，开拓新的视野。

6. 猴市行情中跌时要买，涨时要卖

许多投资者往往在跌市中一味看空，匆匆忙忙地斩仓割肉，或袖手旁观，不敢逢低买入；等到大盘强势上涨时，又往往一味看多，不惜高价追涨，结果很容易导致踏空和套牢。参与猴市行情最稳健的投资方法就是：跌时要买，涨时要卖。不要过多地受指数变动的影响，要将注意力重点放在对个股的研究方面。

第三节　短线追涨杀跌的操盘技巧

追涨杀跌是顺势而为，是一种及时果断的反应，是一种有效的短线获取收益或规避风险的方法。当然，追涨意味着提高成本，而杀跌意味着“割肉止亏”，所以在做出决定前必须三思而行。

如果追涨中走势确实持续向上，那么可以不断地追涨。同样，杀跌时也可以分批抛出，以便确定走势方向，使自己有一个回旋的余地。总之，所有的追涨杀跌只是一种手段、一种方法，不是操作的目的。一旦这一方法与增加盈利、减少亏损的目的相违背，就必须立即改正，及时总结。

把握短线追涨的介入时机

一般说，追涨是当股票涨起来时及时追进去，杀跌就是一旦判断股票下跌趋势已确立，要及时杀出来。追涨是盈利手段，杀跌是避免亏损或减少亏损的手段。

（1）当个股攻击技术颈线位且成交量有效放大，价格上涨幅度在两三个百分点以内时，可以考虑快速介入。

（2）在低位温和放量之后出现了一根带量长阳线（或涨停），同时成交量为上叉阳量托，马上直扑追涨。

（3）股价长时间下跌调整，突然收出一根放量长阳线的时候，可考虑在当日收盘或第二日在前一天收盘价附近介入。

（4）重要的技术阻力位突破后，回踩时也是介入机会。股价依托底部形态（V型、W型、圆弧底）向上冲击长周期均线，若涨停突破，直接在涨停板追涨买入。

（5）一轮中级以上上涨行情，通常会有连续三个涨停板的个股成为龙头，投资者可在第三个涨停附近追涨买入，后市一般来说还有15%以上的升幅，这是短线高手必胜的招数。如图6-6所示。

（6）个股产生一波快速拉升，突然出现第一次下跌，一直跌破5日均线回到10日均线，或回到20日均线时，都是较好的介入位。连续涨停的股票，第一次突然打开涨停，与前一天的收盘价持平或低于前一天的收盘价，都是较好的介入机会。

（7）市场经过一轮下跌后，会切换出新的热点和领涨个股、龙头个股，通常龙头个股第一个涨停板会开闸放水，这是短线高手追涨买入的最好时机。

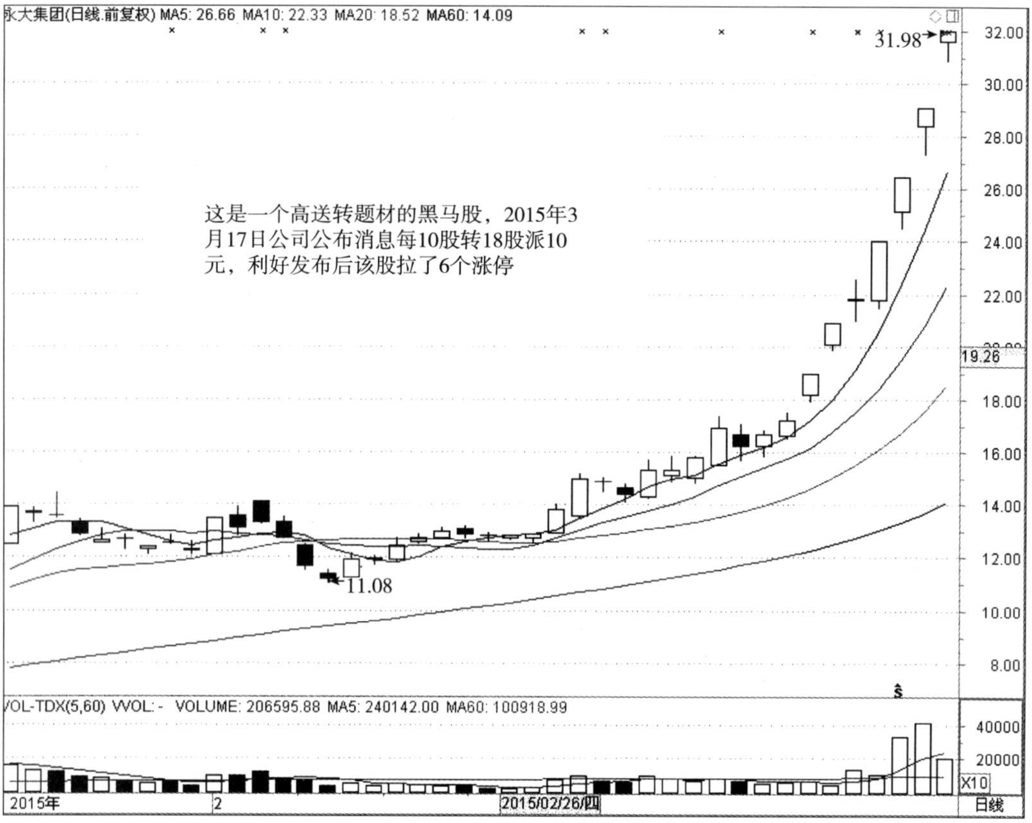

图 6-6　中级行情可在涨停板短线介入

短线追涨的操作要点

追涨杀跌本身是一个很好的炒股方法，但是需要很高的技术。对于大多数股民而言，追涨不容易掌握好的介入时机，或者追涨的时候心里非常纠结，这是没有完全掌握追涨方法的原因。

短线追涨要注意以下几项要点。

1. 追涨要及时、果敢

许多强势股启动后，都会有一波相当凌厉的涨势，所以追涨就应该及时、果敢。在这个时候追入，不但收益非常大，而且时间成本也非常低。如果在个股的盘整阶段或者震荡洗盘阶段追入，不但一时赚不到钱，还要浪费许多机会成本，有的投资者甚至因耐心不够而中途退出。追得及时，追在起涨点，就可以做到既赚钱又不会承担太大风险。

2. 必须追在个股低位

股价处于低价区域时，涨幅靠前，量比靠前，就能说明主力的真实意图在于拉高股价，而不是意在诱多。如图 6-7 所示。

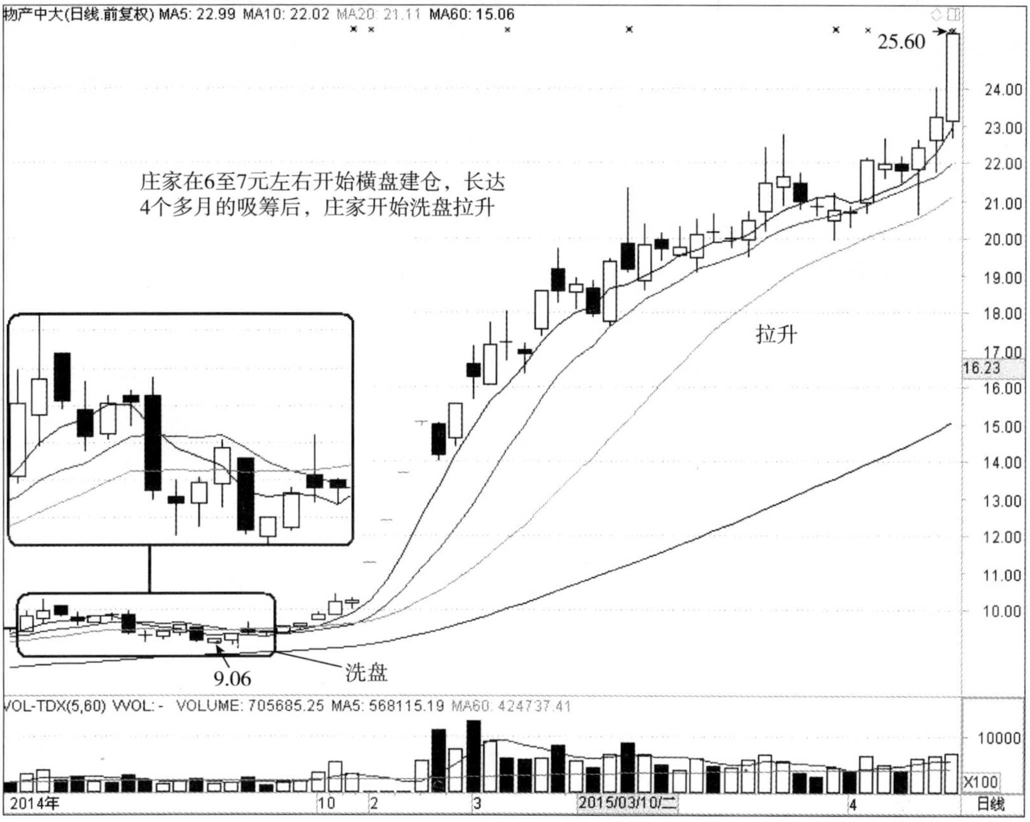

图 6-7　低价股中出黑马

在高价区域出现涨幅靠前、量比靠前的个股，其中可能存在陷阱，参与的风险较大。低价区域的判定方法很多，相对前期高点而言，股价跌幅在 60%以上，都可以称为是低价区域。

3. 追在回落整理阶段

当一只股票已经发动了上涨行情，而且连涨几天了，就不要再追入，而应等到该股冲高回落一段后再追入。纵观牛股走势，都会有一波脉冲式的上涨，所以回落后再追入，就能够减少风险。

通常情况下，一只牛股绝对不会是几天的行情，它会不断上涨，往往是涨一波后回落一段，然后继续上攻。如果是一只大牛股的话，甚至会出现数倍的涨幅。把握牛股运行的特征后，就可以抓住牛股的回落整理阶段追入。

4. 追快速涨停股票

追涨停板个股，对于中小投资者来说，是非常需要勇气的一件事情。许多散户投资者不敢追迅速拔高、直冲涨停的个股，结果第二天股价又是高开高走甚至是直接涨停。

要关注开盘不久直接上冲直奔涨停板的个股。如果个股在高位突然放量涨停，就不要盲目追入了，因为后面很可能是高开低走。对于在平台整理较充分的个股，一旦放量冲高，直奔涨停，可以马上追入。

不宜追涨的几种情况

正如任何事物均有矛盾的两个方面一样，对追涨杀跌一定要进行合理的选择，一旦出现失误，将损失惨重。股市中并非任何时候都可以采取追涨杀跌的短线操作方式，以下几种情况不宜追涨。

1. 大盘与个股的技术指标已处于较高位置时

这种情况下一般不应追涨，特别是当技术指标 RSI 和 KDJ 等处于 90 以上的高位时，应考虑卖出筹码而不是进场。如图 6-8 所示。

作为理性的短线操作者，即使需要追涨的话，也应该在该股刚开始起涨的阶段逢低吸纳。对于上升幅度过大的个股，还是不追为宜。在具体操作上，有时会遇到这种情况，某只股票进入到历史高位后，呈现出天马行空、独来独往的走势。

从技术形态来说，某只股票进入历史高位后，与另外一只正处于拉升阶段的股票在走势上有相似之处，也有不同之处。相似之处表现在同处于较高的位置，不同之处主要表现在前者已呈超买之态，其特征是在较高的价位中成交量不能明显放大，股价上涨显得较为滞缓，而后者属于加速上涨的过程中，量价配合极为理想。

对于这两种走势，在具体操作时的确难以判断，需要对大盘目前所处位置以及市场热点等因素进行综合研究。

2. 当日股价暴涨

股价暴涨往往会吸引众多追随者，庄家也会静静等候他们在次日买入该股，然后通过洗盘使股价回落。股价直线上涨，往往不会持续很长时间，当这段期间结束时，就是行情下落之日。如果你不巧在此时买进，很容易被牢牢套住。

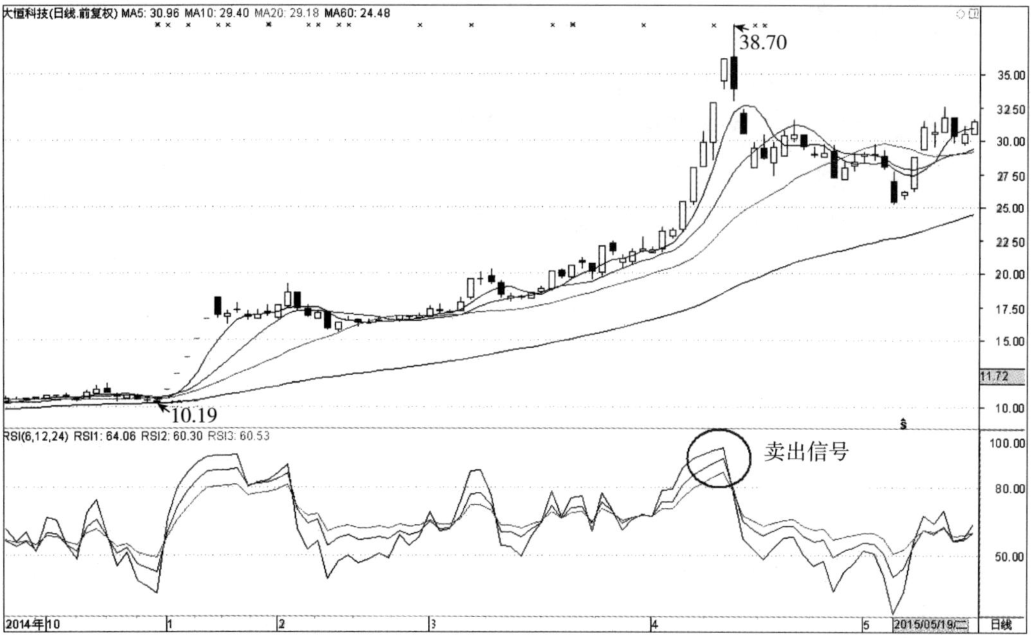

图 6-8　RSI 指标高位卖出信号

3. 成交量过大时

股市里经常发生这样的事：某股出现巨量上涨后，第二天庄家开始洗盘，不再拉升股价。这是因为继续拉升会给庄家带来巨大的成本压力，而且还会使许多“搭便车”者获利，这种结果是庄家不愿看到的。

拉出巨量的股票，在第二个交易日一般会出现冲高回落。即使庄家不进行洗盘，也会有许多短线投资者已经取得相当大的利润，需要套利了结。因此，在某只个股放巨量收出大阳线后，最好不要立即介入，持币观望方为上策。

另外，大盘和个股走势出现背离时不宜追涨，大涨之后出现利空时不宜追涨。

4. 无量空涨时

在大盘横盘调整时期，某只个股突然上涨，但成交量并未有效放大。这种情况往往是庄家运用自己的资金优势，通过对倒的手法进行自拉自唱。一旦短线投资者此时跟进的话，正中庄家的圈套，在较长的时间难以解套出局。

短线点金

短线投资者在股市中追涨适当的话，会有可观的利润，特别当某只股票开盘后高开高走并且很快进入涨停板的话，后几天会有较大的上涨空间。但这种情况出现的机会很少，对直线式上涨的个股，短线投资者还是应该采取理性对待的方式，即使需要买进，也应该在股价回落时买进，不应以追涨方式买入强势股，否则有很大可能会买到最高价。当日大盘后市如果跳水下挫的话，很可能当天即被套，等到第二天割肉出局时，已经损失惨重。

短线追涨的风险控制

要有效控制追涨风险，投资者需要遵循一定的原则。

1. 追涨的选股技巧

在主升浪行情中选股，需要转变思维，不要完全拘泥于业绩、成长性、市盈率等，而要结合上涨的趋势来选股。具体来说，就是要选择盈利机会更大的个股。

不能看到个股放量涨升了就立即追涨，有时候即使个股成交量突然大幅增加，但如果拉涨资金是短线投机性强的资金的话，上涨行情往往也不能持久。追涨时，必须对增量资金进行综合分析，只有在个股的增量资金属于实力雄厚的主流资金时，才可以进行追涨操作。

2. 追涨的止损技巧

由于追涨操作风险较大，所以对风险的控制尤为重要。一旦大势出现反复或个股出现堆量滞涨，要立即全身而退。如图 6-9 所示。

在追涨操作前制定投资计划时，止损位的设置是必不可少的内容。在追涨操作时，要对行情和个股的可持续涨升动力进行评估，据此测算风险收益比。当风险大于收益时，要立即停止操作。在追涨操作后，要严格执行投资计划中的各个操作环节，特别是其中的止盈和止损操作计划。

3. 追涨的资金管理

投资者不宜采用满仓追涨的方法，哪怕是后市行情看好。稳健的方法是采用半仓追涨，另外半仓根据行情的波动情况，适当地高抛低吸做差价。由于手中已经有半仓筹码，投资者可以变相地实施“T+0”操作，在控制仓位的同时，以滚动操作

图 6-9　个股高位堆量滞涨果断卖出

的方式获取最大利润。

4. 追涨的盈利目标

追涨过程中，需要依据市场行情的变化设定盈利目标。设置盈利目标时要考虑市场的具体环境，从市场实际出发，研判行情的上涨攻击力，最终确定盈利目标。到达盈利目标位时，要坚决止盈，克服贪心，控制过度追涨。

短线点金

追涨操作相对风险较大，所以对风险的控制尤为重要。在进行追涨操作时，要对行情和个股的可持续涨升动力进行评估，据此测算风险收益比。一旦大市出现反复或个股出现滞涨，风险大于收益时，要立即停止操作。

选择恰当的杀跌时机

一般而言，实施杀跌战术，可以体现出股民的果敢决心和及时止损的良好心态，是短线操作的重要技术。但成功的杀跌应该是基于理性的操作，即所谓“该出手时就出手”，不该抛出时绝不抛出。正确的杀跌应该是某只股票抛出后有较大的回补空间，若在某只股票处于历史最低点、跌无可跌时再将其杀出，这种杀跌就属于“自杀”了。

股市的上涨与下跌有规律可循，当其拓展上涨空间后，会有较大的盈利空间，下跌同样也会表现出一定的空间。每只股票的涨涨跌跌大都经历了初涨、中涨与终涨的过程，对一名成熟的短线投资者来说，在某只个股初涨时介入，在其终涨时抛出，是快速套利的最佳模式。若能在初涨时追涨买入，在初跌时杀跌出局，绝对属于股市的高手。

一般来说，当盘中出现以下几类情况时，短线投资者应该杀跌离场观望。

1. 大盘出现技术上的反转形态

当大盘出现技术上的反转形态时，应杀跌离场观望。反转形态在技术上往往表现为如下几种。

（1）乌云盖顶。

乌云盖顶一般是指股指在大幅涨升之后，突然在某日走势图上带巨量下挫，在日K线图上出现一根较长的阴线，并将前几日的阳线吃掉。此时投资者应立即杀跌离场。

（2）岛形反转。

在前一日出现向上的跳空缺口后，第二日又出现一个向下的跳空缺口，且两个缺口之上的K线图形形成孤岛状，出现这种走势情况，一般来说是可靠的杀跌卖出信号。

（3）某股在连涨数日后出现射击之星，并且出现较大的成交量，这种情况一般应杀跌出局。如图6-10所示。

出现射击之星时，说明其上方已有相当多的套牢筹码。一般情况下，市场转势时，庄家不会解救收盘价上方的被套筹码，随后就转入一轮快速下跌。当这类情况出现时，以杀跌出局为佳。

2. 上涨过程中成交量突然增大的股票

有的股票走势较为强劲，并且始终处于上升通道。某天上涨过程中成交量突然

图 6-10　射击之星

增大，出现这种情况，往往预示着多头能量已经衰竭，空头力量开始转强并逐渐占据上风。对于这类股票，持股者如果发现其已经不能再创新高，应该采取逢高减磅的方法应对。

3. 股价放量下挫，第二天低开

从股票初跌迹象分析，大致可分为以下几种形式。

其一是在某关键位置放量突破下行，这里应该杀跌出局。股价放量下挫，说明庄家有出货的迹象，因此必须与庄家同时进行出货。

其二是均线系统开始有掉头的迹象，也可以认为是初跌的迹象。

4. 盘整多日后，某一天大盘或者个股突然跳空低开

散户操作者一旦遇到这种情况，应该在大盘反弹时杀跌出货。跳空低开低走大多属于技术形态上的转折点，在盘整较长时期出现跳空低开，说明空方开始主动出击。当平衡的盘整局势被打破后，天平很快会向空方倾斜。大盘或个股被空方占据主动地位后，将打开新一轮的下跌空间。这种情况发生后，散户操作者必须离场观望。

若发现某只股票在盘整已久的情况下低开，并且未能回补当日的跳空缺口，持有该股的短线散户可在其反弹过程中斩仓出局。

盘整后跳空低开有以下两种情况。

（1）属于技术上调整失败形态。当股指或者股票在上行、下跌至一定阶段后，多空双方会在某一点位或者价位进行整理，一旦出现低开低走，说明空方已经战胜了多方。

（2）利空消息出现时的低开低走。市场中常会有这种情况，有的股票走势较为强劲，并且始终沿上升通道上升，但突然某天在上涨过程中却出现了低开。这种情况出现后，往往预示着短线多头能量将会用完，空头力量随之占据上风。

跳空低开常会受到消息面的影响，特别是某些上市公司出现了重大利空消息后，常会使该股进入跌停板。受利空消息影响出现暴跌后，应该采取止损出局的方法应对。这种出局方法可在当天开盘后，在大盘或者股指跳空低开后出现反弹时选择机会出局。

一般而言，下跌通常不会一口气跌到底，反弹的机会随时都会出现，短线投资者应随时关注大盘，一遇反弹马上杀跌出货。

不宜杀跌的几种情况

杀跌固然是短线回避风险，保住既得利润的有效手段，但也绝非万灵仙丹，很多时候使用杀跌战术并不适宜。下面是几种不宜采用杀跌战术的情况，希望短线投资者能够注意。

1. 暴跌数日不宜杀跌

当某股暴跌数日后，一般情况下不宜杀跌，这样很可能杀到最低价。

即使该股可能连续下跌，但在已经盘跌多日后，也不该杀跌出局，因为既然有下跌，必有一次反弹机会。若你不看好该股的话，应等到该股进入反弹时出货。某股票进入到下跌通道之后，不少散户在该股第一次破位下跌过程中，常会怀有一种幻想，认为该股短线会有反弹。当其持续下跌后，极容易失去持股信心，不少散户常会在股票连续下跌几天后，将股票杀在底部，而手中的股票抛出后却出现了上涨。经常出现类似的情况，会使散户的投资热情严重受挫。

若遇到持续下跌时，应该首先克服恐惧，根据技术形态上的走势进行操作，这里可参考黄金分割率。根据黄金分割率原理，在大盘与个股下跌至 0. 618、0. 382、0. 191 等重要位置时，将会遇到较强的支撑。据此，在操作中，若手中的股票出现下跌，则观察是否会在以上重要位置守住。不能守住的话，则会有进一步下探的需要。一旦发现初次下跌不能守住 0. 618 的位置，应该坚决斩仓出局，等其下跌至 0. 618 或者 0. 382 的位置再将其补回来。

2. 当天买入强势股后被套，第二个交易日不宜盲目杀跌出局

不少股民容易犯盲目追涨的毛病，特别是当其盲目追涨买入了当天走势极强的股票后，一旦第二个交易日股价下跌，便会产生恐慌心理，不知道股价跌到何处才会企稳回升，于是匆忙杀跌，将其全部抛出。实际上，一些强势股即使股价下跌，也不会轻易地改变其强势的特征。

对强势股是否需要杀跌，必须进行全面的分析：如果该股属于此次上升阶段中的第一次下跌，不仅不能够割肉止损，反而可以逢低买入。同时要观察其量价关系，某些股票在短时间内价跌量增，这类股票即使出现下跌，也会有反弹机会。因此，短线投资者在操作中不必看到下跌就割肉。

3. 当股价进入到无量盘整时，不可盲目杀跌

在无量盘整时杀跌，很可能在底部区域失去筹码。若要了解股价是否会继续下跌，可以观察该股的成交量变化。前几日放量下挫后，如果当日成交量仅为前几日的 1/3 或者 1/2 时，不必盲目杀跌。

成交量稀少，说明空方打压的力量已明显减弱，没有继续大量抛出筹码的意愿，这种情况往往会使该股下跌动能不足，这时有资金的话，反而可以逢低吸纳。如图 6-11 所示。

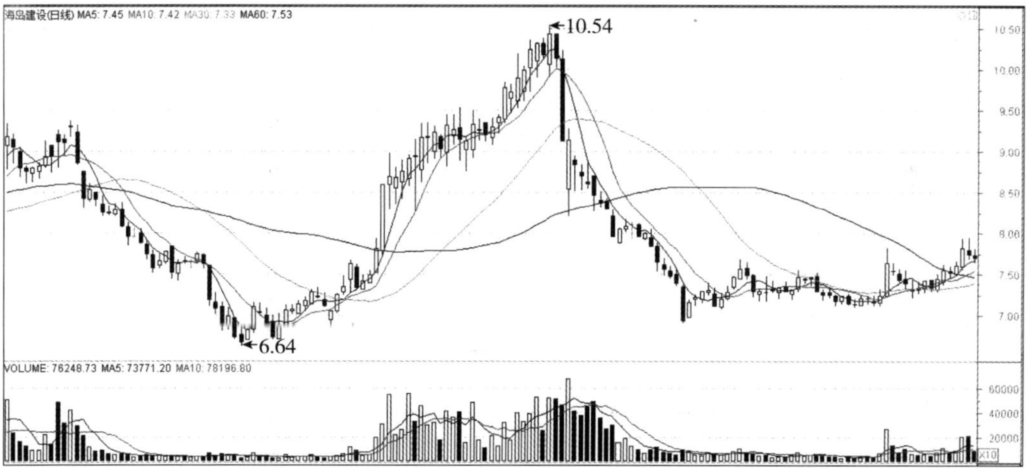

图 6-11　无量盘整不宜杀跌

4. 对一些庄股不必轻易杀跌

“跟庄炒股，与庄共舞”，是短线获利的基本技巧。但炒作庄股的同时，也蕴藏着极大的风险，这种风险通常表现为在庄家的各种诱骗下含恨杀跌出局。

庄家往往会想尽各种方法进行洗盘。特别是当散户投资者追涨介入某庄股后，发现虽然大盘指数有了较大幅度的上涨，其他一些个股也都显得生机勃勃，有的股票甚至很轻松地收出涨停板，但是自己手中持有的股票却不涨反跌，出现巨大的反差，这时许多耐不住性子的散户投资者会有一种强烈的杀跌换股冲动。但当他们"冲冠一怒杀跌出局"后会发现，没过多久，被自己杀跌放弃的庄股就开始一个劲儿地上涨，而自己换股追进的股票却好像"定海神针"一样，股价没有明显的波动。

如果散户投资者确信自己选择的庄股没有错，即使它一时不涨，也不必轻易杀跌，特别是不可轻易割肉。

■ 追涨杀跌的技巧

追涨杀跌是短线投资者常用的方法，但是不能盲目，盲目追涨杀跌是极其危险的。在股市操作中，经常会看到这样的情况：股价一上涨就奋勇追进，随后就被高位牢套，股价一下跌就立即出局，随后股价就止跌企稳并开始上涨。

追涨杀跌的方法固然是股市操作中的一个重要技巧，但却常常被称为股市中的禁忌。因为追涨杀跌的风险太大，追涨追不好往往被深度套牢，杀跌杀不成往往就等于自杀。

1. 要观察大势

就是说要看整个市场多空对决的优势一方是谁。

追涨杀跌必须满足以下条件。

（1）市场处于强势交易格局。强势格局赋予个股良好的运作基础。相反，如果市场处于平衡市道或者弱势格局，就不适合追涨杀跌。平衡市道适合高抛低吸，弱势中观望是明智之举。

（2）市场形成了鲜明并有持续性上涨能力的热点或板块效应。

2. 追涨杀跌应注意的事项

（1）市场形成鲜明的可持续性的热点时，可追涨这些热点。从理论上讲，只要把握热点板块就能获利，但是追涨时应重点关注领头羊品种。一般而言，领头羊品种是最具操作价值的个股，领头羊走软时，整个板块也将走软，领头羊品种可以为投资者提供一个全身而退的机会，领头羊品种的涨幅也是最大的。

（2）形成明显上涨趋势的个股可以考虑追涨。个股突破重要的压力线，例如头肩底形态的颈线位、整理箱体的箱顶位、三角形的上边线、长期下降趋势线等，待回抽确认其突破有效后，可以考虑追涨。

短线点金

追涨杀跌时一定要注意以下事项。

(1) 追涨时应设好止损位，确定自己的大致盈利目标。

(2) 追涨杀跌应该注意操作频率，过于频繁的操作，一旦失误增多，会严重破坏操作心态。

(3) 追涨杀跌中要多一些平和，少一些侥幸；多一分理性，少一分感性。

跌停股票要慎重

对跌停股票的短线操作，应该以下列方法进行。

1. 不要在跌停的当天买入股票

与当天不抛迅速进入涨停板的股票一样，对当天迅速进入跌停板的股票不可轻易抢买进仓，因为当天迅速进入跌停板的股票，通常会有继续下跌的理由，因此，若在跌停的第一天就买入非常危险。股票第一次进入跌停板，作为空方的能量需要有一个持续发挥的过程，在这种情况下，不宜介入第一天进入跌停板的个股。如图 6-12 所示。

对于这一点的理解，同时要研究该股的跌停属于何种情况。当某只股票只是在盘整较长时间后突然进入了跌停板，该股属于技术上破位下沉，后市将会有进一步走弱的趋势，这类股票坚决不能碰。

如果是一个极强的品种，处于上升通道之中，并且是在大成交量配合的情况下出现跌停板，这时应该根据该股是初次下跌还是见顶下跌进行分析研判，对不同的情况区别对待。前者可以持有或者买入，后者则不宜介入。

2. 连续跌停股票的处置方法

在股市中，有时会出现连续跌停的股票。出现这种情况大致有以下几种原因。

其一是主力出货。不少主力将股价拉升到一定位置后，常会在高位出货，这种情况一旦发生，股票会出现连续跌停。

其二是上市公司突然出现实质性的利空消息，这会使股票出现较大的跌幅。

其三是上市公司年报或中报业绩不佳。

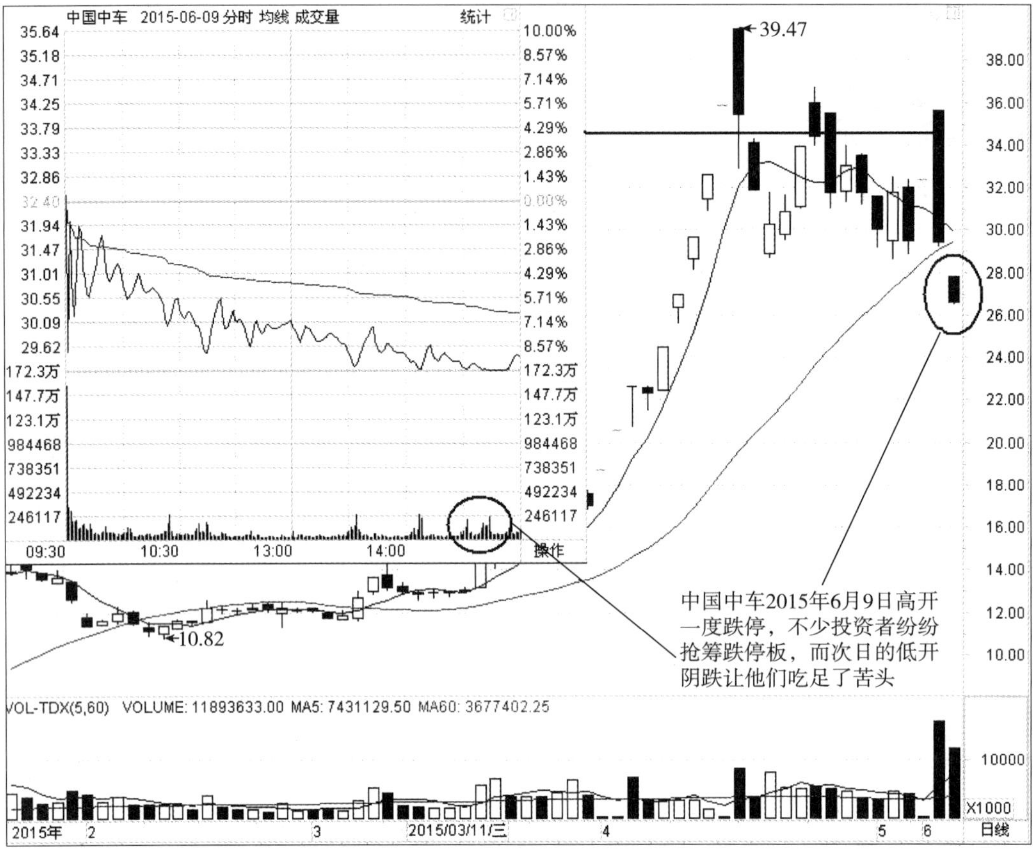

图 6-12 股价高位出现第一个跌停板不宜抢进

3. 盘整已久的股票突然跌停，可在反弹时抛出

盘整已久的股票突然向下突破并且进入跌停板，这类股票千万要当心，因为这类股票会在第二天继续呈现出低开低走态势。据此，在操作中发现有股票可能进入跌停板后，应该采取逢高减磅的方法，因为当天不抛掉的话，第二天会有更大的亏损出现。

当出现连续的跌停板时，持股的投资者往往较为恐慌，有不少投资者采取越跌越买的方法，以摊低成本。实际上，越跌越买的方法是极为危险的，主要原因在于，一旦股票出现连续跌停走势，从技术形态上就确立了该股的弱势状态，即使该股再次上涨，也需要较长时间的盘整。因此，对持股者而言，遇到股票进入跌停板后，若当天有反弹打开跌停板的机会，则应采取反弹出局的方法应对。如果当天跌停板被封得很死，没有出局的机会，可在下一个交易日采取反弹出货的方法，无特殊原因不可补仓。

对连续出现三个跌停板的情况，要区别对待。一般而言，若是由于上市公司基本面出现利空，比如年报或者中报发布业绩预亏，可以在三个跌停板后采取集合竞价的方式在当天买入，然后逢高出局。若属于主力出货性质的跌停，则不宜以短线的方式介入。

第四节　短线操作法

短线投资者通过股市频繁的波动不时地来回买卖，不时地换股，以短期波动来赚取差价。中线投资介于长线和短线之间，投资者总是在某种股票处于关键的转折点时才进行买卖，如公司基本面发生重大变化时，某些技术指标预示股价走势发生转折时，等等。

■ 回调介入法

庄家在股价到顶时要做头，这时庄家通常不会把股价直接推上去，不做盘整就砸下来，因为这样是套不住别人的，所以要制造一些假象，在顶部反复波动，尽量圈些散户进去。很多人都受庄家的摆布，进去早的盼着还涨，不舍得卖；进去晚的则受了股价上升的诱惑，没赚到钱，跌下来更不想卖。在高位入场，要看清庄家是否在做头，尤其是对中长期大顶，除了形态标志和头部信号，还需要检验中短期均线的支撑力度。

股价的底产生于散户们丢掉相当多的股票。庄家在股票有价值时，才会慢慢地入场吸纳，尽量在底部买入股票。股价回调跌到底部时，通常不会马上起涨，庄家打底需要有个过程。在底部区域，股价先是企稳后由底部向上突破，其中不时地还往下砸一砸盘，如同股价在高位区域不时地往上蹿一蹿诱多一样。向下砸盘的用意在于吓跑一些低位筹码。很多人在这个时候沉不住气，赶紧抛售，而不是逢低吸纳。其实，这往往是最后一跌，散户却没有好好把握。

回调介入法是一种比较安全的投资方法，既能保证收益，又不至于被套牢。比如，选择股价走高后回落时寻机介入，就是一种颇为值得称道的方法。如图 6-13 所示。

股市风险多聚集在股价走高时，回调走低就是在释放风险。投资者能克制住追高欲望，炒股便成功了一半，另一半则是逢低吸纳。这无疑是股票投资中的金玉良言，但真正做到这一点，还得在股市中潜心修炼才行。

利用回调介入法时，一定要注意以下事项。

第一，在大的上升趋势中选择回调介入的股票，处于下降通道的股票反弹抢不得，因为一不小心就被砸进去了。

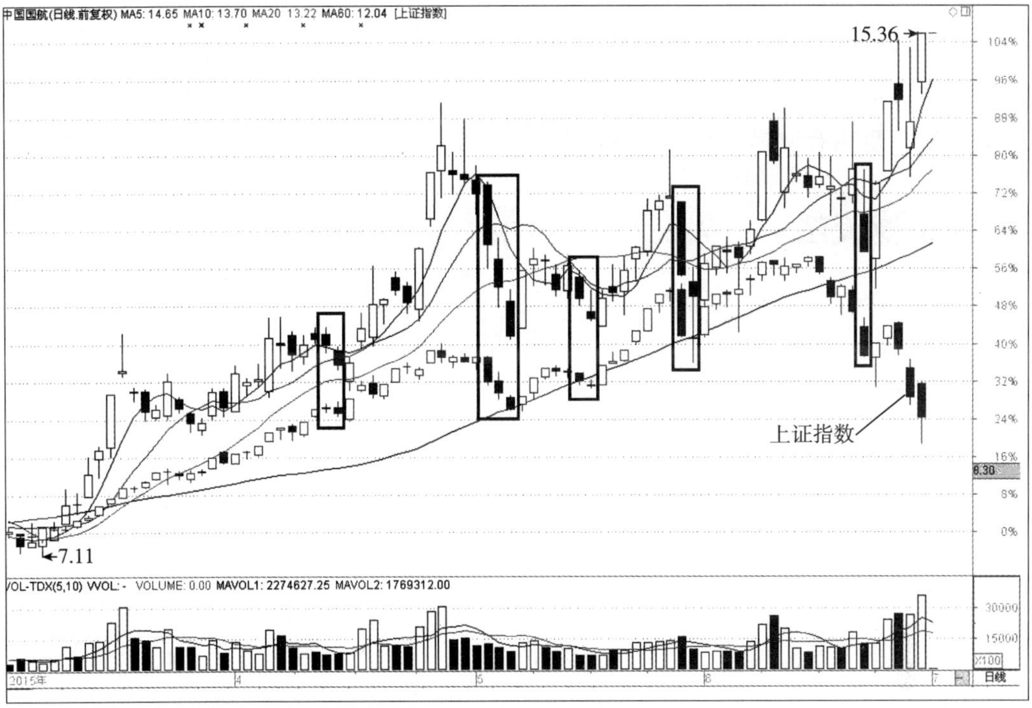

图 6-13　阶段性回调介入

第二，回调走势启动前会有个底部盘局，如果盘局中放量收阴也不要慌张，那时有庄家在护着接盘。这时虽无再下跌的可能，但何时回升还是个未知数。有的盘整两三天，有的七八天也不一定，因此不要过早介入。当股价刚脱离底部区域或 5 日均线开始上翘时，才是买入的好时机，随后股价会迅速拔起或逐步回升。

■ 集中投资法

集中投资法是投资者对热门股或危机股进行短期集中投资的一种短线操作方法。

任何股票市场都会出现股价波动很大且十分热门的成长股和危机股，把大量资金集中投向这类股票，通常会由于股价波动的幅度很大而赚取巨额利润。在股市历史上，曾有不少人采用这种方法炒作，一夜之间成为暴发户。采取这种方法风险很大，需要投资者具有相应的胆略和勇气以及承受能力。

采取集中投资法，需要把握的要点如下。

第一，改变传统的分散投资方式，将全部资金集中投入。

第二，不考虑优良股的长期投资方式，只选择热门的成长股和危机股进行短期投入。

第三，不过分重视一般市场的景气指标或企业所作的市场调查资料，而把侧重点放在能反映目前股价波动情形的股价走势图上。

第四，作出决策时应当机立断，以免错失良机。这种方法的最大缺陷是，由于投资者将大量资金集中投入，一旦行情逆转时仍未脱离股市，就有可能造成巨额损失，因此，投资者应具有投资受挫的心理准备。

以小博大法

以小博大法是股市上的主力机构为了高价卖出某种股票，故意拉升同一行业同一性质的另一种股票的价格，给投资者以股价上升的虚假现象，待大批投资者蜂拥入市的时候，主力机构即迅速将待售股票高价售出。这是一种短线炒作方法，也是大炒家使用的投机技巧之一。

采用以小博大法的投机者，当看到股市上有姐妹股齐涨齐跌的情形时，通常选择其中盘子较小或市值较低的股票进行价格操纵。

例如，有甲乙两个公司，甲公司主要生产冰箱，其资金雄厚，规模庞大，发行的股票数量多、面额高；乙公司主要为甲公司生产冰箱配件，且生产的配件绝大部分提供给甲公司，但其资本较小，规模不大，发行的股票数量也少，面额也低。因乙公司主要是为甲公司提供冰箱所需的配件，因此，甲公司股票的涨跌就直接牵动乙公司股票的升降；反过来，乙公司股票的涨跌，也会直接影响到甲公司股价的变化。

如果投机者想大量抛售甲公司的股票，即可利用乙公司股票数量少且面额不高等易于操纵的特点，予以大量买进。当众多的投资者跟价买进，乙公司股票的价格随之大幅度提高时，相关联的甲公司股票也会出现大幅上涨，这时投资者可以将伺机得来的甲公司股票抛出，从而实现以小博大的目的。

以小博大法只适合大户操作，它也是股市大户惯用的投机策略。以小博大法的特点就是在一组板块中只有几只股票在上涨，而其他股票在下跌，造成一些投资者认为其他下跌的股票有可能因为板块效应出现补涨，因此都买进这几只下跌的股票，从而完成庄家以小博大的目的。

前期高点介入法

股价回调后返升至前期高点处，对股民来说是最敏感的时刻。前期高点被技术分析师认为是重要的阻力点，突破不过去会形成双头，杀伤力极强。能直接突破过去的，按幅度比或对称结构再次上扬的走势较常见。如图 6-14 所示。

突破前期高点，说明主力资金看好该股票，上涨欲望强烈。如果量能放大的话，

图 6-14　放量突破前期高点

可以继续持有。前期高点介入有以下几个理由。

第一，虽然前期高点是重要阻力位，但是止步于此的必要性并不强。换句话说，即使突破这个高点，市场也会认可。如果基本面没有强烈的压制动力，突破是比较常见的。因为股价一路上涨，当然要突破，因此可以大胆介入。

第二，前期高点有大量空单，使得回升无法继续。大量的分析师为求稳妥，都会选择在重要阻力位下做空，在突破之后止损，这种行为也为市场多方提供了很好的机会，因为只有突破这个高点，才能有大量的买单来消化市场空方释放的筹码。

第三，突破前期高点后的盘整，能进一步消耗意志坚定的空头。随着市场的横向波动，空头失去坚持的勇气而止损，这样就能进一步激发新的买盘，行情也将进一步上涨。

至于突破前期高点之后，多方止步于哪个价位，则视市场情况而定。基本的原则是，空方会建立防线于能够聚拢空方人气的位置。

如果升至前期高点或已达到理论高度，既不下跌又不连升，而是停住盘整一段时间，然后再实施向上突破，由此看来，逢前期高点盘整不是只有下跌一个取向。这种蓄势的形态分两类情形，虽然具备同样特点，但由于原先的走势、振幅不同，其突破后的表现有相当大的差异。

抢帽子操作法

抢帽子操作法是股市上的一种投机性行为。在股市中，投机者当天先低价购进预计要上涨的股票，然后待股价上涨到某一价位时，当天再卖出前期买进的股票，以获取差额利润。或者在当天先卖出手中持有的预计要下跌的股票，然后待股价下跌至某一价位时，再以低价买进所卖出的股票，从而获取差额利润。这种买进卖出或卖出买进一般都在当天进行，是一种超短线的投机交易行为。

抢帽子需要一定的市场环境，特别是要把握好抢帽子的时机。市场交投活跃，价格运行轻快最适合抢帽子。就日内交易来讲，开盘后半个小时最适合抢帽子。这个时候多空双方分歧大，来回进攻，盘子反应灵敏而轻快。抢帽子的大部分利润来自于这个时段，好好把握，可以奠定一天盈利的基础。

■ 拔档子操作法

拔档子操作法是投资者用以降低投资成本的操作策略。所谓“拔档子”，是指投资者先卖出自己持有的股票，待其价位下降之后，再买入补回的一种降低成本、保存实力的操作方法。投资者采取拔档子操作策略，并非都是对后市看坏，也不是为了获利了结，其多数只是希望进行高卖低买，以赚回一段差价。如图 6-15 所示。

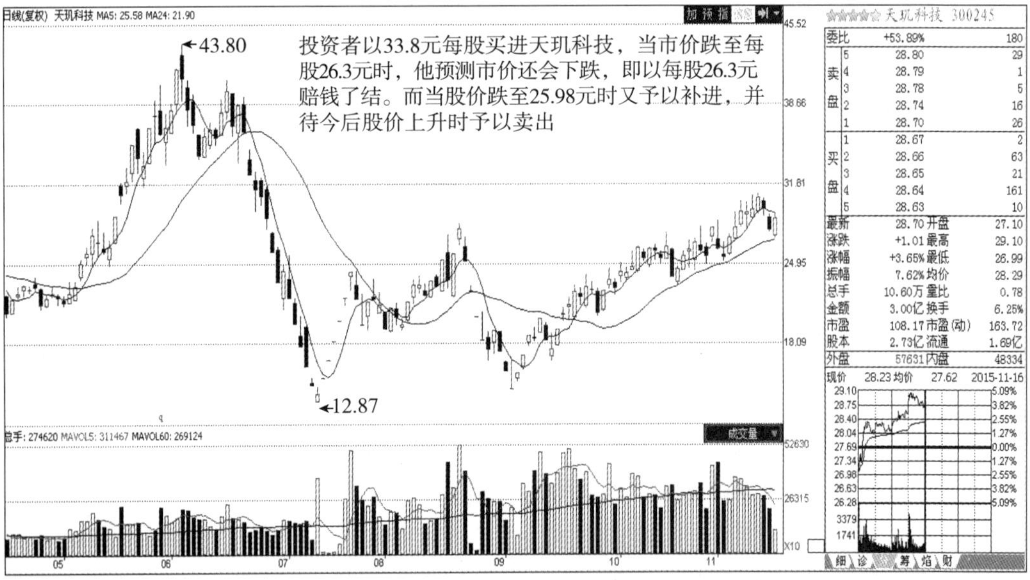

图 6-15　拔档子操作法

采用拔档子操作法的投资者一般多为短线投资者，他们并非完全对市场前景看淡，而是有针对性地对某只股票近几天做空。他们的卖出操作也不是为了获利了结，而是趁股价相对高时先行卖出，以便自己能利用行情的起浮打一个“时间差”，赚取更多的利润。拔档子操作法的卖出与买回一般间隔时间很短，就在数日之内。应用该方法的投资者，一般要对某一只股票进行长时间的追踪，充分了解和掌握股价的脉动与涨跌周期。此方法做好了，就会踩着涨跌节奏，一路高歌，否则步步受困。

拔档子操作法也是主力大户经常使用的左右股市的方法。主力大户拔档子不仅是为了赚取差价，更重要的是通过左右股市来渔利。在股票市场中，主力大户如同统率千军万马的将军，一呼百应。一听到主力大户拔档子，便有人不计价地大批杀出。一般的投资大众有时摸不清方向，只有跟着主力大户转，而主力大户一般都非常注意散户的心理和动向。

拔档子有以下几种操作方法。

第一，行情上涨一段后卖出，回调后补进的“挺升行进间拔档”。多头在推动行情上升时，见价位已上涨不少，或进行到沉重的阻力区，就自行卖出，由多翻空，使股价略为回跌来化解上升阻力，以便于推动行情再度上升。

第二，行情下跌时，趁价位仍高时卖出，等跌低后再买回的“滑降行进间拔档”。这是套牢的多头或多头自知实力弱于空头时，在股价尚未跌至谷底之前先行卖出，由多翻空，等股价跌落后再买回反攻空头。

第三，“箱形整理间拔档”，即在箱顶阻力位出货，等股价跌至箱底支撑位再补回。在“箱子”里的拔档，可以有效防止陷入庄家设置的“陷阱”。

采取拔档子操作法，对于一般投资者来讲，必须在行情适度时予以补回，以免行情再度急剧回升时补不回来，从而达不到低买高卖的目的。对于大户来讲，在股价涨势过程中采取拔档子操作法，也必须见好即收，在股价有一段小的回落之后及时补进，以免使股价回档幅度过大，从而加大后期拉升股价的难度。

短线点金

“拔档子”操作法的好处是可以降低成本，增加收益。此方法适用于职业性短线炒手，对使用者的要求是有一定的技术分析能力与实战经验。在应用时，一般要对股票走势做到心中有数，眼明手快，见好就收，慎重选择卖出与买回的间隔时间，迅速补回，以免造成“踏空”。

■ 博傻操作法

博傻操作法是一种短线投机方法，是指投资者预计股票价格上涨将持续一段时间时，大胆地以高价买进，待股价涨到更高时抛出；预计股票价格下跌将持续一段时间时，大胆地以低价卖出，待股价跌到更低价位时购回。

“博傻主义”投资法，可以说是纯粹的投机方法，带有很大的赌博性质。在股票市场日趋成熟、投资者日趋理性的今天，这种方法已较少使用。

这种投机方法的前提是假定自己是“傻瓜”而买进高价货或卖出便宜货，然而总有人比自己更傻，愿意以更高的价格买进或者以更低的价格卖出，自己就可以从中赚钱或减少亏损。可见，这是一种“傻瓜赢傻瓜”的投机方法。

用这种以傻赢傻的方法获取利润，很明显，如果投资者判断失误，在股价高涨期买入股票，而后又无法再以更高的价格卖出时，后果是不堪设想的。如果投机者在下跌时售出自己的股票，之后又没有更低的价格可以购回时，这时的投资者便成了十足的“傻瓜”，所以投资者一定要慎用。

支持博傻的基础是投资大众对未来走势判断不同步或判断不一致。对于任何部分或总体消息，总有人趋向悲观，也总有人的估计过于乐观；有人行动迟缓，也有人过早采取行动，这些判断的差异导致整体行为出现差异，并激发市场自身的激励系统，导致博傻现象的出现。

对于博傻行为，也可以分成两种，一类是感性博傻，在行动时并不知道自己已经进入一场博傻游戏，也不清楚游戏的规则和必然结局。另一类是理性博傻，他们清楚地知道博傻以及相关规则，只是相信在当前状况下，还会有更傻更多的投资者即将介入，因此才投入少量资金赌一把。

假如某种股票高价区间的不同价位分别为每股 20 元、25 元、22 元，在价位 20 元时使用这一操作法购入后，等价格涨至 25 元时卖出，在价格 25 元时，仍有一批投资者因为看好价格会再次上涨，同样使用博傻操作法，以期在更高价位卖出。这样我们就会看到，在 25 元价位时买入的投资者，一方面自己使用了博傻操作法，另一方面自身又成为在 20 元价位时使用这一技巧的博傻对象。在实际的股票买卖中，每一个使用博傻操作法的投资者，都可能同时扮演这两种角色，这就决定了这一方法具有极大的风险，一旦找不到比自己更傻的博傻对象，投资者就会亏损，成为最惨的傻子。

以高价买进的投资策略若要成功，在操作中要做到以下几点。

第一，选择具有良好前景且获利率高，股价可能会在人们普遍看好之中进一步上涨的股票。即使高价买进后这类股票价格开始下跌，也容易再度成为人们争购的对象。

第二，只能在行情普遍看涨时高价买进，只有人们对股市普遍乐观时，股价才会连连上涨，博傻才能成功。

第三，选择业绩优良公司的股票。这类股票在业绩稳定的时候不断上涨，人们由于对其业绩具有稳定的预期，股价一般不会意外下跌，投资者就可以在股价进一步上扬时卖出获利。

短线点金

采用这种策略时，不怕自己是傻瓜而买了高价货，只要别人比自己更傻，愿意以更高的价格进货，自己就可将股票卖给后一位傻子而赚钱。博傻策略只适宜在股市行情处于上涨阶段时运用。采用这种投资策略的风险很大，如果高价买到手后转不出去，就会被套牢而蒙受损失，因此心理承受能力较弱和收入不够宽裕的投资者，不宜采用此种投资方法。

布林线投资法

布林线指标是利用统计学原理，先规定一个标准差，再求算出一个上下限波动区间，其波动的上下限随股价浮动。布林线指标是一种“路径类指标”，由于兼具灵活和顺应趋势的特点，因而成为目前资本市场中普遍使用的技术指标之一。

布林线的主要功能有 4 个：布林线可以指示支撑和压力位置；布林线可以显示超买、超卖；布林线可以指示趋势；布林线具备通道功能。

布林线由上、中、下三条轨道线组成，其中上下两条线分别可以看成是价格的压力线和支撑线，在两条线之间是一条价格平均线。一般情况下，价格线在上下轨道组成的带状区间游走，而且随价格的变化而自动调整轨道的位置。如图 6-16 所示。

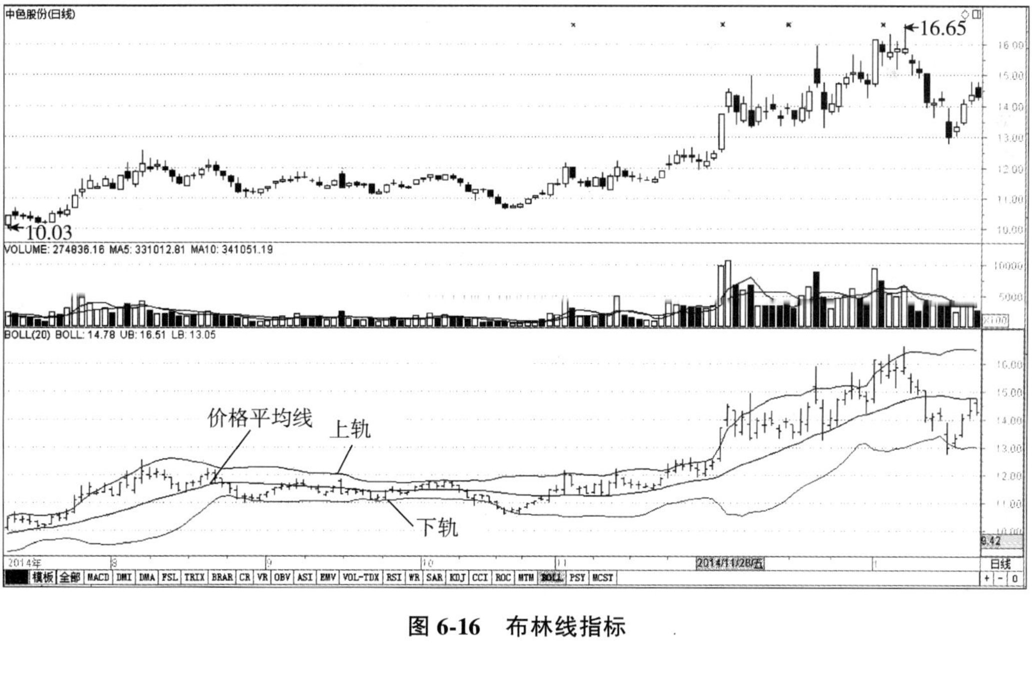

图 6-16　布林线指标

其三条轨道线之间的关系如表 6-1 所示。

表 6-1　三条轨道线之间的关系

情况	分析
当三条轨道线同时向上运行时	预示股价的强势特征非常明显，股价短期内将继续上涨，投资者应坚决持股待涨或逢低买入
当三条轨道线同时向下运行时	预示股价的弱势特征非常明显，股价短期内将继续下跌，投资者应坚决持币观望或逢高卖出
当布林线的上轨线向下运行，中轨线和下轨线向上运行时	预示股价处于整理态势之中。如果股价是处于长期上升趋势时，表明股价是上涨途中的强势整理，投资者可以持股观望或逢低短线买入；如果股价是处于长期下跌趋势时，则表明股价是下跌途中的弱势整理，投资者应以持币观望或逢高减仓为主
当布林线的三条轨道线几乎同时处于水平方向横向运行时	要看股价目前的走势处于什么样的情况进行判断

布林线的市场含义是，股价围绕平均价波动时偏离平均价的程度。它反映了股价震荡的剧烈程度。比如，上布林线在 16 元，下布林线在 12 元，移动均线在 14 元，含义为股价围绕 14 元波动，平均偏离均价 2 元。

布林线利用波带显示其安全的高低价位。当变易性变小，波带变窄时，预示激烈的价格波动随时有可能产生。高低点穿越波带边线时，立刻又回到波带内，会有回档产生。波带开始移动后，以此方式进入另一波带，对于找出目标值有很大帮助。

布林线分析要领主要有以下四点。

第一，由于布林线对短线波动把握较好，但对中线突破的方向指示不明，因此运用布林线应综合其他技术指标共同分析。若结合静态指标综合使用布林线，其实际效果更佳。布林线一般显示为三条线，若将开关参数设为 1，图形就以四条线表示，最外面的两条是该趋势的支撑线（Down 线）与阻力线（Up 线）。由带状的宽度可以看出价格变动的幅度，越宽表示价格的变动越大。静态指标布林线的理论使用原则是：当价格穿越最外面的压力线（支撑线）时，表示卖点（买点）出现。当价格沿着压力线（支撑线）上升（下降），虽然价格并未穿越，但若回头突破第二条线即是卖点或买点。

第二，当布林通道由宽变窄时，说明股价逐渐向中间值回归，股市进入盘整区间，应该以观望为主。

第三，当布林通道由窄变宽时，说明股价波动增大，交易活跃。如果股价向上逼近或穿越布林线，表明超买力量增强，股市可能会短期下跌；反之，如果股价向下逼近或穿过布林线，表明超卖力量增强，股市可能会短期反弹。

第四，当K线在布林通道中沿上限线运行时，表明涨幅会持续，可以适当守仓。当K线在布林通道中沿下限线运行时，表明跌幅会持续，应及时平仓。

幅度化联想法

在个股走势中，很少有一气呵成完成整个上升行情的，大多是采取一段一段的渐进方式，每段涨幅的比例几乎相等，于是把它称为幅度化。

幅度化控制的主要是斜率和尺度，形态规划和时间概念一般不会雷同。在具体的操作过程中，幅度化给投资者带来的提示不能用别的什么规律来代替，它往往会以别具一格的形式预见新的股市升势来临。

比如形态并无迹象显示滞涨时，你还在憧憬未来，幅度化可以提前发出预警；这一段涨得差不多快要调整了，幅度化可以提醒你此时不该有买进的念头；在结束一段涨幅后整理完毕，它会及时发出买入信号；股价再次上涨，投资者担心行情能否继续时，它会告诉你还有上涨空间。

当然，市场中也可能有别的方法提供帮助，但是远没有幅度化那么易用。实战中，投资者应时时督促自己在适当的时候主动地去做幅度化联想。不过，当股市没有按照幅度化规律运行时，投资者也不能死搬硬套，一定要找准对象。

市价委托法

市价委托法是通过发布委托指令来实施买卖操作的一种最容易执行的投资法，市价委托法要求经纪商按照交易市场当时的成交价格买进或卖出证券。

使用市价委托法买卖证券有两个好处：一是成交迅速快捷，因为这种委托没有规定买卖的具体价格，有时在委托单交给经纪商几分钟后即可成交。二是成交的把握性大，只要没有意外情况发生，这种委托一般都能得到执行。

市价委托法一般在客户急于买进或急于卖出股票时采用，通常更受那些急于在跌势中出售股票的客户欢迎。因为在股价处于下跌走势时，往往股价下跌的速度比上涨的速度更快，此时采用市价委托法可以有效地减少损失。

沪市市价委托的类型包括最优五档即时成交剩余撤销和最优五档即时成交剩余转限价两种，如表6-2所示。

表 6-2 沪市市价委托类型

类型	分析
最优五档即时成交剩余撤销	无须指定委托价格，委托进入交易主机时，能与“最优五档”范围内的对手方队列成交或部分成交即予以撮合，未成交部分立即自动撤销，一笔委托可以与对手方数笔不同价格的委托撮合成交
最优五档即时成交剩余转限价	无须指定委托价格，委托进入交易主机时，能与“最优五档”范围内的对手方队列成交或部分成交即予以撮合，未成交部分自动转为限价委托方式，一笔委托可以与对手方数笔不同价格的委托撮合成交

深市市价委托的类型有 5 种，分别为对手方最优价格、本方最优价格、最优五档即时成交剩余撤销、即时成交剩余撤销、全额成交或撤销委托，如表 6-3 所示。

表 6-3 深市市价委托类型

类型	分析
对手方最优价格委托	投资者无须指定委托价格，如果当时交易主机中集中申报簿的对手方队列中存在有效申报，则与当时对手方队列中价格最优的申报成交
本方最优价格委托	投资者无须指定委托价格，当委托申报指令进入交易主机时，交易主机以当时集中申报簿有效竞价范围内本方队列最优价格为其指定价格的委托类型
最优五档即时成交剩余撤销委托	是为了避免市场价格波动过大而对“即时成交剩余撤销委托”的改良。投资者无须指定委托价格，委托进入交易主机时能与“最优五档”范围内的对手方队列成交或部分成交即予以撮合，未成交部分自动撤消。一笔委托可以与对手方数笔不同价格的委托撮合成交
即时成交剩余撤销委托	无须指定委托价格，委托进入交易主机时能立即成交部分即予以撮合，未成交部分立即自动撤销，一笔委托可以与对手方数笔不同价格的委托撮合成交。可以与对手方数笔不同价格的委托撮合，直至无有效对手盘
全额成交或撤销委托	无须指定委托价格，委托进入交易主机时能立即全部成交即予以撮合，否则委托全部撤销，该委托可以与对手方数笔不同价格的委托撮合成交

当市场价格波动较大，且所报的卖价较高或买价较低时，容易出现高价买进或低价卖出的情况。因此投资者选用此种委托策略时，需权衡利弊，以避免造成不必要的损失。

■ 偷梁换柱法

股市偷梁换柱特指投资者卖出已经大涨并且受机构大户、中小投资者追捧的热门股，转而买入不被人们关注、涨幅较小的暂时的冷门股，这是一种中线操作方法。这种操作方法看似简单，实则复杂。操作时机恰当，盈利丰厚；时机出错，会让人懊悔不已。

成功的偷梁换柱法主要有两种方式。

一种方式是卖出真正有名气且上涨幅度已很高的热门股，转而换购暂时不受人注意的便宜股。进行这种转换的时机，应选择在热门股票的涨势已接近顶点，且处于下跌边缘的时刻。此时如能适可而止，不仅可以避免因股价涨升过头而遭受可能出现的损失，保住已经赚取的可观利润，还可以聚集资金，对潜在的涨升股票进行一轮新的投资。这是股市行为中一种较为稳健的偷梁换柱法。

另一种方法是卖出不受欢迎且变动极微的股票，换购可能会上涨的股票或刚开始上涨的股票。这种买卖的顺利转变，会给投资者带来大幅度的收益。

偷梁换柱法是一种极具风险的操作方法。归结起来，风险主要来自以下两个方面。

第一是卖出踏空的风险。本来投资者持有的是一只黑马股，眼见其上涨了50%或100%即急急忙忙抛出。抛出之后，股价依然一个劲儿地往上涨，眼睁睁地看着白花花的银子打了水漂。

第二是买入滞涨或不涨反跌的风险。投资者将卖出股票的资金买入另一只自己不熟悉，而且对其缺乏信心的股票。眼睁睁地看到原来所持股票继续大涨，买入的股票天天横盘或不涨反跌。

采用偷梁换柱法这一投资策略，应尽量避免两种类型的股票转换。

一是要避免在两种有名气的品种中进行换手。因为同是名气较大的股票，如果没有属于个股的特别利空、利多消息出现，两种股价的走向不会发生较大差异，因而在两种品牌之间进行换手，往往徒增手续费而已。

二是要避免在同业间进行股票转换。因为同业同品种的股票，其涨跌的趋势相差不大，这种替换一般也不能给投资者带来利润。偷梁换柱法只适合那些有经验的股票投资者使用。

短线点金

采用偷梁换柱法，必须克服急躁情绪。不少投资者在刚刚卖出股票之后，立即不加分析地买入另一家公司股票，尽管后者股价便宜，暂时不为市场所关注。买入之后，股价阴跌不止，反而被套牢。理智的投资者不应急急忙忙买入，而应衡量该股值不值得关注，买入的时机是否有利，同时打开日 K 线图，观察股价是否处于相对低位，方可作出买入决策。

■ 最大风险法

最大风险法是一种以获得最大收益为着眼点，甘冒最大风险购买股票的方法。最大风险法是从若干自然状态的各方案最大收益中，选取最大收益中的最大值所对应的方案为最优方案，然后加以采纳和实施。

当拟定购买某只股票后，将股票前景分为好、中、差三种可能，相应地制定大量、中量、小量三种购买方案。这三种购买方法如表 6-4 所示。

表 6-4 三种购买方法

自然状态购买方案	收益值（元）			最大收益值
	好	中	差	
大量购买	130	100	-30	130
中量购买	90	60	20	90
小量购买	60	40	30	60

在上述三种方案中，各种方案的最大收益值分别为 130 元、90 元和 60 元，由此可见，最大收益值中的最大值为 130 元，故选择最大收益值 130 元时对应的大量购买方案。这种方案选择方式，是以公司在最好情况下获得盈利状况为依据来进行决策的。如果未来状况与决策的预期完全吻合，投资者可获得最大收益值 130 元。但如果结果与决策者的乐观预期完全相反，则有可能导致投资者亏损 30 元的结局。

购买股票能否获得收益，取决于多种因素。任何情况下投资于股票，结果无非是这样三种可能：一是完全达到了自己的预期目的，盈利达到了最高值。二是事情的发展与自己的设想有差距，但仍算正常范围之内，盈利水平一般；三是自己的设想计划完全失败，损失达到了最大值。

不同的购买股票方案，上面所说的好、中、差三种结局也是不一样的。最大风验法就是选择那种风险最大、收益也最大的方案作为自己实施的最佳方案，这个方案与其他方案比起来，一旦成功，盈利最高，一旦失败，损失也最惨重。

短线点金

最大风险法适合那些具有一定经济基础且属于进取型的投资者选用。这种投资方法以出现最好情况并获得最大收益为决策前提，具有较强的赌博性质，因此要求投资者具备相当的冒险精神和强大的心理素质。

第五节　短线追涨停板的操盘技巧

不是所有的涨停板都可以追，有一半以上的涨停板追涨风险很大，尤其是短线追涨停板，获取暴利的成功率极低，投资者切不可掉以轻心。

任何事物均有矛盾的两个方面，追涨也不例外。追涨之前一定要进行合理的选择，股市中并非任何时候都可以追涨。为了控制短线操作的风险，在许多情况下必须追涨，但也有许多情况是不宜追涨的。

■ 分析涨停板的介入点

涨停往往意味着一只个股爆发，同时也意味着市场买方力量在该阶段异常强大，还意味着主力资金操盘手法凶悍。短线追涨时，确定涨停板的介入点非常重要。过早介入会严重被套，过迟介入又会由于股价上涨过多，导致利润空间减少，风险加大。追涨停板是一项高风险、高收益的投机活动，投资者在选择介入点的时候，应注意以下几点。

1. 强庄股涨停介入点

这种股票一般在股价上升的底部或腰部涨停，此时涨停说明该股已开始启动。涨停后，庄家为了清洗获利盘，中间会展开震仓，震仓的时间为 5 个交易日左右，震仓的幅度大约在 5 日均线附近，这样即使瞬间跌破，也会被迅速拉起。

震仓过后，该股又会展开新的一波上升浪。对于这类股票，投资者如果能在 5 日均线附近杀入，一般不出 3 天，就会有丰厚的回报。

2. 无量开盘涨停介入点

有重要利好消息发布的个股，如果在股价较低时首次出现开盘涨停，只要大盘不是极端弱势，可在 9:25 竞价购买，一直排到尾市，中途有可能成交。出现无量涨停后，第一个涨停板多数不是行情结束的时间，而是上涨行情的开始，次日往往还会有一个冲击涨停板的过程。

3. 放量首次涨停介入点

如果某只股票的成交量一直不温不火，但一直有量，突然有一天放大量拉上涨停，这个涨停意味着该股开始快速拉升。如果第二天股价回调，就是买入的机会，这只股票以后还会有多个涨停。但是投资者一定要注意该类股票在涨停之前必须一直有成交量，同时必须是首次涨停。

4. 开盘封死涨停的介入点

对于那些高开 5%以上的个股，如果有重大题材配合或板块集体启动，则很可能在开盘 10 分钟内就被封死在涨停板上。如图 6-17 所示。

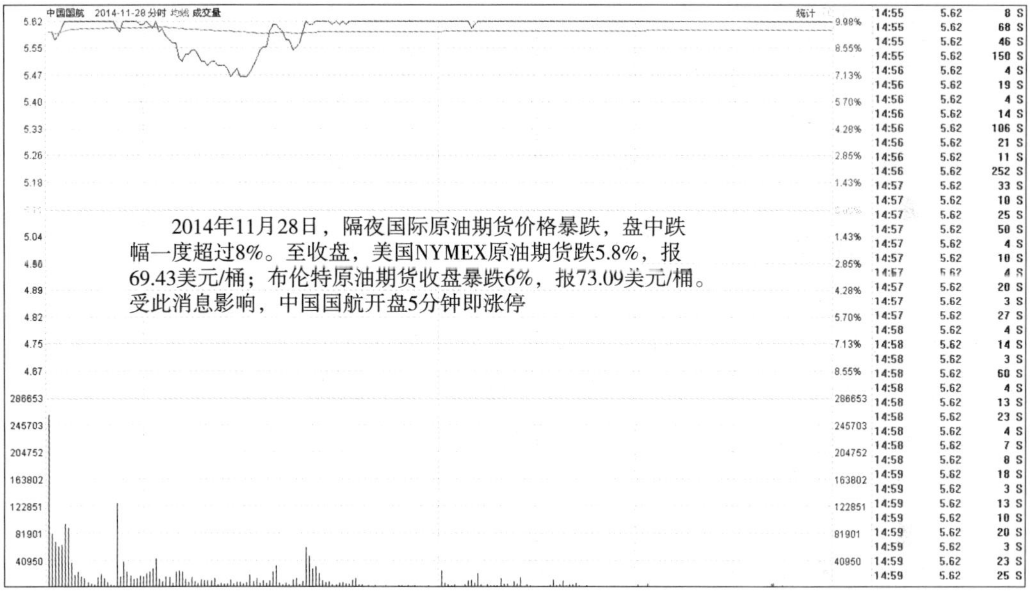

图 6-17　利好消息刺激，开盘 5 分钟即涨停

像这样涨停的个股，其最好的介入点是在中途打开涨停随后又出现封停趋势的时候。因为主力通过打开涨停板，洗去了持股意志不坚定的投资者，后期涨幅值得期待。但是如果当日换手率超过了 7%，则第二日情况可能不妙。

5. 开盘无量“一”字涨停介入点

如果某只股票出现突发利好，开盘后无量“一”字涨停，之后数日仍然无量“一”字涨停，在其首次“一”字涨停放量打开后，此后两日股价仍然收在涨停打开日股价之上并且量能不缩，短线可以果断买入。这是因为突发利好，机构来不及事前建仓，涨停打开的那日放量才是机构进场的时间，机构的成本也是打开涨停且放量那天的股价，机构后期必然会继续上拉。

介入这类股票的时候，必须注意以下三点。

（1）涨停打开日必须放大量。

（2）此后两日股价必须站在打开涨停那日的股价之上。

（3）“一”字涨停前或期间必须无量。

短线点金

追涨停的介入点非常重要，追涨停是一项高风险高收益的投机活动，也是一门操作艺术。介入点一定要在涨停个股最后1分钱价位卖单快被消化殆尽（只剩100多手卖单）时，要快速挂单，敢于排队，这种情况下才有希望成交，而且这个点位最安全可靠，哪怕买不上都行。留得青山在，不怕没柴烧。最怕的就是在股价差2～3分钱涨停时就急不可待地追进，结果往往当天被套。

■ 研究K线组合

追逐涨停板也要结合大盘走势和个股K线及均线形态，这样才能有效降低风险。K线组合是几个交易日K线的衔接和联系，也是股票价格运行趋势的某种征兆。研究K线组合的深刻内涵，把握股票价格上涨信号，可以大大提高捕捉涨停板的成功概率。

■ 关注涨停个股

关注涨停个股，主要是对第二天上冲能力大小进行评估，合理选择卖出点。

强势品种标准如下。

（1）涨停板未被打开过。

（2）早市跳空开盘，小幅回档后，直接快速封停。

（3）涨停后未出现过四位数的抛盘。

（4）封单为五位数以上。如图6-18所示。

（5）日K线在60日均线之上，股价正处于主力拉升初期或中期。

（6）股价刚创新高，并且未远离低位成交密集区。

（7）属于资金流向中的主流板块品种。

（8）涨停后成交量极度缩小。

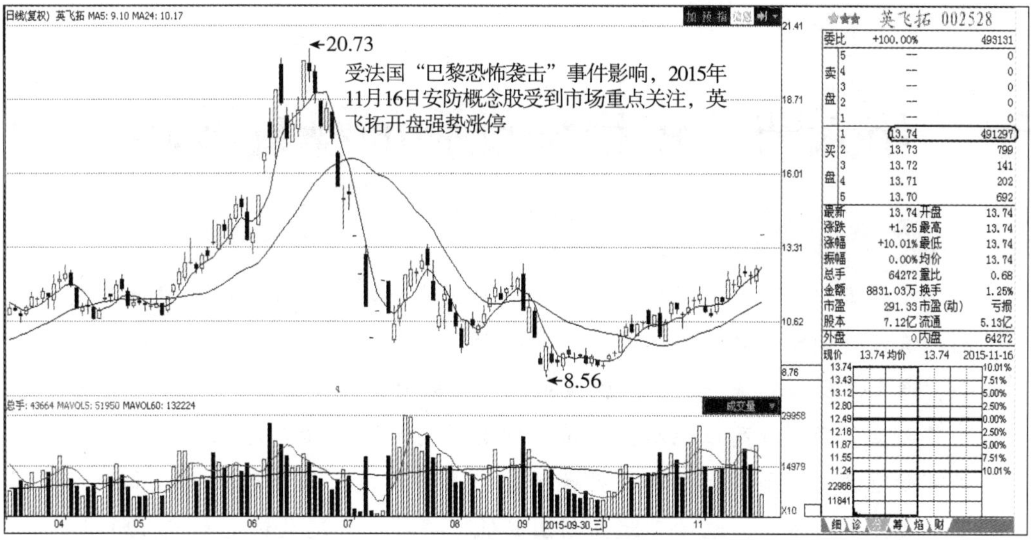

图 6-18　开盘即大单封涨停

（9）可以期望第二天获利 5%～6%以上。

对于弱势品种，即涨停后被打开过和涨停后放大量的个股，一般有利润就跑，保持现金为王的原则。

■ 关注回落的幅度

股价冲高要回落，这是一种自然现象，也是股票价格变化的必然结果，它不以投资者的意志为转移，是遵循自己固有的规律起伏运行的。但是这并不意味着股价冲高回落没有什么操作价值，相反，其冲高回落的幅度和角度，对股价当日的走势有着至关重要的意义。

通常情况下，开盘后半小时（包括午市开盘后半小时）的走势必须重点关注，因为这个时候股票价格的变化，对股票全天的走势有一定的指导价值。这个时候股票价格回落的幅度不破黄金分割线，特别是不破 0.382 的黄金分割线，在其掉头向上冲破前期高点时买入，捕捉到涨停板的可能性较大。当然，如果涨停板打开，在回落过程中受到了 0.382 黄金分割线的强有力支撑，也可以果断下单，这通常是很好的买入时机。

第六节 短线抢反弹的操盘技巧

在股市中，股价呈不断下跌趋势，因股价下跌速度过快而反转回升到某一价位的调整现象称为反弹。一般来说，股票的反弹幅度要比下跌幅度小，通常是反弹到前一次下跌幅度的1/3左右时，又恢复原来的下跌趋势。

大盘引领个股高位跳水，股价瞬间会跌得很惨，于是浮躁的资金就急不可耐地进场抢筹，大盘和个股就可能在某一价区拉锯整理，但大多用不了多久便支撑不住，继续下跌并创出新低，将抄底者悉数锁定套牢，所以，对于下跌趋势中抢反弹，没有一定的定力和技巧是不行的。

■ 某一重要价位抢反弹

抢反弹不仅要选准股票，而且要选准时机。一般来说，在以下位置抢反弹比较妥当。

1. 黄金分割位

此法适用于股指阴跌较长时间的市场。从距离前期高点的位置算起，如其后有较长时间的反弹，可以从反弹的高点（次高点）算起。前一次反弹失败后持续阴跌，期间时间略长一些较好。此外，期间反弹抵抗越少者越有效。

2. 前期重要支撑位

一只股票涨起来，不外乎经历建仓、震仓、拉高、出货几个过程。主力机构往往综合使用各种手法，表现为上述四个阶段呈现复杂化的运动。如建仓，若一次拿不到足够的筹码，就打压下来接着吸筹，拉高一次还不行，就逐波拉高。

股民身处市场之中，往往不知主力意图，行情会显得更加扑朔迷离。但主升浪之前的运行是一浪高过一浪，所以一波上升行情后股价回落，其低点不应比前期高点低太多，前一波的顶部区域应该是考虑抢反弹的价位。

3. 长期均线处抢反弹

经过长期下跌，一般下跌持续时间在3个月以上，均线系统设定为40日、60

日、120 日，股价跌破 120 日均线后有增量资金介入，围绕 120 日均线股价有起伏，每次跌穿 120 日均线为抢反弹买点。如图 6-19 所示。此法运用较为广泛，有时可选中快速黑马股。

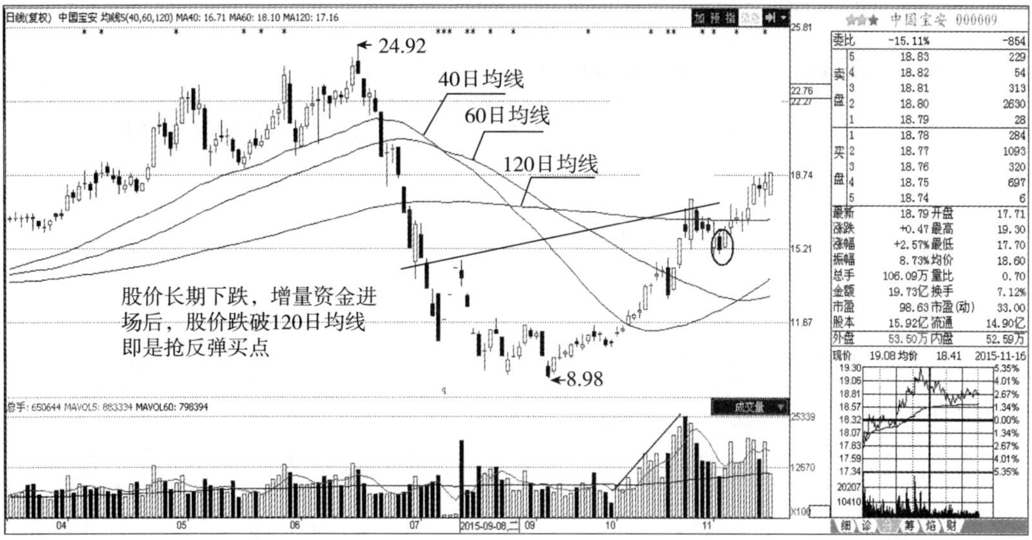

图 6-19 增量资金进场后，股价每次跌穿 120 日均线为抢反弹买点

4. K 线出现穿头破脚阳线（低开大阳线），并伴随有大成交量时抢反弹

经过长期震荡或经过急速下跌后，某一日股价突然低开，但随后在巨大买盘的推动下向上攀升，到收盘时以大阳线报收。

穿头破脚阳线的市场意义在于：经过短期恐慌性下跌，投资者对市场已经失去信心，大家纷纷抛售。在最后一批不坚定分子退出之后，主力进场大举吸纳，一举将股价拉高。此种形态，是短线买入时机。

5. 在成交量萎缩的情况下，上升通道下轨线被击穿之时，可以考虑短线抢反弹

成交量最好是上升时有量，下跌时无量。通道一般以某一条均线为依托，震荡向上运行，一般以 10 日、20 日均线为依托。中线通道一般要考虑 40 日均线的依托，长线考虑 60 日均线。股价回调时，在 20 日均线可短线介入，在 40 日或 60 日均线处可考虑中短线介入。该法运用的范围较为广泛。

■ 抢反弹时可供选择的个股

最宜短线抢反弹的股票，有以下几种特征。

1. 选跌得快、跌幅深的股票

大市不妙，大多数三线股缺乏业绩支撑，持股者心慌气短，往往廉价大卖，跌得最惨，反弹时也最有力，反弹空间相对更大。

2. 受利空打击，股价大幅下跌的股票

此类股票因受利空消息的影响，持股者大量抛售，股价受到空方猛烈打压，跌得惨不忍睹。当利空消息扭曲了股价，在利空消息消除时，是趁低吸纳之良机，股价必将还原其本来面目，恢复其合理价位。

3. 无量下跌股

这类个股在几乎不存在抛盘压力的情况下，仍然无量持续下跌，其原因主要是出自于庄家刻意打压或受大盘极度低迷拖累。一旦大势企稳反弹，前期曾经无量下跌的个股，往往表现得弹性十足，使选中该类个股的投资者轻松获利。如图 6-20 所示。

图 6-20 无量下跌个股往往弹性十足

4. 新上市的股票

老股票的套牢筹码多，反弹时解套压力大，上涨阻力重重。新上市的股票套牢筹码少，反弹时解套压力小，并常常受到大户和主力机构的关照，往往能够跑赢大市。

5. 领先反弹的个股

投资者宜选择那些先于大盘企稳，先于大盘反弹的个股介入。当整个趋势走强时，该类个股往往已有波段盈利垫底，无论将来反弹行情是大还是小，也无论是反弹还是反转，投资者都足以应对自如。

投资者参与这类个股炒作时，关键是及早操作，往往在大盘处于下跌趋势时就要选股，在大盘企稳时就要介入。当大盘走高后，投资者可以根据对大势的研判选择卖出的时机。

6. 活跃的小盘股

投资者必须明确，参与反弹行情是一种短线炒作行为，不是一种中长线行为。选股时要重点关注个股的短线投机价值，而非投资价值。尽量不要选择具有投资价值但股性不活跃的蓝筹类个股或低价的大盘指标股，要注意选择流通盘较小、股性活跃的投机类个股。

7. 选择有庄家关照的股票

有些股票由于受到庄家关照，不因大市下行而下挫，或者跌幅甚微。一遇大市回暖，庄家必会全力拉抬，跟进者众多，反弹必快。但需注意此类股票炒作要及时“下轿”，以免成为替罪羔羊。

8. 选有利好传闻但受大市拖累的股票

有的股票有利好传闻本应上涨，但受大市拖累该涨未涨。一旦大市回升，这类股票必会脱颖而出。

9. 选择绝对价位低的三线股

反弹行情是短期投机行为，投资者大多是打一枪就开溜，力求在短期获取大额利润，对股票的质地一般不太在意。价位低的三线股往往跌得最惨，支付的手续费又少，中小散户对其情有独钟，在反弹行情中往往表现出色。

抢反弹的注意事项

抢反弹不能有所拘泥，不要给自己设定任何预期，而是要随机应变，以市场情况为导向：当趋势向好时继续持股，当反弹的上升趋势受阻时，就坚决清仓出货。总之，抢反弹要快，不可贻误战机。如图 6-21 所示。

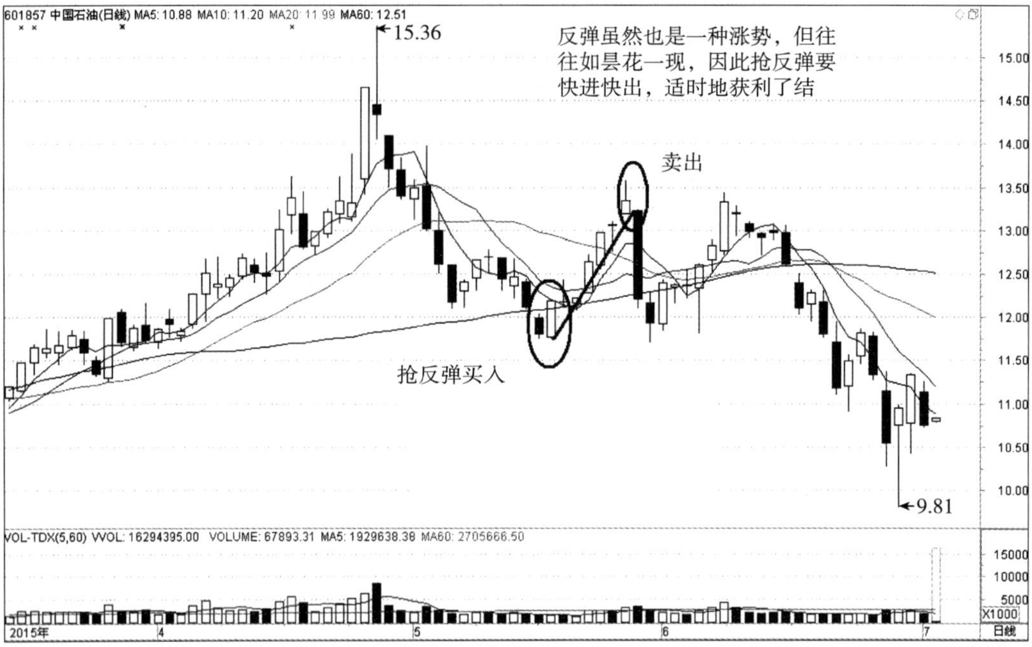

图 6-21　抢反弹的关键是要快

抢反弹有以下几点注意事项。

（1）抢反弹的重点首先在于把握买入时机。抢反弹往往让投资者陷入两难，抢早了怕被套，抢迟了又怕错过好时机。由于抢反弹有较大的不确定性，因此最好不要盲目追高，否则容易使自己陷入被动的境地。逢低买入一些暴跌过的超跌股，可以使自己掌握进出的主动权。

（2）卖出的技巧。许多投资者常常迷惑于反弹行情疾风骤雨式的拉升，以为是新一轮上涨行情启动，其实这种反弹到反转的演化，一般需要市场环境等多方面因素的配合才能出现，而这种概率往往是很小的。

绝大部分报复性反弹会在某一重要位置遇阻回落，这个位置就是阻力位。当反弹接近这个位置的时候，不管是踏空的投资者还是获利的投资者，都要提高警惕，该准备撤离了。

（3）抢反弹时选股也是很重要的，那些有投资价值但股性不活跃的蓝筹类个股或低价大盘指标股最好不要选择。要注意选择流通盘较小、股性活跃的投机类个股。

同时，不能选择成交量过于稀少的冷门股，以免因为买卖不方便，导致操作失误。如果发现个股有短线投机的机会，并且成交量放大的话，说明主力已经出动，此时就是跟进的好时机。

（4）市场环境因素是弱市抢反弹的重要依据，最好保持适当比例的资金投入。如果盲目地满仓操作，将面临巨大的风险，这是不合时宜的。一旦股市下跌趋势已经形成或运行于标准的下跌趋势通道中，此时抢反弹将是一种得不偿失的行为。

反弹并不意味着市场已经完全转强，因此投资者在参与反弹时，还是应该以安全为主，并且要设置止损位，当股价到达止损价位时，要果断卖出。

短线点金

风险收益比率的估算，是决定是否参与反弹的前提。当收益远小于抢反弹的风险时，不能轻易抢反弹；当风险远小于预期收益的时候，则可大胆抢反弹。

第七节 短线低吸高抛操盘技巧

低吸高抛获得短线投机收益，是众多散户一直追求的目标。虽然低吸高抛操作采取的技术分析手段与中长线投资不同，但是要达到的目标都是相同的。尽可能在低位买入股票，在股价见顶回落前售出股票。

从操作上来看，投资者应该把握股价运行的短期趋势和股价的中长期波动趋势，只有在股价符合中长期运行趋势的前提下，短线操作股票才能获得比较好的收益。

上升市的低吸高抛技巧

指数处于牛市时，投资者应选择强势牛股和处于调整末期的个股。牛市中，投资者如果操作得当，能够获得不错的投资收益。如果想获得更好的收益，就需要买入那些所谓的强势牛股。牛市当中，强势牛股的走势虽然不一定在某一时刻总维持大涨的状态，但是通过长时间的积累，总能够有比较好的收益。

当大盘处于上升通道的时候，如大盘股指拉出阳线，当天上午开盘后，短线投资者可利用大盘在开盘时的一股冲势，先将手中的股票抛掉，然后再将抛出的股票在尾市或者第二天买回来，争取保持手中不空仓，但持股成本始终在降低。

如大盘以阴线报收，投资者可进行反向操作，只要认为大盘仍会上涨，可以在开盘后逢低买入被深套的股票。如当天大盘再次走强，则可将手中的股票抛出。

除了牛股以外，选择那些处于调整末期的股票，也有不错的获利机会。既然是低吸高抛操作，在市场走强的时候，如果买进一些完成调整的股票，当然能够在更短的时间里获得更多的收益。

处于调整末期的股票，必然会再次追随指数暴涨的脚步，并且再创新高。投资者只需要抓住机会，即可获得短线收益。

下跌市的低吸高抛技巧

指数处于熊市时，投资者应该轻仓抓住那些有概念的个股，或者正在超跌反弹的股票。熊市中，个股走势基本都是下跌的，但是也有很少一部分股票会出现概念性的炒作机会。投资者买入的股票之中，也应该包含这类股票。炒作概念的股票，一般会在指数走熊的时候成为市场中难得的黑马。如图 6-22 所示。

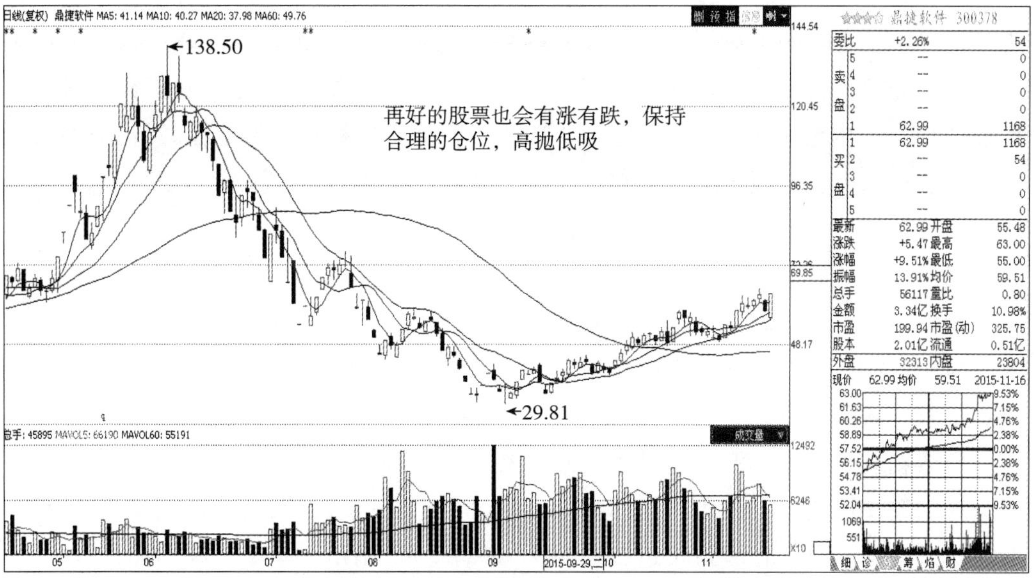

图 6-22　指数走熊时的黑马

如大盘处于下降通道之中，短线操作方法应尽量以先抛股票为主，这种操作方法要与大盘节奏保持同步。在空头市场中，也常有短线获利的机会，持股者原则上应该先高抛后低吸，必须坚持先抛出股票为主，抛出后当天并不一定马上买回来，较佳的方法是在大盘连续出现 2 至 3 根阴线后，在相对低点和尾市将筹码捡回来。

投资者如果关注市场中的热点股票，就能轻松获得收益。熊市中，超跌反弹的股票同样是投资者短线低吸高抛的首选目标。如果投资者善于把握这类股票，就能轻松获得收益。短线超跌反弹的股票，上涨幅度会受到很大限制，投资者应该准确把握股票买卖的时机，择机入场，方能够获得投资收益。

短线操作需要注意的是，当日回补原来被套的股票后，如第二天收出小阳线，应尽量将在低位买入的股票抛出，否则可能使回补的股票被套，加大操作的风险与成本。在空头市场，一定要坚持先抛股票然后再买回来的操作方法，否则有可能受到比较大的损失。

对盘面走势多加研究，从中找出一定的规律来，就能在短线炒作中立于不败之地。

■ 盘整市的低吸高抛技巧

在股市中，如果升势或跌势十分明显，投资者可以选择介入或退出。如市场有一大段时间处于牛皮整理，窄幅徘徊，怎样在这种市道中获得利润呢？其实，即使在无大幅度涨跌的盘整市道中，也有机会借高抛低吸做差价盈利。

指数处于震荡市时，投资者应该买进属于热点概念并且正受到市场关注的个股。震荡市场中，个股的走势参差不齐，多数股票的走势不尽如人意，持续探底的股票也很多，能够成为市场热点的股票，是少之又少的。投资者需要认真研究市场热点的分布状况，在涨停榜中寻找潜在的牛股进行操作，这样才能够有比较好的收益。

震荡市场中，个股的运行趋势是千差万别的。但是，在这样的市况中选择真正的热门股票其实并不难。虽然强势上涨的热门股票并不多，但是只要每天关注涨停榜，就可以轻松发现目标。

盘整市中，股价高低震荡，反复无常，飘忽不定，股价无明确的趋势，既有向上突破的可能，也有向下突破的可能。对这类股票采取滚动操作，却可收到瓮中捉鳖、反复赚钱的效果。

股票箱理论认为：股价运动虽然难以捉摸，但基本在类似于一个上有箱顶、下有箱底的箱体内波动。股价在箱体内上下跳动，遇到箱顶就回落，遇到箱底就反弹，因而短线投资者可以在股价接近箱底时买入，在接近箱顶时卖出，滚动操作。

在盘局中，股市有可能进入宽幅震荡状态，大盘在大的箱体中上下波动，投资者操作难度增加，股票略涨时，一追进股价就已见顶。下跌后刚抛出，却又抛在低点。因此，在震荡市中，要踏准市场节拍，这样才能做到低吸高抛，获取最大利润。

第七章

短线炒股之跟庄技巧

第一节 跟庄基础知识

一只股票能否上涨，能涨到多高，很大程度上受庄家介入深浅的影响，以及庄家在低位是否取得了大量的低廉筹码。作为散户投资者，要盯住庄家的行踪，密切跟踪，在庄家启动行情时跟着进场买进股票。

摸清庄家的底细

庄家是能影响甚至控制股票行情与股票价格的大户投资者，主要是机构投资者。散户是投入资金量较小的个人投资者。相对机构而言，个人投资者都可以称为散户。

庄家炒股也是通过买卖股票的差价获利。不同的是，散户获利是靠股价上涨，而庄家可以用建仓、拉高、整理、出货的手段炒作股票，是自己拉动股价上涨，通过控制股票的走势和价格获利的。

庄家虽然占有多方面的优势，但自身仍然存在一些弱点。庄家在坐庄过程中会尽可能地利用自身的优势弥补其弱点，但仍然会有兼顾不到或力所不及的地方，这就为散户提供了可以利用的机会。

庄家的弱点主要包括如下几个方面。

（1）庄家吸货、洗盘、出货都需要一定的时间，在此过程中，他们的动作很慢，这就为散户提供了很好的介入和退出时机。庄家吸货、洗盘、出货会在 K 线图上留下痕迹，散户可以从中了解庄家的意图，并判断进退的时机。

（2）庄家拉升初期会采用较为迅猛的连涨方式，其后便参照某一个指标进行规律性的涨升。这个技术指标可能是均线系统、上升通道或是某个动静指标，通过仔细分析都能发现。在通过重要阻力区时，庄家会进行窄幅震荡以消化上升阻力，越过阻力位后又会加速上扬。拉升的主要特征是涨升有量，下跌无量，大盘强时不动，大盘整理时加速。

（3）坐庄一定要拉抬股价，但经过几次拉抬后会显示超买，导致失去群众基础，最后一棒难以脱手。散户股民则因持股数量较少，容易抽身而退，因此可以将包袱丢给庄家。庄家坐庄除了要一心引诱散户跟庄外，还要提防别的庄家捣鬼，一旦炒作失败，要再翻身比较困难。散户则无此顾虑，可以快进快出，成则坐享其利，败则损失有限。

（4）主力吸货完毕之后，并不是马上进入拉升状态。虽然此时拉升的心情十分急切，但还要最后一次对盘口进行全面的试验，称作“试盘”。一般主力持有的基本筹码占流通盘的45%～50%，剩余的55%～50%在市场中流通。根据庄家的控盘程度和洗盘手法，散户可在洗盘以后的启动时刻介入，中短线将有很大的收获。如图7-1所示。

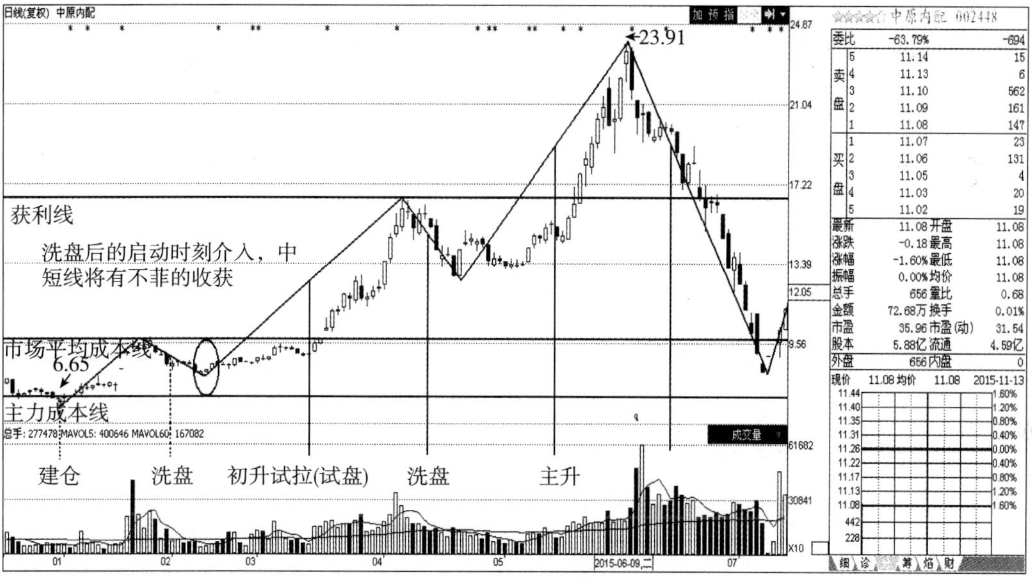

图7-1　洗盘后介入庄股

短线点金

庄家在坐庄的整个过程中，庄家行为在股票走势图上都会留下痕迹。一旦被市场投资者识破，就给后者提供了赚钱的机会。基于此，在股价运行中，庄家会玩弄很多花样，使用许多指标。但如果被散户投资者识破，散户不理睬庄家的行为，庄家也是无可奈何的。同时，庄家投入资金多，如果股价没有足够的上升空间是赚不到钱的。

庄家的种类

证券市场是一个非常庞大的系统，参与的成分也繁多复杂。庄家的性质更是形形色色，要想精确地描绘它们，难度很大，只有从某些特定的角度来概述不同种类的庄家具有的不同特点。

1. 按资历划分

按资历划分，庄家可以分为新庄、旧庄、被套庄三种。

表 7-1　按资历划分

类别	特征
新庄	新近入驻的庄家。这种庄家在坐庄时，其操作过程比较完整
旧庄	已经完成了收集、拉高的庄家。这类庄家在当时的价位上只要能将手中的筹码全部派发出去，就大功告成了
被套庄	被套牢的庄家，可以分为轻度被套与深度被套两种

2. 根据庄家坐庄时间长短划分

按坐庄时间长短划分，庄家可以分为短线庄家、中线庄家和长线庄家。

表 7-2　按坐庄时间长短划分

类别	特征
短线庄家	其运作周期一般为数周，特点是在操作过程中重势不重价，持仓比例一般为 5%～20%。多见于抢反弹的走势中，庄家快速买进，快速拉高，待中小散户开始入场抢反弹时出局。还有一种是炒作题材的庄家，在重大利好消息披露前进场，然后借助利好消息乘机拉高出货
中线庄家	其运作周期一般为几个月，控盘程度为 30%～50%，建仓时间为 1～2 个月。中线庄家看好的往往是大盘的某次中级行情或某只股票的题材，也常会对某个板块进行炒作。他们一般借大盘强势或利好政策进行拉高，或通过板块联动来拉升以节约成本，在较短的时间内迅速出局
长线庄家	运作周期至少在一年以上，有的长达两三年以上，控盘程度为 60%～80%。长线庄家一般选择业绩有较大提高潜力的成长股，吸筹阶段耗时长，往往采取台阶式收集方式。选时多在经济周期谷底附近。庄家实力雄厚，且对宏观面、政策面、个股基本面把握较好，目标股预期涨幅巨大

3. 根据庄家的持仓量大小划分

按持仓量大小，庄家可以分为强庄和弱庄。

表 7-3　根据庄家持仓量大小划分

类别	特征
强庄	庄家持仓量大，在某一段时间走势坚挺，或者该股预期升幅巨大
弱庄	庄家资金实力较弱，持仓量低，只能缓慢推升，靠打差价来赚取利润，累计升幅不大

庄家的五大特性

在股市中，虽然庄家的分类不同，但其特性大致是相同的。任何一种类型的庄家，都具有操纵可控性、贪婪兑现性、狡猾欺骗性、假善凶狠性和相反多变性五大特性，这是因为他们的目的都是为了最终有更多的获利。

1. 操纵可控性

能够操纵股价，是庄家最大的特点之一。在坐庄之前，庄家一定会做好各项准备，制定一个详细的坐庄计划。以后在哪一点位进货，哪一点位出货，何时洗盘，洗盘的幅度多大，只要操盘手能按章办事就行了。

由于我国证券市场没有做空机制，庄家获利必须通过一个可观的差价来实现收益。换句话说，庄家首先要在低位从散户手中抢夺廉价的筹码，再在高位引诱散户上当，接纳其手中的高价筹码。

若庄家不能有规律地操控股价，则在坐庄时就会出现不可控的局面。因此，庄家只有集中资金和筹码，借助和应用各种手段来操控股价，才能从中获取巨额利润。

2. 狡猾欺骗性

股票市场是一个“零和游戏”，在这个市场中，庄家要赚钱，散户群体也要赚钱，双方的目标是一致的。庄家所赚的钱是从散户的口袋中获取的，但散户群体又不可能主动投降，拱手相送。因此庄家必然要采取一定的欺骗手段，才能从散户手中获取利益，即在底部做难看的 K 线图形，使股价跌破中长期均线，发布利空消息，以便从散户手中骗取低价筹码。在高位做出漂亮的 K 线图形，修复和完善各项指标，发布大量利好题材消息，以引诱散户上当。这些都是带有欺骗性的行为，甚至有些还是违法、违纪的行为。

随着散户群体的经验和智慧不断增加，庄家的一些小把戏很容易被散户群体识破。庄家为了不被散户识破，通常会绞尽脑汁，利用各种真真假假的消息麻痹散户，甚至有时会先给散户一些实惠，用来欺骗散户，其最终的目的则是把散户的钱套走。

3. 贪婪兑现性

庄家的本质是追求利润最大化。在坐庄过程中，庄家需要调动巨额资金，花费大量的人力、物力和财力，付出高额的成本。之所以付出如此高的代价，是因为它有能力收回成本并获利。如果庄家的部分资金是拆借来的，那么其成本会更加高昂。因此说，庄家是股市最贪婪的群体。

庄家坐庄一只股票，首先要把资金转换为筹码，再想办法把股价推高，最后把筹码转换为资金。再好的股票不变现，也只能是账面上的利润。股票市场是投机市场，无论一只股票价值有多高，也不管其未来成长性多么优良，只要它背离了投机的价值与原则，市场便会将其否定。因此，庄家在高位时必须完成筹码转换成资金的环节。散户要抢在庄家前面出逃，以免使自己遭受更多的损失。

4. 假善凶狠性

股市是庄家与散户的一场博弈竞局，其结局不可能出现双赢。有时候，庄家会给散户一点小恩小惠，这就是市场中所谓“养、套、杀”的手法。如图 7-2 所示。“养”就是为了“套”和“杀”。

散户赚钱，庄家就要输钱；散户亏钱，庄家才能获利，这是一对尖锐的矛盾。市场中的“恶庄”，把庄家的特性发挥得淋漓尽致，比如在底部吸筹阶段制造恐怖气氛，在高位则采用打压出货，手法非常凶狠。

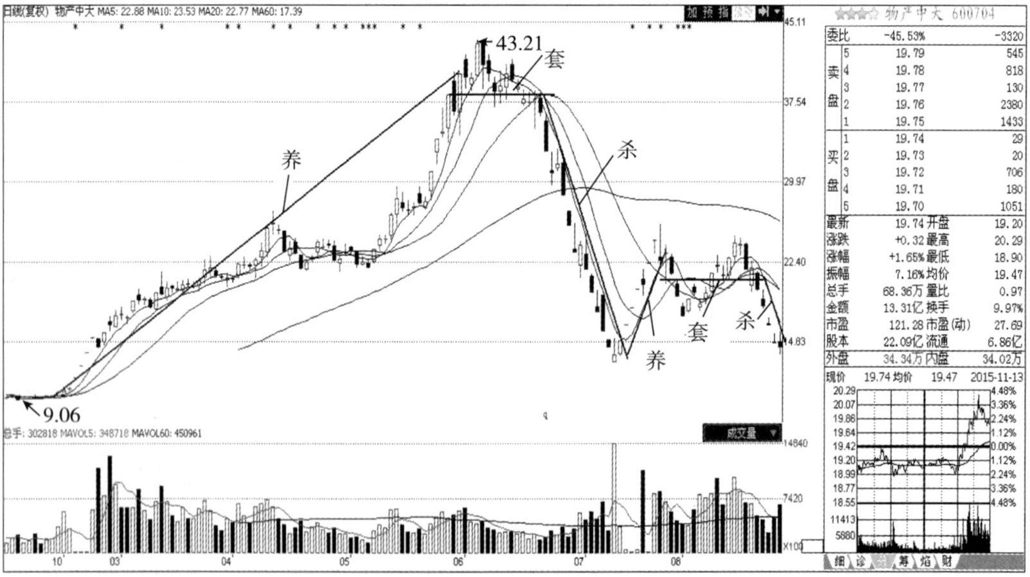

图 7-2　庄家养套杀三部曲

5. 相反多变性

在股票市场中，庄家的一切行为可以用K线图来表现，这是庄家最不情愿但又毫无办法的事情。众目睽睽下，庄家的有些手法很难骗取市场中的所有散户，于是他们会施展各种招数，运用相反操作，即股价预期要上涨，庄家偏要使股价先下跌，在底部恐慌性打压股价，使用“慢刀子割肉”的方法折磨散户。通常，有些大牛股在底部会运作很长时间，之后才爆发上涨行情。

■ 庄家的坐庄步骤

庄家坐庄的基本原理就是利用证券市场的某些潜在规律，人为控制、操纵目标上市公司的股价，通过各种不同成本之间的交换，为自身谋取暴利。为了控制、操纵目标上市公司股价，达到自身获利的目的，不同的庄家之间，按照他们自身操作经验的丰富程度、资金实力的大小等，都会采取与其他庄家完全不同的坐庄思维与手法。庄家坐庄过程基本如图7-3所示。

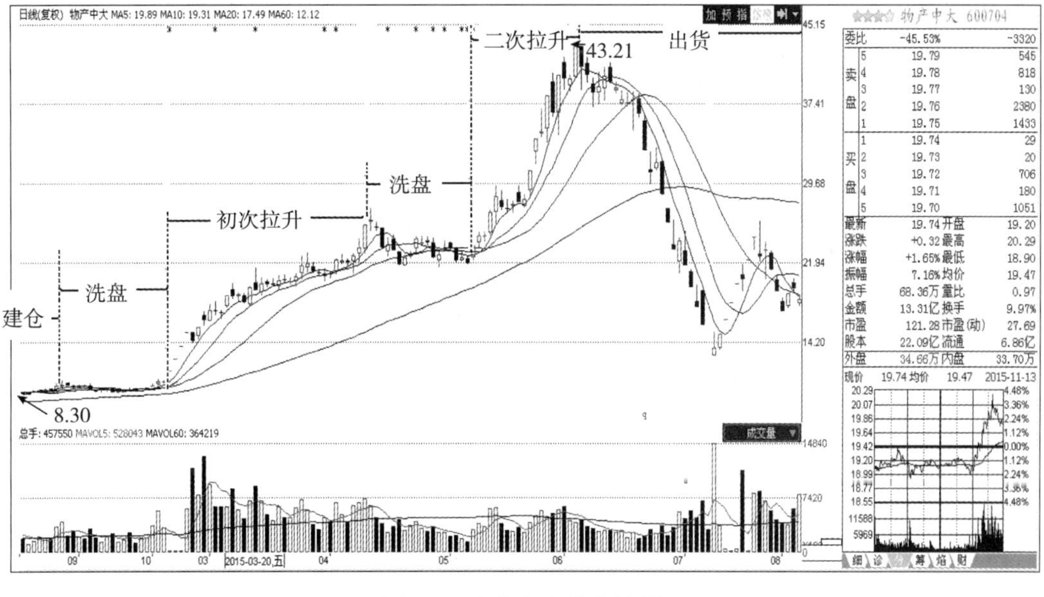

图 7-3 庄家坐庄基本过程

1. 建仓阶段

在初期操作上，庄家会表现得耐心温和，目的是等待机会，股价也多会因此波澜不惊。到了吸筹操作后期，多头极力通过各种渠道散布各类“利空”传闻，让市场上的投资者不看好目标上市公司股票，以便自己加大建仓吸筹的力度，使散户手中的流通筹码大比例流向自己手中，并严格控制好“底仓”的成本（即庄家成本）。

在这一阶段，庄家往往表现得极有耐心，静悄悄地、不动声色地收集低价位筹码，这部分筹码是庄家的仓底货，也是庄家未来产生利润的源泉，一般情况下庄家不会轻易抛出。这一阶段的成交量每日极少，且变化不大，均匀分布。在吸筹阶段末期，成交量有所放大，但并不是很大，股价呈现出不跌或即使下跌也会很快被拉回的状态，但上涨行情并不会立刻到来。此阶段散户投资者应以观望为好，不要轻易杀入，以免资金呆置。

2. 试盘阶段

庄家坐庄前，为了准确掌握市场上的真实状况和闲散资金动向，常常会以长上影线或长下影线来测试股价上端的抛压与下端的支撑力度，以寻找适当的时机，迅速拉抬股价，使之离开自己的成本区域。

为了使日后顺利拉升股价，一般情况下，庄家都会使股价事先在固定价格区域内整理一段时间，以消磨场外散户投资者的耐心，并大多会制造出一轮跌幅，让股价跌破前期低点，让人难以揣测其真实意图。这种洗盘手法极具杀伤力，让人防不胜防。

3. 拉升阶段

庄家一旦发现市场上的筹码控制、成本需求都已经明显对自身有利时，往往会迅速、果断地采取高举猛打的方式拉抬股价，一来激发市场人气，充分营造出一种极为良性的投资氛围；二来可以引发众多散户投资者的追捧，进一步推高股价。

这一阶段初期的典型特征是成交量稳步放大，股价稳步攀升，阳线出现次数多于阴线出现次数，均线系统处于或即将处于多头排列状态。当个股的交易温度炽热，成交量大得惊人之时，大幅拉升阶段也就快结束了。因为买盘的后续资金一旦用完，卖压就会倾泻而下。此阶段后期庄家的交易策略是坚决不进货，时刻伺机出货。

4. 洗盘阶段

随着大幅拉升，每当股价上一个台阶，庄家一般都会洗一洗盘，以使前期持筹者下车，将筹码换手，提高平均持仓成本，防止前期持筹者获利太多，中途抛货砸盘，从而使庄家付出太多的拉升成本。庄家会利用自身丰富的盘中操作技巧，采取股价瞬间巨幅震荡和其他各类图形形态组合的方式，刻意误导场外的散户投资者，并会适当地保持上市公司信息面处于真空状态，市场上股价大起大落。此时散户投资者常常心绪不定，进退两难。

5. 出货阶段

庄家准备出货之际，常常会通过各种渠道散发出各种“利好”传闻，引诱场外散户投资者进场接货，慢慢使自己手中持有的“底仓”大比例流向散户手中，最终实现自身出局和套现获利的目的。

此阶段 K 线图上阴线出现次数增多，股价正在构筑头部，买盘虽然旺盛，但已露疲弱之态，成交量连日放大，显示庄家已在派发离场，此时也是投资者离场的最佳时机。该阶段跟进者，则冒了九死一生的风险，实为不智之举。

第二节　短线跟庄操盘技巧

短线跟庄并不过时，关键是看如何跟庄。散户在跟庄的时候，最坏的结果就是被庄家套牢。如何才能做到既获得丰厚利润，又不被套住呢？这就要求散户能够把握好跟庄买入的时机和要点。

发现庄家的行踪

在瞬息万变的股票市场上，形形色色的庄家凭借强大的资金实力成为掌控市场的重要力量。那么，在众多的股票中，如何发现庄家的踪影呢？

1. 从股价走势上发现

（1）股价走势与大盘相逆，在大盘强势时，有人为的大单多价位砸盘；在大盘弱势时，无大买单股价却走强。

（2）股价抗跌性强，大盘急跌它抗跌，大盘下跌它横盘，大盘横盘它微涨。

（3）大盘反弹时，它强劲反弹，且成交量放大；大盘回落时，它回落的幅度明显小于大盘。

（4）股价大幅下跌后，进入横向整理的同时，间歇性地出现宽幅震荡。

（5）股价尾盘跳水，次日却低开高走。

2. 查看股东情况

如果十大股东中有券商或基金，很可能他们中间就有该股的庄家。如果券商或基金的持仓量非常大，并且该券商的几个营业部也在这十大股东之中，或基金管理公司的几只基金同时在这十大股东之中，或同一地区的几个机构同时上榜，或同一个资金系的几个机构同时上榜，则这只股票中肯定有庄家。

3. 留意公开信息制度

股市中每天都要公布当日涨跌幅超过7%的个股的成交信息，主要是前5个成交金额最大的营业部或席位的名称和成交金额。如果这些营业部席位的成交金额占到总成交金额的40%，即可判断有庄家在进出。

4. 查看个股的周 K 线图

将周 K 线图的均线参数设定为 5、10、20，一般情况下，当周 K 线图的均线系统呈多头排列时，说明该股有庄家介入。因为只有在庄家大量资金介入时，个股的成交量才会在低位持续放大，同时股价随之上涨，周 K 线的均线系统呈现多头排列。如图 7-4 所示。

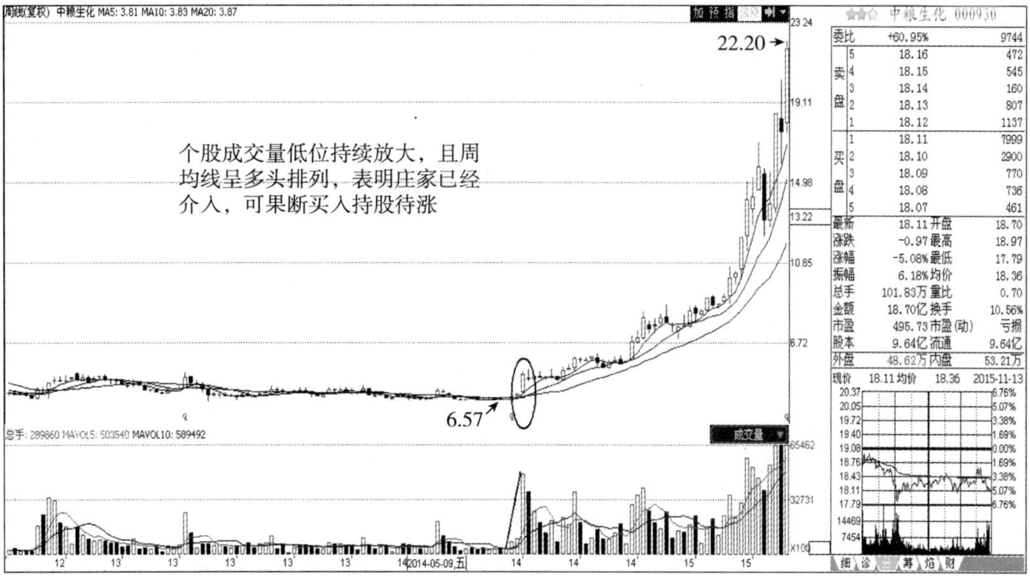

图 7-4　周均线多头排列

5. 从分时盘口发现

股价在分时图上直线飙升或直线下跌或者忽上忽下，振幅巨大。股价处于低位时，盘口多次出现大买单，但股价并未出现明显的上涨。委卖盘大于委买盘，股价却出现上涨。

6. 从换手率查看

如果个股在一两周内突然放量上行，并且换手率累计超过 100%，则大多是庄家拉高建仓所致。对于新股来说，如果上市首日换手率超过 70%或第一周成交量超过 100%，则一般都有新庄入驻。如果个股在升幅超过 7%时，某券商有几家营业部同时上榜或上榜时所占的成交量比例很高，表明该股的庄家正处于强势拉升中。

计算庄家的持仓量

散户跟庄，或者是分析一只股票在目前价位上是否值得买入，就必须了解庄家的“底细”，也就是说，要了解庄家的控盘程度即持仓量，以及庄家的建仓成本。

1. 持仓成本

严格意义上讲，庄家的成本只有庄家自己才知道，投资者只能根据股价的走势、成交量的变化大致去分析、判断。

（1）庄家潜伏底建仓时，属于初级建仓。这个时候的股价多为低位盘整走势，其成本也大致在箱体的中心值附近。如果庄家是拉高建仓，这个时候的建仓成本大致为初级拉升时最高价的1/2和最低价的2/3。

（2）以股价最低价作为基准，低价股上浮0.50～1.50元，中价股上浮1.50～3.00元，高价股上浮3.00～6.00元。这是一种非常简单的计算庄家持仓成本的方法。

（3）找出股价一段时期内的最低价，在这个价位附近的成交密集区的平均价格，就是庄家吸筹的大致成本，这个幅度大约在最低价的15%以上和30%以下。

（4）利用钱龙炒股软件中的静态分析系统确定庄家成本。具体方法就是进入钱龙静态分析系统，从众多的技术指标中选择“支撑压力”一项，设定一个时间区间，这个区间应该是一个较长的时期，比如一年以上甚至更长。在这个指标中显示出来的累积密集成交区内，平均价位附近对应的巨大成交量的价位，基本上就是庄家的建仓成本。

2. 持仓量

庄家持仓量的计算方法也有许多种，最经常用到的有以下几种。

（1）换手率计算。

换手率是最直接、最有效的一种计算方法。当股价处在低价位区域时，若出现高换手率、成交活跃，而股价涨幅却很小的情况，则说明庄家在吸纳筹码。如图7-5所示。

换手率的计算公式如下：

换手率=成交量/流通盘×100%

从这方面来讲，换手率越大，庄家吸纳的筹码也就越充分。因此，对那些股价处于低价位，并且价格变化落后于成交量变化的个股要多加关注，其极有可能是下个阶段中机会比较多的个股。

（2）从分时走势和单笔成交来判断。

若分时走势极不连贯，单笔成交量小，通常庄家持仓量较大，筹码集中度较高。

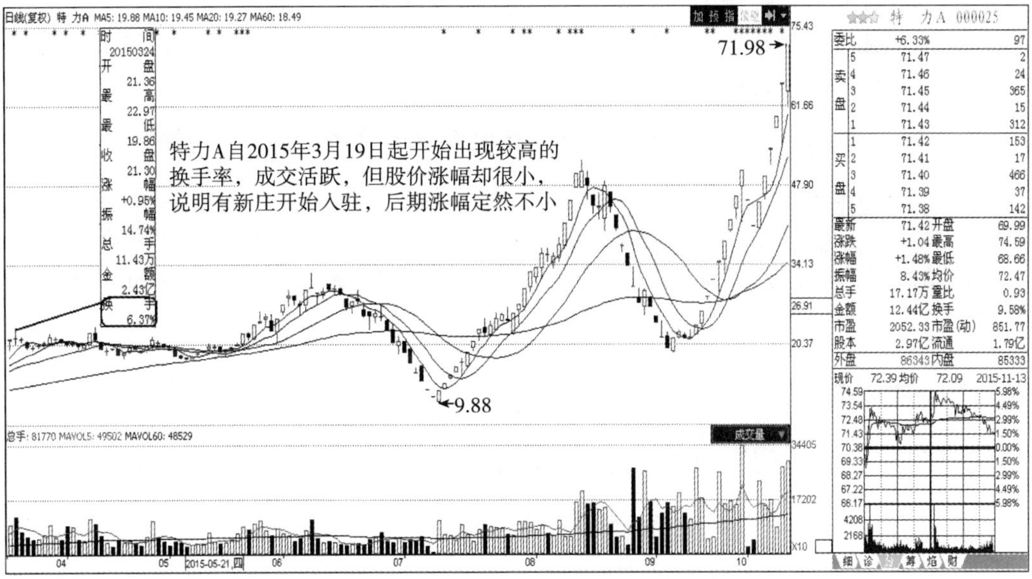

图 7-5　从换手率看庄家持仓量

如果分时走势上上下下，波动不连续，成交稀落，成交时间间隔长，有时数分钟过去才成交一两笔，这是典型的筹码被主力通吃（持仓在 60%），涨跌完全取决于主力意愿，大盘走势对其影响甚微。

（3）根据吸货时间判断。

对那些吸货期很明显的个股而言，要估算出庄家持仓量的方法比较简单，其计算公式如下。

庄家持仓量=吸货期×每天成交量（忽略散户的买入量）

从该公式可看出，庄家的持仓量是随着吸货时间的增长而增大的，庄家吸筹的数量也是随着成交量的放大而扩大的。

短线点金

计算庄家的持仓量，可以帮助投资者很好地判断庄家目前的坐庄过程处于何种阶段。如果庄家处于建仓阶段，投资者就应该伺机跟进；如果庄家处于出货阶段，就应该赶快平仓出局。对于庄家持仓量的计算，股民可以根据不同的阶段、不同的时间，用一种方法去大致估算它。

如何计算拉升的目标位

实践中，庄家在拉升股价时并非盲目地拉高，而是很讲究策略，有一定的目标。

这个目标点位一般是根据股市对该股的价位能够接受的预期来制定的。目标过低，庄家盈利有限；目标过高，不被市场认同，庄家无法顺利出局。将目标位制定出来后，庄家一般会把该目标位隐藏得滴水不漏。

一般可以从以下几个方面来计算庄家拉升的目标位。

1. 小盘股上升空间广阔

流通盘越大，拉升需要的能量越多，升幅自然受到限制。真正升幅能翻几番的庄股，其流通股一般不会超过 1 亿股。

2. 庄家成本越大，越需要向上拓展空间

投资者观察目前价位庄家是否有获利空间，若庄家获利很薄，自然可以放心持股。

3. 坐庄时间越长，升幅越可观

庄家有短线庄、中线庄、长线庄之分。短线庄家控制的筹码不多，有 10%的升幅即可达到坐庄目标，这种个股行情极难把握。中线庄股在升幅 100%左右的位置会遇到较大的阻力，升幅达到 100%时属于高风险区。

散户投资者可从走势图上观察庄家坐庄时间的长短，若某股庄家介入很早且一直没有出货迹象，可以推算此庄家的目标较远大。

具体来说，散户可以根据下面的公式大概估算庄家的拉升目标位。

目标点位=持股成本×（1+庄家持仓量占全部流通股的百分比×2）。

如庄家持仓成本是 10 元，持仓量是 30%，那么最低拉升目标就是 10×（1+30%×2）= 16 元。

如庄家持仓成本是 10 元，持仓量是 50%，那最低拉升目标就是 10×（1+50%×2）= 20 元。

短线点金

一旦把握了庄家的拉升目标价位，就要耐心忍受股价涨落的煎熬，与庄同行。值得注意的是，庄家坐庄是一个复杂的过程，需要天时、地利、人和的有机配合。当外部环境或内部情况发生变化时，庄家也可能调整目标位，甚至提前撤庄。对此，投资者还需要结合其他指标全面判断，不可过于机械刻板。

庄家锁定筹码的特征有哪些

散户跟庄炒股，如能准确判断庄家的持仓情况，盯牢一只建仓完毕的庄股，在其即将拉升时介入，必将获得可观的收益。一般情况下，若个股具备下述特征之一，投资者就可初步判断庄家建仓已进入尾声。

1. 放很小的量就能拉出长阳或封死涨停

新股上市后，相中新股的庄家进场吸货。经过一段时间的收集，如果庄家用很少的资金就能轻松地拉出涨停，就说明庄家收集筹码的工作已近尾声，已具备控盘能力，可以随心所欲地控制盘面了。

2. 该跌不跌的股票

遇利空打击，股价不跌反涨或当天虽有小幅无量回调，但第二天便收出大阳，股价迅速恢复到原来的价位。当利空袭来时，对于散户的抛盘，主力只能接盘，以免股价大幅下跌。于是，盘面可以看到利空袭来当日，开盘后抛盘很多而接盘更多，不久抛盘减少，股价企稳。由于害怕散户捡到便宜筹码，第二日股价又被主力早早地拉升到原来的水平。

3. 走势呈现震荡并且成交量萎缩的股票

在主力建仓收集筹码的后期，主力会用少量的筹码在 K 线图上做出一些技术性骗线，其目的是为了洗掉盘中的短线获利盘，同时消磨散户的持股耐心。从日 K 线上看，股价起伏不定，一会儿到了浪尖，一会儿到了谷底，但股价总是冲不破箱顶也跌不破箱底。如图 7-6 所示。

在当日分时走势图上，更是表现出大幅震荡的态势，使得投资者有一种莫名其妙、飘忽不定和坐电梯的感觉，成交量极度萎缩。在分时走势图上画出横线或竖线，形成矩形形态，上档抛压极轻，而下档支撑盘却很有力，显得浮动筹码非常少。在这种情况下，可以判断主力已吸纳到足够多的筹码，以后就要进入爆发性的拉升行情了。

4. 不理会大盘而走出独立行情

这种情况主要表现在大盘涨的时候庄股却不涨，反而会出现微跌；大盘跌的时候，它不跌，甚至会小幅度盘升。在 K 线走势图上表现出我行我素，根本不理会大盘走势，而是走出自己的独立行情。出现这种情况，通常说明大部分筹码已经被庄

图 7-6　庄家拉升前的洗盘

家控制了。

具备上述特征之一，就可初步判断主力建仓已经基本完成，是散户进入操作的最佳时期。

■ 怎样判断庄家的强弱

庄家有强弱之分，投资者在进行跟庄的时候，如果能够成功地跟进一个强庄，并不被甩出，就能够顺利地获得投资成功。通常情况下，判断庄家的强弱有下面几点标准。

1. 强于同类板块中的个股走势

一般来说，市场中的板块联动是较为明显的一个规律，表现形式往往为齐涨齐跌。一旦个股中有较强的庄家介入，在基本条件相差不大的情况下，强庄股会在走势上强于同类板块中的其他个股。

2. 在突发性利空出来时，股价走势坚挺

突发性利空包括大盘和上市公司两方面。这种“突发性”往往让许多机构都没有思想和资金等方面的准备，因此会以股价下跌来回应。不过实力强大的庄家，则有能力应付和化解种种不利因素，不会轻易随行就市。强庄控盘的股票，在利空的情况下可能会横盘，甚至表现出逆市上扬的走势。如图 7-7 所示。

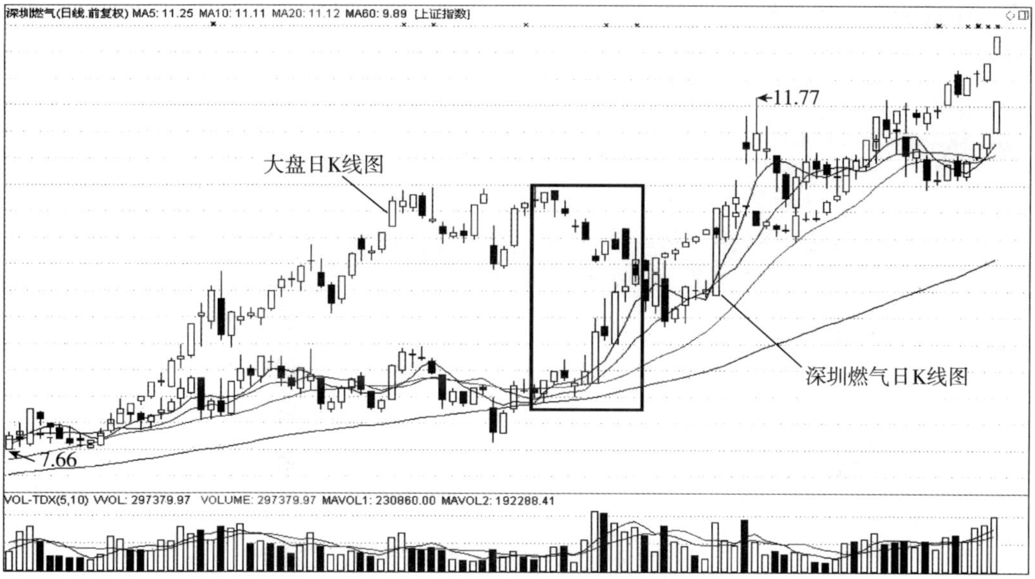

图 7-7　逆市上扬的强庄股

3. 查看流通盘的大小

在各种基本条件基本接近，走势形态差不多的时候，一般流通盘较大的个股，庄家实力要强于流通盘小的个股。因为流通盘大，庄家就需要更强的实力、更多的资金才能去操作和控制它。

4. 从 K 线判断

强庄股庄家做多的欲望较强，市场跟风人气也比较旺盛。从 K 线图上来看，多表现为上涨的时间多于下跌的时间，K 线红多绿少，阳线实体大于阴线实体，短期均线呈多头排列，形态上升趋势明显。

5. 换手率状态

在多数情况下，若股价处在低价位区域时，成交比较活跃，换手率很高，但股价的涨幅却不大，一般都属于庄家的吸筹阶段（换手率=吸货期成交量总和÷流通盘×100%）。就这方面因素而言，股价在低位区域换手率越大，则越能说明庄家吸筹充分，这一点也提醒投资者应该重点关注那些股价在低位落后于成交量变化的个股，它们将是下一阶段机会较多的一批个股。

6. 从趋势线识别

强庄股的重要识别趋势线是 10 日均线，在主力进行洗盘和震仓的时候，这一位置不会轻易跌破。即使偶尔出现跌破 20 日均线的情况，也能够很快地被大单拉起，而且表现出上涨温和放量，下跌异常缩量的情况，说明市场上大部分筹码已经被庄家牢牢控制了。

短线点金

投资者可以从很多角度观察分析庄家的强弱，而且投资者还可以根据自己的经验去寻找其他判断庄家强弱的方法。但是有一点要注意：投资者跟庄的同时，一定要谨记选择适当的市场走势背景及时间，这是实际操作中非常重要的关键点。

如何识破庄家洗盘和出货

如何区别洗盘和出货，在操作中是十分关键的一点，直接关系到投资者在个股上的获利率。主力洗盘的目的是尽量把持股心态不坚定的跟风盘甩掉。主力出货的目的是尽量吸引买盘，通过各种手段稳定其他持股者的信心，而自己却尽量在高价位上派发尽量多的股票。

洗盘与出货的主要区别如表 7-4 所示。

表 7-4 洗盘与出货的主要区别

区别	洗盘	出货
盘口方面	主力洗盘时，在卖盘上挂有大卖单，造成卖盘多的假象。在主力对倒下挫时，是分不清是洗盘还是出货的，但在关键价位卖盘很大，而买盘虽不多，买入（成交）速度却很快，笔数很多，股价也不再下挫，多为洗盘	主力出货时，在卖盘上是不挂大卖单的，下方买单反而大，显示委比较大，造成买盘多的假象。或下方也无大买单，但上方某价位却有“吃”不完的货。或成交明细中常有大卖单卖出而买单却很弱，导致价位下沉，无法上行
K 线形态方面	在洗盘过程中，庄家必须让一部分持股坚定者仍然看好该股票，以便帮助庄家锁定筹码。为了给持股者信心，庄家洗盘时，某些关键价位是不会跌穿的。这些价位往往是上次洗盘时的起始位置，这是由于上次已洗过盘的价位不需再次洗盘，也即不让上次被震出去的人有空头回补的机会，这就使 K 线形态有十分明显的分层现象，如图 7-8 所示	庄家出货则力图卖出手中的大量股票，所以关键价位庄家是不会尽心守护的。这导致出货时 K 线价位失控，形态毫无层次可言，股价只是一味下跌

重心方面	主力洗盘是把图形做得难看，但并不想让其他人买到便宜货，所以日 K 线无论收乌云线、大阴线、长上影线、十字星等，还是连续四五根阴线甚至更多，但重心始终不下移	主力出货时，虽然想把图形做得好看些，收出许多阳线，但重心却一直下移

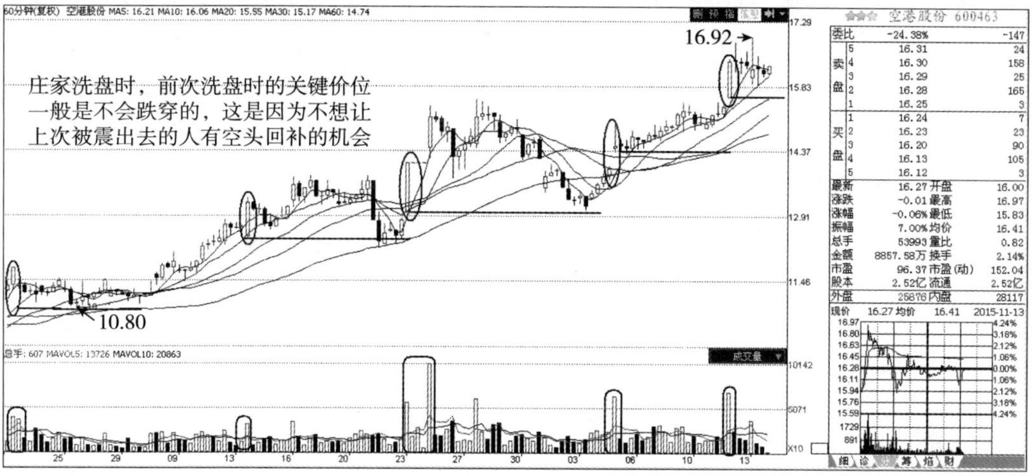

图 7-8 庄家洗盘的 K 线分层特征

短线点金

不管庄家如何做分时图、K 线以及形态，只要深刻了解分时图、K 线、形态所代表的市场含义，就能把握庄家的真正意图。庄家洗盘与出货的方法仍在不断推陈出新，手法也越来越隐蔽、狡猾和凶悍。只有在具有扎实基本功的前提下，理性地研判思考，及时跟上庄家坐庄的发展形势，才能在操作上获得成功。

如何利用日换手率捕捉强庄股

日换手率是指在某一个交易日中，某只股票当日的成交量（成交股数）除以该股的流通股本所得的百分比，所以日成交量大小的另一种表达形式就是日换手率。每只股票随每一日的成交量不同而出现不同数值的换手率。日换手率体现出某只股票的市场人气，所以它是市场人气指标之一，其显示市场的筹码在一个交易日内转手买卖的情形。

一般情况下，换手率越高，代表该股的股性越活跃，反之则股性越呆滞，市场追捧者越少。换手率较高的股票多为市场热门股、题材股或庄股，所以是短线或者阶段性操作的最合适对象。

通过对沪深市场1000多只股票每日换手率的长期跟踪和观察，可以发现绝大多数股票的日换手率在1%～2.5%之间（不包括新股上市前三个交易日的换手率），大量股票的日换手率集中在1%～20%之间，大约70%的股票日换手率低于3%。

这一统计数据说明，3%的换手率对沪深市场的股票来说是一个重要的分界线，3%以下的换手率非常正常，通常表明没有较大的资金在其中运作。当一只股票的日换手率在3%～7%之间时，说明该股已进入相对活跃的状态，应该引起短线投资者的注意。7%～10%的日换手率在强势股中经常出现，属于股票交易高度活跃状态，一般来说，这些股票正在或者已经引起市场的广泛关注。如图7-9所示。

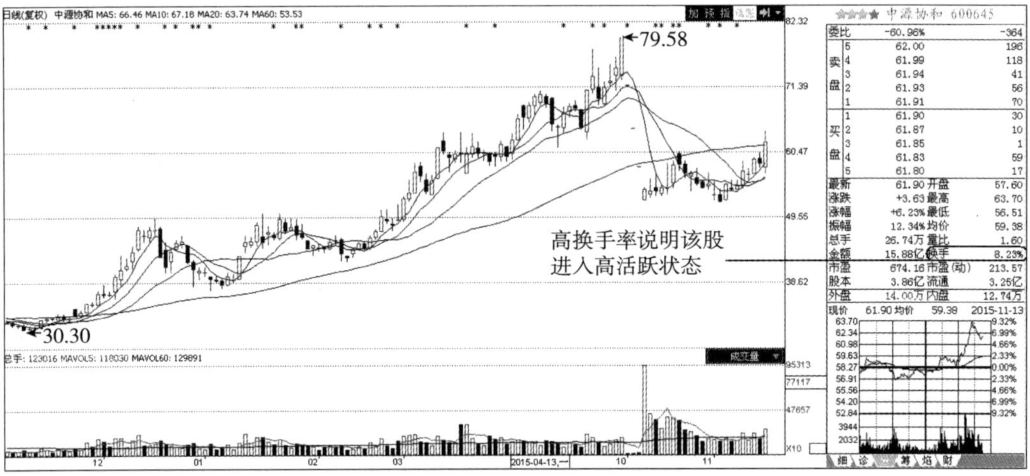

图7-9 换手率超过7%的强庄股

日换手率在10%～15%的股票，如果不是处在历史高位或者中长期见顶阶段，则意味着强庄正在大举运作。如果之后出现大幅回调，回调中满足日最小成交量或成交量的1/3或者1/10，值得适当关注。当一只股票出现超过15%的换手率后，如果该股能够保持在当日密集成交区运行，则表示该股后市具有极强的上升能力，是超级强庄股的技术特征，有机会成为市场中的大黑马。

第三节　辨别庄家的陷阱

庄家除了在资金和信息方面的优势外，最主要的是庄家在其坐庄过程中，总是设置各种各样的陷阱来迷惑投资者。大部分情况下，投资者要想斗过庄家是非常困难的。因此，投资者需要具有一双慧眼，能够识别庄家设置的陷阱。

■ 如何识破庄家的空头陷阱

所谓空头陷阱，简单地说就是市场主力大力做空，通过盘面明显显现出疲弱的形态，诱使投资者得出股价将继续大幅下跌的结论并进行恐慌性抛售。如果大盘走势急转直下，龙头股纷纷跳水，指数连续快速下跌，此时投资者更要谨防空头陷阱。

设置空头陷阱的目的有几种，一种是庄家不想在目前的股票价格上吸入筹码，通过做空来打压股价，从而在低位买入筹码。另一种是为了清洗掉获利盘，减小拉升压力。

对于空头陷阱的识别与判断，主要可以从消息面、资金面、宏观基本面、技术分析和市场人气等方面进行综合分析和研判。

1. 消息面分析

庄家和股民的信息是不对称的，庄家要比股民提前知道一些影响到股票走势的消息，所以庄家经常利用这一点来提前布局。如果出现很多利空消息时，股民也要注意防备庄家借机制造空头陷阱，因为利空出尽是利好，在利空造成的恐慌抛盘之下，庄家建仓非常容易。

市场主力往往会利用宣传方面的优势，营造做空的氛围。所以，当投资者遇到市场利空不断时，反而要格外小心。因为正是在各种利空消息满天飞的重磅轰炸下，主力资金才能够很方便地建仓。

2. 成交量分析

空头陷阱在成交量上的特征是随着股价的持续性下跌，量能始终处于不规则的萎缩中。有时盘面上甚至会出现无量空跌或无量暴跌现象，个股交投也十分不活跃，给投资者营造出阴跌走势遥遥无期的氛围。恰恰在这种刻意制造出现的悲观氛围中，主力可以轻松地逢低建仓，从而构造出空头陷阱。

3. 技术形态分析

制造空头陷阱，一般在K线图当中会出现几条连续下跌的长阴线，在盘中或收盘时跌破一些重要的支撑位，有时也会出现一些跳空向下的缺口，这样做的目的是引发市场的恐慌盘、获利盘出逃，如图7-10所示。股民根据图形分析，也会得出股价已经进入下降通道的结论，从而引发大量抛盘，这样庄家就能吸纳很多低价位的筹码。不过股民要注意，空头陷阱会引发几种技术指标多重背离。

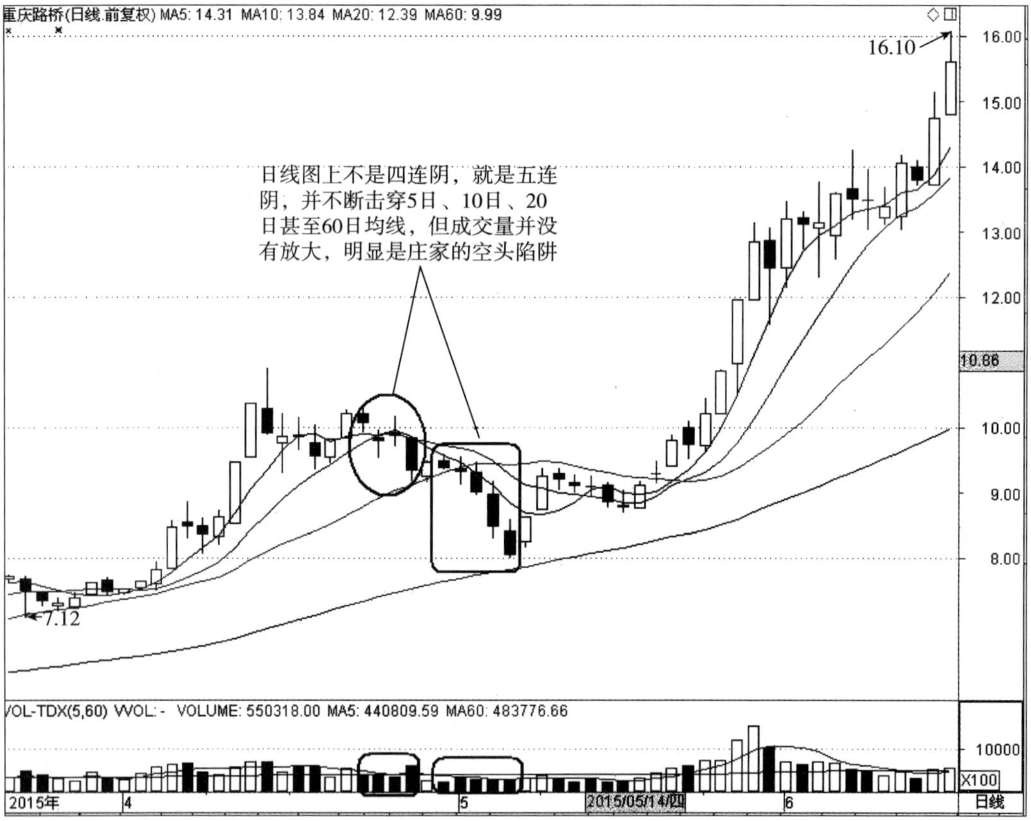

图7-10 多头市场庄家制造的空头陷阱

4. 宏观基本面分析

需要了解从根本上影响大盘走强的政策面因素和宏观基本面因素，分析是否有实质性的利空因素。如果在股市政策方面没有特别的实质性利空因素，股价却持续性暴跌，这时就比较容易形成空头陷阱。

短线点金

股票市场出现暴跌行情时，会出现很多的套牢盘。如果下跌行情持续时间长，市场的人气也会慢慢减少。这里提醒股民，股票市场的底部一般都会在人气极低的情况下出现，如果此时过于看空股市的话，往往会陷入空头陷阱，从而错失行情。

如何识破庄家的多头陷阱

多头陷阱是庄家利用资金、消息或其他手段操纵图表的技术形态，使其显现出多头排列的信号，诱使散户追高买入。

具体来说，就是某只股票创新高后，在其密集成交区内，股价突破原有区域再创新高，随后忽然迅速跌破密集成交区的低点，结果使在高位买进的散户严重被套。如图 7-11 所示。

多头陷阱十有八九是庄家刻意制造的，目的在于借突破形态引诱技术派追进，从而大量出货。也有少数多头陷阱是市场自发形成的，原因是市场中买卖力量发生了突变。但无论如何，多头陷阱形成的前前后后总有一些征兆，要判断“多头陷阱”，需要将盘面信号与基本面分析和宏观政策的变动结合起来。

庄家要设置多头陷阱，需要有一个先决条件，即必须要有获利空间。从这个意义上说，多头陷阱的出现并不仅仅是在股价处于高位时，如果庄家有获利空间，即当股价下跌到低位，也一样会出现貌似反转、实为反弹的多头陷阱。

多头陷阱也可以分为两类：一种是股价构筑顶部时的多头陷阱；另一种是股价在下跌过程中形成的中继型多头陷阱。

无论是哪一种多头陷阱，均具备以下特点。

一是技术指标在高位强势运行，严重超买。

二是大盘或个股回调较为迅猛，常以大阴线杀跌，投资者还未反应过来已深深被套。这标志着行情暂告一段落，中级调整开始，通常这种情况要持续半年左右。

三是升势迅猛，大盘或个股短线失地很快失而复得。

四是股价回升时成交量不大，出现萎缩，这是典型的多头陷阱特征。

五是常借助利好消息，突破重要关口，日 K 线图有向上跳空缺口。

六是股价前期涨幅较大，并创下阶段性高点；各项短期、中期、长期指标出现背离或者头部现象；短期、中期、长期均线（主要指日 K 线图中 5 日、10 日、30 日或 20 日均线）出现死叉。

七是股价小幅下跌后，未经过有效调整就出现回升，但各项短期、中期、长期

图 7-11 高位盘整后放量突破的多头陷阱

指标都未能修复好；均线系统局部虽得到修复，但均线系统整体向下趋势无实质性改变，长期均线走坏。

从图形上分析庄家目前的持股状态。庄家吸筹总是在悄无声息中进行的，当一只股票的股价徘徊在相对低价，成交量渐渐放大时，就有庄家吸筹的可能。庄家卖少买多地反复操作，直到手中筹码的积累达到预定的目标。有些情况下，多位庄家抢盘控盘，盘中价格上下振荡，以求吸收筹码，并降低持股成本。

当股价出现节节上升且在高位成交量放大，盘中价格振荡起伏，说明庄家出货的意愿已经很强烈了。此时如果再出现技术指标多头排列，在 K 线图上显示连拉阳线，散户一定要当心，其中可能存在多头陷阱。实战中，投资者要注意观察盘面的进一步变化，不要急于抢入股票。

从成交量的角度进行识别，要观察突破时成交量的变化情况，突破时成交量必须流畅地放大，而不是时大时小，股价上行必须干净利落，一旦突破之后即勇往直前，表明有许多人在股价创新高之后觉得形势明朗，放心追入。如果突破之后股价停滞不前，则说明上方有一股隐藏的巨大抛压，十有八九是庄家在出货。

也可以这样说，在上升趋势中，伴随成交量放大，如果股价创新高，之后成交量略有减少，股价小幅回档，只要回档不跌破支撑线，仍为多头市场。如果成交量不大，回档时跌破支撑线并加速下行，则是庄家设置的多头陷阱。

从技术面角度进行识别，多头陷阱在K线走势上的特征，往往是连续几根长阳线的急速飙升，刺穿各种强阻力位和长期套牢成交密集区，有时甚至伴随向上跳空缺口，引发市场中热烈兴奋的情绪，从而使庄家顺利完成拉高股价和高位派发的目的。

在形态分析上，多头陷阱常常会故意形成技术形态的突破，让散户投资者误认为后市上涨空间巨大，因而纷纷追涨买入，庄家则可以在高位派发大量的获利筹码。

谨防主力技术骗线

股市里真相与假相混杂，馅饼与陷阱同在，主力操盘手法真真假假，虚虚实实，似进实退，欲涨先跌。特别是在撤退过程中，经常采用各种骗线手法，以吸引跟风盘。

下面列出一些主力常用的骗线手法。

1. 拉尾市

有些个股整个交易日内都风平浪静，邻近收市的几分钟，主力却突然袭击，连续数笔大单将股价迅速推高。此类拔苗助长式的拉抬，通常表明主力并无打持久战的决心，而是刻意在日线图上制造出完美的技术图形。有时则是该股已进入派发阶段，主力在盘中减仓之后，尾市再将股价拉高，一可避免走势图出现恶化，二是将股价推高，为次日继续派发腾出空间。如图7-12所示。

如果个股走势平稳，基本在前一日收盘价之下运行，尾市主力迅速出击，将股价拉至涨停，收一根带长下影线的长阳线，如此刻意做作，反而说明主力去意已决，第二天一定会冲高后快速回调，成交量放大。拉尾市，可以使主力派发的空间一天扩大十来个百分点。

2. 假突破

一个整理形态向上突破，常能吸引技术派人士纷纷跟进，例如有效突破三角形、旗形、箱形时，常会出现一定的升幅。主力往往利用人们抢突破的心理制造骗线，有时股价进入高位箱体内整理，接着会长阳突破箱顶，价涨量增，然后继续拉出长阳线，但强势并未能持续多久即冲高回落，同时放出巨大的成交量，跳水动作开始，短时间内股价即被腰斩。投资者一旦发现为假突破，应及时止损出局。

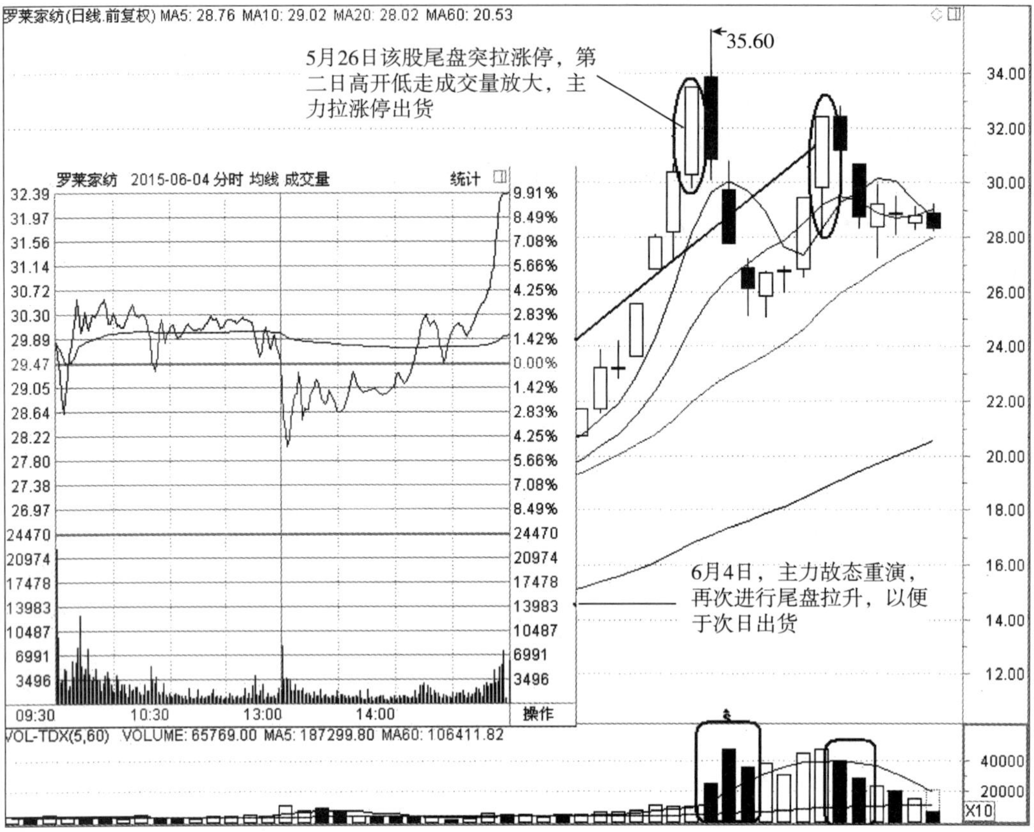

图 7-12 尾市拉升，为次日出货腾出空间

3. 假填权

不少个股摆出填权的架势，股价在除权后亦短暂走强数天，但很快便一蹶不振。除权类个股能否走出填权行情，投资者首先要把握大盘的走势。一般来说，大盘处于牛市时，主力多会顺势填权；大盘走弱时，填权走势十有九假，投资买股时宜特别小心。

短线点金

在现实交易中，主力在其整个投资运作过程中，会采取多种手法迷惑投资者，掩饰其真正意图。比如，本来意在拉升，却作出恐慌性抛盘的架势。等你刚跟进，股价马上掉头。等你看明白要砍仓时，价格却又掉了下来。能够识破主力操作的意图尤为重要，从主力运作的全过程考虑，大致分成收集筹码的“刻意打压”阶段和派发筹码的“主动骗线”阶段。

如何辨别主力的真假突破

庄家的招式往往虚虚实实，真真假假，有时欲涨先跌，有时以退为进，走势扑朔迷离，让投资者难辨真伪。假突破形态就是庄家在拉高出货阶段常常使用的伎俩之一。庄家制造假突破，一是为了吓跑那些有追高习惯，性子急，又对突破形态把握不准的短线投资者；二是为了在拉升前试盘，以此测试抛盘和跟风盘的大小，好决定拉升高度。

所谓假突破，指的是在某个完美的技术图表形态下，突然在图形上瞬间出现向上或向下冲破的情形，使投资者误认为是真突破而出局，在投资者出局后图形又被恢复。无论出于何种目的，投资者尤其是短线操作者，对这种假突破的个股，在介入时必须要把握以下几点。

1. 价位的突破超过3%甚至更多

在传统的形态理论中，对于有效突破的经典标准是：突破幅度在3%以上，突破时间在3～5个交易日，则可认为是突破有效。但在实战中，投资者经常容易错过最佳的介入时机，可操作性不强，或者仍可能出现假突破陷阱。

股价有效向上突破，不能以盘中最高价为标准，必须以收盘价作为确认突破的依据。这是因为股价在盘中经常会冲高回落，如果投资者自以为突破有效而盲目追涨，极有可能造成当日被套的结果。解决的办法就是密切关注突破时、突破后的价量配合。价量关系是判断股价有效配合的一个关键指标，它决定了突破时的力度。一般来说，如果股价突破时价升量增，则有效突破的概率较大；反之，如果股价突破时价升量缩，价量关系背离，则假突破的可能性较大。如图7-13所示。

2. 有效突破通常有两种形式

一种是连续放量的强势突破，突破时气势如虹，股价快速扬升，价量特征为经典的价升量增关系；另一种是突破前先缩量整理蓄势，然后再放量突破，价量齐升。无论是哪一种突破，突破当天的成交量必须放出大量，巨大的成交量代表高额的换手，表示低位买进的投资者获利回吐遭遇大资金进场。

成交量放大到什么程度才算是有效放大，在所有的技术分析书籍中并没有一个明确的说法。根据以往经验，一般来讲，向上突破之日的成交量，最少是在整个形态日均换手率的2倍以上，才可以称为有效成交量，在这一基础上换手率越高越好。

3. 连续3个交易日收盘在突破点位之上

假突破一般不会连续3个交易日收盘价都在突破价位之上，庄家一般都做不到，

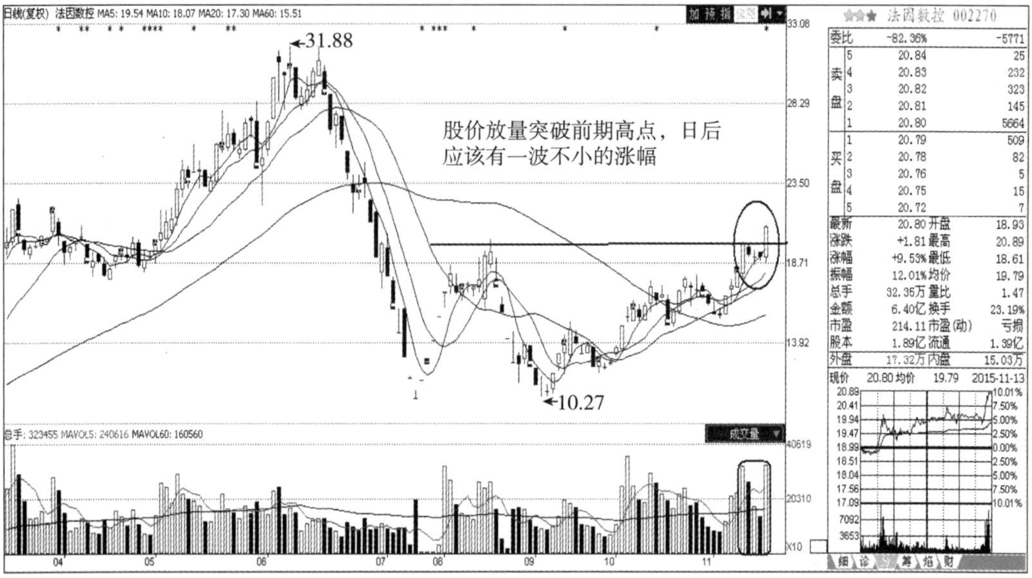

图 7-13　放量突破前期高点

也不愿做。这是因为庄家这样做不仅需要的时间长，增加暴露的概率，而且还要花费大量的高位维持成本。即使仅仅靠每天的尾盘拉高，也要耗费庄家大量资金，更不要说是全天维持这个价位了。所以，在大部分情况下，庄家都是在盘中将股价拉高，当天收盘就下来了。如果是在尾市将股价拉高，则在第二个交易日跌下来，总之无法维持 3 个交易日。

4. 观察突破当日分时图的走势

当日分时走势必须强势上扬，股价在上午收市之前，就已经经过较大幅度的上涨，而不是在下午收市前才突然大幅拉高。有效突破的当日，成交量往往极为均匀，在价跌量减、价涨量增的健康走势中完成突破。均价随着股价的上涨不断提升，随着股价的回落而迅速萎缩，只有这样的走势，才有可能是有效突破，否则很可能只是一次假突破。

5. 大盘和板块的影响

股价突破是不是有效突破，大盘和板块的支持与配合是很重要的因素。一般只要大盘处于平稳或上升趋势之中，最好是个股突破时，大盘处于价升量增的状态，这样股价突破的有效性就大大提高。如果个股同时处于热点板块之中，那么基本上可以判定属于有效突破。

短线点金

投资者在实战中要清醒地认识到，主力机构刻意利用假突破来制造多头陷阱或空头陷阱，但其只能制造一些技术现象，绝对无法违背技术本质。因此，分析研判时，一定要从市场根本与技术本质出发，冷静面对，不可盲目冲动，这样才能减少不必要的亏损。只操作自己能认识和把握的市场机会，不要妄想抓住所有的机会。对于自己无法识别的突破，应先以观望为宜。

怎样规避主力的消息陷阱

沃伦·巴菲特曾说过，“听内幕消息可能让你赚一点钱，但也可能让你倾家荡产”。股市中没有绝对公开的信息，股民关键要学会如何正确对待消息，识别假消息，以便在实战中保全自己，既不落入“消息陷阱”，又能乘机获利。

股市投资者如何正确对待股市中的各种消息？

1. 根据国家政策来判断消息的真伪

如果消息的内容符合国家政策，可密切关注有关股票的市场表现；如果消息的内容不符合国家政策，有可能是人为制造的虚假消息，可置之不理。正规渠道的消息，就应该认真对待。当然，有时国家的重大决定在股市一时还不能起作用，但我们要明白，这往往是机构尚未准备好的缘故。一旦机构准备好了，国家重大决策对股市的影响就显现出来了。

2. 从各种渠道佐证消息的正确性

各种消息渠道同时被利用的概率较小，如果来自不同的渠道都不约而同地传递着大体类似的消息，通常来讲这样的消息是比较可信的。如果有些消息源于基本面，可以在权威的新闻媒体上得以证实。这种消息出现时，可以从近期的《人民日报》《经济日报》《经济参考》《中国证券报》、新华社等媒体上得出结论，也可以直接从互联网上查询消息的来源。

对于专业投资者而言，和上市公司多打交道，将有助早日获得第一手消息、公司的经营状况、公司的发展前景。可向证券管理机构、交易所、上市公司等单位询问市场传播出来的消息的可靠性。若答案是否定的，要立刻停止买卖；如果答案是肯定的，则应密切注意该股票的股价变化。如果该股票的价格走势呈异常变化，要迅速沽空，以免越陷越深。

3. 根据股价来识别消息的真伪

若股价正处于历史高位时，有利多消息传播，股民要谨慎，利多消息很有可能是引诱股民跟进而制造出来的，切忌追涨。如果股价很低时，传出利多消息，再加上有大笔成交量配合，消息可能是真的，股民可跟进一些，然后进一步密切观察。

另外，如果股价处于历史低位，此时有利空传出，利空消息很有可能是机构为了打压吃货制造出来的，股民应勇敢建仓。

当散户无法确认信息真伪时，可以在市场刚传出此类信息时立即少量买入，并密切关注随后的股价走势。一旦有拉高放量出货的迹象，不论是否获利，都应立即平仓。消息证实时即使被浅套，也应果断割肉。

一般来说，很多消息都不是空穴来风，因为庄家在坐庄过程中难免要暴露行踪。但是庄家会利用时间或其他方法把自己的踪迹再度掩藏起来。建仓过程中暴露行踪，是庄家最危险的时刻，这时庄家就会通过漫长时间的折磨来掩饰自己的行踪，这就需要跟庄者具有良好的耐心。

普遍的情况是，庄家低位吃饱后，拉到一个相对高位，才会有灵通人士得到消息。一般市场上所谓的内幕和比较准确的消息，都属于这一类型。此时此刻，庄家完全占据主动权，上或下都能脱身。这时候行情会再起一波，让消息显得更加可靠，能够更为广泛地传播，树立盈利的示范效应，为即将来到的派发做好准备。等到消息被市场普遍认可后，就可以大规模震荡出货了。

短线点金

股民对待股市流传的消息不要盲目轻信，切忌把消息作为自己投资决策的唯一依据。要结合基本面，股价的变化以及消息流传时股市所处的阶段来识别消息的真伪，之后再做投资决定。另外要增强长期投资的观念，不要为消息带来的短期波动而动摇。

第八章

短线炒股之板块操作

第一节 认识板块

目前沪深两市上市公司的数量已达1900多家，随着新股不断发行上市，股票市场规模愈加壮大，股票数量也越来越多。给数量众多的股票划分不同的板块具有重要的意义。不同行情分析软件因为分类的方法不同，其板块名称与数量也不尽相同，但相同的属性是板块划分的根本依据。

■ 什么是板块

股票板块指的是这样一些股票组成的群体，这些股票因为有某一共同特征而被人为归类在一起，而这一特征往往是被所谓股市庄家用来炒作的主题。

股票板块的特征可能是地理上的，例如西藏板块、浦东板块；有些可能是经营业绩方面的，如绩优板块、绩差板块；有的可能是上市公司经营行为方面的，如购并板块；还有的是行业分类方面的，如钢铁板块、科技板块、金融板块、房地产板块等，不一而足。总之，几乎什么都可以冠以板块的名称，只要这一名称能成为股市炒作的题材。如图8-1所示。

	板块名称	均涨幅%↓	权涨幅%	总成交	领涨品种	涨股比	市场比%	换手率%	市盈
1	西藏板块	6.04	5.70	62.1亿	西藏城投	10/10	0.49	6.63	
2	地热能	4.59	3.60	39.0亿	艾迪西	10/13	0.31	3.23	
3	智能家居	4.28	2.84	88.6亿	艾迪西	17/25	0.70	4.81	
4	证券	4.18	3.83	1149亿	东方证券	22/22	9.12	5.98	
5	航空	4.14	1.72	67.7亿	中航飞机	5/13	0.54	2.04	
6	广告包装	3.97	1.40	61.4亿	合兴包装	11/21	0.49	2.97	
7	生态农业	3.91	2.76	94.0亿	敦煌种业	20/22	0.75	5.06	
8	污水处理	3.87	3.17	221.5亿	郴电国际	25/44	1.76	3.42	
9	化纤	3.84	2.80	41.8亿	荣盛石化	14/26	0.33	2.12	
10	特钢	3.82	4.26	63.6亿	河北钢铁	10/13	0.50	3.43	
11	造纸	3.79	1.40	32.7亿	安妮股份	10/24	0.26	1.91	
12	智能穿戴	3.71	1.87	129.9亿	长电科技	20/28	1.03	4.60	
13	家居用品	3.70	3.88	46.6亿	美克家居	10/15	0.37	5.65	
14	钛金属	3.59	6.20	62.8亿	河北钢铁	10/12	0.50	5.16	
15	次新股	3.50	3.79	464.9亿	北部湾旅	107/148	3.69	12.40	
16	甘肃板块	3.41	3.75	110.9亿	银亿股份	21/25	0.88	5.11	
17	河北板块	3.38	2.78	231.8亿	河北钢铁	32/50	1.84	3.79	
18	海水淡化	3.37	2.90	125.5亿	双良节能	17/20	1.00	4.57	
19	宁夏板块	3.34	2.48	27.6亿	西北轴承	11/12	0.22	4.19	
20	环境保护	3.31	3.52	128.4亿	天壕节能	16/26	1.02	4.65	
21	仓储物流	3.19	1.15	27.7亿	飞力达	5/15	0.22	1.55	
22	工程机械	3.19	1.31	167.6亿	精功科技	26/37	1.33	3.63	
23	奢侈品	3.17	1.09	53.1亿	美克家居	7/16	0.42	2.02	
24	京津冀	3.16	2.41	224.3亿	金隅股份	29/45	1.78	3.75	
25	土地流转	3.14	2.85	199.2亿	新野纺织	28/47	1.58	4.22	

	代码	名称	涨幅%↓	现价	涨跌	买价	卖价	总量
1	002468	艾迪西	10.01	25.05	2.28	25.05	–	79359
2	300131	英唐智控	10.01	21.10	1.92	21.10	–	39370
3	300028	金亚科技	10.00	51.02	4.64	51.02	–	47642
4	300007	汉威电子	10.00	70.20	6.38	70.20	–	26015
5	300279	和晶科技	9.71	45.20	4.00	44.92	45.20	43115
6	002084	海鸥卫浴	8.36	16.07	1.24	16.07	16.08	420004
7	603008	喜临门	7.58	20.44	1.44	20.42	20.43	303600
8	002402	和而泰	7.10	38.15	2.53	38.14	38.15	123941
9	300312	邦讯技术	6.06	45.15	2.58	45.10	45.15	95612
10	601567	三星电气	5.56	37.79	1.99	37.75	37.80	20637
11	300342	天银机电	4.23	27.10	1.10	27.09	27.10	73917
12	002681	奋达科技	3.59	56.90	1.97	56.89	56.90	79104
13	300247	桑乐金	3.46	14.37	0.48	14.36	14.37	285746
14	000521	美菱电器	2.70	8.00	0.21	8.00	8.01	270484
15	600100	同方股份	1.49	17.08	0.25	17.07	17.08	910027
16	002139	拓邦股份	1.18	23.15	0.27	23.14	23.15	185418
17	002706	良信电器	0.02	57.11	0.01	57.10	57.11	18981
18	300183	东软载波	–	–	–	–	–	0
19	002421	达实智能	–	–	–	–	–	0
20	000671	阳 光 城	–	–	–	–	–	0
21	002121	科陆电子	-0.92	31.20	-0.29	31.20	31.21	161542
22	002375	亚厦股份	-1.12	30.08	-0.34	30.07	30.08	175401
23	002396	星网锐捷	-1.12	44.86	-0.51	44.85	44.86	106692
24	300310	宜通世纪	-1.13	33.28	-0.38	33.28	33.29	153802
25	300155	安居宝	-2.62	30.51	-0.82	30.51	30.52	118231

图8-1 板块分类一览表

为了吸引跟风盘聚集人气，主力通常会拉抬某一类个股，并在个别品种上重点出击，所以热点板块也是市场主力精心培育的产物。对于广大散户而言，面对上千只股票，不可能都去一一研究，倘若将注意力缩小到某一板块上，就该板块的个股进行较为细致的分析，成功的概率要大得多。

板块分析的作用有两个方面：第一是研判大势，第二是指导个股操作。

大势对于股票操作的重要性无须多言，但如果将大势仅仅理解为大盘指数走势的话，就太过片面了。大势除了指市场平均波动情况，还包含大盘内部结构性的波动特点。板块作为联系大盘和个股的纽带，其动向是结构性波动特点的最重要体现。有时在几乎同样的大盘走势 K 线图中，行情的结构性特征却截然相异。

例如，同样是指数横盘震荡，有时是权重股强势，中小盘题材股弱势；有时则是中小盘股纷纷表现强势，而大盘股弱势。这是两种不同的行情特征，在不同的结构性波动特点之下，大盘运行的推动因素是不同的，后市走向和特点显然也会不一样，我们的操作策略也因此而不同。

■ 板块轮动分析

所谓板块轮动，指的是不同板块轮流大幅涨跌的现象。以牛市为例，牛市行情中常出现几个热点板块轮番领涨、轮番推动和引领大盘上扬的现象，这就是最常见的板块轮动形式。板块轮动往往是市场行情火爆的一种标志。

板块轮动现象的出现，是因为在同一个时期内，市场存量做多资金是有限的，而市场的整体容量却很大。有限的资金不可能使整个市场一直同步上涨，多数时候，当天只有为数不多的板块能够得到市场资金的关注和追捧。于是，市场各路主力便会集中兵力对那些有号召力的板块轮番炒作，以求获得热点聚焦效应。跟风资金也会心领神会，集中追逐这些轮流涌现出来的热门板块，从而使得上涨行情以板块轮动的方式演绎。

板块轮动分为板块内的个股轮动和相关板块间的轮动。

1. 板块个股轮动

板块个股轮动，就是同一板块内的个股发生轮流涨跌的现象。具体表现为：板块内的个股轮流充当领涨股或领跌股，以轮换的形式带动整个板块朝同一方向波动。如图 8-2 所示。

板块个股轮动，通常是主力调动大量资金进行集中操作的结果，通过前赴后继的个股轮番涨跌，引导市场朝有利的局势发展。这种手法如果适逢市场迫切需要，往往可以很快调动市场的参与热情，形成持续的高温现象，这也是主力坐庄的一种

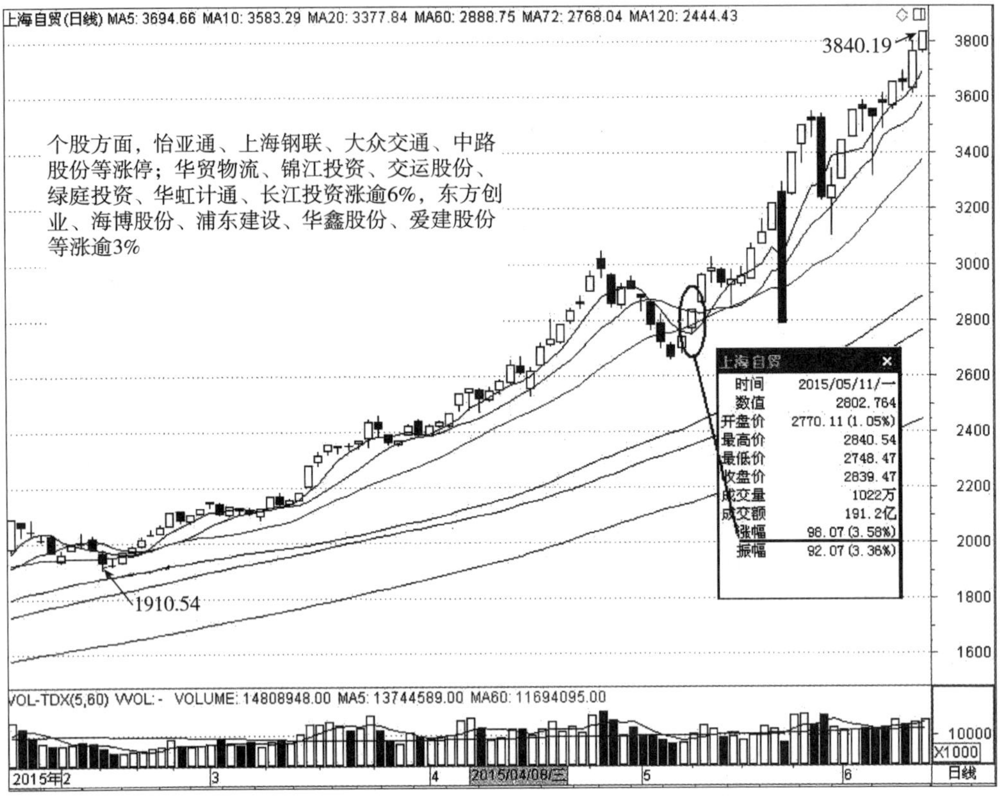

图 8-2 上海自贸区板块轮流领涨

手段。

当板块内个股出现轮动效应时，往往具有以下规律。

（1）板块行情启动时，板块内的个股往往出现轮番领涨或领跌现象，以前疲软无人气的股票，也纷纷充当龙头股。这种板块内的热点切换，并不改变整体板块的发展趋势。

（2）在热点板块中，势头最猛、最有投机价值的当属“领头羊”（如果板块整体持续上涨，则称领头羊为龙头品种），领头羊对该板块的主导作用将一直贯穿于整个板块行情。

（3）板块中的领头羊往往是率先打破沉闷格局的个股，其在个股轮动中领涨或领跌的机会最大，次数最多，涨（跌）幅也最大，具有高度的参与价值。

（4）在板块行情中，轮动现象往往只出现在少数几只强势股身上。

2. 相关板块轮动

相关板块轮动，就是相关性较强的板块之间发生轮流涨跌的现象。具体表现为：当某一板块成为领涨或领跌板块后，其他相关性较强的板块后期相继充当领涨或领跌板块。

当板块之间发生轮动效应时，往往具有以下规律。

（1）在大盘强势反转的时候，往往会出现个股普涨或普跌的行情，不同的板块轮流充当领涨或领跌角色，但这跟板块的相关性没有多大关系。

（2）相关性越强的板块，其板块轮动的可能性越大；相关性越弱的板块，其板块轮动的可能性越小。

（3）在大盘上涨的时候，率先领涨板块在板块轮动中领涨的机会最大，次数最多；在大盘下跌的时候，率先领跌板块在板块轮动中领跌的机会最大，次数最多。

（4）在大盘上涨的时候，轮涨的领涨板块通常集中在少数几个强势板块中；在大盘下跌的时候，轮跌的领跌板块也通常集中在少数几个弱势板块中。

如果说板块个股轮动是主力调动大量资金进行“集团军作战”的结果，那么相关板块轮动的出现，则是市场游资闻风而动的结果。它通常出现在报复性反弹或市场人气鼎盛的时候，或者出现在市场恐慌性抛售的阶段性底部。

短线点金

板块轮动是一种重要的市场现象，合格的职业交易者必须对其有很好的感知和判断能力。不同行情性质及背景下的板块轮动方式是不同的，只有在操作中把握好板块轮动节奏，才能获得超越大盘的收益。

创业板短线投资技巧

与主板相比，创业板最大的特点是机会多，但风险也大，因而暴涨暴跌成为创业板大部分个股的特点。如图 8-3 所示。

炒作创业板面临的风险，除了由于上市公司流通股本相对较小、股价更易大幅波动外，还表现在公司抗风险能力相对较弱，退市风险远高于主板市场的上市公司。

投资创业板股票，从某种意义上来说玩的就是“心跳”。投资者应在尽可能多地了解创业板特点、投资风险，客观评估自身风险承受能力后，再审慎决定是否参与投资。

1. 如何判断创业板公司价值

首先要关注公司是否具有持续成长能力，考察公司拥有的技术、经营模式和经营理念是否先进或独特，管理层的整体素质，企业所在行业的整体发展趋势，以及企业在行业中所占的地位等。

其次，创业板上市公司规模相对较小，多处于创业及成长期，发展相对不成熟。

图 8-3 创业板股票朗玛信息走势图

企业的发展受到内外部诸多因素的影响。投资者在判断创业板上市公司价值时，要多考虑风险因素。

2. 申购创业板的技巧

与其挖空心思选择一只股票集中申购，还不如抱着撒大网捕“小鱼”的心态，每只股票都申购一点儿。创业板新股的中签率再低，只要申购了就有机会中签。除了申购价格之外，还需要结合基本面、题材和中签率进行通盘考虑。参与创业板新股申购，上市后破发的可能性极小。但若在二级市场高位接棒，就需谨慎而行了。

3. 提高中签率

可否重复打新是首先考虑的问题。细观发行的创业板新股，看是否可以提高资金利用率。如投资者参与新股打入的资金解冻那天，是否正好可以赶上下只新股的申购。

其次是看募集规模和发行价格。资金充足的投资者挑选价格中等以上的公司，中签率更高一些。那些网下询价倍数中等偏下的上市公司，有望获得更高的中签率。

中小板短线投资技巧

中小板即中小企业板，是指流通盘大约 1 亿股以下的创业板块，是相对于主板市场而言的。有些企业的条件达不到主板市场的要求，所以只能在中小板市场上市，中小板市场是创业板的一种过渡。在中国，中小板的市场代码以 002 开头。

中小企业板以其独有的特征和投资魅力，在短期内集聚了大量人气和资金流，成为我国资本市场一支重要的生力军。如图 8-4 所示，在大盘的带动下，中小板股票贵州百灵的股价也一路飙升。

图 8-4　中小板股票贵州百灵

由于主板与中小企业板块在历史因素、内容性质以及流通市值上存在差异性，使得两者之间表现出主从效应。作为新生不久的中小企业板，在流通盘、流通市值等方面不能与主板同日而语，但其投资价值却日益显现。

在把握中小板短线投资技巧时，要注意以下几个方面。

1. 短期选择时机

除了具有很强成长性和行业优势的少数小盘股之外，大多数小盘股应该保持在合理的市盈率范围之内。一般情况下，中小板企业市盈率水平在 30 倍以下，可以全面介入；若中小板企业市盈率水平在 35 倍以上，则上涨带来的流动性风险将会快速扩大，不宜全面介入。

2. 把握主板走势

由于中小企业板块依然遵循经济周期，因此中小企业板块基本与主板市场同步波动。短期来看，可能由于中小板块的市场操纵或主板市场的系统性下跌，导致中小板块与主板波动出现背离。但从中长期来看，中小企业板块回归主板市场 25～35 倍 P/E 水平将是基本趋势。

3. 强调大波段操作

成长股的价格往往会因公司的经营状况变化发生涨落，其涨跌幅较之其他股票更大。如图 8-5 所示。

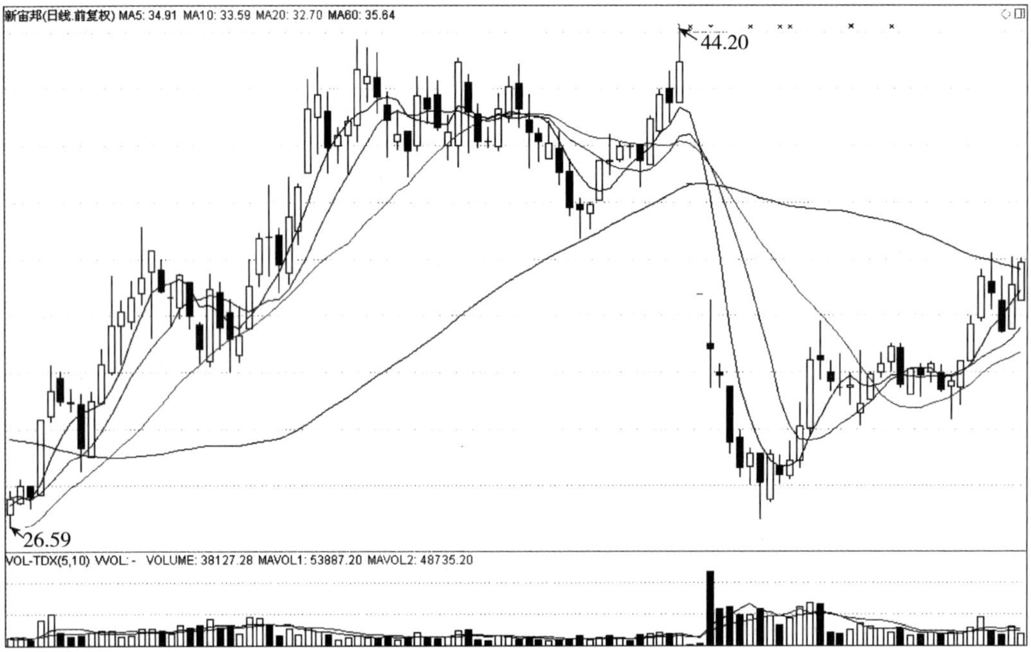

图 8-5 中小板股票涨跌幅较大

一般而言，在大盘调整阶段，成长股的价格跌幅较大，因此大跌也蕴涵着机会，可以在适当的时候抄底进入。在大盘一路高企的过程中，成长股可能呈现出超涨的态势，这时应该把握卖出时点。

4. 长期选择行业

通过对国外创业板及中小盘成长股的行业类别统计，我们发现，高成长行业具备明显的溢价优势。在进行价值投资时，一定要把握行业的发展趋势。

首先要关注具备持续创新能力和一定技术壁垒，在特定市场正在形成局部垄断或者具有定价能力的企业。

其次，建议关注为跨国企业提供配套产品，具备低成本优势和较大市场空间的企业，重点关注生物医药类、电子类、化工类行业的投资机会。

沪港通短线投资技巧

“沪港通”是沪港股票市场交易互联互通机制试点的简称，两地投资者可以通过当地证券公司或经纪商，买卖规定范围内的对方交易所上市的股票。沪港通包括沪股通和港股通两部分。

沪股通是指投资者委托香港经纪商，经由香港联合交易所设立的证券交易服务公司，向上海证券交易所进行申报（买卖盘传递），买卖规定范围内的上海证券交易所上市的股票。

港股通是指投资者委托内地证券公司，经由上海证券交易所设立的证券交易服务公司，向香港联合交易所进行申报（买卖盘传递），买卖规定范围内的香港联合交易所上市的股票。沪港通对 A 股是革命性的变化，在沪港通条件下，选股必须遵循以下三点选股方向。

（1）低估值蓝筹品种。国际大资金注重价值投资，低估值的大蓝筹才能容纳它们，小盘成长股不会受到青睐，因为小盘股估值较高且盘子较小。

内地投资者如果对香港市场不是太熟悉，一定要避免以下几类股票。

第一种是尽量避开市值少于 20 亿港元的股票。这类股票股价容易大起大落，波动极大，而且有时会出现一些买壳传闻炒高股价，但实际上如果公司的市值长期处于低位，反映市场对其前景是长期看淡的，不然这家公司可能早就透过增发股份等方式提升市值，摆脱市值低的窘境。

第二种是每日平均成交金额在 1000 万港元以下的股票。这类股票流通性差，很容易因为某一笔交易导致股价大幅波动。

第三种是股权过度集中的股票。香港规定，上市公司股票在二级市场的流通量要达到 25%以上，管理层在财务中有更大的诱因去供股，未必能为小股东做出最有利的安排。

（2）选择 A+H 股品种。A 股、H 股折溢价带来的机会，是沪港通最直接的投资逻辑。从行业角度来看，A 股与 H 股在行业估值水平方面存在一定的差异，沪港通的推出，首先对传统行业中一些高分红率的大盘蓝筹股构成利好。这些高分红公司集中在银行、交运、地产、电力等行业，而金融、公用事业、运输、能源、工业等传统行业估值则相对较低。

目前沪港通中港股通股票的范围包括联交所恒生综合大型股指数、恒生综合中型股指数的成分股及 A+H 股公司的股票，这类股票市值不算太小，最小的达芙妮（00210. HK）及三一重工（00631. HK）市值都有 40 亿至 50 亿港元，市场操控较难施展，同时也对股民有一定的保障。

（3）券商股。沪港通对券商行业的影响主要表现在两方面：一是作为资本市场对外开放的有益尝试，运行成熟后，规模有望增加，有利于资本市场长期健康发展，从而利好券商；二是带动券商在港股研究、服务港股投资者等方面加大投入。

（4）技术形态和题材热点。

大家明确了沪港通的选股变化后，要明确今后的选股方向在哪里，但是真正捕捉大牛股的技术法宝不会改变。无论规则和资金来源如何变化，牛股爆发还是要遵循技术形态和题材主线。从技术上来讲，投资者还是要遵循牛股形态技术，因为任何一只牛股都是由主力推动的，只有研究明白了主力的意图，才能真正跟上牛股步伐。

■ 新股短线投资技巧

新股是指刚发行上市的股票。新股不断上市给市场带来了新鲜血液，是股市发展的一个重要标志。同时，它也给投资者带来了新的投资或投机机会。新股炒作可以说是沪深股市的惯例，有的是上市之时就受到主力和投资者的关注而被炒作，有的则是在上市之后较长时间才被炒作。作为一名投资者，如果能够掌握新股、次新股的操作技巧，往往会获得更大的收益。

对于新股的投资重点，要把握以下几个方面的机会。

1. 投资新股要看大势而为

如果大盘处于大幅下跌的市道中，绝大多数个股走势都将受到影响，新股也不例外。此时，新股多数平开低走，参与者获利机会极小，毕竟真正逆大势而行的股票只是少数。只有等到大盘进入下跌末端或筑底时，那时才是真正的买点。

当大盘处于下跌末端，进入筑底阶段时，市场人气低迷，新股开盘价较低，一般在50%以下，甚至一些股票接近发行价，此时是最佳买入时期。一旦大盘反弹，这类股票会领涨。如图8-6所示。2014年6月26日上市的飞天诚信（300386），在大盘筑底阶段，其开盘价39.76元，当日报收47.71元，比发行价上涨44%。在大盘随后上涨时，该股连拉11个一字涨停，一度成为市场中的领头羊。

如果大盘处于小幅上扬或小幅震荡的走势，新股炒作的机会也会比较大，可能形成新股上涨和大盘上涨的互动效应，甚至出现次新股成为大盘风向标的局面。如2015年1月21日正式交易的新股昆仑万维，当日开盘价格24.36元，当日报收29.23元，然后就是连续11个交易日一字涨停，股价大约翻了4倍。也就是说，投资者只要中一签，就可以实现3万元左右的盈利。

2. 新股的买入机会

新股上市第一天不受涨跌幅限制，从集合竞价产生的开盘价到当日最高价之间，

图 8-6　飞天诚信上市后一度连拉涨停

波动空间往往会高达 20%～30%。但是由于有 T+1 的限制，判断当日是否收阳线很重要，否则风险和损失也会很大。

新股上市第一天前几分钟的股价变化和成交量大小，在一天的走势中具有决定性的作用。新股的买入时机是开盘后第 3 个 5 分钟，卖出时机为第 2 日或第 3 日。

新股上市后的买入标准如下。

（1）前 15 分钟换手率在 25%以上。换手率大是主力机构介入的表现。

（2）前 3 个 5 分钟 K 线组合为阳阴阳，或全为阳线。但是若阳线太长，当日上涨空间不会太大，短线机会会丧失。

（3）前 3 个 5 分钟，尤其是第 3 个 5 分钟里连续出现多笔大买单。大手成交多，说明主力介入积极，当日股价回落的可能性较小。

3. 关注新股的基本面因素

市场资金是很容易“喜新厌旧”的，特别是在后续新股不断上市的时候，新股很快就会变成旧股。

通过分析历史行情可以看出，能够在上市后得到充分炒作的新股不仅仅要“新”，更重要的是与其本身所具有的各种概念有很大的关系。这一点要求投资者对新股所在的行业和企业基本面有较多的了解，能恰当地和市场中其他类似的股票进行比价，这样才能对打算介入的新股较有把握。

4. 看市场表现

新股上市后的市场表现，也是投资时重点参考的依据。就技术面而言，投资者应重点关注首日换手率。如果新股上市当日换手率适中，买卖较活跃，预示着有资金介入，后市可重点关注。如果换手率过低，说明多空双方没有达成一致意见，后市行情仍将有反复。

投资者还要关注盘口的价量配合情况。在分时走势图上，价升量增、价减量跌的形态最为理想，可以重点关注。

5. 后期操作要冷静等待

能中签的投资者属于幸运儿，大部分投资者要参与新股，一般只能通过二级市场买卖。新股上市时的疯狂走势，并不利于想参与的投资者。投资者需要耐心等待其股价重心稳定后，再结合基本面和业绩表现，来评判其中的长期投资价值，并以此作为进出的依据。比如一些经过充分换手的次新股，当股票形态出现买入信号时，投资者可以适当考虑。如图 8-7 所示。

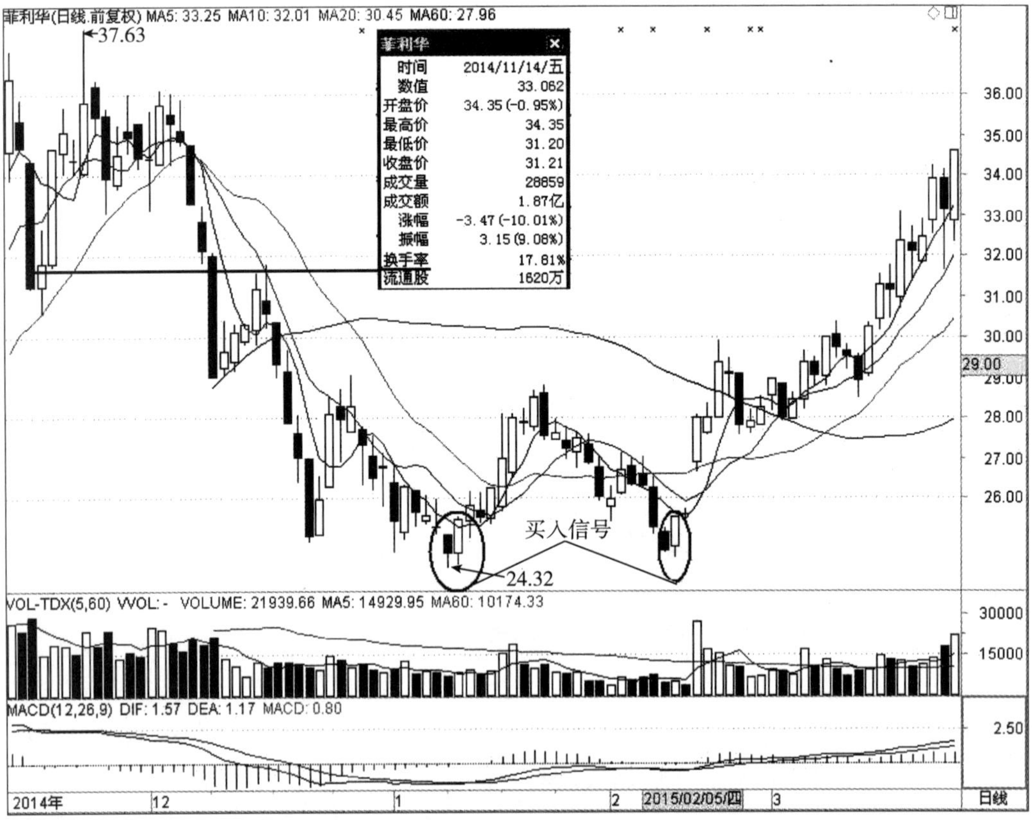

图 8-7　经过充分换手的次新股出现买入信号，可适当介入

第二节 近期热点题材与板块分析

在选择短线潜力股的过程中，要结合当前市场主流热点的动向，尽量选择和市场热点相近的板块和个股。而且要尽量选择具有多重概念的个股，以便在热点行情的转换中左右逢源，争取获得最大的利润。

"一带一路"板块分析

"一带一路"是"丝绸之路经济带"和"21世纪海上丝绸之路"的简称，如图8-8所示。它充分依靠中国与有关国家既有的双多边机制，借助既有的、行之有效的区域合作平台，带动和促进沿线国家经济发展。"一带一路"建设不仅不会与上海合作组织、欧亚经济联盟、中国—东盟（10+1）等既有合作机制产生重叠或竞争，还会为这些机制注入新的内涵和活力。

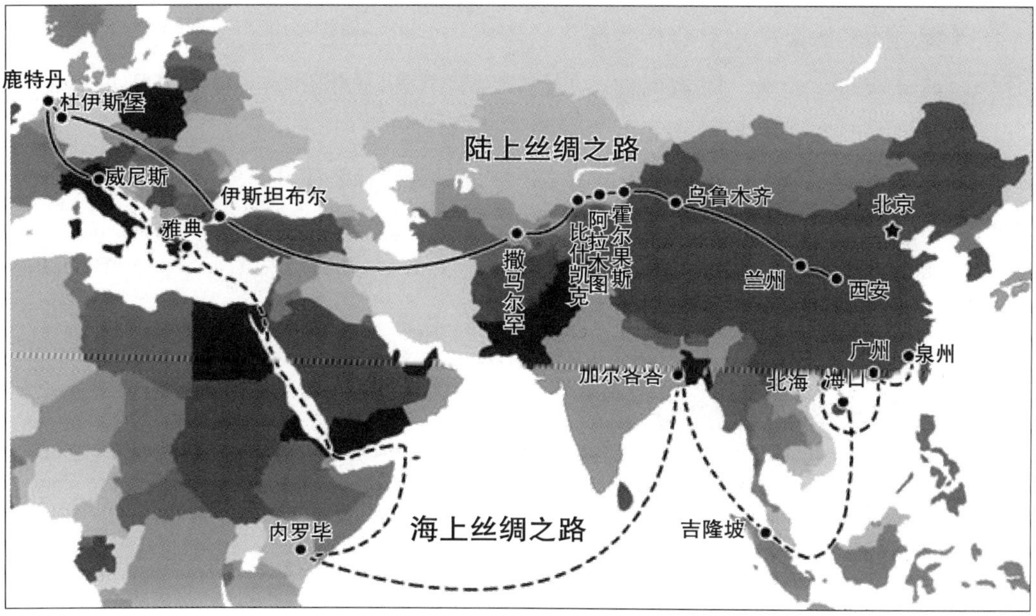

图8-8 一带一路示意图

"一带一路"概念股曾几度在A股市场掀起热潮，先是有媒体报道称"一带一路”规划获批在即，之后又有消息称在 APEC 会议期间，国家主席习近平将系统阐述建设“丝绸之路经济带”和“21 世纪海上丝绸之路”的“一带一路”规划。

中国经济的发展，是一个不断开拓创新和寻求突破的过程，从沿海地区向西部内陆不断推进，“一带一路”建设将为全面深化改革和持续发展创造前提条件，在区域合作新格局中寻找未来发展的着力点和突破口，可谓是“一子落而满盘活”。

“一带一路”是开放包容的经济合作倡议，不限国别范围，不是一个实体，不搞封闭机制，有意愿的国家和经济体均可参与进来，成为“一带一路”的支持者、建设者和受益者。在共同建设中，“一带一路”无疑将释放更大的活力。

从整个“一带一路”辐射的区域来看，五大区域相关股票有望迎来爆发：第一，新疆板块。如北新路桥、西部建设、新疆城建等股票有望直接受益；第二，陕西板块，如达刚路机、建设机械等个股有望受益；第三，甘肃板块，如上峰水泥、祁连山等个股有望从中受益；第四，宁夏板块，如宁夏建材、银星能源等个股有望获得关注；第五，东南沿海板块，如福建自贸区、东盟自由贸易区概念股有望获得机会。

“一带一路”将依托沿线基础设施的互联互通，对沿线贸易和生产要素进行优化配置，促进区域一体化发展。中国对沿线国家的开放，将刺激区域内基础设施的投入与建设，包括边境口岸设施和中心城市市政基础建设、跨境铁路扩能改造、口岸高速公路等互联互通项目建设。

丝绸之路经济带的重点合作领域将给资本市场带来投资机会，首先表现在油气开采运输、铁路、公路、电力电网、通信以及港口等基建领域。随着基础设施的互联互通，旅游、农业、商贸物流等领域将迎来新的投资机会。

“一带一路”战略构想，正在世界各国人民心中落地生根。复兴丝绸之路，一幅横贯东西、共谋发展的宏大蓝图正在铺展开来。有梦想，有追求，有奋斗，一切都有可能。中国人民有梦想，世界各国人民有梦想，这将给世界带来无限生机和美好前景。

京津冀一体化板块分析

京津冀一体化由首都经济圈的概念发展而来，如图 8-9 所示，包括北京市、天津市以及河北省的保定、唐山、石家庄、邯郸、邢台、衡水、沧州、秦皇岛、廊坊、张家口和承德，涉及京津和河北省 11 个地级市。区域面积约为 21.6 万平方公里，人口总数约为 1.1 亿人，其中外来人口 1750 万人。实现京津冀协同发展是一个重大国家战略，要坚持优势互补，互利共赢，扎实推进，加快走出一条科学持续、协同发展的路子。

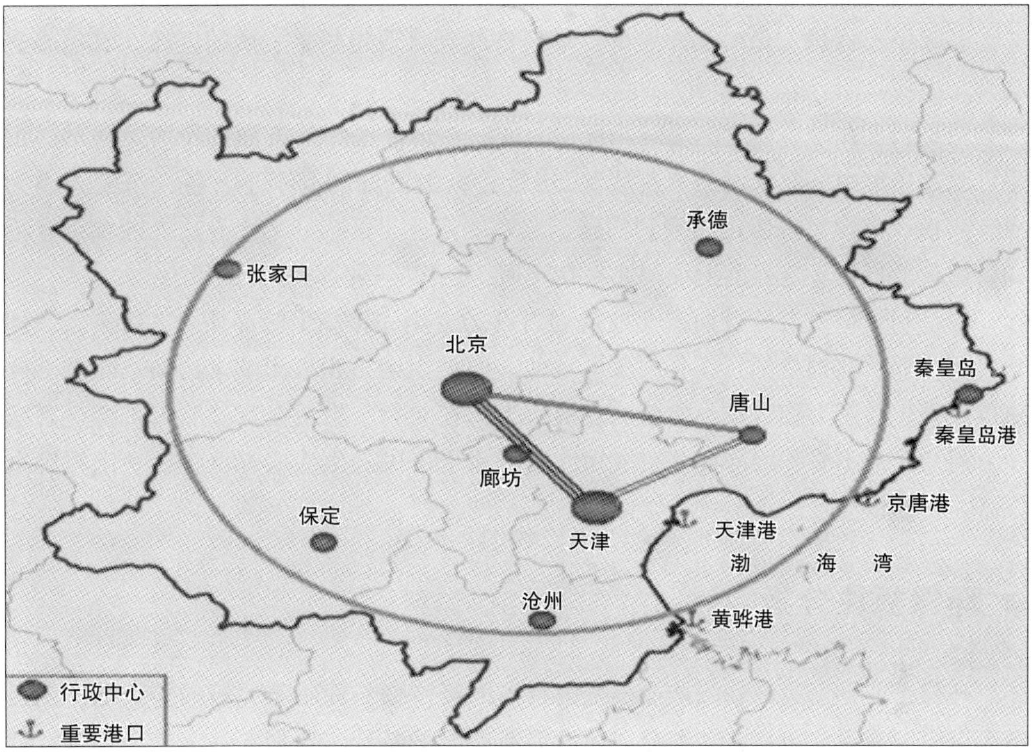

图 8-9　京津冀一体化示意图

经济一体化是一个长期的融合发展过程，其基础之一在于基建一体化。在提出京津冀一体化的同时，提出以区域基础设施一体化作为优先领域，足见其重要性。京津冀未来发展的重要目的之一就是助推新型城镇化，未来北京和天津周边城市的发展机会来自于产业承接，这将给产业引导和土地开发类公司带来机会。

在区域规划中，河北将成为京津城市功能拓展和产业转移的重要承接地，在产业升级、基础设施、城镇体系建设和环境保护等方面加速与京津融合。但河北基础设施水平落后，尚难以匹配产业转移和升级需要。结合长三角经验，判断未来河北在基础设施建设方面的投资仍将保持较大规模。

作为重大国家战略的“京津冀一体化”，将在周密部署下贯彻实施，其积极意义有以下几点。

一是利于促进京津冀地区的经济提升，优化发展战略。长期以来，京津冀地区的经济发展极不均衡，究其原因，在于各自为战，非理性竞争，资源未能共享。一旦“京津冀一体化”贯彻实施，该区域的经济、文化、社会等诸多方面都将协同发展，将促进相关区域的经济提升，优化相关区域的发展战略。

二是利于提振社会各界的信心。当前国内经济增长速度放缓，未来经济增长预期不容乐观。尽管新型城镇化给人们带来很多遐想空间，可是因其需要较长的发展过程，很难从根本上提振各界的信心。一旦顺利实施“京津冀一体化”战略，民众势必会联想起“珠三角”“长三角”等经济联动且取得长足发展的区域，其信心必会为之大振。

三是利于在一定程度上缓解北京在交通、住房、医疗等方面的压力。目前，由于资源过于集中，北京成为“首堵”，房价持续上涨并居高不下，各大医院人满为患。一旦“京津冀一体化”顺利实施，北京的商业、医疗、文化等功能区域将有望向周边疏散，在一定程度上缓解北京在交通、住房、医疗等方面的压力。

四是利于相关人员更加理性地规划自己的人生，提高生活品质。“京津冀一体化”的实施，将对生活、工作在该区域的人们产生诸多积极影响。比如，北漂一族可以选择生活压力相对较小的区域发展，工作在北京、生活在京郊的人将会显著减少；河北民众不必扎堆前往北京成为北漂，北京市民的生活成本也将在一定程度上下降。

环保板块分析

环保产业是永远的朝阳产业。我国目前的经济增长面临着关键的转折期，就目前环保产业来说，也存在各细分产业发展有差异的特征。比如在污水处理领域，就很难产生持续高成长的上市公司。主要是因为污水处理厂的产能一旦满负荷运作，就意味着未来的成长主要靠污水处理费的成长，但污水处理费的提升很难，存在政策控制的难题。所以，污水处理厂只能依靠外延式发展获得持续快速成长的潜能，但外延式发展也面临着收购、评估等经营风险。因此，污水处理业务的确难有大的涨升空间，比如创业环保、兴蓉投资、首创股份、中原环保等。

与此同时，对于大气污染治理等领域，也由于产业化时间较长，产业的成熟度较高，导致火电厂脱硫、脱硝业务很难出现爆发式增长。但是，有意思的是，由于产业业态的变迁，即火电厂将脱硫业务外包给专业的脱硫业务上市公司，从而使得脱硫业务上市公司的业绩出现了快速增长的态势。

在产业选择中，投资者需要仔细考虑两点，一是考虑业态的创新，二是根据产业热点寻找投资机会。产业投资热点往往意味着拥有朝阳产业特征，拥有旺盛的生命力。产业热点往往具有行业的爆发力度，在产业投资热点形成过程中，环保企业之间的竞争也相对缓和。因为产业投资热点往往意味着行业容量快速膨胀，不会带来恶性竞争，企业的盈利能力也高企。

对于目前环保产业的投资热点来说，可能会催生新的持续高成长的产业股。循此思路，建议投资者积极关注重金属污染治理、土壤修复治理、固态废弃物处理、厨房垃圾处理、环境监测等领域。

第九章

短线炒股之止损解套技巧

第一节 短线风险控制

追求短线收益，今天买进股票，明天就能赚钱甚至是赚大钱，这差不多是每一位投资者的共同心愿。对于某些短线高手来说，他们有时能够做到买了就能涨，特别是在牛市里，在一只股票处于上升途中的时候，追逐短线收益，确实给他们带来了获利的机会。不过，短线炒作收益大，风险也大，因此对于投资者来说，应尽可能地回避风险而去争取收益。

股票投资的风险

在股票投资活动中，其投资风险主要基于以下几点。

一是市场信息的不可靠性。

二是投资者知识和认识的差异性。

三是经济领域知识的专业性。

四是股市分析技术的复杂性。

五是股票市场的投机性和被操纵性、股价变化的随机性。

六是千百万投资者的参与性。

由于以上因素的存在，使投资者决策行为的实际结果与预期结果经常出现偏离，从而导致投资者收益落空，造成资金亏损，这就是股市风险。

各类股票的风险系数是不同的，主板相对稳定，创业板收益最高，风险最大。如图 9-1 所示，为创业板股票全通教育，其波动比主板股票更剧烈，更能体现出股票投资的风险性。

股市中的风险，从不同的角度可以进行不同的分类。以系统的观念来划分，股市风险可分为两类，即系统风险和非系统风险。

1. 系统风险

系统风险主要包括以下四类。

（1）政策风险。政府制定的经济政策和管理措施可能会造成股票价格震荡。经济、产业政策的变化、税率的改变，可能影响到公司利润、债券收益的变化；证券交易政策的变化，可能直接影响股票的价格。

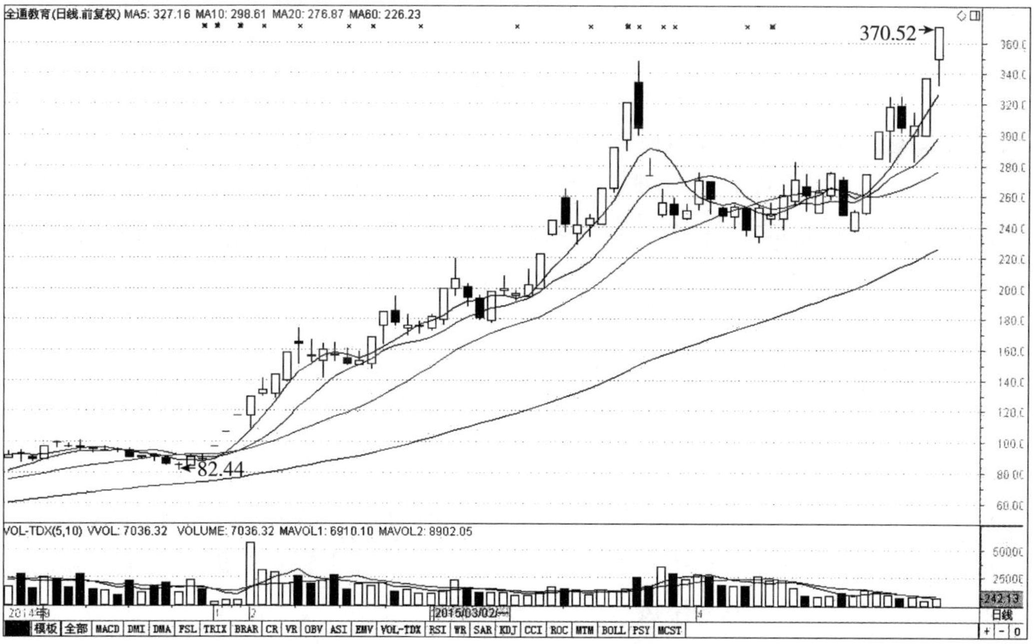

图 9-1　股票价格的波动性导致投资风险

（2）利率风险。在股票市场上，股票是按市场价格进行交易的，而不是按其票面价格进行交易的。市场价格的变化会受到市场利率水平的影响，假如利率向上调整了，股票的相对投资价值将会下降，就会导致整个股价下滑。

（3）购买力风险。在现实生活中，由于物价的上涨，同样金额的资金未必能买到与过去同样多的商品。这种物价的变化导致了资金实际购买力的不确定性，称为购买力风险或通货膨胀风险。同样，在证券市场上，由于投资股票的回报是以货币形式来支付的，在通货膨胀时期，货币的购买力下降，也就是投资的实际收益下降，将给投资者带来损失的可能。

（4）市场风险。股票投资活动中最普通、最常见的风险是市场风险，它是由股票价格的涨落直接造成的。特别是在新兴市场上，引起股市波动的因素更加复杂，价格波动大导致市场风险增大。

2. 非系统风险

非系统风险又称非市场风险或可分散风险。它是与整个股票市场的波动无关的风险，是指某些因素的变化造成单只股票价格下跌，从而给股票持有人带来损失的可能性。

非系统风险的主要特征包括以下几个方面。

（1）经营风险。经营风险是指公司经营不善带来损失的风险。公司经营不善，是对投资者一种很大的威胁。构成经营风险的主要因素是公司本身的管理水平、技术能力、经营方向、产品结构等内部因素。

（2）财务风险。财务风险是指公司的资金周转引起的风险。一家上市公司财务风险的大小，可以通过该公司借贷资金的多少来反映。借贷资金多，则风险大；反之，风险小。因为借贷资金的利息是固定的，无论公司盈利如何，都要支付规定的利息；股票资金的股息是不确定的，它要视公司的盈利情况来确定。因此，债务负担重的公司比起没有借贷资金的公司来说，其风险更大。

■ 短线风险控制原则

股票风险的防范，首先是要防范系统风险。为了有效防范系统风险，股民需要密切关注宏观经济形势的发展，特别是关注国家的政治局势、宏观经济政策导向、货币政策变化、利率变动趋势和税收政策的变化等。如果在这些因素发生变化之前采取行动，就能成功逃避系统风险。

对于非系统风险的防范，主要是在选股时，要对上市公司的经营历史、管理水平、技术装备情况、生产能力、产品市场竞争能力及企业外部形象等方面进行详细的了解，力图对上市公司的经营管理能力和发展前景作出比较客观的预测。

即便如此，由于上市公司在其发展过程中存在股民难以预测的不确定因素，所以防范非系统风险的有效方法还是在于分散投资，也就是在选择投资组合时，要注意不同行业、不同地区、不同种类股票之间的搭配。一旦某只股票的收益情况不尽人意，其他股票的收益还能在一定的程度上弥补损失。

防范投资者自身带来的风险，也是非常重要的一个方面。目前仍有许多投资者盲目入市，投资草率，要么就是跟风赶潮，追涨杀跌，要么就是碰运气，没有正确的投资理念与成熟的投资技巧。

股票价格的变化规律难以掌握，股票的风险就较难控制。为了规避风险，使股票投资的收益尽可能达到最大化，投资者需要掌握一些股票投资基本策略。

1. 固定投入法

固定投入法是一种摊低股票购买成本的投资方法。采用这种方法时，关键是股民不要理会股票价格的波动，在一定时期固定投入相同数量的资金。经过一段时间后，高价筹码与低价筹码就会互相搭配，使股票的购买成本维持在市场的平均水平。

2. 固定比例法

固定比例法是指投资者采用固定比例的投资组合，以减少股票投资风险的一种投资策略。固定比例法是建立在投资者既定目标基础上的，如果投资者的目标发生变化，那么投资组合的比例也要相应变化。

3. 可变比例法

可变比例法是指投资者采用的投资组合的比例随股票价格涨跌而变化的一种投资策略。它的基础是一条股票预期价格走势线，投资者可以根据股票价格在预期价格走势上的变化确定股票的买卖，从而使投资组合的比例发生变化。

4. 相对有利法

相对有利法是指在股市投资中，只要股民的收益达到预期的获利目标时就立即卖出的投资策略。一般投资者很难达到最低价买进、最高价卖出的要求，只要达到了预期获利目标，就应该立即卖出，不要过于贪心。至于预期的获利目标，则根据各种因素由投资者预先确定。

短线资金管理原则

资金管理在具体操作中有举足轻重的地位，良好的资金管理可以使我们的操作增色不少。如图 9-2 所示。科学的资金管理方法不仅能够增加投资效益，还可以起到回避风险的作用。短线操作资金管理应遵循“三三三原则”。

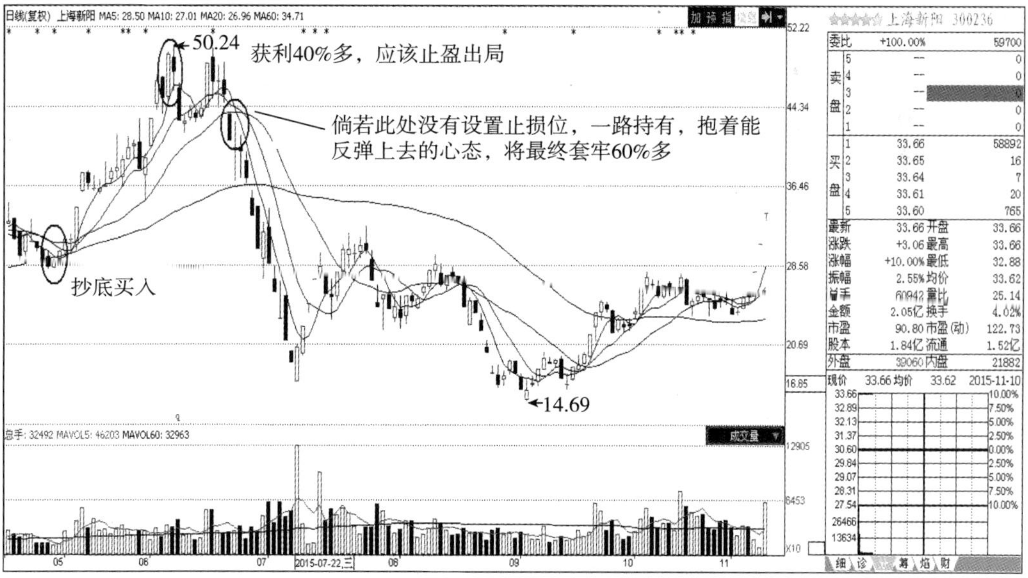

图 9-2　资金管理——设定止盈位与止损位

（1）不能同时买进超过3只短线股票。不管有多少理由，也不能同时买进3只以上的短线股。我们每个人的精力都有限，过多的股票操作起来难于把握。很多情况下，对短线操作来说，时间就是金钱，过多的短线股可能会使我们不知所措。

（2）每只短线股所用的资金不应超过总资金的30%。短线股的风险随时存在，严格控制仓位非常必要。

（3）每只股票买进的次数不能达到3次。这一原则意味着我们最多在一只短线股票上加码一次。如果买进的短线股上涨后，可以再加码一次。如果继续上涨，就不要再加码，可以静观其变。继续加码其使成本推高，股价出现变动后难于处理。同样，如果买进短线股之后，股价出现下跌，最多在形态没有破坏的基础上加码一次来摊低成本。

总之，资金管理同样要遵循“让利润充分增长，把亏损限于最小”的原则。在牛市中重仓投入，扩大战果，但不要盲目和贪心，一定要为自己设定合理的止盈位。在弱市中少量资金投入，科学设定止损位，以退为进，养精蓄锐，以待战机。如果能把你的资金管理得相对完善的话，那么成功是必然的。

第二节　短线解套的方法

在股市中，几乎没有人敢说自己一直处于稳赚不亏的状态。不夸张地说，几乎所有人都曾经尝过“套牢”的滋味。所谓“套牢”，指的是买进股票的成本高出目前可以售得的价格。在股票的实际操作中，“套牢”在所难免，这也是一项必要的经验和教训。“套牢”的程度有轻有重，“解套”的方法也有所不同。

止损解套法

止损解套法是指当某一次股票投资出现的亏损达到预定数额时，及时清仓出局，以避免形成更大的亏损。如图 9-3 所示。

图 9-3　个股放量下跌，及时止损

股票投资与赌博的一个重要区别，就在于前者可通过止损把损失限制在一定范围之内，同时又能够最大限度地获取成功的报酬。换言之，止损使得以较小代价实现较大收益成为可能。一次意外的股票投资失误，足以让投资者血本无归，但及时止损能帮助股民朋友化险为夷，甚至赢得利润。

止损解套法主要用于投资者追高时被套、投机性买入时被套以及买入高价股被套。这几种被套一般都是投机性强的操作，最好的方法就是以投机的方式快速解套。以上这三种被套情况之所以适用于快速止损解套，原因在于盲目追高被套，说明判断上存在主观性的错误，最好的解决方法就是避免继续再错。

投机性买入的个股，一般都具有较大的不确定性。投资者之所以投机买入，是看到了某些特殊的阶段性机会。如果这种机会到时没有出现，把资金扔在这样的股票里不但不安全，而且会使资金利用率大幅降低。

对于高价股被套，即使这种股票在牛市中的表现还可以，一旦转势或者到了熊市，其下跌幅度将会很恐怖，因此快速止损保证资金安全是必要的。

止损解套法是投资者在股票交易中保护自己的重要手段之一。对于新股民而言，还有一种最常见的办法——平衡点止损法，也是非常值得借鉴的。

所谓平衡点止损法，是在建仓后即设立原始止损位。原始止损位可以设在距离建仓价格5%左右，买入后如股价上升，便将止损位移至建仓价，这是盈亏平衡点位置，即平衡点止损位。依此，投资者可以有效建立起一个“零风险”的交易系统，可以在任何时候将盈利套现。

平衡点止损系统建立好以后，下一个步骤就是在合适的时候清仓套现。需要注意的是，随着股价上升，必须相应地调整止损位置。

比如，在30元买入某只股票，原始止损位设立在28.5元，买入后若股价一路下跌，可在28.5元止损出场；若买入之后股价上扬，平衡点止损在30元附近，股价跌破即可清仓出场；若买入后价位继续上升，可即时调整止损位，如股价上升至35元，可将止损位调整为32元。

使用止损解套法的优点在于见好就收，少亏则赢，解除套牢的效率较高。投资者使用止损解套法时，一定要果断，不要错过任何一个止损的机会。切忌在低价位操作，如发现股价下跌，要及时地设置回补，以免出现踏空的危险。如果感觉股指大幅下挫时，对于涨幅过大、在不合理估值范围内的个股，应该及时止损。当个股下跌，出现异常卖盘时，说明主力资金无力护盘或获利出场，此时应该果断止损。在股价出现反弹时，也要及时抛出止损。

如果股价出现猛跌的情况，投资者未能在第一时间抽身，此时盲目杀跌所起的作用有限。股价迅猛下跌后极易出现反弹，投资者趁大盘反弹时将股票卖出，可以减少投资损失。

使用此方法的投资者，要对大势和个股有正确的了解，要当机立断，有承认亏损的心理准备。只有及时果断地卖出止损，才能有效地防止损失进一步扩大。

当然，止损不是万灵仙丹，下面几种情况下的套牢并不适合止损解套法。

一是在上市公司基本面没有发生明显恶化的情况下，历史低价区的筹码是不适于止损的。对这类筹码止损，往往意味着拱手将利润送予他人。对于这种股票，一味破位下行时，股民朋友可以大胆补仓。

二是对于上升途中的个股不适宜止损。上升过程中股价下跌，应视为是对上升的调整，这是买进的机会。如果这时止损，往往会把筹码抛在一个相对低位上，从而减少收益。

三是高位下跌不放量的个股，也不用急于止损。庄家出货往往是在多次反复中完成的，虽然当时被套住了，但如果是无量跌下来的话，还可以耐心等待庄家下一次拉起时解套出局或少亏一点出局。特别是一些小盘，涨幅又不是特别大的股票，经过一段时间的盘整后，庄家将股价再度拉起的可能性较大。

四是对于上升途中的个股和高位下跌不放量的个股也不用急于止损。在上市公司基本面没有发生明显恶化的情况下，历史低价区的筹码是不适宜止损的。

短线点金

止损解套的好处在于可以快速腾出资金，以选择更好的投资机会，并保证本金不受太大损失，或者说尽量少受损失；缺点则是可能存在判断上的失误。即使这样，投资者也一定要执行止损纪律，这是避免深套的最好也是最直接的方法。

补仓解套法

补仓是被套后的一种被动应变策略，它本身不是一个解套的好办法，但在某些特定情况下，它有可能是最合适的方法。股市中没有最好的方法，只有最合适的方法。只要运用得法，将是反败为胜的利器；如果运用不得法，也会成为作茧自缚的温床。

当买入的价格不高，或对将来的大盘坚定看好时，可以选用向下摊平的技巧，降低平均持仓成本。等到价格达到平均成本以上，就可以解套和反败为胜。但是有些情形下是不适合运用补仓解套法的。如图 9-4 所示。

1. 熊市初期不能补仓

这个道理人人都懂，但有些投资者无法区分牛熊转折点，怎么办？有一个很简

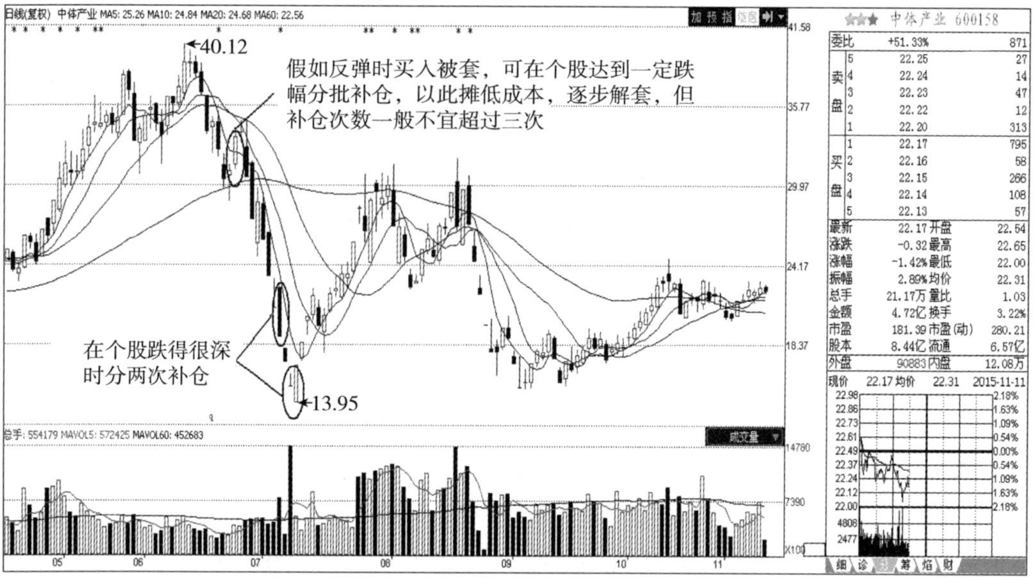

图 9-4　补仓解套

单的办法：股价跌得不深坚决不补仓。如果股票现价比买入价低 5%就不用补仓，因为随便一次盘中震荡都可能解套。如现价比买入价低 20%～30%以上，甚至有的股价被腰斩，就可以考虑补仓，因为后市进一步下跌的空间已经相对有限。

2. 大盘处于下跌通道中

股指进一步下跌往往会拖累绝大多数个股一起走下坡路，其中仅有极少数逆市走强的个股可以例外。因此，当大盘处于下降通道时不宜补仓。补仓的最佳时机是在熊市末期，大盘处于相对低位时，或大盘探底成功后刚刚向上反转时。这时个股往往上涨的潜力巨大，下跌的空间很小，补仓较为安全。

3. 大盘处于下跌反弹时

所谓“反弹不是底，是底不反弹”。反弹现象本身就说明市场中仍有多头力量在负隅顽抗，间接说明后市仍有进一步下跌的可能，在这种情况下使用战略性补仓是不合适的。

4. 弱势股不补仓

弱势股，特别是那些大盘涨它不涨，大盘跌它跟着跌的无庄股，不应采用补仓摊低的方法。因为补仓的目的是希望用后来补仓股的盈利弥补前面被套股的损失，既然是这样，大可不必限制自己一定要补原来被套的品种。补仓补什么品种不重要，关键是补仓的品种要取得最大的盈利，这才是要重点考虑的。所以，补仓就补强势股，不能补弱势股。

5. 把握好补仓的时机，力求一次成功

新股民一定要记得：千万不能分段补仓，逐级补仓。原因很简单，首先，作为新股民，资金一般有限，无法经受多次摊平操作。其次，补仓是对前一次错误买入行为的弥补，它本身就不应该再成为第二次错误的交易。所谓逐级补仓，只是在为不正确的买入行为做辩护。

补仓时机的选择如下。

（1）短线反弹不宜轻易补仓。

（2）应该选择在股价处于上升趋势或盘整态势时进行补仓，这样获利方有一定把握。

（3）未完成拉升阶段的个股可适当补仓。上市后整体升幅有限、未完成一轮炒作的次新股，补仓的安全性较高。

（4）在调整至强支撑区时可以及时补仓。有些个股屡次探至相近的价位时都受到支撑止跌回升，投资者可多观察，多留意，掌握了个股的支撑位，即等于掌握了补仓安全区。

（5）股价呈下跌趋势时不可补仓，否则只会越补越套。如果在牛市末期买了价格过高的股票，在其一路下跌过程中去补仓，结果会是很惨的。

短线点金

采用补仓来摊低成本的方法，必须制定严格的操作计划，并控制好入市资金的数量，不要拿维持基本生活的资金来补仓。另外，补仓的股票，基本面应无实质性变化，股价是跟随大盘正常跌落，千万别补业绩大幅下滑的股票，否则新股民可能会面临越套越多的尴尬处境。

■ 换股解套法

市场中不断有新的机会出现，有时候较为快速的解套方法就是换股，这样可以充分利用资金，实现资金快速回本。这种解套方法主要是针对那些被套在盘势很弱的弱势股上，因为这类股经常会盘整很长时间，甚至在其他股票上涨时还会继续下跌。与其在一棵树上吊死，还不如调整目标，将资金用在更活跃、更有机会的个股上。如果策略得当，往往会达到事半功倍的效果。如图 9-5 所示。

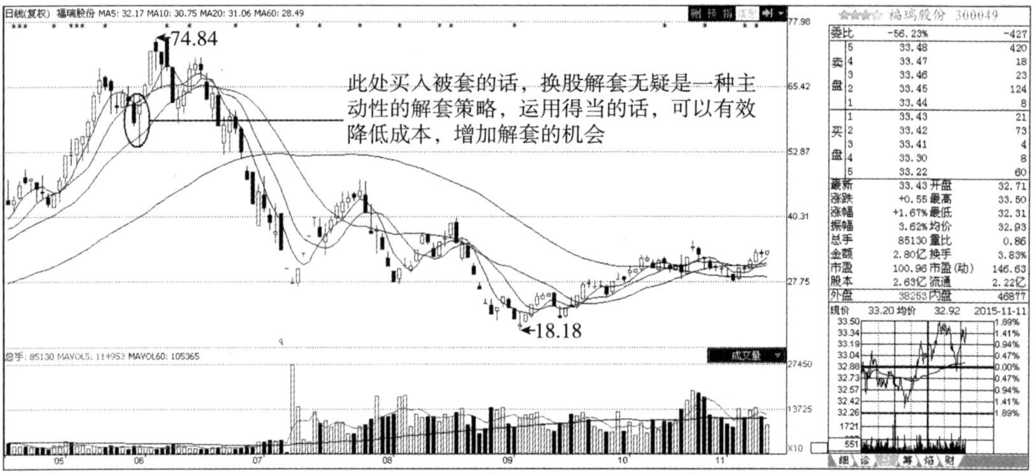

图 9-5　换股解套

换股解套法是一种主动性的解套策略，运用得当的话，可以有效降低成本，增加解套的机会。

换股解套法是追求资金的解套而非股票的解套，目的是追求收益的最大化。其使用的缺点是风险较大，如换股失误，可能会遭受巨大损失。因此，投资者在换股时，一定要时刻关注股票的价位，慎重行事，以免增加新的风险。

1. 换股解套法的操作原则

换股解套法一旦操作失误，就会陷入刚买入的股票一路下跌，而原先的股票却止跌反弹的“两边挨巴掌”的窘境，所以投资者在换股时要非常慎重，实际应用中要掌握换股的正确思路。

（1）留低价股，换高价股。相对于高价的个股，低价股经常是被低估的群体，这种股票由于本身价格低，其跌幅往往小于高价股，且上涨起来幅度也会更大。高价股则与之相反，真正跌起来会很猛，且上涨也较为困难。因此，调仓换股时要优先换掉高价股，适当保留低价股。

（2）换优不换劣。换优不换劣是指换入基本面较好的股票。炒股就是炒题材，市场中经常流传一些朦胧题材，至于是否真实并不重要，只要能得到投资大众的认同，股价常有喜人的表现。可是题材一旦明朗，炒作便宣告结束了。所以换股时，要注意选择一些有潜在朦胧题材的个股，不必选利好已经兑现的个股。

（3）留强股换弱股。弱势股票会随着大盘的调整幅度而变化。如果大盘出现反弹，弱势股仍然继续下跌，即使出现反弹也会低于大盘的涨幅。投资者如发现自己手中持有的是弱势股，要及时抛出，换入强势股，以保证资金的有效利用。

（4）换强不换弱。换强不换弱是指换入后备资金充裕、走势强而稳的股票。换股也不等于卖出后就立即买入，应在股价走势稳定时再行介入，以免再次出现被套牢的危险。

（5）留热股换冷股。有些冷门股全天成交较少，可能出现长期横盘或是持续下跌的状况。如果投资者持有冷门股，应该考虑将其卖出，以换入市场热门的个股。

（6）留新股换老股。新股一般持股的成本较低，套牢的盘面少，没有被疯狂地炒作，股价容易抬升。发行新股的上市公司资金较为充足，不易出现资金风险，所以留下新股比留下老股获利更大。

2. 换股解套法的注意事项

（1）认清趋势，准确判断。

要准确研判市场整体趋势和发展方向，以及热点的轮换和分化现象，不要漫无目标地随意追涨杀跌，而要做到有的放矢。只有认清趋势并确认股指运行在上涨趋势中，打算换入的股票价格离底部区域不远时，才适宜使用换股策略。在大盘处于下跌通道中时，如果手中持有股被套牢，应该采取捂股和割肉止损等方式解套，切不可急于换股。只有等到股指确认企稳，才能考虑换股。

（2）换股不宜过于频繁。

即使投资者对大盘后市发展方向有肯定的把握，也绝不能频繁换股，而应一次成功。多次换股的操作行为，说明投资者存在选股思路紊乱、实施操作轻率等问题，这很容易导致操作失误。而且多次换股会增加交易税费，抬高持仓成本，减少未来的获利空间。

捂股解套法

在股票被套牢后，只要还没有割肉清仓，就不能认定自己已经亏本。如果股民手中所持股票是品质良好的绩优股，而且股市整体的投资环境还没有恶化，股票走势还有向上的空间，则完全没有必要因为一时的被套而惊慌失措。这种情况下应该采取的方法绝不是将套牢的股票全盘卖出，而是继续持有股票，以不变应万变，静待股价回升解套，甚至还有盈利的可能。如图 9-6 所示。

捂股解套与向下摊平解套同是被动解套策略的一种，也是部分股民被套后的常规招术。这是一种无奈，也是一种企盼。对于捂股，不能简单地肯定或否定，而要根据具体情况来分析。

捂股解套法通常用于牛市期间或熊市末期，满仓套牢，既不能割肉，也无力补仓时。它的理念是价格围绕价值波动，主要适用于绩优成长股。优点是无须增加资金，耗费精力较少，基本没有操作难度。缺点是消极被动，将大量资金困于被套股

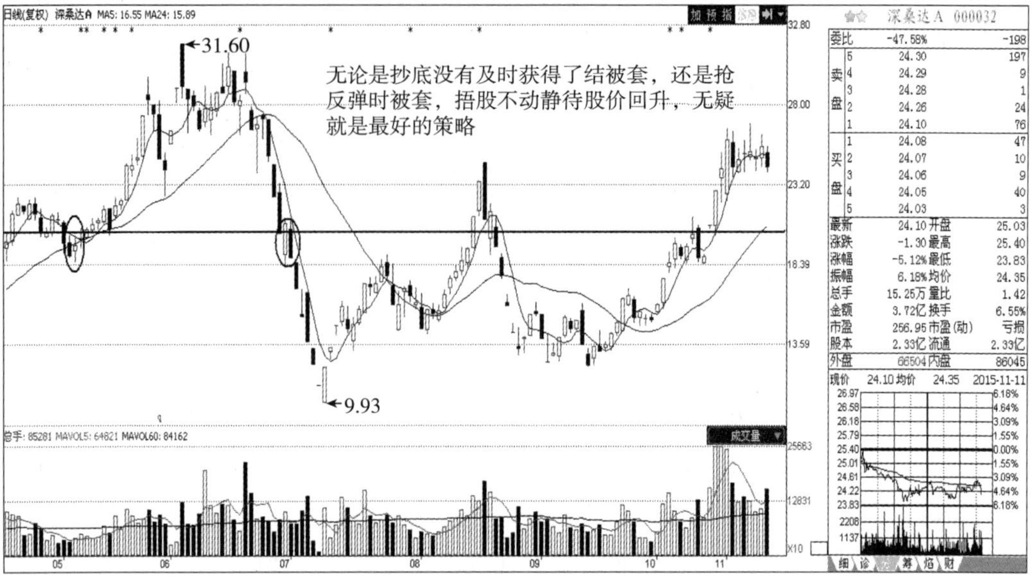

图 9-6 捂股解套

票，有可能错失其他投资机会，有时可能遇到部分股票即使长期捂股依然无法解套的情况，那时就必须学会割肉止损。

新股民朋友们在选用捂股解套方法时，必须注意下面几点。

1. 捂低不捂高

低买高卖赚取差价是做股票盈利的基本方法。所以买点越低风险越小，捂的价值也就越大。相反，买点高，风险增大，若一味地捂下去，就会越套越深。故要捂股票，必先选好买点。捂股时注意手中股票的股价必须尽量接近底部区域，如果股价仍处于中高位，则应该采取更加积极的解套策略（如止损解套法）。

2. 捂绩优不捂绩差

股票值不值得捂的另一因素，是要看所买的股票内在素质好不好，这就是我们通常所说的“含金量”，即上市公司的业绩如何。业绩好的股票，可以放心捂一段时间。许多原本深套的大盘蓝筹股，由于其基本面良好，往往能在股市转牛的时候领跑大盘，轻松解套。

3. 捂有前景的股票

股谚有“题材好，捂到老”之说。多次经验证明，捂有题材的股票确有收获。但捂这类股需要密切注意股票的动向，若一旦消息明朗，题材丧失，则要尽快出货。若不及时脱身，再次被套就难有出头之日了。在股市有较大行情，后市看好的情况下，亦可放心捂股。

捂股策略适用于熊市末期。此时股价已接近底部区域，盲目看空和止损会带来不必要的风险或损失，这时耐心捂股的结果，必然是收益大于风险。要分清造成套牢的买入行为是投机性买入还是投资性买入。凡是根据上市公司的基本面情况，从投资价值角度出发选股的投资者，可以学习巴菲特的投资理念，不必关心股价一时的涨跌起伏，任他股市潮涨潮落，我自岿然不动。

短线点金

捂股解套最需要把握的应用原则就是信心和耐心，信心来源于对手中被套股票的认真研究和分析。只有认清持股的内在价值，才能坚定投资者的持股信心。但有了信心还需要有耐心，一轮大的熊市调整周期往往持续时间很长，下跌空间巨大，使投资者感觉牛市的来临遥遥无期，解套无望。恰恰这时投资者更需要有耐心，千万不能在股市的低谷中斩仓。

第三节　短线止损的方法

止损是职业投资者的常规动作，但止损又常常是一把难用的“钝刀”，它将一点一点地割去投资者的资金，使投资者难以接受连续亏损的现实，因而容易回到持股期盼的状态。对于立志成为职业投资者的你，合理运用止损是必须具备的交易能力。

■ 定额止损法

定额止损法是指将亏损额设置为一个固定的比例，一旦亏损大于该比例就及时卖出。定额止损法一般适用于两类投资者：一是刚入市的投资者；二是风险较大市场中的投资者。定额止损的强制作用比较明显，投资者无须过分依赖对行情的判断。如图 9-7 所示。

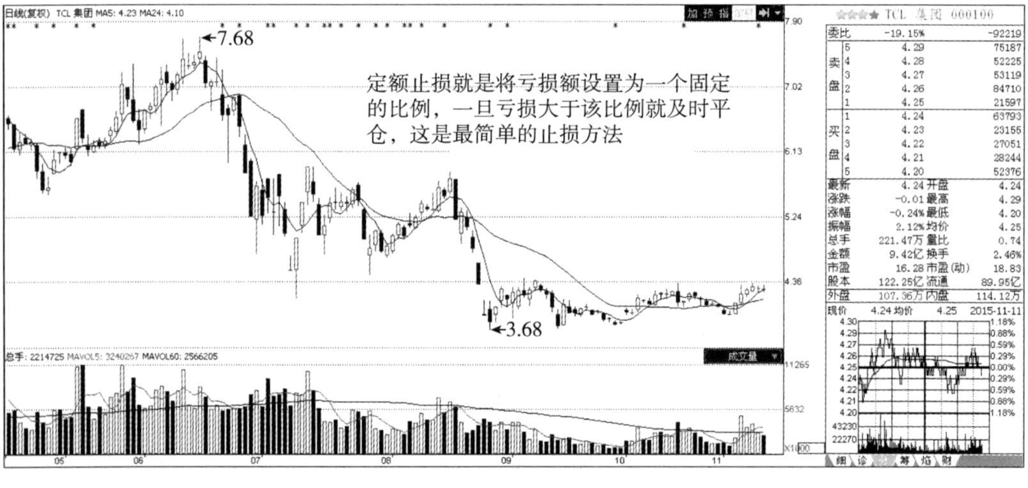

图 9-7　定额止损法

采用定额止损法，无须过分依赖对行情变化的分析，只要亏损达到了止损点，就要认真执行，具有一定的强制性。

定额止损的关键是设定止损点，一般止损点的设立由以下两个数据构成。

一是投资者能够承受的最大亏损。这一比例与投资者心态、经济承受能力、盈利预期有关。

二是股价的随机波动。是指在没有外界因素影响时，股价自然波动的幅度。

定额止损比例的设定，是在这两个因素里寻找一个平衡点。这是一个动态的过程，投资者应根据经验来设定这个比例。一旦止损比例设定，投资者可以避免被无谓的市场波动震出局。

如果股价走势是进二退一，而且配合着股价升腾、量增、价落、量缩的现象，这便是盘上之局，股民可以开始分批进货，以捷足先登。

一般来说，在强势市场中，止损位应相对狭窄一些，执行止损上限；平衡市中，执行中限；弱市中，执行下限。比如做短线，在5%～10%的止损范围内，强势市场中选择5%作为止损位，因为强势市场中，强势股尤其是热门板块的龙头股，回调超过5%的情况比较少见，有5%以上的差价，不如另觅战机。在平衡市中，选择8%作为止损位。在弱市中，则选择10%作为止损位。

弱市一般不应买股，但弱市中出现明显的热点时，也可以适当参与。由于市场较弱，个股回调的幅度也会大些，止损位过窄，可能会导致频繁止损。止损的目的是为了减少损失，保住利润，因此止损位的设置必须围绕市场价格和盈亏状态合理调整。如果进场当日打平手，那么可以将成本价下跌多少设为止损位。如果一进场就处于盈利状态，则立即提高止损位，将当日最高价向下跌多少作为止损位，以后随着股价的上升，逐步提高止损价格。这样做可以保证亏损最小化，盈利最大化，在风险莫测的证券市场中步步为“赢”。

■ 时间止损法

股市瞬息万变，从股票行情分析软件就可以看到有些股票在一分钟的时间内也会升降好多次，难怪会有人一夜暴富，也有人会一夜赤贫。

时间止损法是指当投资者买入股票后，在确定的一段时间内股价始终未达到预定目标，等到时间期限结束时，不论是盈是亏，都坚决卖出手中持有的股票。譬如短线投资者若预计某股的交易周期为5天，买入后在头价一线徘徊超过5天或是直接跌破5日均线，那么其后第二天应坚决卖出。如图9-8所示。

客观来讲，时间止损法是根据交易周期设计的止损技术，使用该方法的投资者大多会运用科学的数学模型进行测算，并拥有较高的成功率。时间周期的天数也是严格按照交易系统的要求设置的，通常采用20～30天。

■ 心理止损法

如果说股市是散户和主力之间的博弈，那么止损则是投资者与自己心理的对抗。

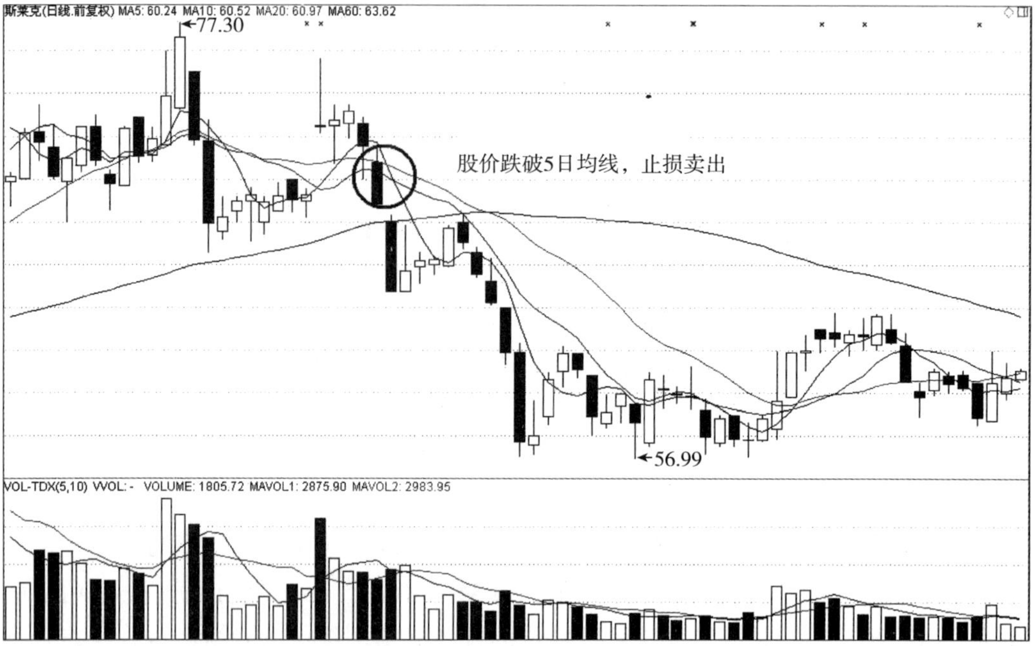

图 9-8　跌破 5 日均线止损卖出

每个人投入股市都是抱着赚钱的目的来的，止损则是一个学习输钱的过程。在股市，学会输钱往往比学会赢钱来得更为重要，但是在心理上却是很难接受的。

在股市投资中，行情的不确定性造成损失，相对来说是出于客观原因，但是从主观上说，投资者的心理因素也是引发判断和操作失误的重要原因之一。

心理止损法是指投资者应把握个人的心理承受能力，并设置相应的止损点。如图 9-9 所示。例如，在买入股票时设置下跌 5%或 7%为止损点，或者设置下跌多少钱为止损点，这完全是投资者根据个人情况的个性化设置，没有什么特殊的技术要求。但需要强调的一点是，设置止损点超过 10%以上则没有任何意义，这和投资者拥有多少资产无关。

另外，投资者要保持稳定的心态。行情不稳时，不能过于急躁；行情低迷时，需要克服悲观心理；行情红火时，需要保持冷静的心态。

■ 技术止损法

技术止损法是一项较为复杂的止损技巧，是指运用技术分析工具对行情进行综合研判，剔除市场的随机波动，然后设置科学的止损点，对风险进行控制，将每次最大亏损锁定在一个可以接受的范围内。

技术止损法是以小亏赌大盈，对投资者的要求相对较高，需要投资者有较强的

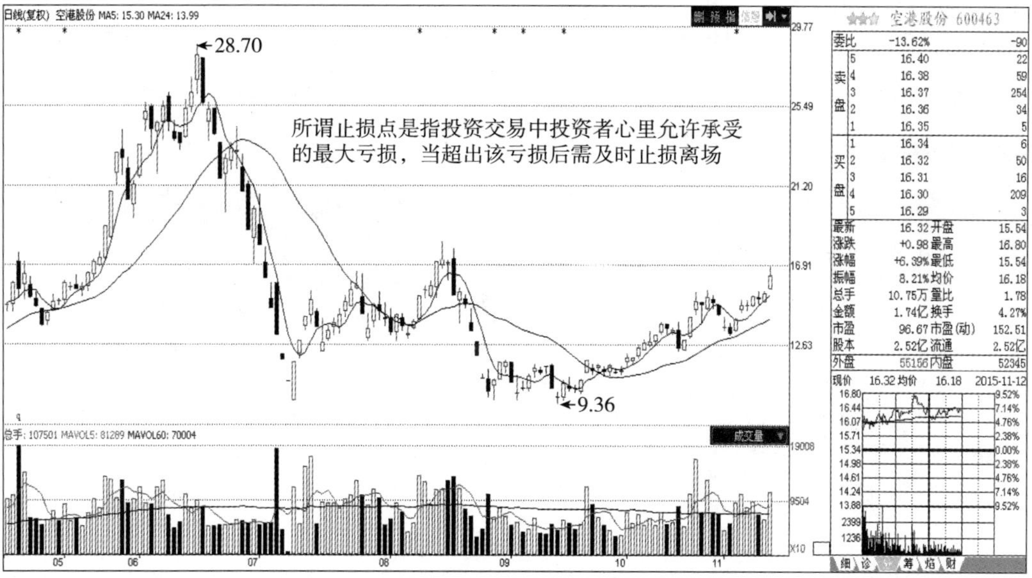

图 9-9 心理止损

技术分析能力和自制能力。这种止损方法的主要精髓就在于，一旦股价走势出现短线见顶或者技术破位，就应该先行出局，以规避股价随后的下跌风险。

至于短线技术破位，有长上影见顶、阴包阳见顶、黄昏星见顶、平台下跌突破等情形。投资者必须熟悉这些基本的技术破位走势，一旦股价出现技术破位走势，则需第一时间先行出局观望。如图 9-10 所示。

通常情况下，运用技术止损法，无非就是以小亏赌大赢。例如，在上升通道的下轨买入后，等待上升趋势结束再平仓，并将止损位设在相对可靠的均线上下，这样可以低进高出，获取差价。

投资者运用技术止损法的目的是以小亏赌大盈。通过对股价运行形态的分析，一旦发现股价出现破位时，则坚决止损。实战中，投资者在止损之后还要注意空中飞刀，不可伸手去接，在股价下降趋势确立后要抱紧钱袋。在下降趋势中出头抢反弹，如同刀口舔血，火中取铜钱。特别是无量小幅阴阳交错的下跌，往往使投资者产生止跌的错觉，从而错失尽早止损出局的机会。

技术止损种类比较繁多，应用上也比较复杂，因此要求投资者有良好的分析能力。在应用一种技术止损方法时，同时要考虑到其他的止损方法，同时兼顾才能将止损点设立好，避免止损过早或者过晚。

另外，在止损的过程中，投资者还需要注意止损的“十不要”。具体而言，止损“十不要”包括：当股价严重低于价值时，不要止损；当个股跌到某一位置企稳后，受到市场主流资金的关注，并且有增量资金不断积极介入，量能有效放大时，不要止损；投资者因深度套牢而亏损过于巨大时，不要止损；对于主力洗盘的股票，不要止损：上升趋势中的正常技术性回调整理时，不要止损；个股股价的下跌空间有限时，不要止损；熊市末期缩量下跌时，不要止损；有恐慌盘出现时，不要止损；股价接近历史重要支撑位时，不要止损；股价临近重要底部区域时，不要止损。

图 9-10　技术破位，及时止损

第四节　短线减少损失的操作法

在股市操作中，出现判断失误是难免的。仅靠买到好股票并不能保证你赚到利润。如果在投资失误后还抱着不切实际的长线投资思想，那更是危险的操作方式。如何减少损失，是每一个投资者都要研究的课题。

■ 固定金额投资计划法

固定金额投资又称定额法和常数投资计划法，是证券投资的方法之一。投资者把一定的资金分别投向股票和债券，其中将投资于股票的金额固定在一个水平上，当股价上升使所购买的股票价格总额超过固定金额的一定比例时，就出售其增值部分，用于增加债券投资；反之，当股价下跌使所购买的股票价格总额低于固定金额时，就动用现金或出售部分债券购买股票，使投资于股票的价格总额始终保持在一个固定的水平。如图 9-11 所示。

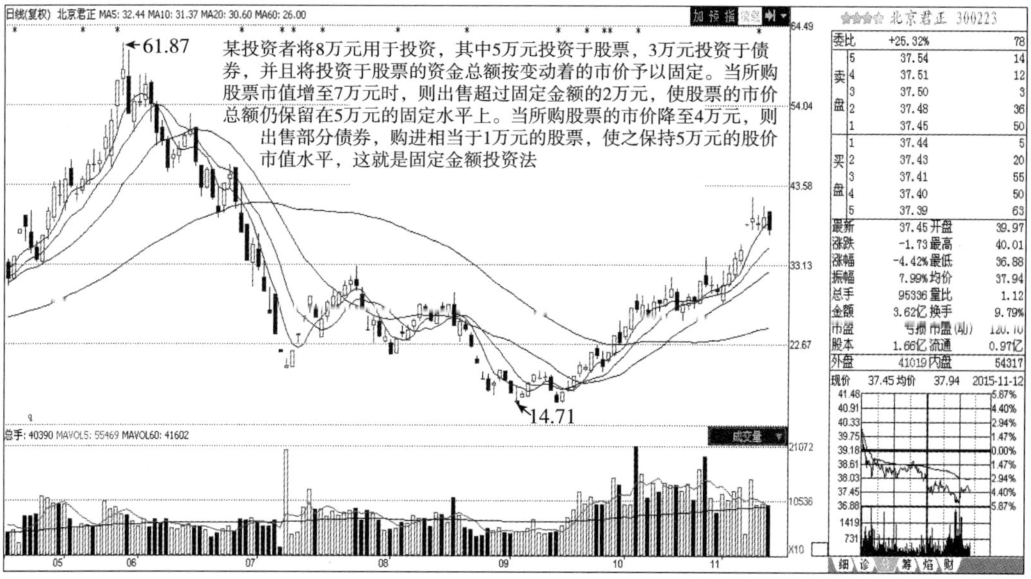

图 9-11　固定金额投资法

固定金额投资计划法的优点有两个方面。

一是方法简单，容易操作。投资者只要依照预定的投资计划，当股价涨至某一水平时即卖出，当股价跌至某一水平时即买进，不必对股价的短期趋势作研判。对于初涉股市的新手来说，不失为可供选择的投资策略。

二是在一般情况下能够确保盈利。一般情况下，股价的变动要比债券价格的变动大，固定金额投资计划法的操作过程遵循“逢低进，逢高出”的原则，即以股票价格为操作的目标，当股价高时卖出股票，股价低时买进股票，在这样不断的循环中，投资者是可以获利的。

从长期投资来看，随着经济周期性的变动，在经济繁荣阶段，发行公司盈利增加，股价上升，但同时银行存款利率也会上升，债券价格就会下跌，因此卖出股票买进债券可以获得价格差额；反之，在经济萧条时期，股价下降，债券价格上升，卖出债券买进股票，也同样可以获得收益。

固定金额投资计划法在两种情况下不适宜采用：一是涨势不衰的多头市场；二是跌风难遏的空头市场。这是因为，如果所购股票处于持续上升行情，投资者不断卖出股票后，就容易丧失更多的获利机会。同样，如果股票持续下跌，由于投资者要不断出售债券来补进股票，以维持事先确定的股票价格总额，就会失去股价继续下跌后以更低价格购进股票的机会。

固定比率投资法

固定比率投资法，又称定率法和不变比例计划法，是由固定金额投资法演变而来的，是控制股票投资风险的一种投资组合技巧。

固定比率投资法的操作方法是将投资资金分为两个部分，一部分是保护性的，主要由价格波动不大，收益较为稳定的债券构成；另一部分是风险性的，主要由价格波动频繁，收益幅度相差较大的普通股票构成。这部分的比例一经确定，便不轻易变化，并且还要根据股市价格的波动不断维持这一比例。如图 9-12 所示。

例如，某投资者将 20000 元资金以 50%对 50%的固定比率分别购买股票和债券。当股票价格上涨，使他购买的股票从 10000 元上升到 15000 元时，那么在投资组合中，其风险性部分的股票金额就大于保护性部分的债券金额，打破了原先确定的各占 50%的平衡关系。这时投资者就要将股票增值的 5000 元，按各自 50%的比例进行再分配，即卖出 2500 元股票，并将其转化为债券，使其继续维持各占 50%的比例关系。

反之，当投资者购买的股票从 10000 元下跌到 8000 元时，就要卖出 1000 元债券以购买股票，使债券价格总额与股票价格总额仍然恢复到 50%对 50%的比例。

采用固定比率投资法，即使股票损失惨重，但因债券的收益相对稳定，因此不

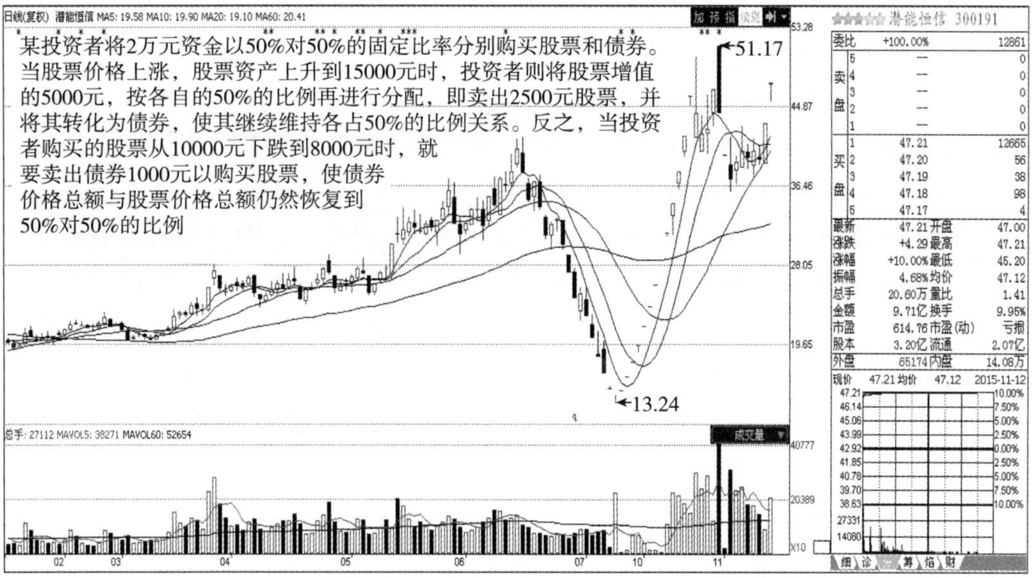

图 9-12　固定比率投资法

至于把血本赔光。但由于固定比率一经确定就不宜轻易改变，因此它是一种比较保守的投资策略，会丧失一些较好的投资机遇。

固定比率投资法基本上是固定金额投资法的变形。固定比率投资法与固定金额投资法两者的区别是：固定金额投资法是要维护固定的金额，并不注意股票总额和债券总额在总投资中的比率，而固定比率投资法则只考虑在一定的总投资额中维持债券金额与股票金额的固定比率。至于两者的比率确定，则取决于投资者对前景的预期。如果投资者喜欢冒险，富于进取，则他投资于股票的份额可能就要大一些；如果投资者比较稳健，则他投资于债券的份额就可能很大，相应地投资于股票的份额就较小。

固定比率投资法也不适用股价持续上涨或下跌的情况。固定比率投资法下，最重要的是制定一个合适的比例，具体为多少，要依据投资者对风险和收益的倾向来确定。

■ 保本投资法

保本投资法是一种保证部分资金不受亏损，避免血本耗尽的操作方法。保本投资的“本”和一般生意场上“本”的概念不一样，并不代表投资者用于购买股票的总金额，而是指不容许亏损的数额。

用于购买股票的总金额人人各不相同，即使购买同等数量的同一种股票，不同的投资者所用的资金也大不一样。通过银行融资买进的投资者所使用的金额，只有一般投资者所用金额的一半。所以“本”并不是指买进股票的总金额。不容许亏损的数额则是指投资者心中主观认为在最坏的情况下也不愿被损失掉的那一部分，即所谓损失点的基本金额。

保本投资法一般适用于行情不太明朗，不知股价会涨跌到什么程度的时候。当行情上涨时，先保其本，行情下跌时则断然停止损失。

保本投资法的基本假设是，任何人的现金都是有限度的，因为它的关键不在于买进而在于卖出决策。为了作出明智的卖出决策，保本投资者必须首先定出自己心目中的“本”。其次，必须确定获利卖出点。最后，必须确定停止损失点。

比如，某股票投资者心目中的“本”定为投资总额的1/2，那么他的获利点即为所持股票市价总值达到最初投资额的150%时，此时该股票投资者可以卖出持股的1/3，先保其本，然后再定所剩下的“本”。比如改定为20%，它表示剩下的持股再涨20%时，再予卖掉1/6，即将这一部分的“本”也保下来了。以此类推，再定出还剩的持有股票的本。

上述获利卖出点的确定，是针对行情上涨时所采用的保本投资法策略。至于行情下跌时，则要确定停止损失点。停止损失点是指当行情下跌到达股票投资者心目中的“本”时即卖出，以保住其最起码的“本”的那一点。

如假定某股票投资者确定的“本”是其购买股票金额的85%，那么行情下跌15%时，就是股票投资者采取“停止损失”措施的时候了，此时即及时退身以避免蒙受过多亏损。这就是保本投资法的关键在于卖出决策的道理所在。

保本投资的关键问题是在制定卖出决策时的理智判断：一要定出以上中的“本”；二要确定卖出点或停止损失点。获利卖出点是指股票投资者在获得一定数额的投资利润时，决定卖出其所欲保的“本”的那一部分。确定获利卖出点是针对行情上涨时所采取的保本投资策略。

例如，当天投资者以2万元买入1000股某股票后遇其上涨，投资者要保之本是这2万元的8成，当该股升至22元时，投资者出脱100股获取既得利润，所余900股，其市价总值实质仍为2万元左右，与当初的投入资金总额相同（但投资者账户中已有2200元的现金利润）。此后该股盘整则不管，再升10%，即股价推到23.2元时，又卖出100股，使持股账面值仍保持2万元左右，以此类推。这样持股的数量不断递减，其市价总值却一直在2万元附近，账户的现金利润却在不断增长，这便是行情上涨时应采取的保本投资法。

停止损失点是当行情下跌到投资者心中的“本”时立即卖出，以保住其最起码的“本”的那一个点。简单地说，就是投资者在行情下跌到一定程度时，全部卖出所持股票，以避免蒙受过分亏损的做法。

仍以上述2万元买入1000股某股为例，仍设定保之“本”为8成，那么可采取两种方法：股价一跌过10%即跌穿19元时，卖出一半，约收回现金8000元。如再跌10%，全部卖出，再收回近8000元现金；另一种方法是跌去10%不管它，再观察一段时间，一旦发现跌去20%，则全部清仓，收回现金约16000元，之后等待出现新机会后再战。

总而言之，投资者在买入某种股票时，就应定一个可以损失的“度”，即设定一个比例。跌出“度”的范围，就坚决卖出，力争保“本”。

限价委托法

限价委托策略是指投资者向经纪人发出买卖某种股票的指令时，对买卖的价格作出限定，即在买入股票时，限定一个最高价，只允许证券经纪人按其规定的最高价或低于最高价的价格成交。在卖出股票时，则限定一个最低价，只允许证券经纪人按其规定的最低价或高于最低价的价格成交。如果市场上的证券价格符合客户的限价要求，委托就可以立即成交。如果其价格不符合要求，经纪人则要耐心等待。

例如，某客户要求以每股不超过10元的价格购进某种股票，当股票价格为11元时，经纪商就不能执行其指令。只有当股价降到10元以下时，客户的限价指令才能被执行。客户发出的限价指令通常都有时间限制，超过其限定时间，指令将自动作废。

采用限价委托策略，投资者可以低于市价的价格买进证券或以高于市价的价格卖出证券，从而获得较大利润。

限价委托的优点是，股票的买卖可按照投资者希望的价格或者更好的价格成交，有利于投资者实现预期投资计划。限价委托的成交价一定是按照限定价格或更好的价格成交的，因为当客户发出限价委托后，交易所计算机自动撮合系统将买卖申报指令以价格优先、时间优先的原则进行排序，当买入价大于或等于卖出价时，则自动撮合成交。

限价委托的缺陷是，当限价与市价出现偏离时，容易出现无法成交的结果，即使限价和市价持平，但若同时有市价委托出现，则市价委托就会优先成交，从而降低成交率。

例如，李先生设置限价委托在48.30元买入500手某股票，虽然当天市场价格曾经触及了48.30元，但在该价位卖出数量只有400手，因此当时只有400手成交。如果随后价格出现上涨，剩下的100手将无法成交，只有价位跌破48.30元才能确保全部成交，这一点值得投资者注意。

短线点金

· 采用限价委托策略，最要紧的是合理确定好限定价格。例如，在买入证券时，如果限价过高，就起不到限价的作用；如果限价过低，则难以成交，从而坐失购入良机。一般来讲，委托的价格是以现行市价为基础并根据市场短期形势灵活加以固定。目前，我国的上海证券交易所和深圳证券交易所都采取限价委托方式。

停止损失委托法

停止损失委托策略，又称停止委托策略或阻止性指令策略。投资者为减少可能的损失或保护其未实现的利益，委托经纪人在某种股票看涨时以比目前市场较高的价格买进，或看跌时以比目前市场较低的价格卖出的委托，以期损失达到最小或保护其利益。

停止损失委托是一种比较保守的委托策略，比较适合于那些为避免风险而不计较利润多寡的投资者。停止损失委托的最大优点在于能保障投资者的既得利益，有效地防止可能出现的损失。

停止损失委托可分为停止损失买进委托与停止损失卖出委托两种。

1. 停止损失买进委托

停止损失买进委托是指投资者经纪人在股价上涨至某一水平或以上时，就买进股票。这种委托规定的买价必然高于当时的市价。

例如，某投资者预测股价将会大幅下跌，他以每股 35 元的价格卖出了某种股票 100 股，并期望在以后能以较低的价格予以补回。如果该股票在不久后下跌到每股 23 元，这时如果投资者既期望股价继续下跌，以获得更多的利润，又担心股价会反转向上，无法在较低的价位上予以补进，可以向经纪人下达停止损失委托，要求经纪人在该种股票价格上涨到一定程度时立即予以买进。假设这一指定价格为 25 元，那么，当股价上涨到 25 元时就将成交。如果继续下跌，他就可以在更低的价位上予以补进，从而获得更多的投资收益。

2. 停止损失卖出委托

停止损失卖出委托与停止损失买进委托相对，指的是投资者委托经纪人在某种股票的价格下跌到某一水平或以下时为其卖掉股票。这种委托规定的卖出必然低于当前的市价。

例如，某投资者以每股 30 元的价格买进某种股票 1000 股，不久股价涨至 40 元。投资者为保障其大部分收益，委托经纪人在股价跌至 38 元时予以卖出。如果股价跌至每股 38 元以下，投资者每股仍可获利 8 元，若股价不下跌，而是继续上升，则投资者获利也将继续上升，并不受停止损失卖出委托的影响。

在实际运用中，停止损失委托有以下需要注意的事项。

如果投资者的指令价格与市场的已成交价格过于接近，则市场稍有变化，停止损失委托即可生效。委托生效后，若市价又恢复到原来的状态时，则加大了投资者重新进入市场的成本。

停止损失委托指令指定的价格可能与市场的最后成交价格有相当距离。例如，当市价暴跌时，经纪人很可能无力为其客户按指定价格成交，这样，实际的成交价格就会大大低于其指定价格。

■ 加码买进摊平法

加码买进摊平法，是股票投资中避免亏损的一种操作技巧，是投资者所购股票被高档套牢后，随着跌势在下档加码买进的证券投资方法。其目的是加码买进同种股票后，降低单位平均持股成本，使投资者在股价反弹时获利。采用加码买进摊平法的条件是：整个经济发展前景乐观，所投资股票的实质条件没有发生负面变化。如图 9-13 所示。

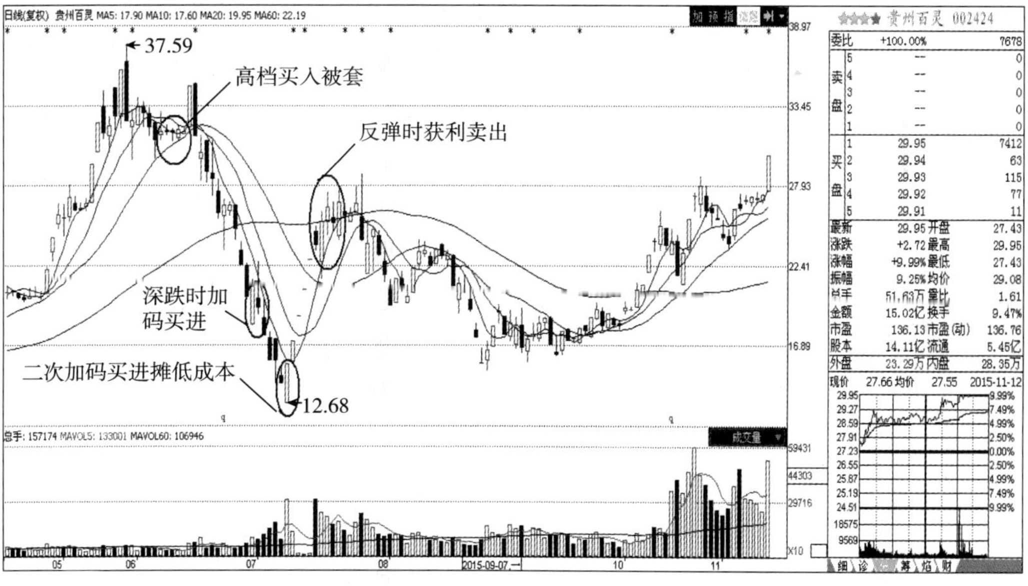

图 9-13　加码买进摊平法

采用此种方法的优点是简单易行，缺点是若判断失误，极易造成全线套牢。

加码买进摊平法主要有两种方式，即平均加码摊平法和倍数加码摊平法。

1. 平均加码摊平法

平均加码摊平法指的是，当所购股票高档套牢后，待其股价跌到一定程度，再按照原来所持股数加码买进，以达到摊低成本的目的。采用此种加码摊平方式，如若股价回升一半则可保本，如若回升一半以上即可获利。

例如，投资者以每股20元的价格买进某种股票1000股以后，股价出现急速下跌，当跌至每股16元时，再加码买进1000股。这样当该股票回升至每股18元时，即可回本，超过18元则可获利。

2. 倍数加码摊平法

倍数加码摊平法指的是在股价跌落后，加倍或加数倍买进原先已持有的股票，以达到摊低成本的目的。

如原来投资者以每股20元的价格买进1000股，当其价格跌至16元时，再买进2000股（即为原来股票的2倍），则其平均成本就降为每股17.34元。将来股价回升超过17.34元以后，即可获利。由此可见，采用加码买进摊平法时，如果在下档摊平中加码买进越多，可使上档套牢成本降得越低。

这两种加码买进摊平的方式都具有简单、便于操作的优点，其缺点也很明显，如果买入的股票跌得越多，所需的资金越多，而一般投资者是不可能拿出那么多钱来摊低成本的。投资者需要注意的是，采取这种方法，一定要慎重考虑自己的经济承受能力。

运用这种方法进行操作时，一定要确定好加码摊平的价格。一般来讲，其价位越接近谷底，对投资者越有利。较低的摊平价位一方面可以使投资成本下降，另一方面则可以减轻加码部分的投资风险。

短线点金

此外，采用加码买进摊平法，还需要特别注意分析大市走向。因为摊平法采用的是越低越买，但如遇到空头市场跌幅过深，则资金有可能长期套牢，这将会给投资者带来心理负担，因此投资者必须密切注意股市动向。

进三退一制胜法

进三退一制胜法是投资方法之一，是买卖股票的一种定点了结法。投资者在买进股票后，便立即在股价两端分别设立 10%的停损点及 30%的获利卖出点。如图 9-14 所示。

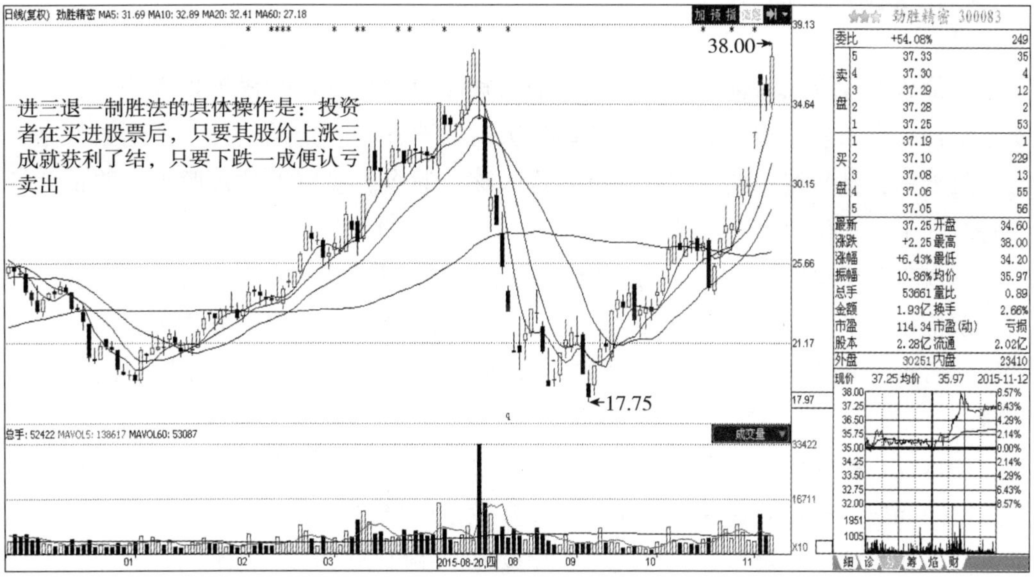

图 9-14　进三退一制胜法

定点了结是投资者在买进股票时，设立一个获利标准点和停止损失点。当股价上涨到获利标准点时，就立即卖出，以落袋为安。当股价下跌到停止损失点时，则毫不犹豫地予以卖出，以减少因可能的下跌而遭到更大的损失。

对于有丰富股市知识的投资者来讲，通常是通过股价技术分析来确定其获利了结点和停止损失点，但由于在众多的投资者中，尚有不少人不懂或不习惯于通过技术分析来确定获利了结点和停止损失点，因此，股市行家根据技术分析的基本原理，提出了进三退一的制胜法。进三退一制胜法适合短线投资者进行操作。

进三退一制胜法的优点是操作简便，使投资者在获利后能及时了结，保住已获取的利润，也能在行情反转向下时，使投资者避免陷入跌幅很深的空头市场而血本无归。

需要注意的是，此种方法也有缺陷，即如果在获利了结后行情继续上涨，会使投资者减少利润收益。如果在停止损失点卖出后，行情反转向上，则可能使投资者在低价卖出而遭受一定的损失。

短线点金

进三退一制胜法适合短线投资者操作。投资者在操作时，要注意在买进股票后，只要其股价上涨三成就获利了结，只要下跌一成便认亏卖出。

均价成本投资法

均价成本投资法又称金额平均法、平均资金投资计划法和固定投入法。它是指选定某种具有长期投资价值且价格波动较大的股票，在一定期间内，不论股价是上涨还是下跌，都坚持定期以相同的资金购入该种股票，投资者的每股平均购价就低于每股的平均市价。

造成每股平均购价低于平均市价的原因在于，每一时期的投资总额为一定数，当股票价格较低时，购买的股票数量就多，其结果必然是在总的股数中，低价购进的股票所占的比例较高，而高价所购的比例较低，所以其平均购价就会低于平均市价。

均价成本投资法的优点在于方法简便，投资者只要定期定额投资，不必考虑投资的时间问题，既可规避在高价时买进过多股票的风险，又可在股票跌价时有机会购进更多的股票。少量资金便可进行连续投入，并可享受股票长期增值的乐趣。

采用这种方法应注意以下三点。

一要选择经营稳定、利润稳步上升的优良公司的股票。

二要有一个较长的投资期间。如果期限较短，则投资效果不明显。

三要选择价格波动幅度较大且股价呈上升趋势的股票。如股价一直处于跌势，则会发生投资亏损。

均价成本投资法适于那些有定期、定额资金来源的投资者。

预设价位操作法

止损是投资者在交易过程中自然产生的，并非刻意而为，是投资者保护自己的一种本能反应。市场的不确定性，造就了止损存在的必要性和重要性。然而，在实际操作中，不少投资者设置了止损点却没有去执行，导致损失进一步扩大。

不能坚决止损的原因有以下三点。

其一，侥幸心理作祟。某些投资者尽管知道趋势上已经破位，但由于过分犹豫，总是想再看一看，等一等，导致自己错过止损的大好时机。

其二，价格频繁波动，让投资者犹豫不决。经常性错误的止损，会给投资者留下挥之不去的记忆，从而动摇投资者下次止损的决心。

其三，执行止损是一件痛苦的事情，是一个血淋淋的过程，是对人性弱点的挑战和考验。

预设价位法是指在买入或卖出股票时，预先设定某一价位，等到股价触及该价位时，就自动成交。

止损是一种“亏小盈大”的投资策略，是在决策错误时及时降低损失的方法，止损的前提是要求投资者具有果断的判断力和执行力。预设价位操作法有以下三个优点。

首先是避免了临时到达某个价位才考虑是否进行买卖。即使当时马上决定买卖，可能也会错过该价位。

其次，可以让投资者免受市场气氛的感染而失去理性。投资者均是有情绪的人，有时在市场的感染下会做出一些令自己事后都感到不可思议的买卖行为。运用预设价位的方式，就可避免这种情况的发生。

最后，可以让投资者省心省力。这样做不必时刻盯着股票价格变动，只须将委托单挂在那里即可。预设价位操作法比较适合平时不作投资计划及没有闲暇时间时时关注股市的投资者。

运用预设价位操作法，应该注意以下几个方面。

1. 充分研究个股行情

这是最为常用的一种止损方式，但这种方式并非人人适用，它只适用于对股票走势分析能力强、操作果断的人。很多投资者往往对大势下跌存在侥幸心理，而这些人大多都成为最终的牺牲者。

这种操作方法是建立在对行情走势有足够清晰判断的基础上的，如在上升第 5 浪末期，面对行情变化不需要犹豫，马上平仓离场。万一没有及时平仓，但行情已经向下突破，虽然行情没有立即大幅下跌，而是出现了回抽，那么这是止损的最后机会。

2. 投资者应结合自己的操作计划目标

运用预设价位操作法，要结合投资者自己的操作计划目标。有些投资者没有自己的操作计划目标，仅是随机买卖，这样让他运用预设价位法则难度极大。如果自己有计划目标，也就明确了自己准备买入或卖出的价位。有位投资者判定理想价位时，仅是根据自己的盈利目标来定，比如他每次买入，操作目标仅要求盈利 15%，因此他判定理想的卖出价位就是买入价加上 15%的盈利。如个股没有达到这个价格，就把股票放在那里，任其波动起伏。这未尝不是一种选择。

3. 计算好个股的每日涨跌停板价位

按目前的交易规则规定，超过当日涨跌停板价位的委托是无效的，因此预设价位必须落在涨跌停板的范围内，否则白忙一场。

比如潜能恒信2015年11月11日的收盘价是42.92元，按目前涨跌幅度限制为10%，ST股票为5%，则11月12日的最高价是47.21元，最低价是38.63元，因此委托的价位应在47.21～38.63元之间。如果你委托买入价是38.65元，则即使挂单也是无效委托。如图9-15所示。

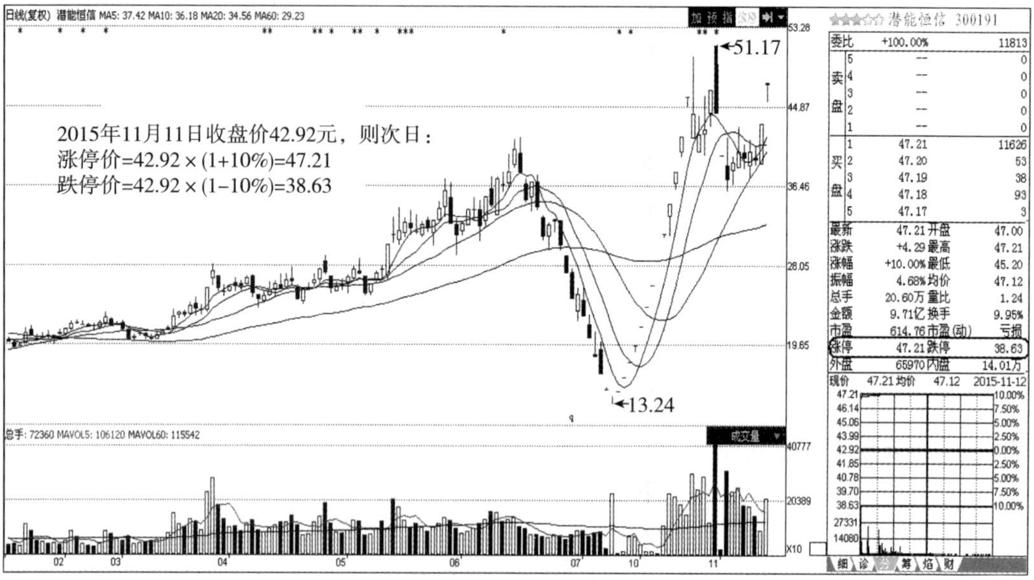

图9-15 涨跌停价位计算方法

4. 要查看成交结果

投资者要查看成交结果，因为只有成交结果显示成交了，才能证明预设价位生效，否则只能说需要重新挂单。

一位投资者曾经在15元挂了卖出单，当天该股确实曾经触及该价位，他就认为成交了。第二天去提取资金，却发现该股仍在账上，一查原来该股在15元仅成交100手，但那些成交是别人的，而他委托卖出的股票并没成交。

最小后悔法

最小后悔法是股票投资者力图使后悔降到最低限度的证券投资方法。由于股票的购买结果往往与预测存在很大差异，这样就会出现实际收益大大低于目标收益的状况，从而使投资者产生后悔。最小后悔法的目的就是使投资者将这种后悔降低到最低程度。

以自然状态下的购买方案为例，可总结出如表9-1所示的结果。

表 9-1　自然状态购买比较

自然状态购买方案	后悔值（元）			最大后悔值
	好	中	差	
大批购买	0	0	60	60
中批购买	40	40	10	40
小批购买	70	60	70	70

由表 9-1 可知，最大后悔值中的最小后悔值为 40，故而选取后悔值 40 对应的中批购买方案。这样，不管公司的经营状况如何，只要选择中批购买方案，都可将未来的后悔值降至最低。

最小后悔值适合于那些“老爱吃后悔药”的股票投资者使用，具体操作程序如下。

第一，列出投资者在各种状态下的购买方案，并在每一个购买方案中选出各自自然状态下的最大收益值。

第二，求出各种自然状态下各种方案的后悔值。其后悔值的公式是：某方案后悔值等于某自然状态下的最大收益值减去该方案的收益值，然后将此方案的后悔值填入该方案栏中。

第三，找出各方案在不同自然状态下的最大后悔值。

第四，在各方案最大后悔值中找出最小的后悔值，最小后悔值对应的方案即为最优方案。

参考文献

刘晓斌. 散户胜经：股市赚钱128法［M］. 北京：中国宇航出版社，2008
丛书编委会. 从零开始学炒股大全集［M］. 吉林：吉林出版集团有限责任公司，2012
付刚. 炒股实用方法大全［M］. 北京：中国经济出版社，2010
吕栋. 股票价格估算与投资方法［M］. 北京：中国经济出版社，2008，
吴镝，曹荣. 股经：中国股票终极投资策略第2卷［M］. 北京：当代中国出版社，1999
沙舒城，李鑫. 大众投资理财指南［M］. 重庆：西南财经大学出版社，2009
赵永秀. 个人理财［M］. 北京：海天出版社，2005
君山居士. 短线绝技［M］. 广州：广东经济出版社，2008
周峰. 从零开始学炒股［M］. 北京：清华大学出版社，2012
王真，张振东，柳琪. 中国股市操练大全(超值白金版)［M］. 北京：中国青年出版社，2011
笑天. 短线炒股入门：新股民快速获利必读［M］. 北京：中国华侨出版社，2002
李星野. 看K线学炒股［M］. 北京：科学出版社，2012
付刚. 散户赚钱的100个细节［M］. 北京：人民邮电出版社，2009
高竹楼，高海宁. 赢在大趋势［M］. 北京：海天出版社，2013
老牛. 股市黄金眼：发现涨停信息的60个细节［M］. 北京：人民邮电出版社，2011
百万. 新股民入门一本通［M］. 北京：经济管理出版社，2010
江河. 短线套利实战技法［M］. 北京：中国经济出版社，2010
杨婧，李秀霞. 学会炒股的第一本书(超值白金版)［M］. 北京：中国华侨出版社，2013
崔慧勇. 找准买卖点：股票最佳买卖点实战大全［M］. 北京：中国电力出版社，2013
付刚. 怎样选股，金钱满仓［M］. 北京：中国宇航出版社，2007
九天书苑. 新股民百宝箱实用速查版［M］. 北京：中国铁道出版社，2013
卢立庆. 获利股市的选股技巧［M］. 北京：清华大学出版社，2012
范江京. 短线实战技法［M］. 北京：中国宇航出版社，2009
杨平等. 从零开始学短线炒股［M］. 北京：机械工业出版社，2012
江河. 中国股市操练大全(超值白金版)［M］. 北京：中国华侨出版社，2013